문식성

문자 언어 생태학 개론

문식성

문자 언어 생태학 개론

데이빗 바튼(David Barton) 지음 김영란·옥현진·서수현 옮김

Literacy

An Introduction to the Ecology of Written Language

연세대학교 대학출판문화원

문식성: 문자 언어 생태학 개론

지 은 이　데이빗 바튼(David Barton)
옮 긴 이　김영란 · 옥현진 · 서수현
펴 낸 곳　연세대학교 대학출판문화원
주　　소　서울특별시 서대문구 연세로 50
전　　화　02) 2123-3380~2
팩　　스　02) 2123-8673
홈페이지　http://www.yonsei.ac.kr/press
E－mail　ysup@yonsei.ac.kr
등　　록　1955년 10월 13일 제9－60호
인　　쇄　(주)동국문화

2014년 8월 29일 1판 1쇄
ISBN 978-89-6850-070-1 (93700)

값 20,000원

차 례

제3장 문식성의 사회적 기반

제4장 문식 실천 연구

제5장 언어 속의 문식성

제6장 언어의 구성 방식

제7장 문자 체계와 다른 표기법

제8장 역사적 관점

제9장 문식성의 뿌리

제10장 발생적 문식성

제11장 문식성에 대한 대중적 정의

제12장 학교에서의 문식 실천

제13장 성인 문식성 그리고 세상의 문식성

제14장 생태학적 관점의 영향

일러두기

1. 책 제목: 번역어와 원어를 병기함. 국내에서 번역 출판된 서적의 경우, 기존 출판물의 제목을 따름.

2. 인명: 우리말 음과 원어를 병기함. 우리말은 되도록이면 원어에 가깝게 표기하려고 함.

3. 기타 고유 명사(구): 번역어와 원어를 병기함.

4. 색인에 나오는 용어들은 최초로 등장하는 페이지에서 원어를 병기함.

5. 색인은 한글자모의 순서에 따라 제시함.

6. 각주 표시 '〉'는 역자 주임.

한국어판 서문

나의 책 〈Literacy: An Introduction to the Ecology of Written Language〉가 한국어로 번역되어 새로운 독자들에게 소개되다니 매우 기쁩니다. 읽기와 쓰기가 삶에서 점점 더 중요해지고 있는 때에 문식성이 무엇을 의미하는지, 무엇이 문식성으로 인정되는지에 대해 보다 객관적으로 생각해 보는 것은 중요하다고 생각합니다.

사람들이 읽고 쓰는 대상, 읽고 쓰는 장소, 읽고 쓰는 방법이 크게 변화하고 있습니다. 여기에는 많은 이유가 있지만 특히 인터넷 보급이 전 세계 모든 국가에 영향을 미치기 때문입니다. 온라인의 세계는 모든 사람들이 서로 접촉하고, 서로 소통할 수 있는 보다 많은 공간을 제공합니다. 이는 친구와 친지들이 공유하는 지역 문화를 강화하고, 동시에 전지구적 접촉과 소통에 대한 새로운 가능성을 여는 것입니다.

일상의 모든 분야에서 생활 방식의 변화가 있었는데, 이는 우리의 삶 곳곳에서 이루어지는 읽기와 쓰기의 실천에 많은 변화가 있음을 의미합니다. 예를 들어 일상생활에서 일정을 정하거나 주소록을 작성하는 방법이 온라인 글쓰기로 변화했습니다. 우리는 문자 메시지를 통해 사람들과의 모임을 정하고, 사회적 소통 사이트(social networking sites)를 통해 친구들과 소식을 주고 받습니다. 사람들은 블로그 글쓰기를 통해 자신의 아이디어를 다른 사람들과 나누고, 새로운 테크놀로지를 활용한 읽기를 더 많이 하게 되었습니다. 사람들은 온라인 글쓰기를 통해 책, 음식, 기타 서비스 등에 대해 논평하고, 인터넷 탐색을 통해 많은 것에 대해 알게 되고 문제를 해결하기도 합니다. 이러한 변화로 인해 읽기와 쓰기, 문식성이 의미하는 바가 무엇인지에 대해 많은 의문이 제기되었습니다. 그리고 이 때문에 문식성을 사회적 실천이라고 보는 관점을 다시 생각하고 탐색하는 것이 보다 중요하게 되었습니다.

연세대학교 대학출판문화원이 이 책의 한국어판을 출간해 주기로 한 것에 감사하고, 이 책을 한국어로 번역해 준 김영란, 옥현진, 서수현 교수에게도 감사합니다. 새로운 개념과 아이디어가 들어 있는 학술서를 번역하는 것이 매우 힘든 일임을 알기에 이들의 노고에 특히 고마움을 표합니다.

랭카스터 대학교의 데이빗 바튼

서문

이 책은 문식성에 대해 공부하는 학생과 일반 독자를 위한 개론서이다. 그리고 문식성 연구의 중요성을 이해해 자신의 연구에 반영하고자 하는 전문가들을 위한 것이다. 이 책의 목적은 우선 현대 사회에서 문식성의 정의들이 어떻게 상충되는지를 살펴보고, 문식성에 대한 새로운 관점이 반영된 언어 학습 이론들을 검토하는 데에 있다. 또한 대중들의 논의에서는 읽기와 쓰기를 기능으로 협소하게 바라보고 있는데, 이 책에서는 그러한 관점을 극복할 수 있도록 문식성에 대한 새로운 관점을 제공하고자 한다.

제2판은 새로운 연구들이 문식성 이해에 기여한 점을 보임으로써, 최근 문식성 연구의 발전을 응집성 있게 다루었다. 초판이 출판된 이후에 다양한 상황에서의 문식 실천에 대한 깊이 있는 연구들이 이루어졌다. 제2판에는 이러한 연구들이 요약되어 있고, 심층 연구를 위한 광범위한 참고 자료를 제공하였다. 또한 문식성 연구가 어떻게 수행되는지에 대해서도 논의하였다.

이제 문식성 연구 분야에 헌신하는 연구자들 간에 국제적인 네트워크가 생겨났고, 나는 지난 십여 년 동안 이 네트워크를 통해 교류해 온 사람들에게 감사한다. 특히 세미나와 여러 회의를 조직해 준 분들에게 감사한다. 이 분야는 상당한 진전을 거두고 있는데, 이는 많은 나라들 간의 친선과 협력 덕분에 가능한 것이었다. 또한 나의 사고에 크게 영향을 미친 랭카스터 대학 문식성 연구 센터(Literacy Research Centre)의 이본 애플비(Yvon Appleby), 매리 해밀튼(Mary Hamilton), 레이철 호지(Rachel Hodge), 로즈 이바닉(Roz Ivanič), 캐린 터스팅(Karin Tusting), 유타 페이펀(Uta Papen)과 아니타 윌슨(Anita Wilson)에게 고마움을 전한다. 캐린 터스팅은 제2판의 출판에 많은 도움을 주었는데, 특히 직장 문식성과 새로운 테크놀로지 부분에 크게 기여하였다. 또한 그녀는 줄여야 할 부분에 대해 조언하였고, 이 작업이 시간 내에 이루어질 수 있도록 나를 독려해 주었다. 물론 급격히 성장하고 있는 이 분야의 최신 흐름을 충분히 담아내지 못한 것은 모두 내 책임이다.

데이빗 바튼

랭카스터 대학교

2006년 4월

제1판의 서문

나는 개론서를 쓰는 일이 간단하고 쉬운 작업일 것이라고 착각했다. 그리고 나는 개론서가 읽기 쉬우니까 쓰기도 쉬울 것이라고 생각했다. 이 작업에 점점 더 몰입해 가면서, 내가 얼마나 잘못 생각했는지 그리고 쉽게 쓰는 것이 얼마나 어려운 것인지를 깨달았다. 희망하건대 내가 쉽게 쓰겠다는 목적이 부디 달성되었기를 바란다.

이 책은 몇 가지 상충되는 점들을 담고 있다. 우선 이 책은 계속해서 발전하고 있는 문식성 연구(Literacy Studies) 분야에 대한 개론서로서, 이 분야의 공부를 처음 시작하는 학생과 관심 있는 일반 독자도 읽기 쉽게 쓰였다. 이 책은 또한 한 분야의 전문가로서 다른 관련 분야의 최신 입문서를 읽고자 하는 전문가를 위한 것이기도 하다. 마지막으로, 일부 연구 및 교육 분야, 미디어와 정치 토론, 대중적 논의에서는 공통적으로 읽기와 쓰기에 대해 지나치게 협소한 관점을 취하는데, 나는 그러한 관점을 극복할 수 있도록 문식성에 대해 새로운 관점을 구체화함으로써 문식성에 대한 최근 논의에 기여하고자 한다.

이 책을 읽는 데에는 몇 가지 방법이 있다. 첫 부분부터 시작해서 끝까지 읽어 나갈 수 있고, 많은 장들을 개별적으로 읽을 수도 있다. 장을 뛰어 넘으면서 읽어도 좋다. 책을 쉽게 읽을 수 있도록 책 마지막에 많은 참고 문헌과 추가적인 예들을 제시했기 때문에 독자들은 미주를 참조해서 보다 심화된 독서를 할 수도 있다.

나는 이 책에서 나의 언어 사용을 의식했다. 나는 인칭 대명사인 '그'나 '그녀'를 쓰지 않았다. 보다시피, 나는 이 책에서 나 자신을 지칭하는 단어로 '나'를 썼다. '우리'라는 단어도 몇 가지 방식으로만 사용했기 때문에, 여러분은 '우리'라는 말에 여러분이 포함되는지 또는 여러분의 의지와 상관없이 내가 여러분을 포함시키는 것인지를 알아차려야 한다. 나는 '나'를 의미할 때에는 '우리'를 쓰지 않으려고 하였다. 나는 시제를 엄격하게 구분해서 사용하지 않아서 시제 표현에 일관성이 없을 수도 있다. 사람 이름을 쓰는 방식도 일정치 않은데, 이것이 성차별적인 것이 아니길 바란다.[1)] 사람들이 문식성에 대해 생각하게 되면 어쩔 수 없이 자신의 글쓰기에 대해 반성적으로 되돌아보게 되는데, 나는 여기에서 나의 글쓰기에 대해 반성하는 내용을 장황하게 쓰지 않으려고 한다. 그런 호사는 다른 기회로 미루고자 한다.

나는 많은 사람들에게 영향을 받았다. 오래 전에 문식성이 흥미로운 분야라는 것을 깨닫게 해 준 찰스 퍼그슨(Charles Ferguson)과 셜리 브라이스 히스(Shirley Brice Heath)에게 고마움을 전한다. 그때 이후로 지난 10년 간, 나는 유럽과 북미에서 열린 여러 회의에서 문식성에 대해 많은 사람들과 이야기를 나누었으며, 그들에게 빚을 많이 졌다. 특히 마이클 콜(Michael Cole), 데이빗 올슨(David Olson)과 캐서린 스노우(Catherine Snow)에게 진 빚이 크다. 또한 항상 매우 관대하게 지원을 아끼지 않은 브라이언 스트리트(Brian Street), 이 책의 인쇄본에 대해 논평해 준 뮤

1〉 역자 주: 사람 이름을 쓸 때 이니셜(J. Mace)을 사용하지 않고 Jane Mace처럼 써서 그 사람이 여성임을 밝혀야 한다는 논의가 있었다. 따라서 저자의 성별에 대한 인식이 사람 이름을 쓰는 방식에서 은연 중에 드러날 수 있다.

컬 색스나(Mukul Saxena)와 매리 탈봇(Mary Talbot), 2장의 표를 최신의 것으로 수정해 준 케네스 레빈(Kenneth Levine), 특히 이 모든 과정에 대해 세세히 조언해 준 데이빗 블룸(David Bloome), 매리 해밀튼(Mary Hamilton), 로즈 이바닉(Roz Ivanič), 자넷 메이빈(Janet Maybin), 캐서린 맥크레(Catherine Macrae) 등 동료이자 친구들이 기여한 바가 크다.

랭카스터 대학 내 사회생활 언어 센터(Centre for Language in Social Life) 동료들의 도움에 감사한다. 특히 레이첼 림머셔(Rachel Rimmershaw), 사라 패드모어(Sarah Padmore), 사이먼 파도(Simon Pardoe) 등 수년 간 문식성 연구회(Literacy Research Group)의 활동에 참여해 온 직원들과 학생들에게도 감사한다. 안식년 제도를 축소하려는 지속적인 외부 압력에도 불구하고, 집필과 연구에 매진할 수 있는 안식년 제도를 유지하게 도와 준 언어학과의 동료들도 고맙다. 무엇보다도 매리 해밀튼과 로즈 이바닉과 했던 끝없는 논의와 그들의 열정 덕분에 이 책이 나왔다. 물론 이 책의 모든 오류, 누락된 부분, 좀 더 명확해져야 할 부분이나 불투명한 부분에 대한 책임은 내게 있다. 한편으로 이 작업을 통해 나도 많이 배웠다.

데이빗 바튼
랭카스터 대학교
1994

역자 서문

데이빗 바튼의 'Literacy: An Introduction to the Ecology of Written Language'는 문식성에 대한 개론서로서 1994년에 초판이 나온 후 2007년에 제2판이 발간되었다.

이 책은 문식성을 학교에서 가르치는 읽기나 쓰기의 기능이나 전략으로 한정하는 관점에서 벗어나 문식성을 이해하기 위해서는 문식성 자체뿐만 아니라 이를 둘러싼 사회 · 문화적, 역사적 배경 등을 고려해야 한다는 생태학적 접근을 취하고 있다. 그리고 그러한 관점 하에서 문식성이 다양한 분야에서 정의되는 방식, 문식성이 스며들어 있는 개인적 · 사회적 현상들, 언어와 불가분의 관계에 있는 문식성의 속성, 문자체계를 비롯한 의미 상징체계들, 문식성과 관련된 중요한 역사적 사건들, 문식성의 뿌리라고 할 수 있는 구어 구사와 학습의 시작, 발생적 문식성, 문식성에 대한 일반 대중의 정의들, 학교에서의 문식 실천, 성인과 직장 문식성에 이르기까지 문식성과 관련된 많은 현상들에 대해 설명하고 있다. 뿐만 아니라 제2판에서는 초판에 없던 문식 실천에 대한 연구방법을 별도의 장으로 마련하고 있다.

이 책은 개론서이지만 다양한 분야를 넘나드는 설명이 대부분이어서 그 이면의 의미를 이해하는 데에는 조금 더 확장된 공부가 필요할 수도 있다. 학부생이 읽어도 좋을 것이나, 자신의 연구 주제를 발견해야 하는 대학원생들이 읽는다면 더 도움이 되리라 생각한다.

평소에 '문식성'이라는 주제에 관심을 가지고 있던 역자들은 2008년에 이 책을 접했는데, 문식성과 관련된 다양한 분야의 연구들을 망라하고 있는, 그러면서도 우리의 삶 속에 공기처럼 스며들어 있는 문식성 관련 현상들에 대해 조목조목 논하는 이 책에 매료되었고 번역까지 결심하게 되었다.

번역을 하는 과정에서 역자들은 영어 문면의 의미만으로 극복할 수 없는, 문화적 이해를 요하는 부분에 대해 저자에게 직접 문의를 하곤 했다. 그때마다 적극적으로 도움을 주며 한국어판 서문을 작성하고 참고문헌 자료 등을 제공해 주신 데이빗 바튼 선생님께 깊이 감사드린다.

번역을 하는 과정에서 많은 분들에게 신세를 졌다. 우선 2009년 기획단계에서부터 책이 나올 때까지 장장 5년을 기다려 준 연세대학교 대학출판문화원 측에 심심한 감사의 마음을 표한다. 그리고 번역 초고에 대해 꼼꼼하게 논평해 준 김경화 박사를 비롯해 초고를 열독하고 검토해 준 우리 학생들에게 감사의 마음을 표한다. 또한 무엇보다 역자들을 문식성 연구의 길로 인도해 주신 노명완 선생님께 깊이 감사 드린다. 마지막으로 원고 검토를 위해 주말에도 컴퓨터 앞에서 화상 회의를 하는 우리를, 묵묵히 인정하고 견뎌 준 가족들에게도 사랑과 고마움을 표한다.

2014년 8월
역자들

제1장 문식성에 대한 통합적 접근

도입

과학 기술과 사회의 급격한 변화에 따라 우리의 앎과 소통 방식은 크게 달라지고 있다. 문식성은 이러한 변화의 핵심이다. 문식성의 문제는 전 세계적으로 가장 중요한 정치적 현안이 되었고, 교육이 위기라는 인식은 대중의 논의에서도 흔히 찾아볼 수 있다. 이처럼 문식성은 학교와 대학, 지역 사회, 정치적 논의에서 논쟁거리가 되었다.

의무 교육의 도입 이후 100년 이상이 지났지만, 우리는 잘 교육 받은 행복한 사람을 길러내는 교육 시스템을 갖추고 있지 않다. 이 사실은 다양한 사례를 통해 증명될 수 있다. 읽기와 쓰기에 국한하여 이야기하자면, 영국과 미국의 경우 성인의 10퍼센트 가량이 자신의 문식성 수준에 만족하지 않는다고 알려져 있다. 또, 이들 나라에서는 지난 30여 년간 성인 문식성 프로그램을 운영했지만, 이를 부차적 문제로 여겨 성인 문식성 문제가 제대로 해결되지 못했다. 성인을 위한 기초 교육은 이제 정규교육의 일부로 다루어져야 한다. 정부와 곳곳에서 이러한 교육의 문제를 해결하라는 압력을 넣어 왔다. 그리고 과학 기술의 발달로 인해 의사소통 방식이 변화하면서, 새롭게 대두되는 문식성을 습득해야 하는 압박도 생겨나고 있다. 이것이 산업화된 국가에서 일어나고 있는 일이다. 한편 21세기가 시작되기 전에는 개발도상국의 문맹률이 낮아질 것이라고 낙관적으로 예측했지만, 그러한 예측은 빗나갔다. 이제 어떻게 하면 '모두를 위한 교육'을 성취할 수 있을 것인가에 대한 많은 논쟁이 벌어지고 있다.

교육이 무엇을 위한 것인가에 대한 대립은 점점 첨예해지고 있다. 도대체 무엇이 '위기'인가에 대해서 합의하기는 어렵지만, 현재 상황에 대해 사람들은 그다지 흡족해하지 않는다. 지금껏 당연하게 여겨졌던 학교의 존재 목적과 교육 목적에 대해 점점 더 많은 의문이 제기되고 있다. 읽기 · 쓰기 교육에 대해서도 곳곳에서 문제를 제기하고 있다. 학생들의 성취수준 저하, 공문서의 '쉬운 말 쓰기' 운동, 교육의 경제적 비용, 전문 인력 양성 요구, 생활 속 새로운 과학 기술의 영향, 성인 문식성 교육 제공의 필요성 등 읽기와 쓰기에 대한 논의가 곳곳에서 이루어지고 있다.

교육계 안팎의 다양한 사람들이 문식성에 대해 이야기하고, 문식성에 대해서 다양한 견해를 제시하고 있다. 고용주들은 종업원들의 문식성 수준이 낮다고 한탄한다. 정치인들은 '문맹의 재앙'을 근절시키고자 한다. 급진주의 교육자들은 문식성 교육을 통해 사람들에게 권한을 부여하고 사람들을 해방시키고자 한다. 문학 평론가들은 나쁜 필자와 좋은 필자를 구분한다. 교사는 읽기 부진을 진단하고 이를 해결할 프로그램을 처방한다. 유치원 교사는 아동의 문식성 발달 과정을 관찰한다. 이들은 모두 무엇이 문식성인지에 대한 나름의 견해를 가지고 있다. 즉, 이들은 문식성의 개념, 문식성의 주요 문제와 해결 방안에 대해 서로 다른 생각을 하고 있다.

대중 매체를 통해 드러나는 문식성 논의는 실제 학교에서 일어나고 있는 일들을 제대로 반영하지 못하고 있다. '문식성 위기'에 대한 논의가 신문 지상에서 끊임없이 다루어지고 있지만 그 논의 속에서 다루어지는 문식성 개념은 그다지 정교하지 않다. 여기에는 언어에 대한 무지와 문식성을 단순하게 보는 접근이 보편화되어 있다.

최근의 문식성 논쟁은 문식성 개념을 중심으로 이루어지고 있고, 그 중 일부는 서로 상충하는 것으로 비춰지기도 한다. 이 책의 목표는 사람들이 문식성에 대해 가지고 있는 서로 다른 관점을 이해하고, 문식성에 대해 다양한 영역에서 새롭게 발전되어 온 관점들을 아우르기 위한 것이다. 내가 끊임없이 던지는 물음은 '문식성이 무엇인가?'라는 것이다. 이 주제를 탐구하는 데 있어서, 나는 문식성의 다양한 측면들을 다룰 것이다. 이러한 논의를 시작하는 데에는 두 가지 출발점이 있다. 첫 번째는 일상생활 속에서의 읽기와 쓰기를 검토하는 것이다. 두 번째는 문식성에 대해 새롭게 이해할 수 있도록 공헌한 많은 연구물들을 검토하는 것이다.

일상생활 속의 문식성

일상생활 속 문식성을 살펴보기 위해서는 사람들의 일상생활과 그들이 읽기와 쓰기를 활용하는 방식을 들여다볼 필요가 있다. 오늘날 사람들은 평범한 일상 속에서 끊임없이 문식성과 직면하게 된다. 이는 지구상 대부분의 사람들에게 해당되는 것이다. 아침에 사람들이 잠에서 깨어날 때를 상상해 보자. 혹자는 자동으로 라디오가 켜지는 소리를 듣고 일어날 것이다. 그가 깨어서 처음 듣는 소리는 라디오에서 뉴스를 읽어주는(문자 텍스트를 읽는) 사람의 목소리일 것이다. 그는 아침을 먹으러 가면서 문 앞의 신문과 우편물을 집어들 것이다. 적어도 영국에서는 아침 식사 때에 라디오를 들으면서 신문을 훑어보고 우편물을 열어보면서 차 한 잔을 마신다. 이때에 성인이나 아이들이 동석할 수도 있고, 이들이 이러한 활동에 함께 참여할 수도 있다. 이처럼 하루를 시작하는 시점에도 이미 서로 상당히 다른 몇 가지 문식 사건들(literacy events)이 발생한다.

나는 이 예를 다른 곳에서도 썼는데, 이 예를 좋아한다. 왜냐하면 이 예는 사람들이 문식성을 활용하는 방식이 구체적인 상황과 관련되어 있다는 것, 그리고 문식 사건들은 역사 내 특정 시점에서 특정 공동체와 관련된다는 것을 보여주기 때문이다. 위에서 묘사한 장면은 여러분에게 친숙한 것일 수도 있고 매우 거리가 있는 것일 수도 있으며 세부적인 면이 맞지 않을 수도 있다. 오늘날 신문과 우편물이 아침 식사 전에 문 앞까지 배달되지 않는 나라들이 많다. 나는 영국의 랭카스터를 생각한 것인데, 비슷할 것 같은 미국 펜실베니아 주의 랭카스터나 캐나다 온타리오 주의 랭카스터에서조차 위에서 설명한 아침 식사 장면과 다른 점이 많을 수 있다. 식탁에 앉아서 라디오를 들으며 신문을 읽고 차를 마시면서 하루를 시작하는 것은 일부 문화에서만 통상적인 것이라고 여겨진다. 이런 문화권에서는 아침 식사 시간에 식탁에서 식사 중인 사람을 방해하지 않거나 무엇인가를 읽는 사람에게 가끔 말을 거는 것은 자연스러운 것이다.[1] 어떤 상황에서 예의에 맞고 용인될 수 있는 것이 다른 상황에서는 그렇지 않을 수도 있고, 어떤 행동이 하루 중 어떤 시간에는 용인되지 않거나 혹은 함께 한 사람이 누구냐에 따라서 용인되지 않을 수도 있다.

---

1) 역자 주: 같은 식사 시간이라고 해도 저녁 식사 시간이라면 상황은 달라진다. 저녁 식사 시간에 식탁에서 이야기를 나누지 않고 혼자서 신문을 보거나 음식만 먹는 것은 예의에 어긋나는 행동이다.

위의 예를 통해 문식성의 다른 속성들에 대해서도 이야기할 수 있다. 첫째, 사람들이 규칙적으로 책을 읽거나 글을 많이 쓰거나 하지 않아도 문식성은 일상생활과 맞닿아 있다. 문식성은 평범한 일상생활 속에 깊이 스며들어 있는 것으로, 학교나 직장에서만 행해지는 무언가가 아니다. 문식성은 일상의 다양한 상황 속에서 실천되는데, 가정 내에서 실천되는 문식성과 학교에서 실천되는 문식성은 상당히 다른 것이다. 둘째, 몇몇 사람들이 함께 읽기와 쓰기를 할 수도 있고, 그들은 각기 상이하게 문자 언어를 다루면서 다양한 방식으로 읽기와 쓰기를 할 수도 있다. 특정 텍스트를 다루는 특정 상황에서의 읽는 방법은 다양하다. 텍스트는 각기 고유한 특성이 있고 서로 다른 방식으로 읽힌다. 즉 텍스트의 의미를 파악하는 방식은 다양하다. 뉴스를 듣거나, 조간 신문을 훑어보는 것이나, 우편함에서 여러 가지 편지를 분류하는 것에는 참여하는 사람과 참여하는 방식이 다르다.

이 예는 읽기와 관련된 것이지만 쓰기가 일부 관련될 수도 있다. 아침 식사 시간에 아이의 담임에게 줄 편지를 급히 쓸 수도 있고, 학교에서 작성해 오라는 각종 서식을 작성할 수도 있다. 누군가에게 남길 메모를 쓸 수도 있고, 하루를 시작하면서 자기가 해야 할 일을 상기하는 메모를 적을 수도 있고, 다이어리나 달력에 무언가를 적을 수도 있다. 어떤 사람들은 일찍 일어나서 편지를 쓰거나 이메일을 보려고 로그인을 하고서 이메일을 쓸 수도 있다.

여기에서 일상의 사건을 출발점으로 삼는 것은 문식성에 대한 독특한 관점을 제공한다. 문식성에 대한 가장 일반적인 관점은 문식성이 전형적으로 가르쳐지는 교육 환경, 즉 교실에서 시작된다. 그래서 문식성에 대한 사회의 지배적인 정의는 학교에 기반을 둔다. 문식성 정의에 대한 이러한 관점은 사람들이 일상생활 속에서 경험하는 것과는 상반되는 경우가 많다. 이는 사람들이 일상생활에서 행하는 읽기와 쓰기의 종류가 학교에서 행해지는 것과 다르다는 것을 분명히 보여주는 것이다. 이는 문식성에 관한 사람들의 보다 일반적인 개념일 수 있다. 일상의 문식성은 문식성에 관한 새로운 정의, 즉 읽기와 쓰기에 관련되는 것이 무엇인가에 대한 새로운 방식의 사고를 요구하는 보다 풍성한 관점을 제공한다.

지금까지의 읽기와 쓰기에 대한 주요 연구 분야는 교육이었고, 주요 초점은 개인의 학습에 관한 것이었다. 주요 연구의 패러다임은 심리학적인 것이었다. 다시 한번 말하지만, 이것이 가장 일반적인 접근이었다. 그러나 문식성에 관심이 있는 이는 교육자들만이 아니다. 우리가 시선을 돌려 문식성에 대해 더 많이 탐구하면 할수록, 문식성에 대한 논의가 다방면에서 이루어지고 있다는 것을 알 수 있게 된다. 기존에 표준으로 삼은 이론으로는 포섭하기 힘든, 최근의 새로운 발상들이 역사학, 인류학, 사회학, 그리고 기타 관련 학문 분야에서 넘쳐나고 있다. 이러한 새로운 발상들이 문식성을 탐색하는 두 번째 출발점이 된다.

문식성 연구

문식성에는 설명해야 할 많은 측면들이 있다. 다양한 학문 분야에서 문식성에 대한 탐구가 이루어져 왔다. 몇 년 전만 해도 언급되지도 않던 주제들에 대해 연구하고 있고, 출판된 책이나 논문을 다 섭렵하기도 어려울 만큼 많은 연구가 이루어지고 있다. 다양한 방향에서 문식성을 다루는 여러 연구 분야가 있다. 이러한 분야들을 통합하는 것이 필요한데, 이 책의 상당 부분에서 이러한 통합적인 논의를 할 것이다. 앞으로 어떤 내용이 다루어질지에 대한 안내를 하기 위해서, 아래에서는 문식성에 대한 최신 분야와 새로운 아이디어를 위해 보아야 할 분야를 간략히 목록화하였다. 이들 분야에서 연구하는 개인들은 같은 방향으로 나아가고 있고, 이러한 다양한 주제들 속에서도 생각이 일치되는 점들이 있다.

다양한 학문 분야에서 **문식성**literacy이라는 용어는, 읽기와 쓰기에 대한 보다 복잡한 관점을 드러내는 용어가 되었다. 아래의 각 주제들을 탐구하면서 사람들은 문식성의 현대적 연구에 기여하고 있다.

- 역사적 발전
- 다양한 문화와 하위 문화에 대한 연구
- 문식성이 없는 구어 문화
- 언어, 표의문자, 이중언어적 문식성
- 문자 언어와 음성 언어
- 상황 인지
- 과학과 뉴테크놀로지에 대한 사회적 이해
- 읽기와 쓰기의 과정
- 취학 전 문식성, 발생 문식성
- 학교에서의 학습
- 가정, 공동체, 직장에서의 학습
- 성인 학습, 성인 문식성, 다시 공부하는 성인들
- 문식성의 정치학, 문식성과 권력

이것들이 내가 이 책을 통해 다루고자 하는 주제들이다. 나는 이들 주제가 나올 때마다 이들 분야의 연구물을 참고문헌으로 제시할 것이다. 이 모든 분야에서 사람들은 문식성이 무엇을 의미하는지 묻고 있다. 유사한 점도 있지만 어떤 면에서는 상이한 철학에 기반한 이 접근들은 서로 다른 물음을 던지고, 상이한 방법론을 활용한다. 문식성에 대해 지금까지 기술한 많은 국면들을 통합할 수 있는 방식으로 이야기할 필요가 있다. 나는 이들 다양한 분야에서 문식성에 대해 어떤 접근들을 하는지 개관할 것이고, 동시에 그것들이 읽기와 쓰기에 대한 이해에 대체로 기여한다는 것을 보일 것이다. 이는 복잡한 학문 간 연구인데 나는 다음 두 장의 주제이기도 한, 생태학적 접근이 이 주제들을 하나로 꿰기에 충분한 공통된 기반을 제공할 것이라고 생각한다.

역사 속 여러 시점에서 학문의 발전 속도는 다르다. 지난 20여 년 동안 읽기와 쓰기 연구에서의 변화 속도는 빨랐고 문식성 연구의 새로운 분야가 등장하였다. 그리고 이 분야에서 중대한 패러다임의 변화가 있었다는 것을 인식하는 것은 중요하다. 이러한 변화는 다양한 방식으로 표출되었는데, 이 주제와 관련된 책, 논문, 회의가 급증한 현상에서 가장 잘 드러난다. 패러다임 변화는 특정 방향을 따르고 있다. 내가 참고할 많은 최근 연구들은 관점 변화에 대한 요약으로 시작하고, 모두 일종의 사회적 관점으로의 패러다임 전환을 다룬다.

다른 현상은 논문 리뷰와 리뷰에 대한 리뷰의 과다 현상, 그리고 문식성이라는 주제에 관한 회의와 학회지 특별호의 과다 현상인데, 이들 논의는 문식성이라는 말의 의미에 대한 논의로부터 시작한다. 심지어 책 전체를 문식성을 정의하는 데 할애하는 책도 있다(예를 들어 Venezky et al., 1990). 이 책의 저자들은 우리의 출발점이 되는 이론과 비유들을 검토할 필요가 있다고 보는데, 나도 같은 입장이다. 진전을 위한 한 가지 방법은, 당연하다고 여긴 생각들을 **신화**myths라고 여기고, 문식성의 국면들과 관련된 신화들을 나열한 다음에 그들을 따져나가는 것이었다.[1] 읽기와 쓰기 연구에서 부인할 수 없는 패러다임 변화가 있어 왔다. 이러한 변화는 또한 보다 성찰적이고, 특정한 것에 초점을 맞추고, 간학문적이게 된 사회 과학의 보다 일반적인 추세를 따른 것이기도 하다. 다른 패러다임 전환과 마찬가지로, 이것 역시 해당 주제에 대해 말하는 방식이 서로 다르고, 용어의 의미 충돌도 있다. 이 책의 주요 목표는 새로운 관점을 확립하기 위해서, 읽기와 쓰기에 대한 보편적인 신화와 널리 알려진 그러나 잘못된 '진실'을 불식시키는 것이다. 이는 이 책이 다루는 각각의 주제를 통해 드러날 것이다.

이 책의 개관

2장에서는 읽기와 쓰기에 대한 새로운 사고가 필요함을 논할 것이다. 우선 2장에서는 문식성에 대해 이야기할 때, 그 동안에 써 온 비유들에 대해 살펴볼 것이다. 이론상의 문식성의 의미와 관련 비유의 중요성을 개관하면서, 문식성의 의미에 대한 일상적인 용법과 문식성에 대한 비유들이 어떻게 문식성 이론이 되는지를 살펴볼 것이다. 특히 정치가, 연구자, 사전이 정의하고 있는 문식성의 의미를 검토하며, 문식성에 대해 이야기하는 상이한 방식들을 고찰하고자 한다. 그리고 **문식성 연구**literacy studies 분야를 소개하고 마지막 절에서는 생태학적 비유와 그것의 문식성 분야에의 적용 가능성에 대해 논의한다.

3장은 문식성의 의미를 **문식성의 생태학**the ecology of literacy이라는 측면에서 다음의 내용을 중심으로 논의한다. -문식성은 사람들이 **문식 사건**literacy events에서 활용하는 **실천**practices의 집합이라는 의미로 가장 잘 이해된다. 그리고 **서로 다른 문식성**literacies이 존재한다는 측면에서 이야기할 필요가 있다. 또한 문식 실천(literacy practices)은 보다 넓은 사회적 관계 속에 자리한다. 문식성은 타인과 소통하고 세상을 표상해 내는 데 쓰이는 상징 체계이다. 태도(attitudes)와 의식(awareness)은 문식성의 중요한 측면들이다. 권력의 문제도 중요하다. 현재의 문식 사건과 실천은 과거로부터 비롯된 것이다.

4장은 문식 실천 연구에 관한 것이다. 4장에서는 문식 실천을 연구하는 방법에 대해 서술하고, 일상의 문식 실천에 대해 행해진 연구 사례를 제시한다. 그런 다음 다중언어적 문식 실천의 몇 가지 예와, 문식성의 모든 측면이 **성별에 따라 문식 실천에 차이가 나는**gendered 방식, 마지막으로 직장 문식 실천에 대한 연구 사례에 대해 논의한다.

5장에서는 언어에 관한 최신 아이디어들에 대해 살펴볼 것인데, 이는 문식성에 대한 정교한 관점을 제시하기 때문이다. 여기에서는 언어에 대한 **구성주의적**constructivist 관점을 제시하고, 서로 다른 문식성이 부분이 되는 다양한 **담화**discourses를 강조할 것이다. 쓰기를 통해 **텍스트**texts를 생산하는데, 이때 텍스트는 활용 · 분석 · 조사될 수 있고 **상호텍트성**inter-textuality에 의해 텍스트 간에 연계되기도 한다. 텍스트의 몇몇 예가 이 책에서 실례로 쓰일 것이다. 또한 읽기가 **텍스트에서 의미를 구성하는 것**taking meaning from texts이라는 관점에 대해 살펴본다. 마지막으로 언어, 특히 문식성이 우리의 경험을 **중재하는**mediates 다양한 측면들이 설명될 것이다.

6장에서는 문자 언어로부터 음성 언어로의 **연속체**continua라는 개념과 문자와 음성을 활용하는 **언어의 구성 방식**configurations of language, 그리고 문자 언어와 음성 언어의 차이에 대한 관점을 살펴본다.

7장에서는 다양한 **문자 체계**writing system에 대한 간단한 설명과 이들을 비교할 때의 어려움 및 문자와 숫자, 음악, 지도, 시각적 레이아웃과 같은 다른 표기 방식과의 관계에 대해 논의한다. 이는 문식성의 한계에 대한 일반적인 논의와 두루 관련이 있다.

8장에서는 역사상 중요한 지점들을 살펴보고, 이러한 지점들이 문식성 학습, 사회의 문식성 수준, 문식성과 테크놀로지의 변화, 문식성과 권력 관계와 같은 다양한 분야에 어떤 시사점을 주는지 검토할 것이다. 첫 부분은 **문식성의 고고학**archaeology of literacy으로, 글쓰기의 기원, 글쓰기가 초기 문자 체계에서 어떻게 발전되어 갔는지, 글쓰기와 사회적 구조와의 관계, 초창기부터 존재한 글쓰기의 다양한 기능들에 대해 살펴볼 것이다. 그리고 고대의 그리스어 문식성의 중요성과 관련된 쟁점과 글쓰기의 **진화**evolving라는 생각과 관련된 문제점에 대한 논의가 다루어진다. 또한 **문식성의 사회적 역사**social history of literacy에 관한 부분에서는 변화하는 사회적 실천 속에서 출판의 발달과 문자 문화의 점진적 발전이 가지는 중요성에 대해 살펴본다. 그리고 대중적 문식성과 의무 학교교육의 도입에 관한 검토를 통해 현대적 문식성에 대한 역사적 기반을 다룬다.

9장과 10장은 아동과 문식성 학습에 관한 것이다. 문식성에 대한 관점들은 언어에 대한 생각과 학습 이론들을 포함하고 있다. 문식성의 뿌리는 말하기를 배우는 데에서, 그리고 가정 내 문식 사건과 관련된 실천 속에서 찾아볼 수 있다. 이와 더불어 문자 언어와 음성 언어를 모두 포함하는 학습에 대한 관점이 다루어진다. 이러한 맥락에서 **발생적**emergent 읽기와 쓰기가 다루어지고, 아동의 언어 인식 발달의 중요성에 대해서도 다룬다.

11장에서는 읽기와 쓰기에 관한 대중적인 논의와 교육에서 흔한 두 가지 비유에 대해 살펴본다. 이들은 첫째 문식성이 **기능**skill이라는 입장, 둘째 읽기와 쓰기에 대한 **문학적**literary 관점이다. 이는 글쓰기 행위에 대해 전문적 작가, 주로 소설가들이 어떻게 말하는지에 대한 논의를 포함한다. 그리고 12장에서는 학교에서 일어나고 있는 일, 실질적 문식 실천에 대하여 논의한다. 제도로서의 학교가 문식성에 대한 특정한 관점을 유지하는 방식과 함께 학교 문식 실천이 간략히 설명된다. 또한 가정과 학교 간 연계에 관한 연구도 다루어진다.

다음 13장은 성인 문식성에 관한 것으로, 개발도상국에서 있었던 문식성 캠페인과 선진국에서 제기된 최근의 쟁점에 대해서 다룬다. 여기에는 일반인들, 특히 읽기와 쓰기에 곤란을 겪는 이들이 일상생활을 어떻게 하는가에 대한 내용도 포함하고 있다. 이러한 내용을 토대로 문식성 캠페인에 전제된 가치와 목적이 논의된다. 그리고 언어들이 놀라운 속도로 최근에 소멸되고 있는 생태학적 사실을 지적하고, **위기의 언어들**endangered languages을 지원하는 데 있어서 문식성의 역할에 대해 논의한다. 마지막 장에서는 학교와 성인 문식성 프로그램이 문식성에 관한 이러한 관점들을 어떻게 고려해야 하는지에 대해 제언하였다. 그리고 문식성에 대한 생태학적 관점을 발전시키기 위한 방향을 제안하였다.

제2장 문식성에 대해 이야기하기

문식성에 대한 비유

> 병균이 항생제에 적응해가는 것처럼, 문맹은 문맹을 퇴치하기 위한 다수를 무력화시킨다. 우리가 문맹에 대해 무엇을 하든 간에 문맹 상태는 지속된다. 문식성 수준을 더 향상시키자고 주장하는 사람들의 불평과는 달리, 우리는 실제 문식성 신장을 위해 많은 노력을 기울이고 있다. 캐나다의 경우, 성인 문맹자 비율이 10~20% 가량 된다. 이 숫자가 줄어들지 않을 것이다. 이 숫자가 증가하고 있는 것을 경계해야 할 것이다. …… 문맹이 초래한 …… 사회적 악 …… 처방은 ……

1988년 7월 4일 캐나다 파이낸셜 타임즈에 실린, 이 설명에 사용된 비유의 의미는 분명하다. 여기에는 질병과 교전 비유가 깔려 있다. 이러한 비유를 격앙된 어조로 제시한 뒤에, 저자인 로버트 풀포드(Robert Fulford)는 정치적 화법으로 바꾸어 문맹에 대해 흥미로운 지적을 하면서, 문식성의 의미가 다른 방향으로 확장되도록 하고 있다.

이러한 비유는 미디어나 대중적인 논의에서 일반적으로 나타난다. 한 텔레비전 인터뷰에서 당시 켄터베리 대주교는 1991년 영국에서 있었던 도시 소요 사태는 '문맹, 청소년 범죄, 기타 비행'이 총체적으로 작용했기 때문이라고 지적하였다. 비슷한 시기에 영국의 주요 정치인은 그 상황을 '수준 높은 문식성의 부재로 인해 사람들이 격분하여 빗나간' 상황이라고 언급하였다. 여기에서도 비유하는 바는 명백하다. 이는 특히 문식성이 약점이나 범죄의 의미를 지니는 부정적인 용어와 함께 어떻게 쓰이는지를 보면 알 수 있다.

이 질병 비유는 특히 널리 쓰인다. 이 비유는 위의 예에서 본 것처럼, 문맹자들을 비난할 때나 문식성을 갖춘 사람들을 칭찬할 때에 쓰인다. 후자의 경우는 브루스 체트윈(Bruce Chatwin)의 소설 우츠(*Utz*)에서 찾아볼 수 있다. 20세기 중반의 프라하를 언급하면서 서술자는 "내가 느끼기에 소비에트 연방의 교육 체계는 제 기능을 훌륭하게 했다. 전체주의의 메시지에 다소 면역이 된, 상당히 지적이고 문식성을 갖춘 젊은 세대를 대규모로 길러냈다(1988: 18)." 이 인용에서 문식성에 대한 많은 것을 추출할 수 있고, 나는 이를 나중에 다룰 것이다. 문식성이 세뇌 작업에 면역이 되게 하는 예방 접종이라는 생각은 질병 비유의 다른 예이다.

근절되어야 하는 질병에 대한 이야기는 문식성이 사회적 쟁점으로 논의될 때 흔히 쓰인다. 최근의 신문 표제('12세 청소년들 문맹의 유행에 갇히다')처럼 이 비유로 인해 강렬한 이미지가 형성될 수 있다. 다른 신문 표제에서는 문맹을 종종 범죄, 실업, 경제의 허점과 연결하여 제시한다.

다른 비유로 옮겨가 보자. 교육계에 뿌리를 두고 있는 문식성에 대한 관점으로, 문식성을 하나의 기능이나 일련의 기능들로 취급하는 것이다. 이는 모든 수준의 교육에서 문식성 프로그램을 설계하는 데에 영향을 주었다. 읽기와 쓰기의 행위는 일련의 기능 · 하위 기능으로 나누어진다. 이러한 기능들은 읽기 전(pre-reading) 기능부터 일련의 단계들로 순서가 정해져 있다. 그리고 이 순서에 따라 가르쳐지는데, 이때 각 기능은 이전 기능에 기초한다. 문식성은 측정과 평가가 가능한 심리적 변인으로 다루어진다. 기능은 사람이 습득할 수 있는 대상으로 여겨지는데, 일부는 **전이가능한 기능**transferable skills이고 다른 일부는 그렇지 않은 것으로 간주된다. 읽기와 쓰기를 배우는 것이 기계적인 문제가 되고 성공적인 독자와 필자는 **숙련된**skilled 독자와 필자가 된다. 이 관점은 문식성에 대한 교육계의 정의로서 매우 영향력이 크고, 사회 전반에 퍼져 있다. 문식성에 대한 정부의 전략도 이 관점을 취하는 경우가 많다.

문식성을 기능으로 보는 관점 또한 문식성에 대한 하나의 설명 방식임을 인식하는 것이 중요하다. 그것은 질병 비유와 다르지 않다. 읽기와 쓰기에 대해서 이야기할 때에는 비유를 항상 든다. 예를 들어 파울로 프레이리는 전통적인 문식성 교육에 대해 사람 속에 지식을 적립하는 **은행저금식**banking이라고 비판하였다. 전통적 관점에서 지식은 사물, 즉 주고받을 수 있는 대상이고, 이 비유를 조금 더 확장해 보면 비어 있는 사람을 문식성으로 채워 넣을 수 있다고 본다. 반면 프레이리는 이러한 결핍 관점과는 상반되는 입장에서 문식성을 이해하였다. 그는 사람들이 무엇인가를 해 나가는 과정으로서 문식성, 권리로서의 문식성, 권한 부여의 한 형태로서의 문식성이라는 관점을 취했다.

모든 사람들이 문식성에 대해 관점을 가지고 있고, 대부분은 자신의 관점을 고집스럽게 유지한다. 이러한 관점들은 비유를 통해 표현된다. 그러나 상이한 비유는 우리가 문맹을 어떻게 보는지, 문맹을 변화시키기 위해 무엇을 해야 하는지, 사람들을 어떻게 규정하는지에 대해 상이한 함의를 가진다. 예를 들어, 문맹이 질병이라면 아픈 사람이 관련된 것으로 질병은 근절되어야 하고 전문가가 그 일을 할 필요가 있다. 만약 심리적인 문제라면 치유나 상담이 필요할 것이다. 다른 비유들은 훈련, 권한 부여, 특수교육이나 사회적 지원 등을 필요로 하고, 비유에 따라서 참여자들이 학생, 고객, 의뢰인이나 수령인 등으로 달라질 수 있다. 또한 비유에 따라서 누군가를 탓해야 한다면, 개인의 운이나, 개인, 학교, 가정 또는 사회적 구조 등으로 달라질 것이다. 일부 비유는 교육계 내에서 쓰이고, 다른 비유는 상담이나 치료 등 다른 분야에서 쓰인다. 모든 분야에서 문식성은 사회적으로 구성되어 왔다. 케네스 레빈은 이에 대해 논의하고(Levine, 1985: 172) 문식성에 대해 이야기하는 상이한 사회적 방식을 표로 구성한 바 있다. 〈표 2.1〉은 그것을 보완한 것이다.

〈표 2.1〉 문식성에 대해서 이야기하는 방식들

인식된 상황		대응방식	수단	목표	적용
1	병 장애	치료 재활	치료적 중재 보정적 도움	송환 경감	난독증
2	무지	훈련	지도	숙달	전통적인 문식성 지도
3	무력함	치유	상담	적응 동화 자율	
4	억압	권한부여	정치 조직화 법제화	권리 회복	의식화 교육
5	결핍	복지	물적 자원의 재분배	혜택	긍정적 구분
6	일탈	통제	고립 억제 물리적 강제	교정 순종	부정적 구분

문식성을 지식과 정보에 대한 접근성이라는 측면에서 보는 관점도 있다. 문식성을 갖추기 위해서는 서적 및 기타 인쇄 자료에 대해 접근할 수 있어야 한다. 이 관점에서는 문식성이라는 단어 자체가 다른 영역에 적용될 수 있는 비유가 된다. 즉, **문화적 문식성**cultural literacy, **컴퓨터 문식성**computer literacy, **정보 문식성**information literacy, **시각적 문식성**visual literacy과 **정치적 문식성**political literacy과 같은 용어가 나오게 된다. 여기에서는 문식성을 특정 지식 영역에 대해 이해하는 것으로 보는 것이다.

질병이나 일련의 기능으로 보는 문식성 비유는 제한적이고, 읽기와 쓰기에 관련된 것을 깊이 있게 담아내지 못한다. 나는 이에 대해 탐구하고자 하지만, 우선은 이 책이 토대로 하는 접근을 분명하게 하기 위해서 비유와 이론에 대한 일반적인 이야기를 하는 것이 필요하다.

이론과 비유

문식성에 대해 생각하는 다양한 방식을 논의함에 있어서, 우리는 매우 의식적이고 반성적이어야 한다. 우리는 우리가 사용하는 언어에 대해 매우 분명해야 할 필요가 있다. 나는 문식성에 대한 생각을 구조화하고 발전시키는 많은 개념들을 면밀히 살피고 분석할 것이다. 여기에는 **읽기**reading, **쓰기**writing, **기능**skill, **문식성을 갖추지 못한**illiterate과 같은 개념이 포함될 것이다. 또한 이 논의는 **학습**learning, **진화**evolution, **주류 문화**mainstream culture와 같은 용어의 의미를 검토하는 것과 같이, 문식성과 직접적으로 관련 없어 보이는 생각과 개념들도 포함할 것이다. 이처럼 분야들 간을 넘나들다 보면 용어들이 상이하게 쓰인다는 것이 명백해질 것이다. 내가 하고자 하는 것은 다른 분야에서 얻은 정의들을 아우를 수 있는, 문식성에 대해 이야기하는 새로운 방식을 찾는 것이다. 우리에게 필요한 것은 문식성의 정의가 아니라, 비유, 모형, '문식성에 대해 이야기하는 방식'이다.

문식성은 어떤 종류의 활동인가? 이 물음을 강조하기 전에, 일반적인 비유와 비유의 작용 방식 및 역할에 대해 이야기할 필요가 있다. 여기에 쓰인 비유의 개념은 비유의 일상적인 쓰임보다는 넓은 것이다. 나는 내가 말하는 비유의 의미를 설명하고, 문식성의 몇몇 정의들을 살펴보며, 문식성 연구 분야에서 이루어지고 있는 논의들에 대해 설명할 것이다. 그런 다음에 문식성에 대한 다른 비유에 대해 이야기할 것이다.

우리는 우리의 삶을 이해하려고 한다. 우리가 하는 일에 대해 이야기하고, 우리의 행동, 감정, 의도를 설명하고 정당화한다. 우리는 세상을 설명하는 이론을 만들어 낸다. 우리의 감정과 의도가 우리의 행위에 영향을 주는 것처럼 우리의 이론도 우리의 행위에 영향을 미친다. 우리는 경험에 비추어 우리의 이론을 수정 · 보완한다. 이는 문식성에도 적용된다. 모든 사람이 문식성에 대한 관점을 가지고 있고, 어떤 방식으로든 문식성에 대해 이해하고 있다. '**읽기**reading'라는 용어를 쓰는 모든 사람은 그 단어의 기저에 있는 문식성의 본질에 대한 이론을 가지고 있다. 나는 문식성에 대한 이러한 관점들을 사람들의 **일상 이론**everyday theories이라고 부를 것이다. 이들은 때로는 **속설**俗說, folk theories로 불리기도 한다. 속(俗)이라는 말에는 진리가 아니라는 의미와 어떤 면에서는 폄하하는 의미를 담고 있기 때문에 나는 일상 이론이라는 말을 선호한다.

일상 이론에 대한 이런 점들은 전문가와 연구자들의 이론에도 동일하게 적용된다. 전문가나 연구자는 그들(우리?)이 더 잘 아는 이론이 있다. 그러나 이러한 이론들(나는 이들을 **전문 이론**professional theories이라고 부를 것이다)은 일상 이론과 비슷한 방식으로 발전하고 수정된다. 일상 이론과 전문 이론의 주요한 차이는 후자가 대개는 보다 정교하고 명시적이라는 것이다. 전문 이론은 대개 보다 일반화되는 것을 목표로 하고 체계적인 방법으로 점검될 수 있다. 전문 이론은 외양적으로는 비개인적인 지식 구성체로 형식화되고, 교수(teaching)를 통해 명시적인 방법으로 전수된다. 이러한 전문가 지식 구성체는 부분적으로는 출판을 통해 보다 높은 지위와 권위를 가지게 된다. 또한 정부의 정책이 특정 이론에 기반을 두게 되면, 그 이론은 상당한 규모의 재정 지원에 의해 확장·발전한다. 이러한 과정을 통해 공식적 이론이 지배적인 이론이 된다. 이러한 이론들은 법제화될 수 있고, 어떤 사안을 바라보는 데 있어서 정통의 권위를 가지는 이론이 될 수 있다. 그러나 전문 이론이라고 할지라도 틀릴 수도 있고 오도(誤導)할 수 있으며, 해로운 것일 수도 있다. 다시 말해 이 이론들이 일상 이론보다 반드시 우월한 것은 아니다. 전문 이론을 항상 옳거나 완벽한 것으로, 또는 일상 이론을 대체할 수 있는 것으로 특별한 특권을 부여하지 않는 것이 중요하다.

그런데 이처럼 일상 이론과 전문 이론을 구분했지만 이 둘은 본질적으로 비슷하다. 사람들의 실제 생활에서 이 둘은 서로 겹치기 마련이다. 사회 과학과 다른 영역의 이론들을 예로 들어도, 이들도 인간의 삶에 스며들어 있기는 마찬가지다. 이론들은 어떤 분야에 대해 이야기할 때 용어와 이해의 틀을 제공한다. 예로 들어 마음에 관한 프로이드 이론의 일부 개념들과 무의식이라는 용어는 일상 언어화 되었다. 다른 예는 아동 보육에 대한 이론들로, 심리학자와 여타 학자들의 이론이 우리가 아동에 대해 이야기하는 방식을 비롯하여 일상에 영향을 미치고 있다. 또한 전문 이론이 일상적인 담화에 영향을 주기도 하지만, 핵에너지, 의학, 과학 등 많은 분야에서 전문가의 역할과 전문가 지식에 대한 의문이 제기되고 있음도 상기할 필요가 있다.

지금까지 문식성 이론에 대해 이야기할 때, 미디어와 정치인 및 학부모들 이야기의 토대가 된 전문 이론 중 하나는 문식성이 일련의 기능들이라는 이론이다. 이 이론은 전문 이론이고 교과서와 교재에 나와 있고, 교육기관에서 가르쳐지며, 법적 인프라에 의해 지원되고, 학교와 대학에서의 문식성 수업에서 활용되었다. 또한 이 이론은 생활 속에도 스며들어 사람들이 가지고 있는 문식성에 대한 일상 이론의 일부를 형성하고 있다. 기능과 수준이라는 개념은 학부모들이 아이의 성취에 대해 이야기할 때 활용된다. 가령 이 접근에서는 기능으로서의 읽기는 교사가 가장 잘 가르칠 수 있고, 읽기 학습은 다른 학습과 분리되어야 하며, 부모는 아이가 읽기를 배우는 데 독자적으로 할 역할이 없다는 것을 시사한다.

일상 이론과 전문 이론의 간극은 양방향으로 영향을 미친다. 즉, 전문 이론이 일상의 논의에 영향을 미치고, 반대로 일상의 논의가 전문 이론에도 영향을 미친다. 전문 이론은 주로 일상생활의 말로 체계화된다. '지능'이나 '진화'와 같은 단어는 연구자들이 보다 엄밀한 방식으로 이야기하려고 하면 보다 전문적인 의미가 더해진다. 그럼에도 불구하고 전문 이론은 미완성 상태이고, 때로는 일상의 언어로 표현된다. 불가피하게 일상의 경험이 전문 이론의 불완전한 부분을 메우게 된다. 어느 학교급이든 문식성 교사는 부분적으로는 양성 과정에서 접한 전문 이론을 따르지만 동시에 일상의 지식을 따르기도 한다. 일상의 지식은 부분적인 전문 이론을 채우고 완성한다. 이것은 피할 수 없는 것이고, 이론의 본질이기도 하다. 이는 전문 이론이 잘못되었음을 의미하는 것도 아니다. 구술 문화와 문자 문화 간의 '대구분'이나 다른 문자 체계에 대한 알파벳의 우월성과 같은 일반적인 학술 이론은 일상 이론인지 전문 이론인지 명백하지 않은데, 이것은 서로 다른 이론들이 섞여 있기 때문이다. 이러한 전문 이론 내 일상 이론의 역할에 대한 논의는 이 책의 전반적인 내용과 관련이 있다.

문식성에 대한 논의에서 이론들의 중요한 또 다른 측면은, 이론이 특정 분야의 경험으로부터 발달되었다는 것이다. 경험으로부터 발달된 이론은 더 넓은 분야를 포괄하기 위해 확장된다. 여기에 대해서는 일련의 기능으로서의 문식성이라는 예를 활용하여 나중에 설명할 것이다. 우리의 지식은 늘 부분적이고, 우리는 삶의 더 많은 부분을 이해하기 위해서 우리의 경험을 일반화할 필요가 있다. 결과적으로 우리의 이론을 지지하는 것은 언제나 부분적인 것이다. 어리석게도 우리는 종종 모든 것을 아우르는 하나의 답변을 찾기 때문에 절반만이 진실인 이론들이 부적절한 영역에까지 확장된다.

이론들은 강조점이 서로 다르다. 이론의 출발점이 서로 다르고, 각기 다른 뿌리를 갖고 있다. 아동의 읽기 속도의 개인차를 예로 들어 보자. 만약 여러분이 학교나 대학에서 아이들을 분류할 필요가 있다면 등급화가 매우 중요해질 것이다. 아동의 읽기 학습의 개인차가 아무리 적고 일시적인 것이라고 할지라도, 이러한 등급 속에서는 매우 두드러지게 될 것이다. 그러나 그런 개인차가 다른 이론에서는 완전히 부적절한 것일 수도 있다. 또는 문식성과 관련된 다른 예를 들자면, 문식성에 대한 비판적 접근에서는 접근성의 문제와 권력의 문제가 중요하지만, 다른 이론에서는 그럴듯한 개념조차 되지 못할 수 있다.

비유와 사고

나도 이 책에서 마음과 사고에 대해 특정한 전제를 두고 있다. 중요한 전제로 내적 세계와 외적 세계가 있고, 그 둘 사이에는 일정한 관계가 있다고 본다. 나는 이에 대해 구성주의적 관점을 취할 것인데, 이는 사람들이 외적 세계에 대한 심적 모형을 구성할 때 그 구성의 중심에 언어를 두는 관점이다. 우선 이론들은 언어로 정교화되고, 그것도 일상 언어로 체계화된다. 이렇게 하는 한 가지 방식은 우리가 사용하는 말, 우리가 대상에 붙이는 표식, 우리가 활동에 붙이는 이름을 통해 비유를 하는 것이다. 이는 언어가 활용되는 통상적인 방식이고, 사실상 다른 대안이 없다. 우리는 세계가 어떠한지 그리고 세계가 어떠할지를 상상하는 언어를 활용한다.

언어의 대부분은 비유에 기대고 있고, 대부분의 말과 말들 간의 관계 또한 비유이다. 이러한 까닭은 구체적이지 않은 것에 대해 이야기할 때에 비유가 필요하기 때문이다. 보편적인 출발점은 물리적인 세계이다. 예를 들어 '돌아오는 주에', '월요일부터 금요일까지'와 같이, 우리가 시간을 이야기할 때 물리적인 거리를 활용한다. 중요한 것은 마음에 대한 비유도 대개는 물리적 세계로부터 구조화된다는 것이다. 이것은 사고를 쓰기로 전환하는 것이라는 입장의 문식성과 관련된다. 기능 비유도, 문식성을 우리가 갖고 있거나 없거나 하는 일련의 능력이라고 본다는 점에서 매우 물리적인 비유이다. 우리는 추상적인 것을 표상하기 위한 비유를 제시할 때 물리적 세계를 활용한다. 이 부분에 대해서 여기서는 자세하게 다루지 않을 것이다. (그리고 이 책을 계속 읽어나가기 위해서 여러분들이 이 점을 믿는 것이 필수적인 것은 아니다. 나는 문식성에 관한 논의를 위해 필요한 부분들에 대해서만 언급할 것이다.)[1)]

우리가 '읽다(read)' 대신에 '말하다(say)', '이해하다(understand)' 대신에 '알아보다(see)', '쓰다(write)' 대신에 '말하다(talk)'를 활용하는 방식에서도 다른 분야들 간에 전환이 일어난 것이다. 듣기는 청각적이고 읽기는 시각적인데, 이 둘이 서로 혼용된다는 것은 흥미롭다. '나는 이 책이 말하는 것이 무엇인지 알아볼 수가 없다', 또는 내가 이 책을 쓰면서 '…

에 대해 말하고 있는 바는'이라고 하는 것, 또는 '전화로 논의했던 것들을 쓰려고 하니……'와 같은 구절을 예로 들 수 있다. 이런 점은 읽기 수업에서 교사가 아이들에게 말하는 경우를 포함해서 어디에서나 쉽게 찾아볼 수 있는 보편적인 모습이다. 우리는 대개 이런 양태들을 혼용한다. 어떤 연구자는 들려주는 문자를 들을 수 없었던 아이가 스스로 귀가 먹었다고 생각하는 일화를 들었는데, 아이는 문자가 '말하는' 바를 들을 수 없었다고 보고하였다.

비유에 대해 더 이야기하고자 하는 바는 비유가 보다 큰 체계의 일부라는 것이다. 비유하는 바와 체계는 서로 의미가 통하고, 담화를 형성해서 세상을 표상하는 응집성을 띤다(Gee, 1996; Fairclough, 1992). 말은 다른 말의 구조 내에 위치한다. 비유는 모든 이론들의 일부이다. 우리가 쓰는 말은 모든 이론과 비유를 함께 동원한다는 점에서, 비유는 빙산의 일각과 같다. 이해하기 위해서 시각적 비유의 한 측면을 활용하는 것은 다른 것을 암시할 수 있다. 보다 넓게 본다면, **지능**intelligence, **진화**evolution, **사회**society, **개인**the individual과 같은 개념은 그 뜻을 확정하기 어렵지만 보다 넓은 담화의 틀 내에서도 쓰인다. 이러한 용어는 **생각을 조직하는 수단**organizing ideas으로서 중요하다. 이들은 한 영역을 조직하고 그 영역을 넘어서기도 한다. '지능'과 '진화'는 일상적인 생각 속에 쓰인 것으로, 생각을 조직하는 수단이 된다. 생각을 조직하는 것이 이론이고, 일상적인 생각에 대한 비유이다. 동시에 생각을 조직하는 것은 그것이 적용되는 분야에서 두 가지 상반된 역할을 한다. 하나는 우리의 일상의 생각을 풍부하게 하고, 다른 하나는 동시에 그것을 제한한다는 것이다. 이런 말들이 반드시 문식성 논의의 일부가 되어야만 한다. '**주류**mainstream', '**서구의**western'와 같은 문식성을 논할 때에, 겉으로 보기에 평범한 일상용어 또는 문식 실천을 논할 때 무의식적으로 쓰는 '우리'라는 말의 사용은 필자가 독자와 같은 문화적 실천을 공유한다는 것을 전제한다(나도 이 점에 대해서는 부끄럽게 생각한다). 이런 용어들이 설명될 필요가 있다.

우리는 우리가 살고 있는 복잡한 세계를 이해하는 데 도움이 되는, 조직 원리들이 필요하다. 좋은 이론이나 비유가 그런 점을 밝힐 수 있다. 좋은 이론이나 비유가 우리의 이해를 깊게 하고, 새로운 통찰력을 제공하며, 새로운 연결고리를 만든다. 개념은 다른 개념들과 연계되고 우리는 개념들을 분류한다. 비유에 대한 이런 관점은 되풀이될 것이다. 이것은 5장에서 다루게 될 언어에 대한 구성주의적 관점에 있어 필수적인 측면이다. 이는 사람들이 세상을 어떻게 이해하는지, 아이들이 어떻게 발달하는지, 언어가 무엇인지에 대해 시사점을 준다.

문식성의 개념 정의

문식성에 대한 엄밀한 개념 정의를 찾는 것은 불가능한 일일지도 모른다. 복합적인 개념들이 사전류의 정의에 영향을 받는다는 생각은 어쩌면 신화이다. 그럼에도 불구하고 사전은 용어의 용법들을 체계화하기 때문에 사전적 정의는 문식성에 대한 보다 넓은 관점, 즉 문식성의 이론으로 나아가는 데 유용한 출발점이 될 수 있다. 우리는 이러한 개념 정의들을 아우를 수 있는, 문식성에 대해 이야기하는 방식이 필요하다. 이 절에서 나는 사전에서 배울 수 있는 것과 사전이 제공하는 정보들에 대해 탐색할 것이다. 이는 우리가 한 단어의 의미와 어원을 혼동하지 않고 기본적 또는 문면의 의미만을 구하지 않는 이상, 유용한 출발점이 된다. 사전적 정의는, 관련성이 있기는 하지만 사람들이 일상적으로 사용하는 단어의 실제적인 용법과 구별될 필요가 있다.

읽기, 쓰기, 문식성이라는 단어들은 많은 의미가 있다. **읽기**reading는 아나운서들이 뉴스를 기계적으로 언급해 주는 것에서부터 어떤 텍스트를 해석하는 수많은 단계들까지 포괄한다. 의미를 이해한다는 측면에서 읽기는 항상 온도계 읽기, 표정 읽기 등을 포함하는 광범위한 현상에 적용되어 왔다. 이제 이 단어(읽기)는 사람들-독자들-이 시, 소설, 영화 등에 대한 다양한 해석을 포함하는 것으로 확장되었다. 읽기는 해체되고 있다.

영어 단어에서 **쓰기**writing는 규칙적인 모호성이 있기 때문에, 훌륭한 필자(writer)가 어떤 경우에는 수기(手記)를 깔끔하게 하는 사람과 철자를 정확하게 쓰는 사람을 의미하기도 하고, 때로는 써 내는 텍스트가 대학 레포트, 소설, 또는 광고 카피이건 간에, 창의적인 필자를 의미하기도 한다. 이 두 부류의 의미 중에서 어떤 것이 쓰기에 대한 지배적인 의미가 되어야 하는지는, 초등학교와 성인 교육 기관 등 교육계에서는 끊임없는 논란거리이다. 우리는 아동의 학습과 교육적 비유를 다루는 장에서 이들 용어에 대해 다시 논의할 것이다.

문식성literacy은 상당히 최근에 형성된 영어 단어이고, 그 의미가 확장되고 있다. 나는 읽기와 쓰기에 대한 새로운 광의의 관점들을 포괄하는 의미로 이 용어를 사용한다. 그리고 일부 영역과 '발생적 문식성'과 같이 교육계에서 이 용어가 어떻게 쓰이고 있는지를 포괄하여 개관할 것이다. 이미 지적한 바와 같이, 문식성이라는 단어는 컴퓨터 문식성, 경제적 문식성, 정치적 문식성과 같은 용어들에서처럼 특정 분야에 유능하고 지식을 갖춘 것을 의미하는 방향으로도 확장되었다. 사람들이 '서로 다른 문식성(literacies)'에 대해 이야기하고, 다양한 매체가 논의되면서, 가령 영화 문식성이 인쇄 문식성과 대조가 되기도 한다.

사전들이 이러한 단어들을 어떻게 다루어 왔는지, 그 역사적인 변화를 추적하는 일은 도움이 된다. 문식성과 관련해서 실질적으로 고려해야 할 4개의 단어가 있다. '문식성을 갖춘(literate), 문맹의(illiterate), 문식성(literacy), 문맹(illiteracy)'이 그것이고, '문식성을 갖춘'과 '문맹의'는 명사와 형용사 양쪽으로 쓰일 수 있다.[2] 1755년에 발간된 사무엘 존슨(Samuel Johnson)의 첫 영어 사전으로 거슬러 올라가면, '문맹의'만을 발견할 수 있다. 나는 19세기와 20세기 초반에 발간된 20개의 사전을 검토했는데, 1820년의 바클레이 사전(Barclay Dictionary)에도 '문맹의'만 들어있다. '문맹'은 1839년 워커의 중요 발음 사전(Walker's Critical Pronouncing Dictionary)에서 볼 수 있는데, 흔히 쓰이는 단어가 아니라고 기재되어 있다. 그러나 '문식성을 갖춘'은 '교육 받은(educated)' 혹은 '배운(learned)'이라는 의미로서 때때로 등장한다. 현대 생활에서 이 용어가 어떻게 때로는 '교육 받은'을 의미하는 것으로 쓰이는지 그리고 어떻게 때로는 교육과 대조되는지를 뒤에서 예를 들어 설명할 것이다. '문식성'은 1913년의 사전에는 나오지 않지만 1924년의 사전에는 등장한다. '문식성을 갖춘'의 의미에도 변화가 있다. '읽고 쓸 줄 아는'이라는 새로운 의미가 추가되어 있다. 이 의미는 그 중요성이 점차 더해져서, 코빌드 영어 사전(COBUILD English Dictionary)이나 콘사이스 옥스퍼드(Concise Oxford)와 같은 현대 사전에서는 제1 의미로 '읽고 쓸 줄 아는'이 제시되어 있고, '교육 받은'이 하위 의미로 제시되어 있다.

옥스퍼드 영어 사전(Oxford English Dictionary)은 1432년에 '문식성을 갖춘'이 '교육 받은'의 의미로 기술되어 있고, '성직자의 위계상 한 단계 아래의 사람'이라는 두 번째 의미가 함께 들어 있다. 다른 사전들을 봐도 '문식성을 갖춘'은 당시에 아주 보편적인 단어는 아니었던 것으로 추정할 수 있다. '문맹의'는 1556년으로 거슬러 올라가고, 네 단어 중에서 셰익스피어가 유일하게 사용한 단어이다. '문맹'은 1660년으로 거슬러 올라간다. 이는 1883년에 매사추세츠를 '북군 중에서 문식성을 갖춘 최초의 주'라고 적고 있는 '뉴잉글랜드 교육 학회지(New England Journal of Education)'에 등장한 '문식성'보다 200년 이상 앞선 일이다. '문식성'의 기원은 단어 '문맹'에서 온 것이다. '문맹의'의 반대 의미이면서 '읽고 쓸 줄 아는' 의미의 '문식성을 갖춘'은 1894년까지도 등장하지 않는다. 사전에 표제어로 등장한 단어들은 해당 용어의 역사적인 함축 의미가 어떠했는지를 알 수 있게 해 준다. 1859년의 한 자료는 '문식성을 갖춘 자(the literate)와 무지자(the ignorant)'라고 쓰면서 이 두 단어를 동일한 수준에서 다루고 있다. 1628년의 한 자료는 '약골 또는 문맹자'라고 적고 있다. 오늘날의 관점에서 보면 논란의 여지가 있지만, 1894년의 한 자료는 '문맹자들보다는 문식성을 갖춘 자들이 해당 계층의 범죄 순위에 더 많은 기여를 하고 있다'고 적고 있다. 그리고 문맹자가 완전히 부정적인 의미로만 쓰이지 않는다. 가령, 1865년의 한 자료는 '지능 테스트의 결과에 따라, 육군은 용감한 정신과 강인한 신체를 가진 씩씩한 문맹자들을 배제할 것이다.'는 우려를 적고 있다.

문식성이라는 용어를 경제적 문식성이나 컴퓨터 문식성과 같이 다른 영역에 적용하는 것은 아주 최근의 일이다. 옥스퍼드 영어 사전은 1943년부터 경제 문식성이라고 일컫는 예를 싣고 있다. 소통 매체 내의 문식성이라는 의미는 1962년의 BBC 편람에 나와 있는데, 이 편람은 텔레비전과 '매체를 이해하는 우리의 기능과 매체 내의 우리의 문식성'이라고 적고 있다. 이들 용어의 다른 사전적 예로는 '음악 문식성(musical literacy)', '성적 문맹(sexual illiteracy)', '문맹적 설계(illiterate design)로 지어진 집' 등이 있다.

언어학자들은 무표적, 유표적 용어들을 얘기한다. '정직한'과 같이 자연스럽고 통상적이고 기본적이며 공통된 단어는 무표적이고, 그 반대어로 짝을 이루어 '부정직한'과 같은 파생어는 유표적이다. 사람들은 '문식성(literacy)'이라는 말은 무표적이고 '문맹(illiteracy)'은 그로부터 파생되어 유표적이라고 생각할지 모른다. 그러나 역사적인 측면에서나 빈도 면에서, 상당히 경멸적인 용어인 '문맹'이 자연스럽거나 무표적인 용어이고, '문식성'은 그로부터 파생된 것이다.[3] 문맹(illiteracy)은 접사가 붙은 긴 단어가 무표적인 것이 되는 단어들(장애(disability)도 여기에 해당한다)에 속한다. 물론 문식성과 문맹은 함께 짝을 이루지도 않는다. 문식성은 때때로 **구술성**orality이나 **언식성**oracy과 대조된다. **비문식적**nonliterate이라는 단어가 '문맹의(illiterate)'에 비해 덜 경멸적인 대안으로 쓰일 수 있다. 또는 이 두 단어는 상이한 의미로 쓰일 수 있다. 가령, '문맹의'는 문자 문화 내에서 읽을 줄 모름을 의미하고, '비문식자(nonliterate)'는 문식성을 갖추지 못한 문화 내의 사람들을 의미할 수 있다. 문자 문화라는 말은, 문식성이라는 의미가 개인이 가지는 속성이라는 의미를 넘어서 그 의미가 확장된 것이다.

'문식성을 갖춘'이라는 말은 '**수리력이 있는**numerate'이라는 말과도 대조가 된다. '수리력이 있는'이라는 말은 사전 상으로는 불과 1959년에 등장하고, 교육중앙자문위원회(Central Advisory Council of Education)가 작성한 영국의 한 보고서에서 '**수리력**numeracy'과 '**수리력 없음**innumeracy'이 신어(新語)로 잘 정리되어 있다. 이 보고서의 저자들은 다른 신어들과는 달리 이 두 신어를 상당히 의식적으로 쓰고 있고, 예고 없이 기존 언어에 녹아들게 하고 있다. 보고서에서 이 두 단어는 '문식성을 갖춘', '문식성', '문맹'과 대조된다. '수리력이 있는'이라는 말은 '계산된'이라는 오래된 의미가 있는데, 이 의미는 최소한 1432년으로 거슬러 올라간다. 이는 '문식성을 갖춘'이라는 말이 옥스퍼드 영어 사전에 등장하는 것과 비슷한 시기이다.

이러한 용어들에 대한 번역은 매우 어렵고, 당혹스럽고, 서로 모순되기도 한다. '문식성'은 불어로 쉽게 번역되지 않는데, '쓰기(writings)'라는 의미의 불어 '에크리뛰르(*ecriture*)'에 해당하는 쉬운 영어 단어가 없고, '문자화되지 않은'의 의미인 '일레뜨리슴(*illetrism*)'은 영어에서는 흔히 쓰이지 않는다. 장 뽈 오뜨꾀르(Jean-Paul Hautecoeur, 1990)는 성인 교육과 관련하여 프랑스에서는 '일레뜨리슴'을 쓰는데 반해, 퀘백과 같은 불어권에서는 '아날파베띠슴(*analphabetism*, 문맹)'을 보다 보편적으로 쓴다고 지적한다. '알파벳순으로 쓰이지 않은(unalphabetized)'과 같은 단어는 스페인어, 이탈리아어, 그리스어와 덴마크어 등에 존재한다. 이는 편향성이 있는 단어라는 점을 주목하라. 즉 이 단어에는 문식성을 갖추기 위해서는 알파벳 중심의 문자 체계가 필요하다는 생각이 들어 있는 것이다. 스페인어의 '알파베띠자르(alfabetizar)'와 같이, 몇몇 언어에는 '문식성을 갖추게 만들다'라는 의미에 대응하는 동사가 있다. 영어에서 '알파벳순으로 표기하다(alphabetize)'는 목록 만들기나 심지어 글쓰기 체계와 관련된 무엇인가를 하는 것이지만 대개는 사람에게 무엇인가를 하게 하는 의미로는 쓰이지 않는다. 영어에는 사람에게 문식성을 갖추게 하게 하는 행위에 해당하는 동사가 없다.

내가 번역을 하면서 어려움을 겪었던 두 가지 예를 들어 보겠다. 이 사례들이 번역 문제 때문에 초래된 혼돈을 잘 보여 줄 것이다. 첫째는 프랑스의 앙저에서 있었던 일이다. 다양한 나라에서 온 우리는 성인 교육 회의를 계획하면서, 회의의 주제로 문식성의 전반에 관한 것으로 할지 아니면 쓰기와 관련된 특정 문제에 관한 것으로 할지, 회의의 내용에 대해 순조롭게 논의하였다. 그런데 제목을 논의할 때는 혼란스러웠다. 영어권 학자들은 프랑스 학자들이 문식성에 대한 전반적인 논의를 하는 회의를 원하면서도 불가사의하게 회의의 제목은 '쓰기'로 한정하려고 한다고 느꼈다. 문화 간 의사소통이 잘 안된 오전을 보낸 뒤에, 문식성이

라는 용어를 번역하는 데에 문제가 있다는 것을 통역사들이 처음으로 알아냈다.[4)]

두 번째 문제는 우리가 인쇄 문식성(print literacy)과 영화 문식성(film literacy)을 비교하는 논문에 대해 논의하는 세미나 자리에서 일어났다. 처음에는 일본어였고 그 다음에는 그리스어와 덴마크어였는데, 우리는 영화 문식성[5)]과 같은 말은 다른 언어로 번역하는데 어려움(또는 불가능함)이 있는 것을 알게 되었다. 가령 일본어를 예로 들면, 일본어에는 '문장을 읽지 못하는'의 의미의 문맹에 해당하는 단어가 있는데 '몬무(mon mou)'라는 2음절어이고, 문식성에 해당하는 단어는 '글자에 대한 인식'이라는 의미를 지닌다. 그러나 이 단어는 영화 문식성이나 컴퓨터 문식성을 의미하는 데 쓰일 수가 없다. 능력이나 지식이라는 의미의 일반적인 단어는 쓰일 수 있지만 문식성이라는 의미와는 연결되지 못한다. 일본어로는 '영화를 감상할 수 있는 능력'이나 '컴퓨터를 조작할 수 있는 능력'에 해당하는 말로 얘기할 수 있을 뿐이다. 컴퓨터 문식성이 사용될 때에는 원어 용어가 그대로 일본어에서 사용되었다.

문식성 연구

문식성이라는 단어의 의미는 사전의 표제어를 점검하는 것으로만 충분히 규정될 수 없다. 이 단어는 읽기와 쓰기에 관한, 변화하는 관점을 제공하는 다양한 학문 분야에서 하나의 통일된 용어로 자리 잡았다. 이제는 '**문식성 연구**Literacy Studies'나 '**신문식성 연구**New Literacy Studies'로 불리는 분야에서 상당한 연구 성과가 있다.

중요 서적의 제목에서도 이 용어의 역사와 이 분야의 성장세를 일부 가늠해 볼 수 있다. 1980년 이전에는 제목에서 문식성을 언급한 책은 거의 없었다. 1980년대 초반에는 1년에 한두 권 정도 있었다. 그 후 10년 간 증가해서 1991년에는 제목에 '문식성'이 들어간 책이 15권 발간되었다. 이 제목들은 많은 의미를 드러내 준다. 이 분야 최초의 주요 서적 중 하나가 '언어와 문식성: 읽기와 쓰기의 사회언어학(Language and Literacy: the sociolinguistics of reading and writing)(Stubb, 1980)'이다. 제목에서 문식성의 정의가 분명히 드러나 있다. 1981년에는 '문식성의 심리학(The psychology of literacy)(Scribner & Cole, 1981)'이라는 책이 이어졌는데, 당시에는 '읽기의 심리학'이라고 하는 것보다 상당히 많은 무엇인가를 의미하는, 도전적으로 보이는 책 제목이었다. 우리가 이미 아는 바처럼, 문식성은 '사회적 질서(Cressy, 1980)'와 관련 있고, '문식성 신화'(Graff, 1979)라는 것이 있다. 책이라기보다는 짧은 논문이었지만 전반적인 방법론적 접근이 '문식성의 민족지학(The ethnography of literacy)(Szwed, 1981)'에서 제안되었다. 다른 학자들은 문식성은 '사회적 맥락(Levine, 1985)'을 가지고, '사회적으로 구성된다'(Cook-Gumperz, 1986)고 하였다. 문식성은 문식성의 근저가 되는 이론을 가지고 있고, 이를 토대로 실천이 따르는 것이다(Street, 1984). 문식성은 '대중 문화'(Vincent, 1989)와 관련 있고, 아이들 내에서 '발생하는'(Teale & Sulzby, 1986) 것이다. 구술성, 권한부여, 참여, 문화, 정치, '담화 속의 이데올로기(Gee, 1996)'의 관심사까지를 포함한 다른 단어들이 책제목에서 문식성과 조합되었고, 혹은 문식성은 '신문식성(The new literacy)(Willinsky, 1990)'이라는 이름하에 묶이기도 했다. '생태학'은 또 다른 연결고리로 이런 많은 부류를 통합할 수 있는 것이다.[6)]

보다 최근에는 다양한 배경 하의 문식 실천에 관한 광범위한 연구가 발표되었다. 다양한 '세계'에서의 문식 실천이 해밀튼 외(Hamilton et al. 1994)에서, 그리고 다양한 '상황적' 배경 내의 문식 실천이 바튼 외

(Barton et al. 2000)에서 제시되었다. 공동체의 서로 다른 문식성은 호주(Breen et al., 1994)와 남아프리카공화국(Prinsloo & Breier, 1996)에서 연구되었다. 그리고 태평양 섬사람들의 개인적인 편지 쓰기 실천이 제스니어(Besnier, 1993)에서 검토되었다. 와그너는 모로코 내의 아랍 화자들에 대해 연구했다(Wagner, 1993). 미국에서의 연구는 모스(Moss, 1994), 레더(Reder, 1987; 1994), 페레즈(Pérez, 2004)에서와 같이 소수 공동체의 서로 다른 문식성에 대해 자주 이루어졌다. 몰(Moll)의 연구는 학교와 미국 남부의 히스패닉계 공동체의 문식 실천을 연관시키는 것이었다(Moll, 1994; Gonzalez et al., 2005). 메리필드 외(Merrifield et al., 1996)은 도심의 애팔래치아 사람들과 캘리포니아의 이주민과 같은 두 개의 특정 공동체를 대상으로 연구하였는데, 상이한 맥락에서의 학습과 이들의 문식성에 대해 탐색하였다. 소수 이중언어 공동체가 영국에서도 연구되었다(Saxena, 1994; Bhatt et al., 1996, Baynham, 1993; Gregory, 1996; Martin-Jones & Jones, 2000a). 일부 연구자들은 종교 집단(Fishman, 1988, 1991; Kapitzke, 1995)이나 직장(Gowen, 1992; Gee et al., 1996; Belfiore et al., 2004)에서의 문식성과 같은 특정 사회 기관에 초점을 두기도 하였다. 일부 연구자들은 비슷한 민족지학적 접근을 취하여, 가정과 학교 내 아동의 문식성(Schieffelin & Gilmore, 1986; Mahiri, 2004; Moje & O'Brien(2000)에 있는 사례 연구들; Serpell et al.(2004) 연구의 일부 등)과 아동의 비공식적 문식성(Camitta, 1993; Maybin, 2006)에 대해 탐구하였다. 데니 테일러(Denny Taylor)는 일련의 가족 내 문식성 연구를 해 왔다(Taylor, 1983, 1996, 1997; Taylor & Dorsey-Gaines, 1988). 핑거렛과 드레넌(Fingeret & Drennon, 1997)은 학교 밖 성인 문식 실천과 관련하여, 문식성 프로그램 참여의 영향에 대해 연구하였다. 4장에서 나는 문식 실천에 대한 이러한 연구를 보다 자세하게 기술할 것이다.

이 책에서 나는 주로 인쇄 문식성에만 국한하였다. 이는 한편으로는 구술성과 다른 측면에만 집중한다는 것이고, 한편으로는 다른 매체에 대해서는 거의 다루지 않는다는 것을 의미한다. 이는 조작적인 것인데, 이렇게 해야 이 책의 주제를 어느 정도 감당할 수 있기 때문이다. 즉, 인쇄 문식성을 보다 넓은 분야를 이해하기 위한 초석으로 삼았다. 그렇게 해야만 문자 언어에 대해서 상당히 정확하게 얘기할 수 있게 될 것이다. 또한 이 책을 통해 나는 인쇄 문식성의 경계가 점점 더 모호해지고 있다는 것을 강조한다. 그리고 우리가 사람들 삶의 복잡성과 교육 및 기타 분야에서의 요구를 이해하고자 할 때, 인쇄 문식성과 의미 생성의 다른 형태들을 분리할 수 없다는 점을 강조한다. 군터 크레스(Gunther Kress)는 특히 **복합양식성**multimodality에 대해 이야기하는데, 인쇄 문식성이 다른 양식들(특히 시각적 양식)과 어떻게 엮여 있는지, 그리고 사회가 문자 중심에서 화면 읽기로 변화하면서 읽기가 어떻게 변화하는지에 대해 이야기한다(Kress & Van Leeuwen, 2001; Kress, 2003; Snyder, 2002).

문식성에 대한 새로운 관점의 핵심은, 사회적 맥락 내에서 읽기와 쓰기를 위치 지우는 것이다. 앞서 언급한 다양한 분야의 많은 연구자들도 이와 같은 방향으로 나아가고 있다. 여기에서는 이 중에서 몇 개만 주목하고, 뒤에 나오는 장에서 보다 자세하게 언급하고 그들의 생각을 면밀히 살펴보겠다. 나는 세 개의 중요한 학술 연구의 저자인 실비아 스크라이브너(Sylvia Scribner), 마이클 콜(Michael Cole), 브라이언 스트리트(Brian Street), 셜리 브라이스 히스(Shirley Brice Heath)의 연구부터 시작하고자 한다. 이들의 연구는 잘 알려져 있고, 영향력이 매우 컸다. 그들은 상이한 방식으로 문식성 연구의 시작을 대표하는 것으로 여겨졌고, 이 분야의 고전이 되었다.

이 연구들은 상이한 연구 전통에 속해 있지만 실제로는 공통점이 상당히 많다. 세 연구는 모두 한 사회 내의 독립된 집단들을 탐구했는데, 사람들이 문식성을 어떻게 사용하는지를 탐구하면서 특정한 사회를 자세하게 관찰하였다. 이들은 일상생활과 사람들이 읽고 쓰는 것부터 시작한다. 이 연구들은 자세한 관찰과 광범위한 증거를 활용하고자 한다. 각 연구는 한 사회 내의 집단들을 비교하면서 차이점을 알아내지만 거시적인 일반화는 피한다. 나아가 그들이 연구하는 특정한 상황에 대해 중요한 발견을 해낸다. 이 연구들은 다른 사람들이 특정한 상황을 이해하는 데 필요한 생각을 제공하고, 동시에 문식성이 무엇인가에 대한 보다 일반적인 질문을 던진다. 이 연구들을 보면 문식성이라는 개념이 복잡하다는 것을 인식하게 되고, 문식성에 대한 우리의 이해가 분명하지 않다는 사실을 알게 된다. 이는 문식성에 대한 새로운 정의의 필요성을 배태했다.

간단하게 말하면, 스크라이브너와 콜은 간문화적 심리학을 기반으로 연구하는 학자들인데, 라이베리아 북서부 바이족 간의 문식성 사용에 대해 훌륭한 연구를 수행하였다. 그들의 연구는 문자 체계, 사람들이 읽기와 쓰기를 배우는 방법, 문식성의 사용에 관한 내용을 매우 정교하게 담고 있다. 그들은 면접, 관찰, 다양한 심리 테스트 등의 방법을 활용하였다. 또한 비공식적으로 배우게 되는 것, 교육 체계 밖에 존재하는 것을 포함하여 문식성의 다양한 형태에 대해 자세히 설명한다.

그들의 책(1981)은 수행한 연구를 읽기 쉽게 써 놓은 것이다. 이 책에서 우리는 그들이 일련의 기능으로서의 문식성 개념을 확인 가능한 결과로 어떻게 전환하고 있는지를 볼 수 있다. 그들에 따르면, 문식성은 그것이 획득되고 사용되는 사회적 실천이라는 맥락 속에서만 이해될 수 있는 것이다. 그리고 문식성의 개념을 **문식성의 실천적 측면**practice account of literacy이라는 대안적 개념으로 전환하고 있다. 그들은 다음과 같이 결론을 맺고 있다.

> 쓰기 체계의 테크놀로지와 그에 따른 잘 알려진 결과에 대해 과도하게 초점을 두는 대신…… 우리는 문식성에 대해, 상징 체계를 사용하고 생산과 유포를 위한 테크놀로지를 활용하는, 사회적으로 조직된 일련의 실천으로서 접근한다. 문식성은 특정한 인쇄물을 읽고 쓰는 방법을 아는 것이 아니라 구체적인 사용 맥락 속에서 특정한 목적을 위해 이러한 지식을 적용하는 것이다. 물론 테크놀로지 관련 측면을 포함하여 이러한 실천의 성격이 문식성과 연계된 기능(결과)의 종류를 결정할 것이다(Scribner & Cole, 1981:236).

위 인용 속 정의에는 많은 내용이 들어 있고 나는 이를 다룰 것이다. 우선 우리는 그들의 연구에서, 문식성의 사회적 측면에 주목하는 변화에는 연구 방법의 전환이 포함된다는 것을 알 수 있다. 이는 심리적 패러다임에서 사회적 패러다임으로의 전환을 의미한다. 이 책을 읽으면, 그들이 연구를 진행하면서 이러한 사고가 어떻게 진전되었는지를 추적해 볼 수 있다. 그들은 합산할 수 있는, 개별적인 개인 변인들이라는 개념의 전통적인 심리적 사고로부터 시작하여 다른 접근으로 나아간다. 그들은 다음 장의 주요 논점인 문식 실천의 관점에서 이야기를 시작한다. 또한 그들의 연구는 보다 일반적으로는, 심리학과 문화적 맥락 속에 놓인 개인을 연구하는 다른 학문 분야를 통합하려는 새로운 연구들에 영향을 미쳤다. 이들 연구는 범박하게는 사회 · 문화적 접근으로 일컬어진다.[7)]

히스와 스트리트는 다른 출발점을 취한다. 그들은 보다 기술적인(descriptive) 사회 · 인류학적 방법론으로부터 출발한다. 스트리트는 이란의 이슬람교 주민에 대해 연구하였다. 그는 인류학자로서 그곳에서 생활하면서 민족지학적 현장 연구를 수행하였는데, 이 연구의 일부로 사람들의 읽기와 쓰기를 점검하였다. 그는 그의 접근을, 문식성은 상황별로 다양하고 이데올로기에 의해 좌우된다는 뜻에서, **이데올로기적**ideological 접근으로 기술하였다. 그리고 사회적 맥락과는 독립적인 것으로 정의되는 문식성에 대한 관점을 **자율적**autonomous 접근이라고 이르면서, 이데올로기적 접근과 대조시켰다. 그는 '문식성의 의미는, 문식성이 작용하는 사회 기관에 의해 좌우되는데 …… 어떤 맥락에서건 가르쳐진, 특정한 읽고 쓰는 문식 실천은 사회계층……과 교육 기관의 역할과 같은 사회적 구조라는 측면에 의해 좌우된다.'(Street, 1984: 8) 스크라이브와 콜과 같이 스트리트도 실천이라는 점에서 이야기한다. 그의 이데올로기적 접근과 자율적 접근의 구분은 영향력이 있었고, 평가와 같은 사회적 해석이 필요한 잠재적으로 어려운 주제를 포함하여, 다양한 분야를 연구하는 학자들이 이 구분을 따랐다(예를 들어, Hill & Parry(1994)를 보라).

세 번째 연구는 미국 남동부에서 이루어진 히스의 연구이다. 그녀의 책 '언어를 다루는 방식(Ways with words, 1983)'은 읽기에 매우 즐거운 또 다른 책이다. 그녀는 7년간 미국의 애팔래치아 공동체 세 곳과 긴밀한 관계를 유지하면서, 민족지학적 · 사회언어학적 방법을 활용하여 사람들의 가정과 공동체 내 읽기와 쓰기의 사용에 대해 자세히 기술하고 있다. 그녀는 가정과 공동체 내에서 행해지는 읽기와 쓰기에 대한 뚜렷한 생각을 가지고, 가정과 학교의 서로 다른 문식성 간의 관계에 대해 검토하면서 학교에 관심을 가졌다. 문식성을 정의하면서 히스는 '…… 문식성이라는 개념에는 복잡다단한 의미가 내포되어 있다. 문식성에 대한 개념 정의들은 문식성의 기능들(문식성이 개인을 위해서 할 수 있는 것)과 문식성의 활용(개인이 문식성 기능으로 할 수 있는 것)에 대해, 암묵적이어서 대체로 인식되지 못하는 관점들을 포함한다.'(Heath, 1980: 123). '문식성이 사람을 위해 하는 것'과 '사람이 문식성을 통해서 하는 것' 간의 대조를 몇몇 연구자들은 받아들였다. 히스의 연구는 사람들이 일상 속에서 읽기와 쓰기를 활용하는 실제적인 예, 즉 **문식 사건**literacy events에 대해 주목하게 만들었다는 점에서 중요하다. 이는 교육에서 영향력을 발휘하였다. 히스 연구에 영향을 받은 교육자들은 교실 활동에서의 문식성을 자세히 탐구하고, 가정과 공동체 내의 읽기와 쓰기가 어떻게 이루어지는지에 대해 주목하게 되었다.

여기에서 나는 이 세 연구가 문식성의 정의에 대해 무엇을 이야기했는지에 대해 집중하였다. 이를 문식성 연구의 소역사(mini-history)로 정리하기 위해, 1985년에 두 개의 논문 모음집(Olson et al., 1985; De Castell et al, 1986)이 발간되었고, 곧이어 다른 책(Kingtgen et al, 1988)도 발간되었다. 이후 이 주제와 관련하여 책과 논문에서, 따라가기에도 힘겨울 정도로 수많은 논의가 이루어졌다. 여기에서는 간단한 개관을 할 것이고, 다른 사람들의 연구와 다양한 참고문헌들은 이 책의 다음 장들에서 다루어질 것이다.

지금까지 나는 학술적인 연구자들을 다루었다. 그런데 이와는 매우 다른 분야의 사람으로서, 문식성에 대한 사회적 접근에 기여한 브라질의 교육자 파울로 프레이리가 있다. 그의 접근은 문식성에 대한 독특한 접근으로, 40여 년 전으로 거슬러 올라간다. 그는 성인 문식성 분야에서 세계적으로 매우 영향력이 있다. 나는 이미 그의 비유 중 하나인, 은행저금식 교육을 언급하였다. 그의 작업은 문식성과 사고라는 측면에서, 비유와의 관련성에서, 성인 문식성 프로그램에 대한 논의 등 여러 군데에서 다시 나올 것이다. 그의 접근에 대해서는, 특히 미국 내 성인 영어 학습과 관련된 연구와 개발도상국 내 문식성 프로그램에서 끊임없는 관심을 보여 왔다. 미국 내의 사례로는 오어박과 월러스테인(Auerbach & Wallerstein, 2004), 쇼어(Shor, 1987)가 있고, 영국에서는 컬크우드와 컬크우드(Kirkwood & Kirkwood, 1989)를 들 수 있다. 개발도상국에서는 프레이리의 작업에 기초해서 개발된, REFLECT 프로그램[2]에 대한 지속적인 관심이 있었다(Archer & Cottingham(1996)과 이 책의 13장을 보라).

여러 측면에서 프레이리는 지금까지 언급한 연구자들과는 다른 입장에서부터 출발한다. 그는 다른 목표를 가지고 있었고, 다른 질문을 던졌고, 결정적으로 그의 접근은 문식성에 대한 다른 관점을 취하고 있다. 그는 실천적인 측면에서 문식성 지도가 사회적 맥락 속에서 이루어진다는 사실을 명시적으로 제시하였다. 오늘날 세상에서 읽고 쓰지 못하는 성인들은 가장 빈한한 사람, 가장 힘이 없는 사람, 억압받는 사람이 되는 경향이 있다. 문맹을 양산하는 것은 세상의 불평등이다. 이것을 받아들여서 검토하는 것이 그의 접근의 출발점이다. 문식성 지도는 사회 및 사회와 참여자간의 관계에 대한 비판적 검토로부터 시작한다. 문식성 교육에는 불가피하게 변화가 따르는데, 그 변화의 첫 단계는 사회 내 개인의 위치를 분석하고 이해하는 것이다. 때문에 교사-학생 간 관계와 보다 넓게는 사회 내 권력의 불평등에 대한 물음이 중추적인 역할을 한다. 다른 사람과 마찬가지로 프레이리는 문식성이 다양한 목적을 위해 활용될 수 있음을 잘 알고 있다. 즉 그는 문식성은 사람들을 길들이기 위해서, 인간에게 권한을 부여하거나 인간을 해방하기 위해서 활용될 수 있

2〉 역자 주: 'Regenerated Freirean Literacy Through Empowering Community Techniques' 프로그램으로, 공동체 기술에 대한 권한 부여를 통해 프레이리식 문식성 교육을 적용한 프로그램임. 13장에서 다시 언급됨.

다고 본다. 문식성은 아주 다양한 방식으로 정의된다. 프레이리의 연구는 문식성이라고 불리는 획일적인 '것(thing)'이 없다는 것을 기존의 연구와는 다른 측면에서 보여 준다.

프레이리의 문식성 연구가 사고의 보다 전반적인 전환과 관련성을 보이는 지점은 이 주제가 '**비판적**critical'으로 기술되고 있다는 것이다. 프레이리의 문식성에 대한 접근은 명시적으로 비판적인 관점이다. '비판적'이라는 것은 몇 가지 의미가 있다. 사람을 가르쳐서 이치를 따지고 평가하고 분별력있게 사고하도록 만든다는 점에서, 모든 교육에는 어느 정도 비판적인 의미가 들어 있다. 이는 기본적이고 중요한 것이지만 모든 교육자들이 비판적이고 학생들에게 권한부여를 행한다고 주장할 때에는 그 의미가 퇴색된다. 내가 여기서 다루려고 하는, '비판적'의 다른 의미는 문식성이라는 용어를 검토하고 분석하며 해체하고 이 주제에 대한 비판적 담론을 형성하는 것이다. 이러한 해체를 통해 일반인들의 사용법, 미디어에 비친 이미지, 현재의 교육에 대한 비판적인 검토가 건설적으로 이루어질 수 있을 것으로 기대한다.

나아가 다른 의미도 있다. 비판적 문식성은 비판적 이론과 관련이 있다. 비판적 이론은 사회 구조가 개인에게 어떻게 영향을 미치는지를 강조하고, 사람들이 삶 속에서 할 수 있는 것을 제한하는 권력과 접근성의 불평등을 설명하는, 지식의 본질에 대한 보다 거시적인 접근들을 이르는 포괄적인 용어이다(Giroux, 1983; Livingstone, 1987; Gee, 1996; Luke & Walton, 1994). 클락 외(Clark et al., 1990, 1991)과 같은 언어 연구에 대한 비판적 접근도 이러한 맥락에서 이해할 수 있다.

문식성 연구는 불평등 이론들과 관련된 논의, 사람들에게 권한을 부여하는 실천적 방법에 대한 모색, 사람들에게 문식성을 갖출 수 있는 권리를 부여하는 것과 같은 세 가지 측면에 영향을 미칠 수 있는 잠재력이 있다. 문식성에 대한 사회적 접근들이 항상 비판적일 수는 없지만, 루크(Luke, 2005)와 같이 많은 사람들은 비판적 접근을 사회적 접근의 핵심적인 부분이라고 본다. 메리 탈봇(Mary Talbot)이 말하는 것처럼, '언어를 비판적으로 보는 것은 언어의 특질을 없애는(사용하는 사람들에게 완벽하게 자연스러워 보이는 관습을 낯선 것으로 만들고 의문을 품게 하는 것) 하나의 방법이다. 이는 사람들 삶의 제측면, 특히 언어가 삶의 제측면을 형성한다는 점에 대해 보다 깨어있게 한다는 의미에서, 사람들에게 권한을 부여하는 데(empowering) 도움이 된다(Talbot, 1992:174).'

비유 찾기

문식성 연구는 광범위한 분야를 포괄하는데, 그래서 나는 다양한 주제들을 다룰 것이다. 그런데 언어가 무엇인지와 학습이 무엇으로 구성되는지에 대해 간략히 기술하는 것은 어렵다. 또한, 학교에서의 아이들, 직장에서의 어른들, 그리고 다양한 문화와 다양한 역사적 시기의 문식성을 다루는 것은 어렵다. 나는 이들 다양한 주제를 아우르고 통합하고 확장하고자 한다. 우리는 이 모든 것을 아우를 수 있는, 문식성에 대해 이야기하는 방식이 필요하다. 이를 감안한다면 비유가 유용할 것이다.

지금까지 나는 이것을 문식성에 대한 사회적 접근이라고 불렀다. 그러나 고려해야 할 변인으로서 '사회적'이라는 외적인 측면 하나를 첨가하는 것 이상을 의미한다. 문식성은 사회적 의미를 지닌다. 사람들은 하나의 사회적 현상으로서의 문식성을 이해하고, 이러한 이해는 사람들의 태도, 행위, 학습에 기초하고 있다. 그런데 '사회적' 접근을 취할 때에는 사람들은 현재에 존재하기 때문에, 사회적 접근만으로는 충분하지 않다는 것을 분명히 하는 것은 중요하다. 접두사 '사회적(socio-)'이라는 말을 붙이는 것은 좋은 또는 쉬운 또는 정치적으로 수용가능하다는 것을 의미하는 능사가 아니다. 사회적 접근의 한 가지 문제는 대개 사고, 학습, 기억과 같은 중요한 심리적 개념을 이론(異論)의 여지가 없고 분석할 수 없는 기초적인 개념이라고 처리하는 것이다. 장 레이브의 용어(Jean Lave, 1988:18)로는, 심리적 개념들이 '분석되지 않는 기초 요소'라고 불리기도 하였다. 또한 사회적 접근은 역사적 관점을 필수적으로 견지하지 않고, 문식성이 사회적으로 구성된다고 보고 있어, 사람을 능동적인 의사 결정자로 보는 인지적 관점에 비해 역동적이지 않다.

심리적 접근을 완전히 제거하지 않는 것은 중요하다. 읽기와 쓰기에 대한 연구의 기초에는 심리학적 전통이 있다. 그러나 심리학적 전통만으로는 문식성을 이해하는 데 한계가 있다. 심리와 사회 간의 간극을 메우려고 했던 러시아의 심리학자 레프 비고츠키(Lev Vygotsky)의 연구와 같이 보다 탁월한 다른 전통이 있다. 비고츠키는 사고의 사회적 근원에 대해 고민하였다. 특히 그는 아동의 내재적 사고가 타인과의 외재적 사회적 상호작용으로부터 발달되는 방식을 추적하였다. 그와 같은 방향으로 연구한 연구자들은 그들의 접근을 구성주의자 혹은 구성자, 사회-역사적, 사회-인지적, 사회-문화적 접근, 활동 이론 등으로 기술하였다. 이러한 접근에서 나아가 사회와 심리를 아우르는 데 유용한 비유로 생태라는 비유가 있다.[8)]

생태학적 비유

생물학에서 비롯된 생태학은 유기체와 환경의 상호관계에 대한 연구이다. 인류에게 적용하자면, 생태학은 인간의 활동 분야와 환경 간의 상호관계성에 관한 학문이다. 생태학은 어떻게 활동(여기서는 문식성)이 환경의 부분이 되고, 동시에 환경과 어떻게 영향을 주고받는지에 관한 것이다. 즉, 생태학적 접근은 개인과 환경 간의 상호작용을 논의의 출발점으로 삼는다.

사회과학계에서 생태학적 논의는 최소한 그레고리 베잇슨(Gregory Bateson)으로 거슬러 올라한다. 그는 인간 사고의 본질에 대한 인류학적, 심리학적 관심을 생물학적 개념과 연결시켰고, 그의 저서를 '마음의 생태학을 위한 단계(Steps to an ecology of mind, 1972)'라고 이름 붙였다. 다른 두 초창기 예는 인간 발달에 관한 브론펜브레너의 저서(Bronfenbrenner, 1979)와 인식의 생태학에 관한 깁슨의 저서(Gibson, 1979)이다. 이들 초창기에 쓰인 '생태학'이라는 용어는 지금 보면, 활동들이 맥락의 다양한 층위 속에 어떻게 위치지어져 있는지를 보여주는 한 가지 방법으로 사용된, 브론펜브레너의 러시아 인형[인형 속에 계속해서 작은 인형이 들어 있는 러시아 인형]처럼, 단순하게 쓰인 것처럼 보인다. 이것은 매우 정태적인 모형으로, 다양한 맥락과 환경을 매우 고정된 것으로 만들어 버린다. 보다 최근에 인간 활동에 적용되는 생태학이라는 관점은, 심리적 활동을 보다 완전한 사회적 맥락과 다양한 측면이 상호작용하는 역동적인 사회적 맥락 속에 두면서 위치짓는 데 종종 활용되어 왔다.

이런 접근의 예는 네이서(Neisser)의 기억의 생태학에 관한 연구(1982)인데, 이 연구는 사람들이 일상의 자연스러운 맥락 속에서 기억을 어떻게 활용하는지를 연구하는 것이 중요하다는 것을 보여준다. 그는 수백년간 이루어진 기억에 관한 실험실의 실험 연구의 성과에 대해 매우 비판적인 입장에 있고, 생태학적인 접근, 즉 보다 자연주의적인 접근으로 기억에 대해 논의하였다. 그의 책은 자연적 기억을 연구하는 것의 중요성을 하나하나 토론하는 소논문으로 시작하면서 실험 심리학의 방법들을 비판한다. 그 중에서 '기억'이라는 단어를 '읽기'라는 단어로 대체하는 소논문은 여러 번 읽을 필요가 있을 만큼 유익하다. 기억 연구에 대한 그의 많은 비판들은 읽기 연구에도 똑같이 적용된다. 이러한 생태학을 심리학적 연구와 관련하여 행한 논의 중에는 **생태학적 타당도** ecological validity라는 개념이 있다. 연구자들은 이 용어를 심리적 활동에 대한 실험적 연구가 자연스러운 일상의 맥락을 타당하게 반영하는지에 대해 의문을 제기하기 위해 사용한다. 다른 예들은 아동 발달에 대한 생태학적 기초에 대한 연구에서 찾아볼 수 있다.

언어 사회학과 사회언어학 내에서는 생태학이라는 용어를 사용하는 데 독립적인 전통이 있다. 이는 미국에서 이루어진 아이너 호겐(Einar Haugen)의 연구(1972)로 거슬러 올라간다. 이 연구는 어떤 이민자들이 그들의 언어를 유지하는지 아니면 다수의 언어를 쓰도록 변화하는지 정도를 추적한 연구이다. 다른 예는 호주의 마이클 클라인(Michael Clyne)의 연구(1982)인데, 그는 생태학을 공동체 언어를 유지하는 데 유리한 환경에 대한 연구라는 의미로 활용하였다. 보다 최근의 피터 뮬허슬러(Peter Mulhausler)의 연구(1992)에서 쓰였는데, 그는 소수 언어의 보전에 관심이 있다면, 소수 언어보다는 지배적인 언어의 생태와 관련된 요인들에 대해 초점을 둘 필요가 있다고 지적하였다.[9)]

나는 오늘날 우리가 문식성에 대해 알고 있는 것을 요약하고 통합하기 위해서 생태학적 비유를 쓰고자 한다. 한 가지 장점은 생태학적 비유가 심리학이나 사회학적 전통 하에서 쓰인 바 있다는 것이다. 또한 일종의 생물학적 또는 유기체적 비유가, 몇몇 연구자들에 의해 읽기와 쓰기에 대해 논의할 때 활용된 바 있다. 프레이리는 길들이기라고 언급하였고, 많은 논자들은 문식성의 뿌리에 대해 이야기한다. 예타 굿맨(Yetta Goodman, 1984)는 문식성 성장이 이루어지는 토양을 언급한다. 나는 전체적인 비유를 활용해서, 이런 부분들을 발전시켜서 보다 명시적인 것으로 만들고자 한다.

생태학적 비유는 사실 문식성 논의를 위한 틀을 제공하는 일련의 용어들을 배태한다. **생태학적 적소(適所)**ecological niches, **생태계**ecosystem, **생태학적 균형**ecological balance, **다양성**diversity, **지속가능성**sustainability과 같은 용어들이 읽기와 쓰기를 활용할 때의 인간 활동에 적용될 수 있다. 생물학적 생태학에 관한 책에 나오는 몇몇 개념은, 이 비유가 어느 정도까지 많은 것들을 포괄할 수 있는지를 살펴보기 위해서 탐색해 볼만하다. 가령, 공동체는 자체적으로 영속적이거나 재생산적이지 않지만 개인은 그러하다. 즉 한 공동체의 구조와 패턴은 개인 층위에서 발생하는 과정의 산물이다. 그리고 그러한 변화는 개인 차원에서 발생하고, 그 결과는 공동체 차원에서 발생한다.

최근 일부 연구자들은, 생태계가 **복잡계**complex systems[10]와 관계된 속성을 지니고 있다는 측면에서 사회와 생태계의 관계를 논의하였다. 복잡계는 각각 반복적으로 상호작용하는 많은 요소로 구성되어 있다. 시간이 흐르면서 상호작용의 이러한 과정은 소위 말하는 새로운 패턴, 자질, 구조의 **발생**emergence을 배태한다. 이러한 패턴, 자질, 구조는 체계의 구성적 요소로부터 생성되지만 구성적 요소로 축소되지는 않는다. 자연 과학에서 발생이라는 개념은 벌집, 개미 제국이나 진흙 곰팡이 같은 복잡다단한 구조가 매우 단순한 과정의 지속적인 상호작용에 의해 어떻게 이루어질 수 있는지를 설명하기 위해서 쓰여 왔다(Johnson, 2001). 사회과학에서는 언어와 문식성을 포함하는 일련의 사회적 구조의 발생 과정이 이와 유사하다는 측면에서 설명되었다. 요즘에는 환경과 관련된 정치적 쟁점이 유행하는데, 문식성에도 생태학적 쟁점이 있다고 하는 데에는 몇 가지 이유가 있다. 첫째, 세상의 언어가 범상치 않은 속도로 사라지고 있다. 많은 언어들이 아동이 학교교육을 받는 기간 내에 사라질 듯한 속도로 사라지고 있다. 문식성이 이러한 언어 소멸을 막는 데 도움이 될지는 모르겠지만, 이를 변화시키는 데 역할을 할 수 있다. 생태학적 명분을 위해, 소멸 위기의 언어와 그 언어가 함유하고 있는 문화를 보호할 필요가 있다. 나는 위기의 언어와 그 언어를 유지하기 위한 문식성의 역할을 13장에서 다룰 것이다.

둘째, 영어와 같이 지배적인 언어는 다양성과 변이를 유지할 필요가 있다. 몇 가지의 영어들이 있는 것이지, 한 가지의 영어가 있는 것이 아니다. 어떤 언어에 대한 단종재배(斷種栽培)식 관점을 취하려는 위험이 도사리고 있다. 비책(祕策)은 언어의 생명력이 있고, 다양성은 언어의 미래를 보장한다. 언어에는 상당한 다양성이 있다. 언어의 다양한 장르, 다양한 언어들, 다양한 문자들이 있다. 생태학적 접근은 다양성을 강조하고, 생물학의 근본적인 관점은 다양성을 미덕으로 간주한다. 다양성은 강인함의 원천이고, 미래 가능성의 뿌리이다. 이는 언어와 문식성의 다양성에 적용해도 사실이다. 문식성은 다양성을 유지하는 데에 역할을 한다. 문식성이 언어들을 표준화하는 주요 동력으로 여겨질 수도 있다. 또는 문식성이 언어의 일련의 변이들을 유지하는 데 중요한 역할을 할 수도 있다.

셋째, 우리가 생각지도 않은 방식으로, 언어와 문화를 바꿀 수 있는 의사소통 기술이 있다. 자연 세계에는 돌이킬 수 없는, 생각지도 못한 생태학적 결과를 내면서 숲 전체가 무너지고, 지구가 무서운 속도로 변형될 수 있는 측면이 있다. 언어와 문식성도 마찬가지다. 인터넷과 같은 대량 소통 기술은 돌이킬 수 없는 변화가 급작스럽게 일어나고 있음을 의미한다. 인류가 손 쓸 수 없는 기술이 생태학적 변화를 재촉하고 있다.

생태학은 현재의 문식성에 대해 이야기하고, 문식성의 다양한 부류를 통합하는 데에 유용하고 적절한 방법으로 보인다. 이 용어를 사용하는 것은 읽기와 쓰기의 본질을 이해하려는 노력을 변화시킨다. 생태학적 접근은, 읽기와 쓰기를 이해하기 위해서 다른 모든 것으로부터 문식성 활동을 고립시키기보다는, 문식성이 다른 인간 활동, 사회생활, 사고에 어떻게 녹아들어 있는지와, 역사와 언어 그리고 학습 속의 문식성의 위치를 이해하는 데에 목표를 둔다. '**생태학적**ecological'은 이렇게 다양한 의미로 쓰일 것이다. 여기에서 생태학적 접근이 무엇을 의미하는지에 대한 분명한 설명이 필요하다면, 나는 그것을 변화를 일으키는 인간 활동에 녹아있는 사회적, 심리적 요소를 점검하는 것이라고 하겠다. 읽기와 쓰기의 기초가 되는 독립적인 기능을 연구하는 것 대신에, 생태학적 접근은 특정 상징체계와 관련 기술과 연계된 일련의 사회적 실천으로서의 문식성을 연구하는 것으로의 전환을 의미한다. 문식적이기 위해서는 활동적이어야 한다. 이러한 실천 속에는 확신이 차 있어야 한다. 이 책의 나머지 부분은 이것을 부연하는 데 주력할 것이다.

제3장 문식성의 사회적 기반

실천과 사건

서로 다른 문식성과 영역

거시적 사회 관계

의사소통으로서의 문식성

사고로서의 문식성

가치와 의식

개인사

사회사

1장에서 나는 문식성이 포함된 일상 활동을 언급하면서, 문식성에 대한 통합된 이론에 포함되어야 하는 접근들을 언급하였다. 이들은 사회적, 심리학적, 역사적 접근 등이다. 이들은 각기 다른 학문 분야에서 발전해 왔지만, 문식성이 무엇을 포괄하고 있는지를 개관하기 위해서는 이 접근들을 통합할 필요가 있다. 이들을 아우르다 보면, 이 세 접근이 실질적으로는 독립적이거나 별개의 영역이 아니라는 것이 분명해질 것이다. 예를 들어, 문식성을 상징체계로 보는 것은 사회적, 심리학적 접근과 관련 있는 것이다. 상징체계는 세계를 표상하는 체계인데, 이는 심리학적 현상이라고 할 수 있다. 동시에 상징체계는 세계를 타인에게 표상하는 체계이기도 한데, 이는 사회적 현상이다. 이 접근들이 서로 연계되어 있는 다른 예를 보면, 문식성의 역사통합적 의미는 한 개인의 문식성 발달이란 문화의 발달이라는 사회적 의미와 개인의 역사라는 개인적 의미를 아우르는 것이다. 이러한 관점은 문식성의 개인사와 사회사를 연계하여, 학습의 과정에 대해 충분히 이해할 수 있게 한다.

이렇게 하는 목적은 우리가 문식성을 성인, 아동, 역사, 다른 문화와 연계하여 논의할 때나 학부모, 정치가, 또는 언론인들이 문식성에 대해 말하는 것을 평가할 때에 비슷한 입장을 견지하기 위해서이다. 현재에는 이러한 분야가 서로 간에 독립적이고, 그리고 설령 서로 간에 접촉이 있다고 해도 상이한 분야의 사람들이 서로 모순된 방식으로 이야기하고 있다. 생태학적 비유를 도입하는 것이 새로운 문제 제기가 될 수도 있겠지만, 나는 오히려 이것이 새로운 통찰력을 제공하고, 예상치 못한 연결고리가 될 수 있다고 본다.

거듭 밝히지만 이 접근은 사람들의 문식성 사용으로부터 출발하는 것으로, 문식성에 대한 공식적인 학습에서 출발하지 않는다. 이 접근은 또한 사람들의 일상생활, 그리고 사람들이 참여하고 있는 일상의 활동들로부터 출발한다. 여기서 강조하고 싶은 것은 교육이 출발점이 되지 않는다는 점, 그리고 학교와 학습에 대해 논할 때에도 문식성과 학습을 새로운 관점에서 논할 것이란 점이다. 이 장에서 내가 활용할 예들은, 주로 내가 일하고 있는 영국의 랭카스터에서 이루어진 읽기와 쓰기 연구에서 선택된 것이다. 그것은 주로 면담과 면밀한 관찰로 수행된, 사람들의 일상 속 문식성의 역할에 관한 4년간의 연구로, '지역 문식성(*Local Literacies*)' (Barton & Hamilton, 1998)이라는 책에 자세히 보고된 바 있다. 이 연구 전반에 대해서는 4장에서 보다 자세하게 설명할 것이다.

이제 나는 이 접근을 8개의 항목으로 나누어서 개관할 것이다. 문식성에 대한 이 관점은 일상의 사건에서부터 시작된다. 우리는 문식 활동을 상황과 결부시켜 보는, 문식성에 대한 사회적 관점이 필요하다.

1. 문식성은 하나의 사회적 활동이다. 그리고 문식성은 문식 사건에 참

여한 사람들의 문식 실천이라는 측면에서 가장 잘 설명될 수 있다.

2. 사람들이 활용하는 다양한 문식성이 있고, 그 문식성은 삶의 다양한 영역과 연관되어 있다. 여러 문화나 역사적 시기를 탐구해 보면 다양한 문식성을 발견할 수 있다.
3. 사람들의 문식 실천은 거시적인 사회적 관계에 따라서 이루어진다. 그렇기 때문에 문식 사건이 일어나는 사회적 상황과, 사회적 제도가 특정 문식성을 유지하게 하는 방식을 설명할 필요가 있다.
4. 문식성은 상징체계를 토대로 한다. 상징체계는 의사소통을 위해 쓰이고, 정보 교환의 다른 체계와 관련을 맺는다. 상징체계는 세계를 타인에게 표상하는 방식이다.

문식 사건은 또한 우리의 정신적인 삶 속에도 내재되어 있다. 문식 사건은 우리의 의식, 의도, 행위를 형성하기도 하고, 그에 따라 형성되기도 한다. 따라서 우리는 문식성에 대한 심리학적 관점이 필요하다.

5. 문식성은 세계를 표상하는 데 쓰이는 상징체계이다. 문식성은 우리 사고의 일부분이다. 문식성은 테크놀로지의 일부이다.
6. 우리는 문식성과 관련된 의식, 태도, 가치를 가지고 있고 이러한 태도와 가치에 따라서 행동하게 된다.

모든 문식 사건에는 개인적 수준의 역사와 문화적 수준의 역사가 있다.

7. 문식성에는 역사가 있다. 우리의 개인사는 아동기 때부터 수많은 문식 사건들을 포함하고, 우리의 현재는 이 과거의 문식 사건들을 토대로 하고 있다. 우리는 아동일 때부터 성인이 되어서도 지속적

으로 문식성에 대해 배워 나가고 변화한다.

8. 문식 사건에는 또한 사회사(social history)가 있다. 현재의 문식 실천은 과거로부터 비롯된 것이다.

나는 이 장의 뒷부분에서 위 사항들에 대해 더 자세히 설명하고 예를 통해 더 명확하게 해설할 것이다.

실천과 사건

1. 문식성은 하나의 사회적 활동이다. 그리고 문식성은 문식 사건에 참여한 사람들의 문식 실천이라는 측면에서 가장 잘 설명될 수 있다.

우선 **문식 실천**literacy practices과 **문식 사건**literacy events이라는 두 용어가 설명될 필요가 있다. 분석의 기초 단위는 사건이다. 문자가 하는 역할이 있는 일상에서는 갖가지 경우들이 있다. 우리는 이것을 **문식 사건**literacy events이라고 부를 수 있다. 문식 사건에 대해 이야기할 때에는 문식성이 사람들의 일상에서 어떻게 활용되는지를 설명할 필요가 있다. 문식 사건의 쉬운 예는 성인이 밤에 아이에게 이야기를 읽어 주는 것이다. 이것은 어떤 상호작용이 반복적으로 일어나는, 규칙적인 사건이라는 점에서 흥미로운 문식 사건이다. 이런 사건은 문식성 학습을 이해하는 데 중요하다. 문식 사건이라는 용어는 이보다 더 광의의 의미이다. 여기에는 학습을 목적으로 하는 교육에서의 여러 문식 사건이나, 그렇지 않은 대부분의 문식 사건을 포함하여 문자와 관계된 활동들이 포함된다. 사람들의 일상생활에는 광범위한 문식 사건들이 포함되어 있다. 랭카스터 연구에 참여한 한 남자는 지역 신문의 내용에 대해 친구와 이야기하다가 곧바로 쇼핑할 물건을 정하고, 전화가 없는 아들에게 남길 메시지를 작성하는 것을 아주 신속하게 했다. 그의 이러한 모습은 세 가지 다른 문식 사건을 빠르게 실천한 것을 보여 준다.

문식 사건이라는 개념은 발화 사건이라는 사회언어학적 개념에 그 뿌리를 두고 있다(이는 최소한 델 하임즈(Dell Hymes)의 1962년 연구로 거슬러 올라간다). 문식성과 관련해서 이 용어는 앤더슨과 그의 동료들(Anderson et al., 1980)의 가정 내 아동 연구에서 사용되었다. 그들은 문식 사건을 사람이 혼자서나 다른 사람들과 함께 '글자를 이해하거나 의미를 산출하려고 시도하는'(30~31) 경우로 정의하였다. 히스(Heath)는 이를 발전시켜서 문식 사건을 대체로 '쓰여진 글에 대해 이야기가 발전될 때'(1983: 386)로 언급하였다. 그녀는 다른 곳에서는 문식 사건을 '문식성이 통합적 역할을 하는'(1983: 71) 의사소통적 상황이라고 정의하였다. 이는 수많은 의사소통 활동 속에서 문식성의 역할이 있다는 것을 증명한다는 점에서 중요하다. 가정에서 아이를 키우거나 학교에서 가르칠 때에는 문자와 관련된 규칙적인 반복 활동이 종종 있다. 아이들이 읽기와 쓰기를 어떻게 배우는지를 더 이해하기 위해서 이러한 문식 사건에 초점을 두는 것은 유용하다. 나는 아동의 초기 문식성과 관련된 내용을 다루는 10장과, 그 뒤 장들을 통해 이에 대해 자세히 살펴볼 것이다. 또한 이러한 과정에서 무엇이 문식 사건이고, 무엇이 아닌지를 분명히 구분하는 것이 상당히 어렵다는 사실을 알게 될 것이다.

여기에서의 핵심은 문식성을 이해하기 위해서는 읽기와 쓰기가 활용되는 특정 사건을 점검하는 것에 있다. 특정 사건에 주목하는 것은 생태학적 접근의 필수 속성이기도 하다. 이는 광범위한 일반화를 강조하는 접근과는 다르다. 생태학적 접근은 읽기와 쓰기와 관련하여 일반화하는데 신중하게 접근한다. 이 접근은 일반적인 속성을 찾기 전에 특정 상황 속의 무엇인가를 먼저 이해하는 것이 필수적이라는 믿음에서 출발한다. 이 접근은 민족지학과 같은 특정 연구 방법론을 활용하고, 지식이 무엇인지에 대한 특정 이론에 기대고 있다. 문식성은 단지 하나의 변인이 아니다.

두 번째로 유용한 용어는 **문식 실천**Literacy practice이다. 실천은 어떤 의미인가? 특정 상황에서 읽기와 쓰기를 활용할 때에는 공통된 패턴이 있다. 사람들은 활동을 할 때 자신의 문화적 지식을 동원한다. **실천**practices이라는 용어는 몇몇 학문 분과에서 쓰이는데, 스크라이브너와 콜(Scribner & Cole)의 연구와 앞서 언급한 스트리트(Street)의 연구를 포함하여, 일부 연구자들은 이 용어를 문식성에 직접적으로 적용했다. 스크리브너와 콜은 이를 핵심적인 개념으로 보고, 문식성을 활용하여 어떤 한 상황에서 일어나는 실천이 다른 유사한 상황에서도 이루어질 수 있음을 논의하였다(1981: 234~238).[3] 문식 실천에 대해 생각하는 다른 방

3〉 역자 주: 스크리브너와 콜(1981, 234~238)에 따르면, 실천(practice)은 특정한 테크놀로지와 지식을 활용하는, 목적이 있고 패턴이 있는 활동들을 의미한다. 실천은 테크놀로지, 지식, 기능(skills)으로 구성된다. 즉, 모든 실천은 사람들이 공유하는 도구를 활용하여 지식과 기능을 요하는 과제를 하는 것이다. 실천은 항상 사회적으로 발현되고 과제를 수행하기 위해 테크놀로지(도구)와 지식을 활용하는 패턴이 있다. 개인이 수행하게 되는 과제는 사회적으로 인정되는 목표와, 공유된 테크놀로지와 지식을 활용해야 된다. 실천이라는 개념을 문식성에 적용해 보면, 문식성은 상징체계를 활용하고 상징체계를 생산하고 유포하는 데에 테크놀로지를 활용하는, 사회적으로 조직된 일련의 실천들이라고 볼 수 있다. 문식성은 단순히 특정 문자를 읽고 쓰는 방법을 아는 것(지식)이 아니라, 이러한 지식을 특정한 상황에서 특정한 목적을 위해 활용하는 것이다. 이를 바이족의 편지 쓰기와 관련하여 설명하면, 편지 쓰기는 사회적으로 발전되고 패턴화된 활동이라는 조건을 만족한다. 이 활동에는 테크놀로지가 필요하다(문자-바이어), 쓸 도구(예전에는 나뭇잎에다 썼는데 요즘에는 종이에 펜으로 작성함), 메시지를 전달하는 수단(예전에는 사람이나 카누를 통해 전달했지만 지금은 택시를 이용해 전달함). 그리고 편지 쓰기에는 문화적 지식이 필요하다(말이 어떻게 음절 속에서 표상되는지, 표상의 규칙(왼쪽에서 오른쪽으로 쓰기 등), 상대방에게 적합한 형태와 문체 활용의 규칙 등). 그리고 특정 상황에서 편지를 쓰는 사람은 상대방과 소통할 화제에 대한 정보가 있어야 하고, 그 정보에 대해 상대방이 어느 정도 알고 있는지에 대해 알아야 한다. 이 지식을 적용하기 위해서 편지를 쓰는 사람은 많은 층위(지각·

식은 사회적 실천이라는 일반적인 측면에서 시작하는 것이다. 그리고 문식 실천을 문자 언어와 관련된 사회적 실천이라고 보는 것이다. 이를 통해 우리는 사회적 제도와 그 제도에 따른 권력 관계가 어떻게 우리의 문자 언어 사용을 구조화하는지를 알 수 있게 된다.[1]

문식 사건과 문식 실천은 문식성의 사회적 활동을 분석하는 데 기초적인 단위이다. 문식 사건은 문식성의 역할이 있는 특정한 활동들이다. 문식 사건들은 패턴화된 반복적 활동이다. 문식 실천은 문식 사건과 관련된 문식성을 활용하는, 일반적인 문화적 방식이다. 예를 들어 앞에서 언급했던 지역 신문 내용에 대해 친구와 논의하는 남자가 신문사에 보낼 편지를 작성할 계획을 세우는 것은 문식 사건이다. 그리고 이처럼 말하기와 글쓰기 방식과 관련해서 누가 무엇을 하고, 어디에서, 언제 그것이 행해지는지에 대해 결정하면서 두 참여자는 그들의 문식 실천을 하는 것이다.

서로 다른 문식성과 영역

2. 사람들이 활용하는 서로 다른 문식성이 있고, 이들은 삶의 다양한 영역과 관련되어 있다. 문화나 역사적 시기에 따라 문식성에는 차이가 있다.

운동적, 언어적, 인지적)의 복잡한 기능을 활용해야 한다. 말을 문자화하고, 펜을 사용해서 종이에 글자를 적어 넣어야 하고, 기억 속에서 글로 표현해야 할 부분을 회상해 내어야 하고, 메시지를 계획하고 구성하며, 상대방이 필요한 정도의 정보를 고려해야 한다. 이러한 기능들은 편지 쓰기를 할 때 필요한 것이다. 이를 개인의 일기 쓰기라는 문식 실천에 적용해 보자. 편지 쓰기와 동일한 테크놀로지를 활용하는 점은 같지만, 편지 쓰기에 필요한 지식과 기능을 모두 사용하는 것은 아니다. 가령, 일기는 자신을 위해 쓰는 것이기 때문에 상대방이 어느 정도 알고 있는지를 고려할 필요가 없다.

읽기와 쓰기에는 한 가지 방식만 있는 것이 아니고, 실천에도 한 가지 방식만 있는 것이 아니다. 집에 있는 성인은 아이의 숙제를 돕고, 세금 청구서를 이해하려고 하며, 지역 신문을 훑어보고, 인터넷을 검색하기도 한다. 이들 각각은 아주 상이한 문식 실천을 포함한다. 가령, 우리 연구에 참여했던 남성인 해리(Harry)는 서로 다른 문식성에 관련되어 있다. 그는 쇼핑 리스트와 전화 메시지를 작성하고, 도서관을 이용하며, 신문을 읽고 토론한다. 도서관에서 그는 많은 다양한 사건에 참여하고, 일련의 실천에 관련된다. 책 읽기와 더불어 그는 신문들을 신속히 살펴보고, 때로는 친구에게도 책을 읽어보라고 하기 위해 책 대여기간을 연장한다. 그러면서도 도서관에 붙어 있는 공지사항은 보지 않는다. 그는 때로는 자신과 자신이 아는 사람들에 관한 정보를 찾으려고 옛날 신문들을 본다. 그의 집에는 책이 많지는 않지만 지역 역사에 대한 책이 여러권 있고, 그는 이 책들을 자주 활용한다. 평소에 하는 문식 실천과는 다른 실천의 하나로, 그는 소방서의 전 동료직원에 대한 추천서를 써 달라는 요청을 이따금씩 받는다.

이러한 다양한 실천들을 구분할 때, 이들을 **서로 다른 문식성**literacies이라고 이야기하는 것은 매우 유용하다. 하나의 문식성은 법 문식성이나 특정 직업 문식성과 같이 안정적이고, 일관성이 있고, 변별 가능한 실천의 한 형태이다. 다중언어 상황에서는 다양한 문식성이 종종 다양한 언어나 다양한 문자와 관련된다.

이러한 서로 다른 문식성은 실천의 형태들이고 실천들이 어떻게 서로 관련되는지에 대해서 여기서 간략히 언급할 필요가 있다. 실천의 형태는 단순한 것에서 복잡한 것으로 또는 쉬운 것에서 어려운 것으로 배치할 수 있는, 하나의 차원만 있는 것이 아니다. 아동이나 성인을 위한 문식성 프로그램은 암묵적으로 문식성의 단순한 형태에서부터 복잡한 형태로 이루어진다는 생각에서 벗어나는 것이 중요하다. 문식성은 기초적인 또는 단순한 형태에서부터 시작해서 복잡하거나 수준 높은 형태로 나아가는, 일종의 척도 내에서 존재하는 것이 아니다. 소위 말하는 문식성의 단순하고 복잡한 형태는 사실상 다양한 목적에 알맞은 서로 다른 문식성이다. 문식성은 어떤 하나의 기준에 따라서 쉬운 것에서 어려운 것으로 위계를 세울 수 있는 것이 아니다.[2)]

우리는 문식성을 제한적으로 분류하는 것을 원치 않지만, 문식성을 다양한 기준에 따라 분류해 보는 것은 도움이 될 것이다. 그러한 분류에 대해 다양한 제안이 있었다. 이러한 분류들은 이분법적이었지만, 쌍으로 이루어진 것들이 서로 정반대인 것은 아니다. 우선 언급할 것은 아래에서 분류한 각각의 문식성이 동일한 무게감을 갖지는 않는다는 점이다. 왜냐하면 이들을 사용하는 목적과 사용하는 사람들이 각기 다르기 때문이다.

우선 문식성의 부과된 사용(imposed use of literacy)과 자발적 사용(self-generated use of literacy)이 있다(Barton, 1991). 이는 목적의 중요성을 강조하는 것이다. 어떤 경우에는 이러한 목적이 자발적인 것이지만, 다른 때에는 공식적인 서식을 채워 넣는 것과 같이 목적이 외부에서 부과되기도 한다. 이는 브라이언 스트리트(Brian Street, 1993)에서 쓰인, 지배적 문식성(dominant literacies)과 주변적 문식성(vernacular literacies) 간의 차이와 관련된다. 지배적 문식성은 사회의 지배적 제도로부터 기인하고 주변적 문식성은 일상생활에 그 뿌리를 두고 있다. 다른 분류는 문식성을 고유한 문식성(indigenous literacies) 대 유입된 문식성(imported literacies)으로 구분하는 것으로, 이는 얼빈과 엘사서(Irvine and Elsasser, 1988)가 카리브 지역의 문식성 교육에 대한 연구에서 구분한 것이다. 또다른 차원에서 문식성은 필자의 창조성을 허용한다는 점에서 창의적이지만, 서식과 체크리스트 작성과 같은 문식성은 제한적이다. 물론, 대부분의 문식성은 창의적이고 제한적인 측면을 모두 가지고 있지만 말이다. 끝으로, 앞서 언급한 것처럼 문식성의 권한 부여적(empowering) 사용과 길들이기식(domesticating) 사용과 같은 프레이리식의 구분도 있다. 문자 언어의 반복적인 형태들에 대한, 하나의 분명한 범주의 집합이 있는 것은 아니다. 우리는 5장에서 텍스트의 예를 검토할 때 이에 대해서 다시 언급할 것이다.

문식성은 문화적으로 변별된다. 다양한 문식성은 가정, 학교, 교회, 직장과 같이 다양한 삶의 영역과 연관되어 있다. 삶 속에는 사람들이 다르게 행동하고 다르게 언어를 사용하는 다양한 장소들이 있다. 생태학적 비유 내에서는 문식성의 특정 형태를 유지하고 조성하는 생태학적 적소가 있다. 가정, 학교, 직장을 예로 들자면 이 세 장소에서 사람들은 전형적으로 다르게 옷을 입고, 다르게 말하고, 다른 역할을 하며, 다른 목적을 가진다. 또한 이 세 장소 내 사람들 행위 이면의 사회적 규칙이 다르다. 이 세 장소에서는 빌딩과 같은 물리적인 공간이 대체로 다르고 시간도 다르게 분할된다. 이들은 다른 영역들이고 다른 영역에서는 다른 실천이 일어나게 된다. 이 때 실천은 일반적인 사회적 행위 방식이라는 측면과 특정 상황에서 개인이 개별적으로 행동하는 방식이라는 두 가지 측면을 의미한다.

문식 실천에 대한 세밀한 검토를 위한 출발점은, 문식성이 상이한 영역 내에서 다를 수 있고 학교가 문식 활동의 한 영역에 지나지 않는다는 것을 깨닫는 것이다. 학교 이외의 다른 영역들도 중요할 수 있다. 가정은 광범위한 활동을 위한 장소이고, 아이들이 문식 사건을 대체로 처음 접하게 되는 곳이라는 점에서 특히 중요한 영역이다. 가정은 '개인이 다른 영역들로 나아가게 하는 출발점이 되는 센터(Klassen, 1991: 43)'이다. 가정과 같은 영역 내에서 우리는 서로 다른 문식성이 관련된 매우 다양한 활동들을 보다 자세히 보고 점검해 볼 수 있다. 나는 아동의 발생적 문식성을 논의할 때 이 부분에 대해서 이야기할 것이다.

서로 다른 문식성과 영역 간의 관계를 정확하게 하기 위해서, 나는 이제 실재(reality)가 보다 유동적이라는 점을 지적해야 한다. 시작 단계에서 가정, 학교, 직장을 특정 문식성들을 포함하는 독특한 실천이 있는 변별적인 영역으로 인정하는 것은 유용하다. 사실 가정은 모든 종류의 활동을 위한 물리적인 장소이자 위치이다. 학교와 직장에서 이루어지는 다양한 종류의 읽기와 쓰기가 가정에서 이루어진다. 실천들은 한 영역에서 다른 영역으로 스며들고 많은 부분 중첩된다. 그럼에도 불구하고 가정과 학교는 특정 문식 실천이 유지되고 육성되며 형식화되는 독립적인 영역으로 남고, 다른 영역들은 그렇지 않다. 동일한 사건이 두 장소에서 아주 다르게 가치 평가되고 참여자에게 아주 다른 의미를 준다.

영역domain과 같은 용어는 신중하게 검토해야 하는데, 그것이 의미하는 것의 규모가 다양하기 때문이다. **장르**genre와 **담화**discourse가 그 예인데, 이는 5장에서 논의할 것이다. 이 두 용어는 분명한 정의가 없어 보인다. 장르와 담화는 규모가 얼마나 큰 것인가? 서너 개의 영역이 있는 것인가 아니면 수백 개의 영역이 있는 것인가? **서로 다른 문식성**literacies이라는 개념도 이와 마찬가지이다. 중요한 것은 문식성을 논의할 때 이 점을 놓치지 않는 것이다. 다양한 층위에서 서로 비슷한 유형화가 이루어지면 의미 있을 것이다.

거시적 사회 관계

3. 사람들의 문식 실천은 거시적인 사회적 관계에 따라서 정해진다. 그렇기 때문에 문식 사건이 일어나는 사회적 상황과, 사회 제도가 특정 문식성을 유지하게 하는 방식을 설명할 필요가 있다.

사람들은 하루에도 요구하는 바가 다른 많은 활동을 하게 된다. 이 활동 속에서 사람들은 부모, 배우자, 이웃, 고객, 환자 등으로 역할하게 된다. 이런 활동을 하면서 사람들은 자기 정체성의 다양한 측면을 활용한다. 어떤 사람은 흑인, 여성, 중산층의 엄마이자 학생일 수 있다. 사람들은 자기의 정체성 중에서도 특정 상황에서 부각되는 면을 활용할 것이다. 사람들은 역할과 역할이 요구하는 바에 따라 행동한다. 그리고 사람들은 대부분의 상황에서 적절한 행동 방식이 무엇인지 안다. 사람들은 대개 부모나, 고객, 환자의 역할이 되었을 때 무엇을 해야 하는지 안다. 그런데 역할은 고정되어 있거나 사람들이 맞추어져 들어가야 하는 불변하는 어떤 틀이 아니다. 오히려 역할은 조절되고 수용되며 때로는 변화되기도 한다. 어떤 상황에서 사람들은 한 가지 역할 이상을 행할 수 있고, 역할이 요구하는 바가 서로 상충될 수도 있다. 많은 일상의 활동이 문식 사건이 될 수 있다는 것을 감안하면, 역할과 정체성이라는 개념은 문식성의 사회적 변이형과 문식성의 제한점을 검토하기 위한 좋은 출발점이 된다.

사람들은 어떤 특정 역할 속에서 특정 문식성을 필요로 하거나 활용한다. 문식 사건 내의 역할에 대해 간단한 예를 들어 보자면, 가정 내의 성역할을 떠올리면 된다. 조사 결과를 보도하는 한 신문의 헤드라인을 보자. '주부들은 크리스마스 카드를 쓰고 남편들은 수표를 쓴다(데일리

미러, 1989년 4월 17일).' 이는 보편적인 성역할 구분을 드러내 주는데, 이는 우리의 연구에서 관찰된 바이기도 하다. 여성은 대개 친구와 친지와 연락하기, 크리스마스 · 생일 · 기념일 카드 쓰기처럼 사적인 영역에서 쓰기를 하고, 남성은 주택 수리 · 주택 담보 대출 · 각종 영수증의 지불을 위한 수표 쓰기와 같은 경제 영역을 담당한다(Barton & Padmore, 1991). 어느 정도는 이런 역할 구분 때문에 남성은 사적인 편지를 쓰는데, 여성은 수표를 쓰는 데 미숙한 모습을 보이기도 한다. 이것은 성(性)에 따라서 문식 활동이 달라진다는 사례 중 하나다. 그러나 이러한 구분이 언제나 뚜렷한 것은 아니고, 역할도 항상 명백히 구분되는 것은 아니다. 역할은 조절되고 역할끼리 충돌되거나 변화될 수도 있다. 가령 사람들의 문식성 기능 수준이 제각기 다르기 때문에 특정 역할이 요구하는 읽기 · 쓰기에서 느끼는 어려움이 다를 수 있다. 그리고 사회에서의 가족 구성이 변화하는 것처럼 이러한 역할도 변화할 수 있다.

사람들의 문식 실천은 읽고 쓰는 능력을 직접적으로 반영하는 것이 아니라, 사람들이 무엇을 적절하다고 혹은 적절하지 않다고 느끼는지와 관련이 있다. 사람들은 특정 역할에 적절한 실천과 적절치 않은 실천이 있다는 것을 사회적으로 배운다. 이는 문식성에 대한 논의에서 중요한 전환을 나타내는 것으로 문식성을 능력으로 보는 관점과는 다르다. 사람들의 행위를 사람들이 처한 상황과 연계해서 설명하는 것은 중요한 변화이다. 이는 읽기와 쓰기에 대한 많은 논의에서 공통적이었던, 문식성을 고정된 능력의 집합으로 보는 관점과는 큰 차이가 있는 것이다. 또한 역할은 권력과 관계가 있고, 문식성은 부모 자식 간, 교사 학생 간과 같이 동등하지 않은 권력 관계 속에서 학습된다는 것을 간과해서는 안 된다.

문식 실천이 거시적 사회 관계에 따라 달라진다는 것의 두 번째 측면은 일상생활에서 사람들은 다양한 네트워크 속에서 활동한다는 데에 있다. 직장 생활, 육아, 그 외 사회 활동 등에서 네트워크는 중요한데, 주로 상호 도움을 주고받는 네트워크로 작용한다. 문식 활동은 이러한 네트워크 내에서 이루어진다. 앞에서 언급한 해리는, 가족, 이웃, 전직장 동료 등 몇몇 네트워크의 일원이다. 해리의 형수와 그의 아들은 그에게 도움을 주는 네트워크의 일원들이다. 형수는 그를 대신해서 쇼핑을 해주고, 아들은 각종 문서 작성을 돕고 전직 동료에 대한 추천서를 수정해 주기도 한다. 반대로 해리는 전화가 없는 아들을 위해 전화 메시지를 적어 두기 때문에 두 사람은 상호보완적 관계를 맺고 있다. 나는 13장에서 네트워크와 문식성에 대한 논의를 계속할 것이다.

나는 문식성이 개인의 생활에 어떻게 스며들어 있는지, 사람들이 문식성을 어떻게 경험하게 되는지를 얘기하고 있는 것이다. 제도적 틀은 사람들의 행위가 일어나는 상황에서 중요한 작용을 한다. 문식성의 사회적 기초 연구에 대한 대안적인 출발점은 문식성을 둘러싼 제도적 문식 실천이 될 수 있다. 제도적 문식 실천 연구는 종교, 자본주의, 광고 등의 사회적 문식 실천 현상을 검토함으로써 이루어질 수 있다. 국가, 교회, 다국적 기업이 어떻게 문식성을 활용하여 계획하고 기록하며 통제하고 영향력을 미치는지, 그리고 사람들은 이러한 문식 실천에 어떤 방식으로 참여하게 되는지를 살펴보는 것은 중요하다. 문식성을 포함한 인간의 활동은 사회의 제도를 기반으로 하고, 제도 속에서 의미를 갖게 된다.

다양한 제도적 상황을 점검하는 한 가지 방법은 다양한 상황을 상이한 영역으로 간주하는 것이다. 서로 다른 문식성을 점검하면, 각 영역에는 독특한 문식 실천을 유지하는 특정한 제도가 있다는 것을 알 수 있다. 문식성에 대한 특정한 개념 정의와 이와 관련된 문식 실천은 이러한 제도에 의해 강화된다. 다양한 제도는 문식성을 규정하고, 문식성의 다양한 측면이나 다양한 문식성들에 영향을 미친다. 그리고 제도는 문식성이 규정하는 바에 의해 유지된다. 가령, 학교와 교육 체계는 문식성이 무엇인지와 문식성이 무엇을 위한 것인지에 대한 특정 관점을 취한다. 역사적으로 상이한 종교들은 문식성이 무엇인지와 문식성을 갖춘 것이 무엇을 의미하는 것인지에 대한 나름의 개념 정의를 해 왔다. 다양한 제도는 상이한 문식성을 유지할 것이다. 예를 들어 어떤 문화에서는 종교가 문식성의 의식(儀式)적인 측면에 영향을 준다. 그리고 가족은 개인의 의사소통 습관에 영향을 주는 반면, 직장과 학교는 개인의 공식적인 의사소통 사용에 영향을 준다. 따라서 영역들은 서로 동등한 지위를 가지지 않고, 어느 정도는 상이한 제도가 상충되는 문식 실천을 유지하려고 할지 모른다. 이런 유형화와 더불어 상이한 영역에 영향을 주는 성(gender), 국가적 정체성(national identity)과 같은 보다 거시적인 측면도 있다(국가적 정체성의 영향에 대해서는 Street & Street(1999)를 참조하고, 권력의 문제에 대해서는 Collin & Blot(2003)을 참조하시오).

의사소통으로서의 문식성

4. 문식성은 상징체계를 토대로 한다. 상징체계는 의사소통을 위해 쓰이고, 정보 교환의 다른 체계와 관련을 맺는다. 상징체계는 세계를 타인에게 표상하는 방식이다.

문식성은 의사소통의 일부이다. 즉 세계를 타인에게 보고하는 것의 일부이다. 읽기 · 쓰기가 다른 의사소통 형태와 갖는 관계를 점검해 볼 필요가 있다. 첫째, 음성 언어(spoken language)와 관계가 있다. 문자 언어(written language)라는 아이디어는 음성 언어를 '글로 적은 것'으로 보는 관점에서 상당히 진전된 것이다. 문자 언어는 음성 언어와는 다른 기능을 가지고, 문자와 음성 간의 선택은 대개는 단순히 매체가 다르다는 점을 넘어서는 함의를 가지고 있다. 쓰기는 음성 언어보다는 훨씬 깊이 있게 무엇인가를 논의할 수 있게 해 주고, 공간과 시간에 구애받지 않는다. 이때 쓰기의 결과는 텍스트로 나타난다. 텍스트는 재생산이 가능하고 검토도 할 수 있기 때문에 문자 언어는 영향력 있는 언어 형태가 될 수 있다. 우리는 쓰기가 언어의 가능성을 어떻게 확장하는지 검토할 필요가 있다. 이를 위해서는 문식성이 언어 이론의 일부라는 관점이 분명해야 하고, 언어 또는 문식성에 영향을 주는 언어의 부분에 대한 관점을 정립하는 것이 필요하다. 이 부분을 다음 장들에서 논의할 것이다.

문자 언어와 음성 언어가 매우 다르지만, 둘을 분리하기도 쉽지 않다. 문자 언어와 음성 언어는 서로 밀접한 관련이 있고, 일상생활에서 사람들은 음성 언어와 다른 의사소통 수단들과 섞여 있는 읽기 · 쓰기의 문식 사건에 참여한다. 문식 사건은 일반적으로 문자 텍스트와 텍스트에 관한 이야기(talk)를 포함한다. 이러한 문자 언어와 음성 언어는 문식 사건에서 구별하기 어렵다. 심지어 일부 연구자들은 문자 언어와 음성 언어 간의 차이를 구분하지 않고 모든 의사소통 형태를 문식적인 것으로 칭하기도 한다. 이러한 접근은 문식성에 대한 학교의 관점을 살펴보는 장에서 제시될 것이다. 그러나 나는 우선은 문자 언어와 음성 언어를 분리하는 것이 더 유용하리라고 본다. 쓰기는 실제로는 발화(speech)에 기반하고 있다. 예를 들어 음성 언어는 대부분의 사람들이 문자 언어를 배우는 데 기초가 된다. 그리고 문자 언어의 형태는 상당한 정도로 음성 언어에 시발점을 둔다. 여전히 문자 언어의 뿌리는 부분적으로는 음성 언어에 있다는 것을 강조하는 것은 중요하다. 문자 언어는 그 자체로서의 생명이 있다. 나는 문자 언어와 음성 언어를 다루는 장에서 이에 대해 좀 더 논의할 것이다.

의사소통의 다른 측면들은 문자 언어와 관련이 있다. 가장 중요한 것은 문자 언어는 시각적이라는 것이다. 문자 언어는 어떤 식으로든 펼쳐져 있고 보여지는 것이다. 따라서 문자의 디자인, 레이아웃, 기타 물리적 측면이 중요해지고, 문자 언어의 형태에 따라서 쓰기의 의미가 일부 달라질 수 있다. 의사소통에 관한 생태학적 접근은 역동적이면서 상호작용적일 필요가 있다. 이는 의사소통을 메시지를 주고받는 것으로 보고 쓰기와 여타 테크놀로지를 음성 언어의 기능을 단순히 강화하는 것으로만 보았던, 종래의 기능적인 모델과는 다르게 보는 관점이다. 핵심은 문자 언어로 할 수 있는 일을 음성 언어로 할 수 없다는 것이다. 문자 언어는 단순히 음성 언어를 강화하는 것이 아니다. 문자 언어는 언어의 기능을 확장하고, 우리가 음성 언어로 하지 못하는 다른 것들을 할 수 있게 해 준다.

문식성을 하나의 테크놀로지로 간주하는 것은 매우 유용할 수 있지만 많은 주의를 요한다. 그리고 테크놀로지가 심리적, 사회적 영향을 받지 않으면서 중립적이거나 독립적인 것이 아니라는 점을 깨달아야 한다. 테크놀로지라는 개념에는 '문식성', '개인', '사회'가 마치 어떤 시점에 서로 만나는 의존적 실체인 것처럼 취급하여 이를 서로 간의 역동적이고 상호작용적인 본질을 인정하지 않는 기능적 관점과 밀접한 연관이 있는 듯하다. 그러나 이와 같은 관점을 취할 필요는 없지만 문식성이 테크놀로지라는 관점과 관련된 일부 개념들을 유지하면서 테크놀로지 관점을 비판적으로 검토하고, 사회와 인간 인지 활동에서 일반적으로 테크놀로지가 하는 역할에 대해서 비판적으로 검토할 필요가 있다.

문자 언어의 한계와 함께 가능성을 제공해 온 것은 다양한 형태의 테크놀로지이다. 문자 언어는 직접적인 대화적 음성 언어로는 활용할 수 없는 테크놀로지를 활용한다. 종이와 펜이거나 벽에 뿌리는 스프레이거나 복잡한 워드 프로세서이거나 상관없이, 문자 언어는 항상 어떤 테크놀로지를 활용한다(물론 최신의 음성 언어는 위성, 확성기, 마이크, 녹음기 등의 테크놀로지를 활용한다). 문식성은 테크놀로지의 사회적 기초를 탐색하고자 할 때 활용할 수 있는 좋은 예이다. 즉, 문식성은 공유된 의미나 지식의 생산 및 재생산과 관련된 의사소통 테크놀로지이다. 이는 레이몬드 윌리암스(Raymond Williams, 1981)가 취한 관점이다.

사고로서의 문식성

5. 문식성은 세계를 표상하는 데 쓰이는 상징체계이다.

문식성은 세계를 타인에게 표상하고 소통하는 데에 활용되기 때문에 중요하다. 따라서 문식성은 우리 사고의 일부분이다. 문식성은 사고의 일부분이고 사고 방법의 일부분이다. 언어와 문식성은 실재(reality)를 타인과 우리 자신에게 규정하는 데에 쓰인다. 그리고 문식성은 마음의 생태학에서 하는 역할이 있다.

문식성은 상징체계이다. 숫자 같은 다른 상징체계와 같이, 문식성은 인지적이고 문화적인 기반을 가진다. 마음을 외재적으로 표상하는 것과 더불어 문식성은 마음과 사고에 기여하는 바가 있다. 문식성은 문식성을 갖추지 못했으면 불가능했을 무엇인가를 사람들이 할 수 있게 해준다. 이때 마음을 고정적이고 주어진 것이라고 보는 생각을 피해야 한다. 동시에 문식성의 자연적인 인지적 결과가 있다는 생각도 신중하게 다루어야 한다. 인간 삶의 다른 측면들과 마찬가지로 마음도 인간으로 존재하는 물리적인 한계 내에서 사회적으로 구성되는 것이다. 문식 실천은 사고를 포함하고, 문식성이 사회적 실천에 의해서 어떻게 구성되고 유지되는지를 설명해 준다.[3)]

문식성은 심리적인 것과 사회적인 것을 연결하는 데에 이상적인 것이다. 상징체계는 사회적 구조, 테크놀로지, 마음 사이의 경계면에 위치한다. 쓰기와 같은 상징체계는 개인의 인지와 사회적 현상 사이를 중재한다. 나는 중재라는 개념을 5장에서 다룰 것이다. 내가 쓰기를 개인적 체계라고 말하는 것은, 쓰기가 심리적인 기반을 가지는 것이고 내적인 인지적 과정의 외적인 표출이나 산출물이라는 뜻이다. 동시에 쓰기는 '바깥에' 있는 것이다. 쓰기는 문화의 사회적 산물들과 함께 존재하고 거시적인 사회 맥락의 일부를 이룬다.

문식성 연구만이 아니라 언어 연구도 사회적인 것과 심리적인 것을 연결하는 잠재력을 가진다. 언어는 우리 머릿속에서 일어나는 것과 바깥에서 일어나는 것을 연결하는 상징체계이다. 언어는 개인과 사회 간을 중재한다. 언어는 세계를 우리 자신과 타인에게 표상하는 방식이다. 언어는 우리가 우리를 둘러싼 세계에 대해서 사고하고 이야기할 수 있게 해 주는 놀라운 의사소통 체계이다. 다른 어떤 의사소통 체계보다도 언어는 우리가 현재에 일어나지 않는 것들, 존재하지 않는 것들에 대해서 이야기할 수 있게 해 주고, 우리의 경험에 대해 돌아보고 추상화하고 일반화할 수 있게 해 준다. 우리는 언어로 가능 세계를 창조할 수 있다. 심지어 우리는 우리의 내적인 상태에 대해서 반성할 수 있고 언어에 대해서도 반성할 수 있다. 또한 우리는 우리가 나눈 이야기에 대해서 이야기할 수 있다.

심리적 과정은 대개는 사람들의 머릿속에서 일어나는 사고이다. 인지나 사고에 대한 관점의 변화는 사고가 사람의 머릿속에서만 일어난다고 보지 않는 데 있다. 이에 따라 심리적 과정이 변화한 것뿐만 아니라 사고가 의미하는 바도 바뀌었다. 장 레이브(Jean Lave, 1988)에 의하면, 읽기와 쓰기 연구는 머릿속이 아니라 머리 바깥과 세상으로 옮겨가는, 일반적인 전환을 다루어야 한다. 이 전환은 인지, 사고, 심적 활동을 머릿속에서 문화적 활동으로 자리잡는 것을 의미한다. 이는 문제 해결, 기억, 일상 수학 분야[4]의 장 레이브, 바바라 로고프(Barbara Rogoff) 등의 생각과 관련 있는 것이다. 읽기와 쓰기의 과정에 대한 연구는 이 접근에 정확히 부합할 수 있다. 이는 우리가 문식성의 '효과'를 보다 분명하게 볼 수 있도록 도와 준다. 모든 사고는 사회적으로 구성되고, 우리 의식을 형성하는 것은 문식성 자체가 아니라 문식성을 둘러싼 사회적 실천들이다.

가치와 의식

6. 우리는 문식성과 관련된 의식, 태도, 가치를 가지고 있고, 이러한 태도와 가치에 따라서 행동하게 된다.

사람들은 사회적 현상으로서의 문식성을 이해하려고 한다. 또한 문식성의 사회적 구성은 근본적으로 문식성에 대한 사람들의 태도 및 행위와 관련 있다는 것을 이해하려고 한다. 문식성이 사회적 의미를 가진다는 말은 문식성의 사회적 차원이 있다거나 문식성이 사회적 맥락 속에 존재한다는 것 이상을 의미한다. 문식성은 문식 실천 및 읽기 · 쓰기와 관련된 사회적 의미를 형성하는 제도적 맥락 속에 존재한다. 이러한 사회적 맥락 속에서 읽거나 쓰는 행위는 상징적인 것이 된다. 따라서 읽기나 쓰기와 같은 행위는 사회적 의미를 가진다. 그리고 저항이나 결속,

순응의 행위나 변화의 상징이 될 수 있다. 우리는 문식성을 통해 우리의 정체성을 드러낸다.

모든 사람은 성인이든 아동이든 문식성에 대한 관점을 가지고 있다. 즉, 사람들은 문식성이 무엇이고, 문식성을 통해서 할 수 있는 것이 무엇인지, 그리고 문식성의 중요성과 한계에 대하여 관점을 가지고 있다. 모든 사람은 문식성에 대해 이야기하는 방식이 있다. 그들은 문식성과 관련된 비유를 사용하기도 하고 문식성에 대한 나름의 이론도 가지고 있다. 사람들은 읽기와 쓰기에 대해 이야기할 수 있고, 사람들이 문식성에 대해 가지는 관점은 그들의 태도와 행동에 표출된다. 일상의 가정 문식 실천에서 몇 가지 예를 들자면, 사람들은 식사시간에 무엇인가를 읽는 행위, 어떤 책이 취하는 글쓰기 방식에 대한 강력한 관점을 가지고 있다. 만약 사람들이 식탁에서 무엇인가를 읽는 것이 사회적으로 비난받아야 한다고 생각하면, 아이들에게 식탁에서 책을 보는 것을 금지시킬 것이다. 그리고 많은 경우 책은 가치가 있다고 여기면서도 잡지나 만화책은 가치가 떨어진다고 생각한다. 보다 일반적으로 문식성에 대한 사람들의 관점은 그들이 무엇을 배워야 하고 어떻게 배워야 하는지에 있어서 중요하고, 부모의 이러한 관점과 태도는 아동이 학교에서 보이는 행동에 영향을 준다. 태도에 따라서 사람들이 읽기와 쓰기와 관련해서 가지고 있는 문제가 무엇인지, 그리고 성인 문식성 수업에 참여하는 것이 적절한지에 대한 생각이 달라진다.

또한 가치는 실천적, 물리적 활동들과 비교되면서 문식성에서 상대적으로 중요성을 갖는 것으로 표현되기도 한다. 때때로 읽기와 쓰기는 일과 대조되거나 때로는 여가와 비교된다. 내가 행한 연구에서 반복적으로 관찰할 수 있었던 것은, 사람들이 아무것도 안 하는 것보다는 읽기를 하는 것이 더 낫고, 읽기보다는 실질적인 일을 하는 것이 더 낫다고 느낀다는 것이다. 20세기의 전환기에 사람들이 문식성에 대해 이야기하는 것을 살펴본 나의 연구(Barton, 1988)에서 이 같은 예를 볼 수 있었고, 더 많은 예들도 확인할 수 있었다. 문식성에 대한 이러한 양면 가치가 현대 문화의 중요한 요소로 보인다. 우리가 볼 수 있는 것처럼 읽기와 쓰기는 단지 인지적 활동이나 인지적 활동에 동반되는 것이 아니다.

사람들의 의식과 태도에 대해 관심을 가지는 것은 인간의 주체성과 의도에 관심을 두는 것이다. 문식성에 대한 능동적인 관점은 의도, 의미, 가치를 지닌 사람을 중심에 두는 것이다. 오늘날 우리의 문식 실천, 학교교육, 테크놀로지는 모두 사람들이 가지는 가치를 토대로 하여 사람들이 능동적으로 내린 의사결정에 따른 것이다. 이와 관련해서 모든 문식 활동에는 사람들을 위한 목적이 있다. 사람들은 어떤 이유 때문에 무엇인가를 한다. 즉 인간의 행위에는 목적이 있다. 일반적으로 사람들은 읽기 위해서 읽지 않고, 쓰기 위해서 쓰지 않는다. 오히려 사람들은 다른 어떤 것을 하기 위해서, 다른 목표를 이루기 위해서 읽고 쓴다. 사람들은 몇 시에 기차가 떠나는지, 새 시계나 비디오가 어떻게 작동하는지를 알고 싶어 한다. 사람들은 자신의 삶을 이해하기를 원하고 친구들과 연락하고 지내기를 원한다. 사람들은 자신의 목소리가 들릴 수 있기를 바란다. 읽기와 쓰기는 이런 사회적 활동의 일부분이 될 수 있다. 때때로 보험 수당 지급을 위해 서식을 작성한다고 했을 때, 이 문식 사건과 관계된 다양한 참여자는 상충되는 목적을 가질 수 있다.

뒷장에서 나는 사람들의 인식과 사람들이 삶을 어떻게 이해하는지, 그리고 의식(awareness)의 역할에 대해 더 많은 부분을 다룰 것이다. 나는 의식을 인간 지성의 초석으로 간주하는데, 특히 자신의 활동에 대해서 반성할 수 있는 능력을 인간 의식의 중요한 역할로 본다. 사람들의 문식 실천은 반드시 명백한 것은 아니고, 대개는 타문화에서는 부각되는 것이면서 면밀한 검토가 필요한 것이다. 스크라이브너와 콜, 히스, 스트리트는 다양한 문화적 집단에서의 읽기와 쓰기를 연구하면서 그들의 문식 실천을 관찰한 바 있다. 타문화의 문식 실천은 면밀한 관찰을 통해 밝혀져야만 한다. 이는 우리와 밀접한 문화를 밝히는 데에도 해당되는 말이다. 대개 우리에게 익숙한 것을 면밀히 관찰해야 한다는 점을 받아들이기 어려울 수 있다. 가령 히스의 연구는 중산층의 주류 문화 문식 실천을 당연한 것으로 받아들이는 경향이 있다. 중산층의 주류 문화 문식 실천은 히스의 문식 실천, 나의 문식 실천, 아마도 여러분의 문식 실천과 가까운 것일지 모른다. 그럼에도 불구하고 우리는 우리의 활동과 우리를 둘러싼 사람들의 활동을 성찰할 수 있다. 그렇게 하면 우리는 우리의 활동에 대해 보다 자각할 수 있게 된다. 이를 통해 자신의 활동을 이해하고, 필요하다면 저항하거나 의문을 제기해서 우리의 활동을 변화시킬 수 있다.

개인사

7. 문식성에는 역사가 있다. 우리의 개인사는 아동기로부터 수많은 문식 사건들을 포함하고, 우리의 현재는 이러한 과거의 문식 사건들을 토대로 하고 있다. 우리는 아동과 성인으로서 지속적으로 문식성에 대해 배워 나가고 변화한다.

역사적 변화에는 두 가지 의미가 있다. 개인의 성장과 발달이라는 의미에서의 역사적 변화와 보다 긴 시간 동안에 일어나는 문화의 역사적 변화가 그것이다. 우리는 문식성에 대해 새롭게 이야기하는 방식이 필요한데, 이 방식은 이 두 가지 의미를 설명할 수 있어야 하며 두 의미를 서로 연계하고 역동적이면서 변화를 감당할 수 있는 것이어야 한다. 이 두 가지 의미 속에서 현재의 문식 실천은 과거로부터 비롯된 것임을 확인할 수 있다.

첫 번째 의미는 개인의 삶 속에서의 변화이다. 모든 사람에게 역사가 있는데, 본 논의와 관련시켜서 이야기하면 모든 사람에게 문식성 역사가 있는 것이다. 이는 초기 아동기로 거슬러 올라가는데, 가정의 문식 사건 내 문식 실천들에서부터 시작된다. 그리고 이 역사는 공동체와 학교의 문식 실천으로 이어지고, 다양하고 변화무쌍한 요구를 필요로 하는 성인기의 문식 실천으로 이어진다. 어떤 시기에서든지 사람의 선택은 과거의 경험이 제공한 가능성을 기초로 하게 된다. 문식성에 대한 관점이 언어에 대한 관점에 영향을 받는 것처럼 학습에 대한 관점에도 영향을 받는다. 학습은 항상 일어나는 것으로, 모든 활동은 학습을 포함한다. 학습은 교실 내의 공식적인 자리에서만 일어나지 않는다. 또한 학습은 아동만 하는 것이 아니다. 우리는 우리의 삶을 통해 지속적으로 변화하고 아동에서 성인으로 성장하면서 문식성에 대해 끊임없이 배워 나간다. 이렇게 변모해 가는 것이 학습의 핵심이다.

문식성이 사람들 삶의 변화와 관련되는 몇 가지 방식이 있다. 첫째, 사람들은 삶 속에서 특정한 때에 읽기와 쓰기를 한다. 삶의 요구는 변화한다. 인간은 살아가면서 읽기와 쓰기를 특히 많이 할 때도 있고, 적게 할 때도 있다. 직장에서의 변화 때문에 새로운 요구가 생길 수도 있고, 개인적인 삶에서 생긴 새로운 변화로 인해 영향을 받을 수도 있다. 예를 들어 부모는 어린 아이가 자라서 학교를 가게 되면, 문식성과 관련된 변화된 요구를 접하게 된다. 또한 사람들은 삶 속에서 변화를 원하는데, 읽기와 쓰기가 이러한 변화를 가능하게 할 수도 있다.

학습에 대한 거시적인 관점이 필요한데, 이 관점은 취학 전 문식성과 성인 문식성 캠페인을 연계하고, 일상생활과 연계하는 방법을 제공해야 한다. 우리는 아동이 문식성을 학교에서만이 아니라 일상생활에서 어떻게 습득하는지 설명할 필요가 있다. 또한 지금 여기에서만이 아니라, 다른 문화 혹은 다른 시대에서 문식성이 어떻게 습득되었는지를 설명할 필요가 있다. 성인에 의한 학습과 아동에 의한 학습을 연계하고, 학교교육의 중요성과 한계에 대해 분명한 생각을 가지는 것은 중요하다. 사람들은 일상생활 속에서 학습을 하게 되는데, 여태까지는 이 일상의 학습 또는 주변적(vernacular) 학습에 대해 충분한 관심을 기울이지는 못했다. 우리의 연구에서 관찰한 사람인 해리는 학교를 졸업할 때 읽기와 쓰기를 잘 못했다고 말했다. 해리가 이례적인 경우는 아니다. 그는 직장에서 새로운 문식성을 배웠다. 예를 들어 정기적인 보고서를 작성해야 했던 소방서에서, 그는 이전에는 경험하지 못한 쓰기 요구를 경험했던 것이다. 그는 또한 일상생활 속에서도 새로운 문식성을 배웠다. 그는 지역 노동자 연합에서 몇 년 간 총무를 했었는데, 그 일을 하면서 회의록이나 공지 사항을 작성하는 방법을 배웠다.

학습에 대한 이러한 관점이 시사하는 바는 아동이 불완전한 존재가 아니라는 점과, 성인이 완전한 존재도 아니라는 점이다. 문식성은 어느 시기에 있는 어느 누구에게도 의미 있는 것이 될 수 있다. 네 살짜리 아동이든 타문화에서 온 사람이든, 혹은 다른 역사적 시기에서든 문식성은 그들에게 의미를 지닌다. 이러한 관점에서 보면 불완전한 문식성이나 제한적인 문식성이라는 개념은 의미 없는 것이다. 완벽한 건물을 만드는 데 필요한 벽돌과 같이 따로 덧붙일 수 있는 구성 요소로서의 기능이라는 것은 없다. 물론 사람들이 그들의 문식성을 변화시키고 확장시키고 싶어한다는 것은 사실이고, 이는 십대 청소년이나 성인 기초교육을 받는 학생이나 전문 작가에게 해당되는 말이라는 것도 사실이다.

마지막으로 이러한 관점에서 보면, 학습은 사회적 상호작용을 통해 이루어지는 것이지만 인간의 재능, 지능, 내재적 잠재력에 기초한 것이기도 하다. 생태학적 접근은 인간이 내재하고 있는 것이나 환경에 전적으로 의지하려고 하는 접근이 아니다. 생태학적 접근은, 사람들이 환경에 어떻게 적응하는지와 사람이 환경을 어떻게 조성하고 환경에 의해 사람이 어떻게 영향을 받는지, 이들 간의 역동적인 상호작용에 관한 것이다.

사회사

8. 문식 사건과 문식 실천에는 사회사(social history)가 있다.

역사의 두 번째 의미는 전체 문화에서의 변화에 있다. 문식성과 관련한 역사는 5천 년 전 쓰기의 기원으로 거슬러 올라간다. 오랜 시간 동안 많은 발전이 있었다. 문식성의 역사는 오늘날 존재하는 문자(scripts), 문식성이 없는 문화, 문식성과 사고의 관계에 대해 많은 의문을 제기한다. 문식성의 역사는 문식성 학습, 사회의 문식성 수준, 문식성과 테크놀로지의 변화, 문식성과 권력 관계 등 다양한 분야에 시사점을 준다. 최근 역사는 어떻게 현재의 문식 실천이 과거를 토대로 하고, 문식 실천이 불가피하고 불변하는 것이 아니라 과거의 문식 실천에서 어떻게 발전된 것인지를 분명하게 해야 한다. 학교의 문식 수준에 대한 논쟁, 대중적인 문식성의 중요성, '문학'과 '문학적인'의 엘리트적인 개념의 등장과 같은 쟁점들은 최근 역사를 검토함으로써 모두 설명될 수 있다.

우리는 현대적 문식성의 비교적 최근의 역사적 토대를 이해하고, 동시에 먼 역사적 과거로서 문식성의 기원을 설명할 필요가 있다. 이 두 생각을 통합하고, 학습과 인지 및 역사적 변화에 대해 이해하는 것은 중요하다. 역사의 두 가지 의미, 즉 개인사와 전체 문화의 역사는 몇몇 지점에서 어우러지게 된다. 하나는 사람들이 세대 간에 문화를 전수하는 방식이다. 지역 문식성 연구에서 우리는 다양한 세대를 비교하였고, 문식 실천이 세대 간에 어떻게 전수되었는지를 볼 수 있었다. 거기에는 과거와의 연계와 미래와의 연계가 있다. 역사적으로 사람들은 그들의 전(前) 세대와 연결되어 있다. 그리고 문식성의 일상적인 사용에 대한 최근 연구에서, 우리는 우리가 면담했던 사람들이 자녀의 삶이 달라지기를 바라는 방식들을 기록하였다(Barton, 1988). 이러한 사람들은 변화하는 환경 속에서 문화를 전수하고 있는데, 이는 문화 및 문화와 관계된 문식 실천이 변화하는 중요한 방식이다.

변화와 역사 두 측면이 어우러져야 하는 다른 상황은, 새로운 테크놀로지와 정치적 변화로 인해 사람들에 대한 요구가 다양해지고 있는 최근의 급속한 사회적 변화와 관련된 것이다. 새로운 사회적 문식 실천은 다른 가능성과 한계를 갖는다. 따라서 새로운 직장에서 사람들은 그들의 의사소통 방식을 수정해야 하고, 그들의 작업을 점검해서 새로운 방식을 따르도록 해야 한다. 일부 사회적 변화는 문식성 요구를 증대시켰고, 일부는 문식성 요구를 감소시켰다. 현대적 테크놀로지와 관련된 다른 예는 이메일이나 다른 테크놀로지로 메시지를 전하는 것 간의 선택이다. 특정한 경우에 있어서의 선택 경로는 매우 복잡하고, 유용성, 비용, 기술 사용 능력, 신뢰성 및 다른 요인들을 포함한다. 이러한 가능성들은 모두 인간관계 내 의사소통의 토대를 변화시키고 있다. 희망하건대, 인쇄술의 전파와 같은 과거의 사례를 검토하는 것이 현재의 변화를 잘 설명할 수 있기를 기대한다.

제4장 문식 실천 연구

사회적 실천으로서의 문식성 연구
연구 방법
지역 및 공동체의 문식 실천
다중언어적 문식 실천
성별에 따른 문식성
직장 문식 실천
문식 실천의 사회적 유형화

다양한 상황에서의 문식 실천에 대해 논의한 많은 연구가 있다. 이 장에서는 문식 실천을 검토한 연구들을 개관하려고 한다. 이를 위해 우선 앞 장에서 소개한 사회적 실천으로서의 문식성이라는 개념을 정교화하려고 한다. 그리고 이러한 관점에서 문식성을 연구할 때 활용할 수 있는 연구 방법에 대해 설명하고, 이미 행해진 연구 사례를 개관한다. 이 장에서는 다양한 연구 사례들을 제시하였다. 다중언어적 문식 실천 사례들은 문식성과 다양한 언어들 간의 복잡한 관계를 보여준다. 문식성을 갖추었다는 의미는 고유의 문식 실천이 있는 언어 내에서 달라질 수 있다. 나는 문식성이 사회적 삶 속에서 유형화되는 방식, 그 중에서도 문식성이 사회에서 성별에 따라 달라지는 방식의 예를 간략히 설명할 것이다. 또한 직장 문식 실천 연구를 예로 들어서 이 직장 문식 실천이 어떻게 권력 관계와 직장의 구조에 의해 유형화되는지를 보이고자 한다. 이 주제들은 사람들 삶 속에 존재하는 다양한 문식성과 이러한 문식성의 사용이 어떻게 사회적으로 유형화되는지를 보여준다.

사회적 실천으로서의 문식성 연구

3장에서 나는 문식성에 대한 통합적 관점의 핵심 자질 몇 가지를 개관하였다. 이 통합적 관점은 문식성 연구 방법에 특별히 함의하는 바가 있다.

나는 문식성이 어떻게 문식 사건에 관계된 사회적 문식 실천으로 간주될 수 있는지를 설명하였다. 이러한 관점에서 보면, 문식성은 탈맥락화된 인지적 기능이나 하나의 활동 또는 단지 하나의 내재적 자질이 아니라, 사람들 간의 상호작용 속에 존재한다. 따라서 문식성을 이해하기 위해서, 연구자들은 사람들의 삶 속에서, 특정 시간과 장소에서 일어나는 문식 사건을 관찰할 필요가 있다. 서로 다른 문식성이 삶의 상이한 영역과 연계되어 있다는 사실은, 면밀한 관찰이 다양한 상황에서 이루어질 필요가 있고 하나의 상황에서 관찰된 발견이 맥락을 넘어서 단순하게 일반화될 수 없음을 의미한다. 연구는 문식성에 대한 어떤 일반화된 설명을 하기 전에 우선적으로 주어진 영역에서 특수한 면들을 밝혀야 한다.

지역적 문식 실천과 거시적 사회 관계에 대한 연구에서는 자세한 지역적 관찰이 필요하고, 더불어 문식 사건이 일어나는 상황 이해에 필요한 사회적 이론이나 역사적 연구와 같은 다른 방법들을 활용하여 연구의 초점을 확장할 필요가 있다. 문식 실천을 유형화할 때 권력 관계가 중요하기 때문에, 문식성 연구자들은 우리가 연구하는 사회 내 권력의 작용에 대해 이해할 필요가 있다. 또한 숨겨져 있는 권력 관계를 가시화한다는 의미에서 비판적 접근을 취할 필요가 있다.

문식 실천은 사회적 관계 속에서 정해지고, 사회적 관계는 사회 제도와 권력 관계에 의해 유형화되기 때문에, 일부 문식성은 다른 문식성에 비해 보다 지배적이고, 가시적이며, 영향력이 있다. 사적이면서, 가정 문식성과 관련되고, 일상생활과 관련된 **주변적 문식성**vernacular literacies은 대개는 권력과 영향력의 영역 바깥에 있는 것이어서 표면적으로 잘 드러나지 않는다. 이전에는 보여지지 않고 무시되었던 생활의 가치있는 면들을 가시화하는 연구를 통해 문식성에 대해 설명할 필요가 있다.

문식성은 사람들이 삶을 살아가는 방식의 일부이기 때문에 문식 실천은 목적이 있고, 사람들의 삶의 목표와 행위 속에 스며들어 있다. 문식성이 사람들의 삶 속에서 무엇을 의미하는지를 확인하는 것은 부차적이다. 사람들이 문식 기능을 가지고 있는지 아닌지를 보기보다, 사람들이 삶을 이해하는 과정, 세상을 표상하는 과정, 사람들에게 주어진 자원을 활용하면서 원하는 것을 얻는 과정에서 문식성을 어떻게 활용하는지를 살펴볼 필요가 있다. 오랜 시간 동안 사람들과 관계를 형성하면, 연구자는 사람들이 가지는 보다 큰 목적과 그들 인생의 목표가 무엇인지 알 수 있게 된다. 또한 그 속에서 문식성이 어떻게 작용하는지를 이해할 수 있게 된다. 이 책의 관점은 문식성을 사람들의 지역적 맥락 속에서, 동시에 사회사와 개인사 속에서 이해하고 접근하는 것이다. 현재의 문식 사건과 실천은 과거로부터 이어져 온 것이고, 현상 유지, 발전, 변화의 진행 과정 속에 있다. 따라서 문식 실천은 개인이나 사회에 있어, 항상 절대적이고 고정된 것이 아니다. 그리고 변화는 종종 공식적인 교수 상황이 아닌, 비공식적인 학습과 의미 창출의 과정을 통해서 일어난다. 그렇기 때문에 문식성 습득에 관한 연구는 교실이나 학교를 기반으로 한 학습에만 초점을 두어서는 안 되고, 가정, 직장, 이웃과 같은 영역에서 새로운 문식 실천을 습득하는 방식까지 살펴볼 필요가 있다. 이런 종류의 문식성 연구는 사람들의 역사와 사람들이 속한 공동체의 역사를 알고, 그 속에서 문식 실천이 어떻게 변화했는지를 아는 것까지 포함한다.

연구 방법

지금까지 특정 문식 사건을 관찰하고 동시에 이런 사건들이 어떻게 사회적 맥락 속에 내재하게 되는지를 탐구하는 연구, 즉 있는 그대로의 문식성을 연구하는 것의 가치를 설명하였다. 이러한 연구는 다양한 층위에서 이루어질 수 있다.

'지역 문식성(*Local Literacies*, Barton & Hamilton, 1998)'과 같은 대규모 연구는 대개 연구자들이 사람들 생활의 세부사항 및 문식 실천의 장소를 가능한 한 사진처럼 복원할 수 있는 다양한 방법을 활용하면서, 특정 공동체 속에서 시간을 보내면서 이루어진다. 즉 **민족지학**Ethnography이라고 불리는 방법을 활용한다. 민족지학에서 자료 수집은 다음과 같은 방법을 포함한다. 문식 사건을 관찰하고, 문식 사건에 동참하면서 이러한 관찰을 메모하고, 비디오나 테잎으로 기록한다. 그리고 공식적 · 비공식적 면담과 대화를 하고, 이를 다양한 방식으로 기록한다. 또한 공동체 내에서 산출되는 각종 텍스트와 가공물 및 해당 공동체에 대해 타인이 생산한 각종 자료를 수집한다. 이때 자료로서의 사진과 면담 시에 활용할 수 있는 사진의 활용도 포함된다. 역사에 대해 알아보기 위해 구두 면담과 집적된 각종 문서 검토를 포함하는 역사적 방법도 활용한다. 전체적인 현상을 파악하기 위해서 설문조사와 같은 방법을 취할 수도 있다. 연구자들은 끊임없이 연구 방법을 발전시키고 확장해 가고 있다. 현재는 상호작용적 웹사이트 활용, 연구 참여자와의 소통 및 자료 수집을 위해서 집단 메일 전송이나 온라인 대화방을 활용하는 등 정보 기술도 활용하고 있다.

이러한 민족지학은 연구에 대해 성찰하게 만드는 접근이다. 즉 민족지학은 연구자의 위치, 연구 과정, 특히 연구의 윤리적 함의에 대해 점검하는 것을 포함한다. 민족지학은 참여자를 단순히 연구의 '대상(subjects)'으로만 보는 것이 아니라, 연구 과정을 의미있게 만들어주고 그들이 가지는 고유한 의미를 창출하게 하는 능동적인 사람들로 바라본다. 그러므로 윤리적 함의는 신중하게 고려되어야만 한다. 사람들을 알아 가고, 상호간의 유대관계를 쌓고, 그들 삶의 개인적인 영역으로 조금씩 다가가는 일을 하기 위해 많은 시간을 보내다 보면, 윤리적 의무의 문제가 복잡해지고 그것에 관해서 많은 고민을 해야 할 때가 있다. 문식성에 대한 민족지학적 연구자는 이러한 연구가 가지게 될 긍정적, 부정적 효과에 대해 끊임없이 의식해야만 한다.

이런 종류의 연구는 대체로 다양한 종류의 자료를 생성하고, 분석을 통해 자료에서 어떤 유형들을 발견해 내게 된다. '지역 문식성(*Local Literacies*)'에서 우리는 분석 과정의 단계를 자세히 기술하였다(Barton & Hamilton, 1998: 4장). 즉, 자료를 적절한 방식으로 저장하고 분류하기, 자료를 읽고 또 읽기, 유형, 주제, 예외에 관한 생각 메모해 두기 등에 대해 기술하였다. 특정 주제가 중요한 것으로 부각되고, 상이한 범주 간의 관계가 분명해지면서 점차 보다 체계적인 범주화가 이루어질 것이다. 연구 결과의 주제와 초점은 지속적인 자료 분석 과정을 통해서 생성된다. 동시에 연구 보고서를 쓰고 확장된 해석과 선택을 포함하면서 논문이나 책에 대한 분석도 이루어진다.

이러한 접근은 대규모 연구 프로젝트에 적절하지만, 문식 실천에 대한 소규모 연구에도 유용하다. 특히 사람들이 본인의 문식 실천과 그들 주변에서 일어나고 있는 문식 실천에 대해 성찰하는 과정을 통해 문식성에 대한 이해를 신장할 수 있다. 이를 위한 좋은 방법은 일상생활의 특정 영역에서의 문식 실천에 대해 탐색하는 것이다. 이는 특정 화제(어떤 장소, 어떤 활동이나 어떤 집단)를 확인하는 것에서 출발한다. 화제는 익숙한 것이거나 완전히 새로운 것일 수 있다. 나의 학생들은 음력 설날을 기념하는 것, 로또 티켓 사기, 기숙사의 부엌 함께 쓰기나 교회 가기와 관련된 문식 실천과 같이 매우 다양한 문식 실천에 대해서 탐구하였다.[1)]

화제 확인의 다음 단계는 거리를 두면서 환경을 관찰하는 것인데, 특히 그 영역에 대해 알지 못하는 이가 관찰하는 방식으로 그 환경을 보는 것이다. 여기서 중요한 것은 자세하게 살피는 일이다. 사진을 찍는 것은 유용하고 연구를 잘 밝혀주는 부분이 될 수 있다. 환경 관찰의 다음 단계는 특정 문식 사건들과 문식 사건들 내에서 활용된 텍스트를 확인하고 문서화하는 것이다. 이때에는 텍스트의 예를 수집하거나 복사하는 것이 필요하다. 문식 사건들에 참여한 사람들과의 면담은 그들의 문화적 지식이 어떤 것인지를 분명히 하고 관찰한 바에 대한 이해를 돕는 데에 활용될 수 있다.

위에서 설명한 대규모 연구와 관련해서, 연구 활동의 윤리적 함의와 연구가 연구 참여자의 삶에 미치는 잠재적인 영향은 신중하게 검토될 필요가 있다. 예를 들어, 관광객이 공공 장소에서 사진 촬영하는 것은 문제될 것이 없지만, 사적인 활동을 사진 촬영하는 것은 협상과 동의가 필요하다. 연구에 참여하는 사람들은 연구가 어떻게 활용될 것이고 어느 정도로 자신과 관련된 부분이 많은 사람들에게 드러나는 것인지를 이해해야만 한다. 연구 참여자들은 그들의 신분이 노출될 것인지 혹은 익명으로 처리될 것인지에 대해 논의할 수 있어야 한다. 특히 아동이나 약자를 포함하는 모든 연구는 특정한 윤리적 함의를 가지며, 신중하면서도 공개적으로 협상되어야 한다.[2)]

이렇게 수집된 자료는 이 책에서 탐구하고 있는 많은 개념과 관련지어서 분석될 수 있다. 또한 수집된 자료는 문식 사건에 참여하는 사람들의 다양한 역할, 문식성과 다른 사회적 구조 간의 관계, 성별에 따라 문식 사건이 유형화되는 예, 활용되는 다양한 테크놀로지 및 그 가능성과 영향 등과 관련지어서 분석할 수 있다. 그리고 연구가 진행되는 교실 상황에서는 상이한 영역에서 확인되는 유형을 비교, 분석할 수 있다. 이러한 연구는 문식성에 대한 공공의 관점이 가지는 가치가 무엇인지를 볼 수 있다는 점에서, 그리고 사람들 생활 속에서의 문식성의 다양한 역할에 대한 시사점을 얻을 수 있다는 점에서 매우 유익하다.

지역 및 공동체의 문식 실천

앞에서 '지역 문식성' 연구와 관련된 여러 사례들을 살펴보았다. 여기서는 이 연구를 민족지학적 연구의 입장에서 수행된 연구의 예이자, 통찰력 있는 연구 결과를 보인 사례로서 자세히 설명할 것이다. 이 민족지학적 연구는 영국 북서쪽의 랭카스터에서 수행되었는데, 한 동네에서 지역 정보를 알아내는 방법에 대해 사람들에게 물어보는 설문조사로 시작되었다. 설문 조사 결과를 제시하면서, 읽기와 쓰기라는 주제로 자연스럽게 넘어갈 수 있도록 하였다.

사례 연구를 위해 당시에 열두 가정이 선정되었다. 사례 연구에서는 사람들의 가정 방문, 반구조적 면담, 개인의 흥미와 문식 실천을 탐색하는 비구조적 면담 녹음 등의 방법을 활용하였다. 이 외에도 다른 연구 방법들이 활용되었다. 일부 연구 참여자들은 그들이 주로 가는 곳을 보여주는 지도를 사용하였고, 다른 사람들은 편지나 스팸 메일을 모았으며, 두 사람은 자신의 문식 실천에 대한 일지를 작성했다. 한 부부는 잠자리에 들기 전에 딸과 함께 하는 책 읽는 시간을 기록하였다. 한 남자는 도서관과 동네의 카페에 갈 때 연구자가 동행하기도 하였다. 연구자들은 사람들과 술집에서 혹은 회의에서와 같이 각종 모임에서 만남을 가졌다.

자료 수집이 끝나면 자료는 전사되었고, 자료 분석에 들어갔다. 그런 다음 연구자들은 '협력적 민족지학' 단계를 위해서 일년 정도가 지난 후에 연구 참여자 10명에게 돌아가서, 자료의 일부와 자료 분석에 대해 공유하였다. 그리고 사람들이 자기 생활을 이해하는 방식과는 어긋나는 분석 내용에 대한 타당성을 점검하였고, 더 많은 자료를 수집하였다.

이 사례 연구와 더불어, 연구자들은 해당 도시와 이웃 지역에 대한 사회적, 역사적 정보를 제공하기 위해서 그 지역에 대한 상황맥락적 정보를 수집하였다. 연구자들은 학교, 대학, 도서관, 상점, 여행사, 우체국, 관광정보센터 등 문식성과 관련있는 기관에서 일하는 사람과의 면담을 수행하였다. 면담에서는 각 기관이 제공하는 서비스, 고객을 유치하기 위해서 활용하는 문식성, 대중을 대할 때 활용하는 문식성, 각 기관이 문식성과 관련하여 겪고 있는 어려움에 대해 물어보았다. 연구자들은 또한 교차로에 생일을 알리는 현수막을 거는 것과 같은 문식성 가공물의 사진을 찍는 것을 포함하여 보다 비공식적인 방법으로 지역 문식성을 기록하였다. 연구자들은 공동체와 기관에 대한 사례 연구를 수행하였다. 모든 자료는 위에서 설명한 것과 유사한 과정을 통해 수집된 자료의 종류에 따라서 분석되었다. 그리고 동네에 대한 역사적 기술, 지역의 생활에 대한 자세한 기술, 연구자와 함께 동행하고 작업했던 몇몇 개인에 대한 보다 자세한 사례 연구 결과를 작성하였다.

사람들의 가정에서는 광범위하고 다양한 문식성이 관찰되었다. 이 연구에서는 읽기와 쓰기, 그리고 일상생활 속 6개의 주요 영역(**생활 정리하기, 개인적 의사소통, 여가 보내기, 생활 기록하기, 의미 구성하기, 사회적 참여**)을 확인하였다. 중요한 것은 이런 지엽적 문식성이 보다 지배적인 문식성과 다르다는 것이다. 지엽적 문식성은 비형식적으로 학습되고, 이러한 학습은 실제적인 적용과 관련되고 사람들의 삶 속에 스며들어 있다. 보다 지배적이고 가시적인 문식 실천은 사람들의 삶이나 삶의 목적보다는, 보다 형식화되어 있고 보다 표준화되어 있으며 한 기관의 공식적인 목적 차원에서 정의되어 있다. 지배적 문식성에 대한 접근은 전문가와 교사를 통해서 제어가 된다. 지엽적 문식성은 자발적이고, 사람들 스스로 만들어 내는 것일 가능성이 높고, 새로운 문식 실천을 창출해 내는 창의성, 발명, 참신함의 근원이 될 수도 있다.

이 연구는 또한 이러한 문식 실천 내에서, 사회적 의사소통을 위해서 쓰이는 문식성 뿐만 아니라 특정 문식성 요구에 부응하기 위해 사회적 네트워크에 의존하는 사람들과 관련된 사회적 네트워크와 관계의 중요성을 조명하였다. 연구에 참여한 모든 사람들은 최소한 스스로 조직한 지역 사람들의 모임이나 기관과 어느 정도는 관계되어 있었고, 많은 사람들은 직장이 있었다. 지역의 민주주의 참여라는 측면에서 문식성은 중요한데, 지역 수준에서의 정치 참여를 지지하는 사람들의 모임과 관련한 문식성이라는 측면, 그리고 보다 공식적인 정치 조직에 어떤 방향을 제시할 수 있는 문식성이라는 측면에서 중요하다. 문식성은 또한 경우에 따라서는 민주적인 정치 참여를 제어하고 약화시키기 위해서 활용될 수도 있지만 말이다. 이 연구자료는 사람들이 무엇인가를 하기 위해 집단으로 활용할 수 있는 자원 중 하나로 읽기와 쓰기를 활용하는 것이 중요함을 보여준다. 따라서 개인이 갖추게 되는 특정 기능이 아니라 공동의 자원이라는 측면에서의 문식성이라는 관점은, 이론상으로나 실제 자료상에서도 가장 핵심이 된다.

문식성은 생활 속의 사건들을 이해하고, 건강, 법적 문제, 고용 관련 문제, 학교교육과 관련된 쟁점 등 다양한 문제를 해결하기 위해서 활용된다. 이러는 과정에서 종종 전문가와 전문지식과의 충돌이 발생하기도 하고, 사람들은 지식을 구하고 지원을 받기 위해서 그들의 네트워크를 활용하기도 한다. 그러다가 본인이 특정 영역에서 전문가가 되어서 다른 공동체의 구성원에게 도움을 주기도 한다. 문식성은 또한 개인적인 변화와 변형을 위해서 활용되기도 한다. 문식성은 교육 관련 영역 내외에서 사람들의 흥미와 관련된 정보에 접근하기 위해서, 개인의 정체성을 확고히 하거나 창출하기 위해서, 그리고 자기 주도적인 학습을 위해서 활용된다. 그러나 사람들의 일상생활의 중요성에도 불구하고 지엽적 문식 실천은 종종 낮은 문화적 가치를 지닌다.

몇몇 문식 실천과 관련된 핵심 주제와 유형은 사람들의 경험과 연결되는 것으로 확인되었다. 가정의 문식 실천은 성별에 따라 구별되어 있고, 특히 사람들의 문식성 네트워크와 읽기 습관은 성별에 따라 달랐다. 산술 실천도 다양하고 중요한데, 이것은 문식성과 종종 연계되어 있다. 이 지역의 많은 가정에는 구자라트어(Gujarati)[4]를 사용하는 공동체를 포함해서 다중언어적 문식성이 중요하였다.

지역 및 공동체 문식성 연구의 심화된 예는 이후 편집된 '상황 문식성(*Situated literacies*, Barton et al., 2000)' 책에 실려 있다. 이 책은 다양한 지역적 맥락에서의 읽기와 쓰기에 대한 연구들을 모은 것으로, 위에서 개관한 것과 동일한 이론적 관점에 의해서 기술된 것이다. 이 책에 소개된 많은 연구들은 어떻게 질적인 방법과 면밀한 지역 연구가 문식성의 이론적 이해를 심화시킬 수 있는지를 보여준다. 감옥에서의 문식성에 관한 애니타 윌슨(Anita Wilson)의 연구에서는 제도화에 저항하는 과정에서 문식성의 역할, 관료적으로 제어하는 기관 내에서 개인의 정체성

4) 역자주: 인도 서부의 구자라트 마하라시트라 지방에서 쓰는 말이다.

을 유지하기 위한 수단으로서 문식성의 중요성, 감옥과 바깥 세상 사이의 '제3의 공간'을 구성하기 위한 문식성 활용 등을 보여준다. 이렇게 저항적인 이유로 문식성을 활용하는 것은, 이중언어 구사자인 경매 시장의 웨일즈 농부들에 대해 캐서린 존스(Kathryn Jones)가 연구한 것과 대조를 이룬다. 이 경매 시장은 문식성이 사회 질서를 유지하는 사람들의 삶 속에 스며들어 있음을 보여주는 곳이다. 존스는 경매 시장에서 농부들이 '동물 이동 서류'를 작성하는 과정에 초점을 두고 있는데, 텍스트에 대한 이야기가 지역에 따라 달라지는 복잡한 과정을 통해서 어떻게 개인인 농부가 농업 관료 체계와 협력하고 있는지를 보여준다. 로마 가톨릭 수도회 내의 문식 실천의 역할에 대한 캐린 터스팅(Karin Tusting)의 연구는 어떻게 문식성이 다양한 방식으로 시간을 관리하는 데 활용되었는지를 보여준다. 이 연구는 첫 영성체 준비를 하는 과정에서 문식성 가공물이 어떻게 종교적 결의를 나타내 주는 증거로 쓰이는지 보여준다. 그리고 어떻게 순식간에 지나가는 사건이 영구적인 역사적 기록으로 남게 되는지도 보여준다. 또한 교구 게시판이 교구 공동체 내 각 지역에서 그리고 전체 가톨릭 교회와의 관계 속에서 전세계적으로 일어나는 사건을 동시에 알리는 데 쓰이고, 그럼으로써 공동체의 정체성을 유지하는지를 보여 준다.

다중 언어적 문식 실천

문식성을 갖추었다는 것은 항상 어떤 특정 언어로 표현되는 것을 통해 알 수 있다. 영어든 일본어든 또는 바이족의 언어든, 특정 언어를 내포한다. 이는 당연한 것이지만, 국가적인 차원에서 문식성을 측정하는 조사나, 학교나 대학교에서의 문식성을 논의할 때에는 어느 정도 이 점을 인지할 필요가 있다. 이것의 한 예로 캐나다의 조사에서는 영어와 불어만이 포함되었다. 이는 스페인어나 흐몽어(Hmong)[5]와 같이 사람들이 쓰는 다른 문식성은 조사 결과에서나 교육에서는 무시되었던 것을 의미한다. 문식성은 특정 언어가 항상 진리라는 것을 가정한다. 가령 중세 대부분의 유럽에서 문식성을 갖추었다는 것은 라틴어를 읽을 수 있다는 것을 의미했다. 즉 유럽 각국의 언어를 읽을 수 있는 문식성은 무시되었다. 오늘날 영어와 같은 지배적인 언어와 문화는 단일 언어주의를 지지하는 경향이 있어서 다양한 변이형, 방언, 크레올, 지역어를 무시하거나 없애 버리려는 경향이 있다. 지배적인 문화는 또한 언어의 유연성과 변화를 경시하고 언어 간의 공통점들을 무시하는 경향이 있다.

세상 사람의 대부분은 하나 이상의 언어에 노출된다. 일상생활 속에서 한 가지 이상의 언어를 사용할 수 있고, 학교나 공동체에서 쓰는 말이 가정에서 쓰는 말과 다를 수도 있다. 다양한 가능성이 있는 상황이 존재한다. 또한 대부분의 사람이 어느 정도는 이중언어를 구사할 수 있고, 살면서 하나 이상의 언어를 사용하게 되기도 한다. 이런 언어들은 글로 쓸 수 있기도 하고 없기도 하다. 앞 장에서 나는 한 언어 내에 **서로 다른 문식성**literacies이 있는 것에 대해서 이야기했다. '서로 다른 문식성'의 또 다른 의미는 언어별로 연계된 '서로 다른 문식성'이 다양하다는 것이다. 이것은 이중언어적 혹은 다중 언어적 상황에 적용될 수 있는데, 이것은 어떤 사람이 다른 언어를 글로 쓸 수 있는지의 여부, 두 개 이상의 언어와 해당 언어의 문자 체계에 대한 지식의 정도에 따라서 그 사람에게 또 다른 가능성을 제공하는 것이다. 1990년대에는 다중 언어적 문식성에 대한 광범위한 연구가 영국에서 이루어졌는

5) 역자주: 중국과 동남아시아의 일부 지역에 거주하는 흐몽족이 사용하는 언어.

데, 이들 연구는 대개 혁신적인 연구 방법을 활용하였다. 이 연구의 대부분이 마틴 존스와 존스(Martin-Jones & Jones, 2000a)의 책에 보고되었다. 미국에서는 이러한 다중 언어적 상황에서의 문식성에 관한 연구는 대개 언어적으로나 문화적으로 다양한 배경을 가지는 학생들의 교육을 향상시키는 것과 관련된 것이다. 연구의 목표는 학생이 속한 가정과 공동체에서 익힐 수 있는 다른 '지적 자산(funds of knowledge)'을 보다 더 잘 이해하기 위해서 민족지학적 방법을 사용하는 것이다. 그러면 학교와 교사는 학생이 각자 속한 가정과 공동체에서 익힌 지식을 토대로, 학교에서 이루어지는 학습과 가정과 공동체에서 이루어지는 문식 실천을 보다 의미있는 방식으로 연계할 수 있게 된다.[3)]

다중 언어적 문식성의 좋은 예는 영어가 지배적인 언어인 토론토 내의 스페인어 화자들이다.이 경우에는 비슷한 알파벳을 공유하는 두 언어가 관계하게 된다. 세실 클라센(Cecil Klassen)은 캐나다의 '이주자(newcomers)'에 대해 연구하면서 두 언어와 관련된 다양한 문식 실천을 묘사하였다(Klassen, 1991). 클라센은 사람들에 대한 면담과 관찰을 수행하면서 사람들의 문자 언어 사용에 대한 면밀한 연구를 했는데, 사람들이 문자 언어를 접하게 되는 생활 영역을 다음과 같이 구분하였다. 가정, 거리, 상점, 관공서, 직장, 학교와 교회가 바로 그것이다. 각 영역 내에서 그는 문식성의 활용을 구분하였는데, 가정 내에서는 각종 지필작업, 소식 주고받기, 학교 숙제, 종교, 여가 생활로 구분되었다. 이들은 더 세분화될 수 있는데, 가정 내에서의 각종 지필작업에는 쇼핑하기, 요리하기, 약속잡기, 처방전, 각종 영수증, 메모들, 각종 양식들, 서류들, 학교 통신문 등이 포함되었다.

일부 영역은 확실히 한 가지 언어와 그와 관련된 문식성에 집중적으로 연계되었다. 거리, 상점, 관공서와 직장에서 접하는 문자 언어는 대부분 영어였고, 종교적 예배와 관련된 문식성은 스페인어로 이루어졌다. 다른 영역들은 보다 복합적이었는데, 특히 가정에서의 문식성이 복합적이었다. 여타 영역에서의 문식성의 영향을 받는다는 점에서 가정이 아마도 가장 복합적인 영역일 것이다. 가정 내 문식성 중에서 쇼핑, 요리, 영수증, 양식, 서류, 학교와의 통신은 영어로 이루어지는 반면, 소식 주고받기, 종교 및 여가 활동은 스페인어로 이루어졌다.

이 연구는 이러한 활동과 관련된 음성 언어는 많이 다루고 있지 않다. 추정컨대, 학교에서 가져온 영어 통신문을 이해하는 때와 같은 문식 사건 속에서 대부분은 스페인어(음성 언어)를 사용했을 것이다. 음성 언어로는 영어와 스페인어 간의 코드 전환이 상당히 많이 이루어졌을 것이다.

이러한 문식성 활동 목록들은 복잡한 일련의 문식 실천을 요구하는 상황들 속에서 서로 다른 문식성을 포함한다. 사람들이 이러한 요구에 대응하는 전략은 다른 여타의 요인과 더불어 부분적으로는 두 언어에 대한 지식과 두 언어의 문식성에 대한 지식에 달려 있다. 나는 뒤에서 사람들이 이러한 요구에 대처하기 위해서 활용하는 다양한 전략에 대해서 다룰 것이다.

토론토의 예에서 우리는 서로 공통된 문자를 사용하고 서로 관련이 있는 두 언어를 다루었다. 영어와 스페인어는 모두 세계어이고, 둘 중 하나인 영어가 토론토에서 보다 지배적인 언어라는 것은 분명하다. 그런데 많은 다중언어적인 상황에서는 상이한 문자와 언어 변이형들이 복잡하게 얽혀 있는 경우가 많다. 웨일즈의 고산지 농업 공동체의 문식성을 연구한 존스(Jones, 2000)의 연구에서는, 사람들은 웨일즈어의 지역적 변이형과 영어의 웨일즈식 변이형으로 말하고, 표준 영어로 읽기와 쓰기를 했다. 그레고리와 윌리엄즈(Gregory & Williams, 2000), 블랙리지(Blackledge, 2000)는 실헤트어(Sylheti)[6]로 말하고 벵골어로 읽고 쓰는 공동체에 대해 연구하였다. 이 사람들은 실헤티어와 방글라데시어뿐만 아니라 자신들이 거주하는 버밍엄과 런던 각각의 지역 영어를 구사할 수 있었다.

문식성 활용 유형의 복잡성은 뮤컬 색스나(Mukul Saxena, 1994; 2000)가 연구한, 런던의 사우스올에서 생활하는 펀잡인들의 문식 실천의 예에서 보다 생생하게 설명될 수 있다. 이 연구에는 보다 많은 언어와 몇 가지 다른 문자 사용이 관련되어 있다. 로마자로 쓰인 영어가 국가어이고 세 개의 아시아 언어가 공통적으로 쓰인다. 대개 아랍 문자로 쓰이는 우르두어(Urdu), 데바가나리(Devanagari) 문자로 쓰인 힌디어, 구르무키(Gurmukhi) 문자로 쓰인 펀잡어가 그것이다. 세 언어는 이슬람교, 힌두교, 시크교와 각각 관계된 것이다. 한 사람이 어떤 언어를 사용하느냐는 부분적으로 종교에 달려 있고, 또한 언제 어디에서 학교교육을 받았는지와 언어의 다른 사회적 역할에도 달려 있다. 따라서 예를 들면 인도 대륙이 두 나라(인도와 파키스탄)로 분리되기 전에 교육을 받은 힌두교도는 아랍 문자를 사용하는 우르두어를 배웠을 수 있다. 분리 후에 펀잡에서 학교를 다닌 사람들은, 종교에 상관없이 구르무키 문자로 된 펀잡어를 배웠다. 펀잡 주에서 시크교를 강하게 믿었던 펀잡 사람들은 구르무키 문자로 쓰인 펀잡어를 상징적인 가치 때문에 선호했을 것이다.[4]

사우스올에 사는 많은 인도인들은 이러한 언어와 문자 체계 중에서 한 가지 이상을 알고자 하여, 한 가족 내 다른 세대의 사람들은 다양한 문식성에 접근하였다. 세 언어는 서로 연관성이 있는데, 음성 언어로서는 힌두어와 우르두어는 실제로는 서로 같다. 상황을 보다 복잡하게 만

6) 역자주: 방글라데시의 실헤트 지역에서 쓰이는 언어.

드는 것은 세 언어 모두 세 문자 중 어느 한 문자로 기록될 수 있다는 것이다. 사람들은 일상 생활에서 펀잡어로 말하고, 필요에 따라서 구르무키어나 데바가나리어나 아랍어로 적을 것이다. 가령 힌두교도인이 펀잡 지방에 있는 친척에게 펀잡어로 편지를 쓰면서 데바나가리 문자로 적을 수 있다. 색스나가 말한 것처럼 이는 '필자와 독자 상호 간의 편리성의 문제이거나 힌두교도인의 단결을 상징하는 문제'(Saxena, 1994: 202)일 수도 있다.

사우스올에서의 문식 사건은 영어와 더불어 세 언어 모두로 이루어진다. 일상생활에서 어떤 사람은 영어로 된 표지판, 신문, 공식적이고 업무와 관련된 문식성을 접한다. 그리고 우르두어로 된 신문과 달력, 힌두어로 된 잡지와 종교책, 펀잡어로 된 편지와 그래피티를 접한다. 때로는 네 가지 언어로 읽기와 쓰기가 가능할 수도 있다. 종종 특정 문식 사건은 언어들과 서로 다른 문식성 간의 보다 복잡한 상호작용 속에서 이루어진다. 따라서 편지를 쓰려고 계획할 때 편지 내용에 대해서는 한 언어로 이야기하고 편지 작성은 다른 언어로 할 수 있고, 심지어 한 편지 안에서도 언어와 문자를 바꾸어 가면서 작성할 수도 있다.

중요한 것은 각 공동체와 관련된 문식 실천의 특성이 있다는 것이다. 예를 들어 영국에서는 하나의 '아시아 공동체'가 있는 것이 아니다. 그보다는 사람들은 다양한 언어로 말하고 상이한 문화로 구분되며 독특한 문식성 역사를 가지고 있다. 다른 연구에서 트리시아 하틀리(Tricia Hartley)는 영국 북부의 작은 마을에 하는 파키스탄 출신의 이슬람어를 쓰는 펀잡인을 연구한 바 있다(Hartely, 1994). 뮤컬 색스나의 연구에서처럼 연구 대상자들은 파키스탄의 구자랏/제흘룸(Gujerat/Jhelum) 지방에서 온 펀잡어 화자였는데, 그들은 펀잡어로 말은 하되 펀잡어로 적는 전통이 없었다. 그들의 읽기와 쓰기는 우르두어로 이루어졌다. 하틀리의 연구는 다양한 세대의 여성과 그들의 문식 실천에 초점을 두었다. 나이 많은 여성의 대부분은 그들이 성장한 파키스탄에서는 교육을 받을 기회가 제한되어 있었다. 그들은 영어도 거의 알지 못하고 어떤 언어로도 문식성을 갖추지 못했다. 반면 연구 대상자 중에서 한 여성은 파키스탄에서 중등학교를 다녔고 5개 언어를 알고 4개의 문자를 쓸 줄 알았는데, 이 여성과 같이 파키스탄에서 교육을 받은 사람들은 문식성을 갖추고 있었다. 영국에서 교육을 받은 소녀들은 학교에서 영어를 배웠고 방과 후 학교에서 우르두어를 읽고 쓰는 법을 배웠다.

이와 같은 차이들 때문에, 아이들은 종종 가족 내에서 편지, 메모, 쓰여진 메시지를 설명하거나 번역하는 중요한 역할을 한다. 아이들은 해당 공동체와 영어가 지배적인 공동체 간의 연결고리 역할을 한다. 하틀리는 '가족과 공동체 내에서 활용할 수 있는 문식 기능이 옷만들기나 집짓기와 같은 기능과 비슷하게 작용한다(34쪽)'고 하였다. 문식 기능은 단순히 개인이 소유한 어떤 능력만이 아닌 것이다. 하틀리는 이 같은 사례를 개인의 문식 기능이 중요성을 갖는, 영어라는 단일언어로 성장한 자신의 경험과 대조하였다. 하틀리는 또한 파키스탄 사람들에게 편지는 단순이 개인이 다른 개인에게 전하는 것이 아니라 한 가족이 다른 가족에서 전하는 것임을 관찰하였다. 보내진 편지의 내용에 대해서는 그것을 받은 가족이 공유하고 이야기를 나눈다. 그리고 편지를 실제로 적은 사람은 모든 사람을 대신해서 편지를 작성한 사람이지 해당 편지를 작성한 개인이 아닌 것이다. 이렇게 공동체 내 구성원 중에는 언어와 문식성을 다루는 역할이 나누어지기 때문에 특정한 문식 실천이 따르게 된다. 아이들이 언어에 대해 재능이 있고 지배적인 문화에 대한 문식성을 갖추고 있는 가족 내에서 아이들은 나이 많은 구성원을 위한 중개자의 역할을 한다.

다른 다중 언어적 상황에서는, 각각의 기능이 있는 서로 다른 문식성이 존재할지 모른다. 서로 다른 문식성은 공존하거나, 영향력 있는 문식성이 영향력이 약한 문식성을 지배하거나, 서로 경쟁할지도 모른다. 종교적 문식성은 특정 언어와 연관되어 있다. 마틴 존스와 존스(Martin-Jones & Jones, 2000a)의 책에 나와 있는 많은 연구는 코란을 소리내어 읽는 데에는 아랍어가 주로 또는 유일하게 쓰이는 상황들과, 종교적 의식과 관련하여 힌두교 서적을 읽는 데에 힌두어나 산스크리트어가 쓰이는 사례들을 보고하고 있다. 2장에서 설명한 바 있는, 스크라이브너와 콜(Scribner & Cole)의 잘 알려진 연구에서는 독자적인 기능을 가지는 영어, 아랍어, 바이어의 세 문식성이 겉보기에 안정적인 상황에서 공존한다. 그러나 사람들은 하나, 둘 또는 세 개의 언어로 문식성을 갖추고 있거나 이 세 개 언어의 문식성을 모두 갖추지 못하기도 한다. 각 언어는 각각 독자적인 문자가 있고, 문식성의 독특한 활용 방식과 학습의 상이한 방식이 있다.[5)] 혼버그(Hornberger)의 '이중언어 문식성의 연속성'(1989, 2003) 개념은 하나 이상의 언어 사용을 포함하는 문식성 발달이 필요한, 이와 같은 상황을 분석할 수 있는 틀을 개발하였다. 그녀의 연구는 이중언어 문식성의 맥락, 이중언어 문식성을 갖춘 개인, 이중언어 문식성의 내용, 이중언어 문식성의 매체와 관련하여 권력 관계를 검토한 것인데, 언어 계획, 정책 수립, 교육 실천을 위해서 권력 관계가 중요함을 강조하였다.

이러한 다중 언어적 상황으로부터 우리는 어떤 결론을 내릴 수 있는가? 여기서 보다 일반적인 이중언어 연구로 되돌아가는 것은 유용하다. 이중언어 연구는 문식성 연구와는 독자적인 전통을 가지고 성장해왔다. 그럼에도 불구하고, 두 연구의 전통은 맥락을 고려하는 것과 같이 유사한 방향으로 진전되고 있다. 이중언어 연구에서 일반적으로 받아들여지는 결론은 한 언어 내에서 사람들은 다양한 상황에 적절한 언어의 다양한 변이형을 사용하는데, 이중언어를 구사할 수 있는 것도 많은 방식에서 이와 유사하다는 것이다. 상이한 언어는 문식 실천이 따르는 사용의 맥락과 관련된 다양한 변이형으로 간주된다. 단일 언어 사용자는 다양한 상황 속에서 한 언어의 다양한 변이형을 구사하는 것이고, 이중언어 사용자는 추가적으로 다양한 상황 속에서 다양한 언어를 구사할 수 있는 것이다. 문식 실천과 연관된 다양한 문식성을 갖추고 있다는 생각은 이 상황에 잘 들어맞는다. 그리고 다중 언어적 문식성 상황을 검토하는 것을 통해, 다양한 서로 다른 문식성의 사회적 유형화를 분명히 밝힐 수 있다. 마틴 존스와 존스(Martin-Jones & Jones, 2000b)가 지적한 바와 같이, 다중 언어적 상황에서는 언어와 문식 실천이 불가피하게 언어 집단 간의 권력 관계라는 쟁점과 관계가 있다. 예를 들어 블랙리지(Blackledge, 2000)는 지배적 문화의 학교와 소수 문화의 가족 간의 불평등한 권력 관계로 인해, 여섯 살짜리 아이의 방글라데시인 어머니가 가정과 학교 간 학습 맥락에서 자신의 독자적인 문식성을 사용할 수 없게 되는 상황과, 가족의 대부분이 벵갈어로는 문식성을 갖추고 있었음에도 불구하고 '문맹'으로 취급받고 있는 상황을 보여 준다. 이 맥락에서 문식성으로 '간주되는' 것은 사회적으로 구성된 것이다.

나는 이러한 언어 쟁점을 13장에서 성인 문식성에 대해 논의할 때 다시 거론할 것이다. 아래에서는 일상생활의 모든 측면을 관통하는 문식성의 사회적 유형화의 분명한 예, 즉 문식 실천의 여성과 남성 간의 차이에 대해 검토할 것이다.

성별에 따른 문식성

성별에 따라 문식성은 상당히 다르게 나타난다. 이는 지금까지 다룬 모든 영역에서 문식성 활동이 성별에 따라서 다르게 유형화된다는 것을 의미한다. 문식 실천에는 사회 내의 보다 일반적인 성별 차이를 다양하게 반영하지만 그런 차이가 쉽게 드러나지는 않는다.

아이들이 처음 접하게 되는 책부터 보면, 남자 아이용과 여자 아이용이 서로 다르고 성별에 따라서 색깔도 다르다. 대개는 남성보다는 성인 여성이 아이들에게 책을 읽어 주고, 아이들이 유치원이나 초등학교 저학년 때 만나게 되는 선생님은 여성일 가능성이 높다. 평균적으로 여학생이 남학생보다는 읽기를 배우는 데 문제가 적고, 남학생보다는 여학생이 학교에 들어가기 전에 읽을 줄 아는 아이들이 더 많다. 학교에서도 여학생들이 읽기와 쓰기와 관련된 시험에서 남학생보다 평균적으로 더 좋은 성적을 낸다. 여학생보다 남학생이 난독증으로 진단받는 경우가 더 많다. 영국에는 남학교와 여학교가 있다. 일부 여학교는 8세까지의 남학생을 받기도 한다. 학교에서 여학생이 선택하는 과목은 쓰기나 예술과 관련된 것일 가능성이 높다. 남학생과 여학생은 학교에서 다른 것들에 대해서 글쓰기를 한다. 영어 선생님의 대부분이 여성이고, 성인의 기초 교육 담당 교사도 대부분이 여성이다. 아동기를 통틀어서 남자 아이를 위한 책과 잡지가 있고, 여자 아이를 위한 책과 잡지가 있다. 남녀 아동 모두를 대상으로 하는 것은 몇 개뿐이다.

영국의 대학에서 문학을 전공하는 대부분의 사람들은 여성이고 대부분의 강의자들은 남성이다. 영국의 대부분의 속기 관련 직업은 여성이 차지하고 있고, 남성보다는 여성이 수기(手記), 워드 프로세스 및 기타 속기 관련 기술 훈련을 더 많이 받는다. 성인이 읽으려고 선택하는 소설의 대부분은 성별에 따라 다르다. 여성은 남성보다는 신문을 자주 사지 않고 신문에서 읽는 부분도 다르다. 가정에서 남성과 여성이 상이한 문식성 관련 일을 수행한다. 여성이 대개는 편지나 카드 쓰기와 같이 사람들과 연락하는 것과 관련된 일을 담당한다.[6] 이렇게 문식 활동이 여성과 남성에 따라서 달라지는 사례는 계속 열거할 수 있다.

역사적으로 이러한 유형이 항상 동일하지는 않았다. 예를 들어 빅토리아 시대의 영국에서는 남성이 대개는 비서 역할을 했다. 다른 문화권에서는 현재에도 주로 남성이 속기 활동을 하는 나라도 있다. 특정 직업의 사회적 지위는 나라마다 다르다. 국제적으로 문식성 수준에 관한 통계는 남성보다 여성의 문맹률이 높고 여성이 일반적으로 교육 기회도 적게 갖는 것으로 나타난다. 바이어(Vai)와 같이 전통적으로 남성만이 문식성을 활용할 수 있고 여성은 몇몇 문자만 활용할 수 있는 경우도 있고, 중국의 일부 지역에서는 여성만이 사용하는 비밀 문자가 있기도 하다.

위에서 언급한 내용은 어느 정도 어떤 문화 내의 모든 이들에게 명백한 것이지만, 현대 사회에서 성별에 따라 다른 문식성은 놀라운 것일 수 있다. 성별에 따른 문식성은 읽기와 쓰기의 모든 측면에 나타난다. 성별에 따른 문식성에 대해 대중들이 지각하는 정도는 암스테르담의 피에 반 다이크(Fie van Dijk, 1994)가 수집한 문식성 이미지들에서도 드러난다. 그녀는 현대의 우편엽서와 사람들의 읽고 쓰는 모습에 관한 다양한 이미지들을 수집하였는데, 남성과 여성이 어떻게 다르게 그려지는지에 주목하고 있다. 500개가 넘는 우편엽서를 살펴보았는데, 남성과 여성이 참여하는 문식 실천에는 커다란 차이가 있었다. 남성은 전형적으로 보다 심각하고 중심적인 포즈를 취하는 등 남성과 여성이 서로 다르게 자리매김하는 것을 볼 수 있었다. 여성과 남성을 사진 촬영하면서 문식 사건을 관찰해도 이러한 측면이 드러난다. 남성과 여성이 문식성을 다르게 경험하는 방식은, 여학생과 학교 문식성에 관한 연구, 여성 삶 속의 문식성 역할과 성인으로서 학업을 다시 시작하는 것의 중요성에 대한 연구 등 다양한 분야에서 탐구되었다.[7)]

직장 문식 실천

앞에서 지적한 바와 같이 문식 실천은 가정, 교육기관과 직장과 같이 다양한 삶의 영역에 따라 달라진다. 이는 다양한 문식 실천이 있고 이들 문식 실천이 상이한 가치를 지니게 된다는 것을 의미한다. 다양한 맥락에서의 문식성에 대한 면밀한 연구들은 가정, 학교, 직장에서 읽기와 쓰기가 상이하게 이루어진다는 것을 보여 준다. 직장은 문식 실천 연구에 있어서 특별히 중요한 장소이다. 직장은 많은 사람들이 깨어 있는 시간의 대부분을 보내는 곳이고, 일은 많은 사람들이 자신의 정체성을 형성하는데 중요한 역할을 한다. 이러한 직장에서의 문식성에 대한 관심은 최근에 증대되었다.

문식 실천이 다양한 영역에 따라 어떻게 달라지는지에 대한 예를 들자면, 교육 기관과 직장 간의 차이를 들 수 있다. 직장에서의 읽기와 쓰기 활동 범주는 대개는 틀이 갖추어져 있다. 또한 제한적이긴 하지만 사람들과 공유하고, 사본을 만들고, 협업하는 것이 직장 문식성의 전형적인 모습이다. 이와는 반대로 교육 기관에서는 다양한 활동이 이루어지지만 사본을 만들고 협업하는 것은 상당히 통제되어 있고 점검을 받아야 하는 것이다. 문식성 학습에서 맥락에 따라서 읽기와 쓰기의 방법이 달라진다는 것을 이해하는 것은 중요하다.

다양한 영역에서 어떤 문식성이 있는지에 대한 다양한 이론이 있을 수 있다. 직장 문식성을 논의할 때, 사회는 지식 경제로 변화해 가고 있지만, 대부분의 근로자들이 이런 변화에 상응하는 문식 기능을 갖추지 못했다는 인식이 강해지고 있다. 이로 인해서 정부와 거대 고용주 협회 등에서는, 근로자들이 자기 계발 노력을 게을리 함으로써 기업과 국가의 경쟁력에 해가 되고 있다고 전제하면서, 직장 내 교육과 훈련을 강화하라는 요구를 한다.

직장 문식 실천에 대한 민족지학은 복잡한 그림을 보여준다. 종합성과 관리와 같은 새로운 관리 체계를 도입한 직장에서는 확실히 수평적인 인간관계가 확산되고 팀의 협업이 늘어났으며, 근로자에게 요구되는 의사소통과 문식성에 변화가 있었다. 소위 말하는 '급진적 자본주의자들'의 텍스트들(이러한 변화를 촉진하려는 경영 관련 문헌)은 이러한 변화가 직장을 발전하게 하고 근로자들에게 권한을 부여하게(empower) 될 것이라고 한다. 그러나 지 외(Gee et al. 1996)는 변화하라는 요구는 새로운 종류의 근로자를 필요로 하고, 다른 종류의 교육과 준비를 필요로 함을 보여 준다. 실리콘 밸리 내의 전자 조립 공장과 같은 직장에 대한 사례 연구를 통해, 그들의 연구는 경영 관련 문헌의 수사와 실제 현실 사이에 간극이 있음을 보여 준다. 근로자들에게 기대되는 신문식 실천(New literacy practices)의 많은 부분은, 근로자에게 '권한을 부여하는 것'과는 거리가 멀고 오히려 많은 경우 권한을 빼앗는 것으로 나타난다. 이러한 경험은 이미 과다한 노동량이 부과된 최일선의 근로자들에게 더 많은 텍스트를 다루도록 기대하는 데에서 비롯된다. 특히 제1언어가 영어가 아닌 노동자일 경우, 이러한 현상은 더 심하다. 이와 같이 실천의 많은 부분은 계층적 질서를 무너뜨린다기보다는 오히려 현재의 계층적 질서를 강화한다.

이는 직장 내 문식성에 대한 민족지학적 연구에서 흔히 볼 수 있는 유형이다. 이는 직장 내의 '문식성 기능'이 개인이 소유하고 있어서 어디에서든 실행시킬 수 있는, 탈맥락화된 능력이 아니라는 것을 의미한다. 오히려 직장 내 문식성은 관계된 사람들과 그들의 배경, 문화, 그들에게 주어지는 기회, 문식 실천이 일어나는 맥락 등에 영향을 받는 기능이다. 이는 직장 내 사람들의 정체성, 직장이 조직되는 방식, 사람들이 자신의 문식 기능을 보여 주었을 때 누리게 되는 이익과 불이익 등이 모두 문식성에 영향을 준다는 것을 의미한다.[8] 예를 들어, 관광 및 서비스 산업에서의 문식성과 테크놀로지에 대한 연구는 한 장소에서의 읽기의 특정 측면이 다른 장소에는 전이되지 않고, 특정 맥락에서의 문식성 사용은 사회적 상황으로서의 해당 업무에 대한 근로자의 지식과 이해에 달려 있다는 것을 보여 주었다(Searle, 1999, 2002).

관리자의 입장에서 근로자의 문식성 기능이 부족하다고 보는 것은, 근로자가 불합리한 요구나 통제에 대해 저항하는 것으로 인식된다. 예를 들어, 실리콘 밸리 내 한 제조업 작업장에 관한 연구는 근로자의 기능 부족에 대한 관리자들의 생각을 살펴보았다. 이 연구는 문식성 프로그램에 참여했을 때의 이익과 불이익에 대한 근로자의 경험, 참여 기회의 부족, 관리자의 의도에 대한 의구심, 근로자의 행동에 대한 관리자의 반응 등이, 관리자가 요구하는 훈련을 선택하는 데에 모두 영향을 미침을 보여 준다(Darrh, 1997). 직장 네 곳의 문식성에 대한 연구인 벨피올 외(Belfiore et al., 2004)는 관리자와 책임자들이 일의 실패 요인은 문식성 기능, 능력 또는 자신감에 있다고 보고 훈련의 필요성을 제안한다고 하였다. 그러나 연구자들은 근로자를 잘 알게 되고 직장 밖의 문식 실천을 관찰하면서, 근로자들이 어떤 상황에서는 텍스트를 활용하는 것을 꺼려하지만, 다른 상황에서는 텍스트를 잘 활용한다는 것을 발견하였다.

이러한 점을 보여주는 민족지학 연구는 미국 병원 내의 기능적 문식성 프로그램 도입에 관한 연구인 고웬의 '직장 문식성의 정치학(*The politics of workplace literacy*)'(Gowen, 1992)이다. 이 연구는 직장 내의 긴장과 권력 관계가 기능적 문식성 프로그램의 효과에 어떻게 영향을 미치는지를 보여 준다.

문식 실천의 사회적 유형화

문식 실천이 연구된 다양한 영역들(국지적, 지역적 문식 실천, 다중언어주의, 성별, 직업과 관련된 영역들)은 다양한 방식으로 한 가지 중요한 점을 보여 준다. 즉 문식 실천은 사회적으로 유형화된다는 것이다. 범용 문식성(universal literacy) 및 교육에 대한 자유로운 접근에 관한 생각에도 불구하고, 문식성은 사회에서 평등하게 실천되지 않는다. 비서, 신문 발간자, 실업수당 청구자들은 서로 상당히 다른 문식 실천에 가담하게 된다. 문식성은 직업에 따라 가치가 다르게 매겨지고, 직업과 문식성의 권력 관계도 다양하다.

사회 내 문식성의 역할을 이해하기 위해서는 문식 실천의 사회적 유형과 이러한 유형이 사회 내 권력과 관련되는 방식을 검토하는 것이 필요하다. 이는 사람들이 특정 문식 실천에 접근하는 데에 어떤 식으로든 제한점이 있다는 것을 의미한다. 역사적 사례를 보거나 다른 문화를 살펴보아도 문식 실천에 대한 제한은 항상 있었다. 잭 구디 외(Goody & Watt, 1963)는 일부 사회를 특징짓는 데 사용되는 **제한적 문식성**restricted literacy이라는 개념과 관련된 쟁점을 파악하였다. 사회 내 문식성의 제한점을 설명하기 위해서 구디는 종교적인 '구속적 문식 실천(restrictive practices)'과 문식성의 언어와 지역어 간의 불일치에 대해 살펴보았다.

제한적 문식성이라는 개념은, 구디에 의하면 **완전한 문식성**full literacy에 반대되는 것으로 초기 그리스어 문식성에서 발견된다(Goody & Watt, 1963).

그러나 제한적 문식성을 이야기하는 사람들이 제한적 문식성이 시사하는 바를 모두 다루지는 않는다. 제한적 문식성이라는 개념은 문식성의 중요한 측면에 관심을 두기 때문에 이 주제가 주변적인 것으로 간주되거나 일부 상황에서 발견되는 것으로 치부되어서는 안 된다. 오히려 문식성은 모든 사회에서 사회적으로 유형화되고 제한된다. 문식성은 정보와 아이디어 전이에 관련되어 있고, 현존하는 사회적 제도를 유지하거나 사회적 제도에 도전이 되는 맥락에서 실천되는 것이다. 그렇기 때문에 모든 사회는 어떤 방식으로든 작성된 문서와 같이 쓰여진 무엇인가를 통제한다. 구디가 비제한적 문식성의 가장 좋은 예라고 봤던 고대 그리스의 대중적 문식성을 살펴보아도, 시민으로 인정받지 못한 여성, 외국인, 노예는 문식성에서 배제되었고, 이는 상당수의 사람들이 문식성에 접근하는 데에 제한이 있었음을 보여 준다.

문식성에 대한 제한은 다양한 형태로 나타날 수 있다.[9] 우선 모든 사회에서 문식성은 특정 맥락에서만 기능하도록 발달되었다. 이는 문식성의 오랜 전통 없이, 읽기와 쓰기가 종교적인 쓰임이나 외부와의 상업적인 교류, 또는 행정에서만 제한적으로 쓰이는 사회에서도 명백히 나타난다. 바이어의 예에서 살펴보았듯, 각각의 문식성은 특정한 쓰임이 있었다. 이는 북미 원주민의 창안된 문자 체계(Walker(1981)을 참조하시오.)의 일부에서도 확인할 수 있다. 문식성의 쓰임이 많은 복잡한 서구 사회에서는, 문식성의 쓰임이 사라지기도 하고 새로 생기기도 하는 등 끊임없이 변화한다. 따라서 현대 서구 사회의 문식성의 쓰임을 절대적인 문식성의 쓰임으로 보면 안된다. 문식성의 쓰임에는 어떤 한정이 있는 것이 아니기 때문에 어떤 사회의 어떤 지점에서만 완전한 문식성이 있을 수 있다. 사회에서 서로 다른 문식성은 새로 생기기도 하고 사라지기도 하며, 특정한 사회적 실천과 관련하여 존재한다. 이러한 과정에서 낡은 문식성은 사라지고, 새로운 문식성은 창출된다.

한 사회 내에는 명시적인 정치적 제한을 포함하여 다양한 제한이 있을 수 있다. 일부 사회는 문식 기능과 문자 언어에 제약을 두어, 필경사, 독자, 해석자나 지식인의 엘리트 그룹을 양산하는 데 제한을 둔다. 이러한 제한은 비밀 유지와 처벌을 통해 강화되기도 한다.[10] 문식성에 대한 접근을 명시적으로 통제한 예는 피지(Fiji)의 문식성에 대한 연구인 클래머에서 볼 수 있다. 피지에서는 종교적 문식성을 소개하는 선교사들이 다른 문식성에 대한 접근을 통제하였다(Clammer, 1976).

오늘날에도 명시적인 통제가 많다. 문식성 캠페인이 정부의 반대에 부딪혀 왔는데, 남아프리카와 중미를 포함하여 지구상의 다양한 곳에서는 문식성 관련자들이 협박당하거나 피살되어 왔다. 저작권, 복제, 로열티 관련 법률과 같이 문식성의 법적인 틀도 다른 방식으로 제한을 가하고 있다. 정부가 행사하는 권한은 법률과 재정적 통제에 의해 학교에 부과된다. 신문과 매스컴의 테크놀로지도 복제와 저작권이 통제되는 것과 비슷하게 통제된다. 그러나 대부분의 제한은 드러나지 않는다. 어느 누구도 읽기와 쓰기에서 특별히 배제되지 않는 것처럼 보이지만, 어떤 사회에서건 문식 기능을 습득하는 것은 사회 구조에 따라서 유형화된다. 이러한 제한은 교육이나 직업에 대한 접근성, 또는 특성 문식 실천에 대한 접근성에 있어서 나타난다. 쓰기는 보다 창의적인 측면이 있고, 현재의 사회적 관습에 도전이 되는 생각이나 관점을 표현할 수 있기 때문에 쓰기의 제한은 읽기의 제한보다 더 중요하다. 이러한 의미에서 아동과 성인을 위한 문식성 프로그램에서, 읽기보다 쓰기를 어느 정도 비중 있게 다루는지, 어떤 종류의 쓰기를 다루는지, 사람들에게 일과 관련된 협의의 문식성만 제공하는지 등을 주목할 필요가 있다.

문식성의 통제와 조작은 널리 퍼져 있는데, 그것이 사람들의 권리와 발전을 제한하고 개인의 권한을 통제한다는 면에서는 암울하기까지 하다. 이런 상황에서의 한 가닥 희망은 제한을 두려는 이러한 시도에도 불구하고 문식성은 그 자체로서의 생명력이 있다는 것이다. 종교 관련 서적으로 읽기를 배운 사람들은 동시에 반대되는 관점으로 읽을 수 있다. 또한 사람들은 읽기와 쓰기를 스스로 배우고 또한 그것을 확장해 나갈 것이다. 역사 속에는 읽기와 쓰기를 스스로 깨우친 사람들이 있다. 출판업자들은 분서(焚書)된 책들을 제거하기 어렵다고 하였고, 앞 장에서 언급한 소설 '우츠(Utz)'에서는 사람들이 전체주의적 교육 체계에 대한 면역력을 키울 수 있다고 하였다.

문식성 접근에 있어서 마지막 형태의 제한은 아마도 가장 흔한 것 중에 하나인데, 언어 선택에 따른 제한이다. 문식성은 언제나 한 언어 속에 내재해 있고, 일반적으로 언어의 규범 및 공식 언어와 방언의 체계를 따르게 되는데, 이는 의식적으로 계획되는 것이다. 이러한 과정에서 지역어나 방언을 해당 문화와 함께 주변적인 것으로 만들어 버리거나 배제하는 일이 일어나기도 한다. 언어에 따른 제한은 언어 정책을 수립하고 있는 개발도상국에만 국한되는 문제는 아니다. 캐나다에서는 기능적 문식성에 관한 국가 수준의 검사에서 영어와 불어 문식성만 인정하고, 앞서 언급한 바와 같이 다른 언어의 문식성은 인정하지 않는다.

문식성에 대한 제한을 검토하는 것은 문식성의 사회적 유형화를 이해하기 위한 첫 단계이다. 이러한 검토를 통해 누가 읽고 쓰는 것인지, 어떤 문식 실천인지, 문식성에 부과된 것은 무엇인지, 무엇이 가르쳐지는지, 교육에서 어떤 것이 가르쳐지는지, 특정 문식성을 지지하고 유지하는 사회적 관습은 무엇인지 등 많은 의문이 제기될 수 있다. 이러한 질문에 대한 해답 속에서 사람들의 읽기와 쓰기에 가해지는 사회적 제한이 있음을 알 수 있을 것이다. 앞으로 학교교육이나 현대의 직장 생활과 같은 특정 제도가 어떻게 특정 문식성을 유지하는지, 그리고 이러한 것들이 법률적 틀과 다른 압력을 통해서 어떻게 이루어지는지에 대해 면밀한 연구가 이루어질 필요가 있다. 다음 장에서 우리는 누가 특정 텍스트를 쓰고, 텍스트가 대상으로 하는 사람은 누구이고, 텍스트는 독자를 어떻게 구성하는지 등 텍스트에 대한 물음에 대해 살펴볼 것이다. 이러한 물음은 모두 문식성의 사회적 유형화와 관련된 것이다.

제5장 언어 속의 문식성

문식성과 언어

다음 세 장에서 나는 문식성과 언어의 관계에 대해 다양한 관점에서 검토할 것이다. 이 장에서 나는 문식성이 언어 속에 어떻게 내재되어 있는지 검토할 것이다. 나는 우선 언어가 다양한 방식으로 어떻게 쓰이는지, 그리고 언어가 어떻게 담화의 일부가 되고 담화는 어떻게 텍스트를 산출하게 되는지에 대해 논하면서, 언어에 대한 일반적인 생각에 대해 논의할 것이다. 텍스트들은 상호텍스트성을 통해 서로 연계되어 있고, 사람들은 텍스트에 의해 위치 지워진다. 그리고 모든 언어의 문식성 연구는 문식 실천 연구이자 텍스트 연구라는 것을 전제로 텍스트의 사례들을 논의할 것이다. 다음으로 읽기는 텍스트로부터 의미를 구성하는 것임을 논의할 것이다. 마지막으로 인간 활동을 중재하는 문식성의 의의에 대해 논의할 것이다. 6장에서는 사람들이 문어와 구어 간의 차이를 구분하는 많은 방식에 대해 살펴볼 것이고, 7장에서는 다양한 문자 체계와 다른 표기 방식에 대한 논의를 진행할 것이다.

문식성에 대한 논의는 어떤 것이든 일반적으로 언어에 대한 관점을 전제한다. 즉 문식성에 대한 논의는 언어 이론에 기반을 두고 있다. 따라서 언어에 대한 관점을 검토하고 언어에 대한 관점과 문식성에 대한 관점의 관계를 살피는 것은 중요하다. 이 장에서는 문식성과 비유 및 사고에 대해 논의할 때 언급했던 것처럼, 언어에 대한 구성주의적인 관점을 취한다. 즉 언어가 사람들이 세계를 구성하는 심리적인 모형 속에서 중요한 역할을 한다고 본다. **구성적**constructive이라는 용어에는 심화된 의미가 있다. 언어는 역사적으로 구성되어 왔다. 아이가 언어를 배울 때에도 언어는 구성되는 것으로, 사람이 언어를 활용할 때마다 언어는 구성된다. 언어에 대한 이러한 관점은 점점 더 우세해지고 있다. 최근의 언어 연구에 있어 지배적인 관점은 언어 구조에 대한 기술 체계를 구축하는 것에서 언어를 인간의 목적에 부합하는 역동적인 사회적 활동으로 인식하는 것으로 변화하고 있다. 여기서 나는 문식성의 생태계를 이해하는 데 필요한 언어 측면들을 간략히 소개하고자 한다. 5장의 핵심적인 내용은 언어에는 담화라고 칭할 수 있는 다양한 형태들이 있고, 담화는 문자 텍스트를 산출하고, 텍스트는 사람들의 경험을 중재한다는 것이다.

레지스터부터 장르와 담화까지

구어부터 이야기하자면, 사람들은 말하는 방식이 다양하고, 어떤 상황에서건 적절한 말하기 방식을 활용한다. 말하는 방식은 실질적으로 사람들이 광고 언어나 법률 언어라고 말할 때의 '언어'라는 단어의 의미이다. 상이한 상황에서 구별 가능한 다양한 말하기 방식을 '**레지스터**registers'라고 부른다. 사람들은 아기에게, 은행의 지점장에게, 사랑하는 사람에게 각기 매우 다른 방식으로 말하기를 하는데, 이는 말을 걸 대상에 따라 적절한 레지스터를 선택하기 때문이다. 다양한 레지스터가 존재한다는 생각은 구어 연구에서 비롯되었지만 쓰기에도 적용할 수 있다. 사업 관련 편지를 쓸 때와 친구에게 이메일을 쓸 때에 사람들은 적절한 레지스터를 선택한다.

구어보다는 문어, 특히 문학적 언어를 연구하는 이들은 다양한 형식의 글쓰기를 보통 다양한 **장르**genres로 구분해 왔다. 소설, 시, 학술 논문은 모두 상이한 장르들이다. 이들은 각각 구별 가능한 문어 형식이기 때문에, 누구든 각 형식 시작 부분의 몇 문장만 보고도 어떤 장르인지 판단할 수 있다. 레지스터와 장르라는 두 용어를 쓰는 방식에 대해 의견 차이가 있음에도 불구하고, 많은 언어 전문가들은 장르라는 개념이 더 유용하다고 본다. 이 단어들은 또한 특정 이론의 상징이 되었다. 문식성 연구에서 레지스터 혹은 장르가 중요한 이유는 구어와 문어에서 다양한 언어 형식이 존재함을 보여 주기 때문이다.

레지스터나 장르를 논의하는 데 있어서 한 가지 쟁점은, 앞에서 언급한 것처럼 이 용어를 얼마나 광범위하게 혹은 지엽적으로 적용하는지와 관련된 것이다. 매우 광범위한 수준에서 말하자면, 언어학자들은 비공식적, 공식적 레지스터, 또는 심지어 구어 레지스터와 문어 레지스터로 구분하여 구어와 문어 간에도 레지스터의 차이가 있는 것으로 이야기해 왔다. 교실 언어와 같은 **교사 말**teacher talk, 아기에게 쓰는 **아기 말**baby talk, 또는 외국인에게 말할 때 쓰는 **외국인 말**foreigner talk과 같이 식별 가능한 레지스터가 있다. 그런데 이 접근의 문제점은 가령, 교무실에서의 교사 말, 중등학교 교사 말, 과학 교사 말, 학부모회와 회의할 때의 교사 말 등으로 말하기 방식에 따라 더 자세하게 구분할 수 있다는 것이다. 이들 각각이 구분되는 레지스터인가? 비슷하게 문어 텍스트에서도 우리는 넓게는 소설과 시를 다른 장르라고 말할 수 있거나 또는 로맨스와 동화 등으로 구분을 더 세분화할 수도 있다. 다른 예로는 과학적 글쓰기는 생물학, 물리학, 화학 등으로 구분될 수도 있지만, 과학적인 물리학 글쓰기와 대중적인 물리학 글쓰기 또는 물리학 논문과 학생의 물리학 레포트 간의 차이를 거론할 수도 있다.

장르는 사회적으로 구성된 글쓰기의 관습이다. 장르는 무언인가를 하는 데 필요한 인정된 관습으로, 필자의 목적과 연계되어 있다. 학생들을 지도하기 위해서 특정 장르의 관습을 구분하고 기술할 수 있으면 유용하다. 다양한 장르의 속성을 추출하고, 그러한 관습을 규범화하려고 하기 쉽다. 이는 호주에서 시작된 '장르 논쟁'에서도 하나의 쟁점이 되었던 것이다. 마이클 할리데이(Michael Halliday)와 동료들의 연구에 영향을 받아서, 글쓰기 지도에서의 장르 접근은 학교에서 글쓰기를 가르치는 방법에 대한 뜨거운 논쟁거리가 되었다.[1] 명칭을 무엇으로 하든지 간에, 사회생활의 특정 영역과 관련된 변별적인 글쓰기 형태가 있다. 문식성 연구의 목적에는 글쓰기 형식의 유형을 확인하는 것도 포함된다.

언어의 다양한 사용에 대해 논의할 때 보다 넓은 개념으로 사용되는 용어는 **담화**discourse이다. 레지스터나 장르는 언어의 포괄적인 사용 방식에 기여하는데, 이를 담화라고 한다. 앞에서 언급한 바 있는, 광고의 언어나 법률 언어는 문법적 구조뿐만 아니라 언어 사용 방식에서도 차이가 있다. 하나의 새로운 담화에서 사용되는 특수한 어휘들은 배워야 하는 것이 사실이다. 그러나 새로운 담화가 기존의 언어 요소들을 바탕으로 재조직되는 정도는 놀랍도록 많다. 즉, 언중이 이미 할 수 있는 것을 다른 방식으로 구성하는 것이다. 담화들은 언어가 어떻게 사용되는지에 따라서 차이가 난다. 이는 심화된 문식성 학습과 학교나 대학에서 새로운 과목으로 가르쳐진다. 우리가 종종 담화를 이해할 수 없는 것은 대개는 특별히 복잡한 어휘 때문이 아니고 언어가 조합되는 방식 때문이다. 이는 새롭게 생성된 담화에서나, 새로운 담화에 참여하게 될 때 알 수 있게 된다.

언어는 어떠한 경우라도 사회적 상호작용에서 한 부분이 되기 때문에 담화는 중요한 개념이다. 아기에게 말을 걸거나 은행 관리자에게 말을 거는 것은 적절한 언어와 더불어 적절한 상황 속에 적절한 행위까지를 포함한다. 사회적 상황 속에서 언어가 위치한다는 관점, 그리고 제임스 지(James Gee)의 표현을 따르자면 말하거나 쓰는 방식일 뿐만 아니라 '존재하는 방식'(Gee, 1996: 127)이라는 관점은 언어를 담화로 간주하는 것이다. 그런데 담화라는 개념은 두 가지 문제가 있다. 하나는 레지스터와 장르와 관련하여 위에서 언급한 바와 같이, 상당히 광의의 의미도 있으면서 동시에 상당히 협소한 의미도 있다는 것이다. 다른 하나는 담화라는 용어가 특정 이론을 암시한다는 문제이다. 담화라는 용어는 다양한 사람들이 다양한 방식으로 사용하고, 때로는 장르나 레지스터라는 의미 대신 쓰이기도 한다. 나는 문식성 연구를 위해서 특정 레지스터나 장르의 언어적 형태에 대한 논의보다는 더 넓은 것을 포함해야 한다는 관점을 취하고자 한다. 또한 언어 사용의 특정 방식은 지식과 인간관계를 구조화하는 방식이라는 관점을 취하고자 한다.

핵심은 언어를 사용할 때 사람들은 영어처럼 특정 언어 자원을 기초로 하고, 항상 특별히 사회적으로 구성된 담화 내에서 사용한다는 것이다. 다양한 담화들이 있는데, 담화는 대체적으로 인정되는 언어 사용의 특정 방식, 가령 학술 담화와 같이 사람들이 변별적이라고 인식될 때에만 존재한다. 학술 담화는 그것을 사용하는 사람에 의해, 또한 종종 이 담화를 쓰지 않는 사람에 의해서도 변별적으로 인식되기 때문에 존재한다.

담화 공동체discourse community는, 그것이 학문하는 사람들이든 청소년 잡지를 읽는 독자들이든, 텍스트와 문식 실천에 있어서 공통점을 가지는 사람들의 집합이다. 사실 담화 공동체는 사람들의 집합을 중첩해서 이르는 것이기도 하다. 담화 공동체는 텍스트가 대상으로 하는 사람을 이를 수도 있고, 해당 텍스트를 읽는 사람을 지칭할 수도 있고, 또는 읽기와 쓰기를 통해 일련의 담화 실천에 참여하는 사람들을 이를 수도 있다. 담화 공동체가 정의되는 방식은 담화 공동체를 규정하려는 사람이 선호하는 방식을 따르게 되는데, 그 사람의 목적에 부분적으로 좌우된다. 예를 들어, 십대 소녀용 잡지를 검토하는 사람은 대상 독자에 초점을 맞출 것이고, 대학 작문을 가르치는 교수들은 어떻게 쓰기 학습을 통해 학생을 학술 담화 공동체의 일원이 되게 할 지에 관심을 가질 것이다. 보다 일반적으로 담화 공동체는 공동의 관심, 가치, 목적을 가지는 것으로 정의된다. 이때 핵심적인 것은, 구성원들은 누구나 당연하게 여기는 인정된 지식을 공유한다는 점이다. 정의에 의하면 담화 공동체의 구성들은 좁게는 공통된 언어 사용 방식이 있는 담화, 넓게는 지식과 관련된 공통된 행동 양식이 있는 담화를 공유한다. 또한 담화 공동체는 새로운 구성원을 영입하는 방식이 있다(이에 관한 더 자세한 사항은 Swales(1990)를 참조하시오). 담화 공동체라는 용어는, 대부분의 글쓰기 방식이 상대적으로 작은 규모의 집단을 위한 것임을 명백하게 해 준다는 점에서 중요하다. 또한 담화 공동체는 글쓰기 방식을 포함해서 언어가 집단을 구분해 주는 방식을 강조한다는 점에서 우리에게 유용하다.[2)]

텍스트와 상호텍스트성

사람들이 무슨 용어를 사용하든 간에, 현재의 논의에서 중요한 관점은 언어에는 단일한 형태가 아닌 다양한 형태가 있다는 것이다. 이러한 언어의 다양한 형태들이 다양한 텍스트로 산출된다. 일부 장르는 다른 것에 비해 보다 정교하게 정의되어 있다. 장르는 쓰여진 글에서 더 잘 드러나는데, 글은 음성 언어보다 규범화되어 있고 명문화되어 있기 때문이다. 그럼에도 불구하고 어떤 것이 일단 쓰여지면, 참조할 수 있는 텍스트가 되고 이는 불가피하게 음성 언어를 포함하게 된다. 우리는 텍스트가 사업용 편지, 시, 서류양식 또는 대화의 전사 자료가 되었든 간에, 텍스트에 대해 논평하고 분석할 수 있다. 텍스트, 즉 언어를 분석하는 것은 사회학자, 심리학자, 언어학자 등이 할 수 있는데, 분석하는 사람의 목적과 이론적 배경에 따라 다양하게 **담화 분석**discourse analysis, **텍스트 분석**text analysis, **대화 분석**conversational analysis 등으로 부른다. 여기에서 지적하고자 하는 바는 문식성을 이해한다는 것은 텍스트와 텍스트를 둘러싼 실천에 대해 연구한다는 것이다.

지금까지 나는 다양한 텍스트의 예를 간헐적으로 제공했다. 다양한 텍스트는 서로 상당히 차이가 있기 때문에 어떤 예를 들어도 위험 부담이 있다. 상당한 정도로 연구가 된 형식인 소설이나 학술 논문이든 다른 것이든 간에, 누구든 자신이 선호하는 예가 모든 텍스트의 대표적인 형식이라고 잘못 생각할 수 있기 때문이다. 텍스트의 형태는 매우 다양하다. 몇 가지 예만 들자면, 일기, 연애 편지, 개인 메모, 병원에 있는 친구에게 주는 시, 웹 페이지, 텍스트 메시지, 신문 기사, 광고, 그래피티, 통장의 입출금 기록물, 회사 보고서, 기도문 등이 있다. 현대 사회에는 다양한 텍스트가 존재한다는 것은 누구에게나 명백한 사실이다. 우리는 텍스트가 중재하는 세계(Smith, 1990; Barton, 2001)에서 살고 있다고 해도 과언이 아니다. 이 책 자체도 텍스트이다. 이 책의 2장 초반부에서 문맹을 병균으로 비유한 인용구와 같은 예도 하나의 텍스트로 취급할 수 있다.

여기에서는 지면 관계상 텍스트들을 자세하게 분석하지는 않을 것이다.[3)] 그러나 여기에서 문식성에 관한 핵심을 설명할 텍스트의 다른 예를 들고자 한다. 나는 한 영역에서 예들을 선택했는데, 이는 지역 내 일상생활 영역이다. 내가 학문적 삶과 같이 다른 영역을 선택했다면, 텍스트의 예는 상당히 달랐을 것이다. 아래의 텍스트를 보자.

> 여기에 제시된 공지 사항은 지역 정부의 각종 규정에 관한 법령 70(3)(a)항에 있는 것으로, 랭카스터 시는 특정 택시, 개인 대여 차량, 차량 운전자 면허 취득 비용을 이(위 법률의 70(2) 항에 따라 공지 없이 부가할 수 있는 금액을 초과하는 금액이 제시된 경우)에 관한 요금표에 따라 다양화하기로 하였다.
>
> 고시된 사항에 대한 이의 제기는 1993년 2월 5일까지 아래 주소의 선임 변호사에게 반드시 서면으로 해야 한다. (하략)

이는 지역 주간 신문인 랭카스터 가디언(Lancaster Guardian)에 나온 광고의 일부이다. 이 텍스트는 1993년 초에, 에릭 크랩튼의 콘서트 광고, 각종 잡화 세일 등의 광고가 실린 면에 실렸다. 또 다른 짧은 광고는 다음과 같다.

> 날씬하고 잘생긴 은발의 변호사, 주택 소유, 술 마시면 실없어지기도 하지만, 진지한 남성이 지속적인 관계를 유지할 수 있는 여성을 찾고 있습니다. 주소는 (하략)

그리고

> 내 마음은 당신에게서 멀어져 본 적이 없소. 이번에는 우리의 권리

를 찾읍시다. 주소는 (하략)

신문의 반대쪽 면에는 지역의 헬스 클럽에 대한 광고와 함께 다이어트에 대한 기사가 나와 있는데, 다음의 내용을 포함하고 있다.

> …… 여러분을 위한 소식이 있습니다! 올해에는 군것질은 가라!
> (중략) 우리 동네에 많은 편의 시설이 있는데, 집안에서 빈둥거리거나 매일 밤 술집에만 들락거린다는 것은 말이 안됩니다. 이제 건강하게 운동하고 다이어트하는 체제로 돌아와서 여러분의 몸을 돌봐야 할 때입니다. 전염병 같은 속성 다이어트는 피하세요. **1kg** 정도는 가뿐히 뺄 수 있는 운동 선수들에게는 맞을지 몰라도 여러분의 신진 대사는 속성 다이어트를 감당할 수 없습니다. (하략)

위 텍스트 예들은 모두 영국의 지역 신문에서 발췌한 것이다. 이들은 현대 생활과 관련된 텍스트의 일부로, 공식적인 공지 사항, 광고, 정보를 전달하는 글처럼 보이게 만든 광고의 일부 등이다. 가령, 공식적 공지 사항과 다이어트에 대한 기사는 언어를 상당히 다르게 사용하고 상당히 다른 목적을 달성한다. 법적 공지, 광고 문구, 짧은 광고는 다른 장르이고, 각각은 분명히 변별된다. 문식 실천이라는 면에서 어떤 텍스트에 관해서이건 텍스트가 어떻게 생산되었고 어떻게 사용되는지와 관련해서 우리가 점검해야 할 질문이 있다.

우선 텍스트의 생산에 관한 질문을 해 보자. 많은 사람들이 공식적인 공지 사항을 생산하는 데에 관여했을 가능성이 높기 때문에, 필자는 한 사람이 아닐 것이다. 그런데 텍스트는 필자가 누구냐에 따라 달라진다. 공식적인 공지 사항에는 실은 시의 선임 변호사의 서명이 대문자로 기입된다. 변호사가 텍스트를 작성한다는 의미로 직접적으로 이름을 기재하지는 않았을 것이다. 해당 텍스트는 신문에 인쇄되어 나오기까지 아마도 필경사를 거쳐서 광고기획자, 편집자와 인쇄업자의 손을 거쳤을 것이다(서명을 한다는 아이디어는 흥미롭다. 서명은 쓰기의 특별한 형태이다. 다른 사람이 대신할 수 없고, 서명은 타이핑할 수 없으며, 의식적으로 익히게 된다). 현대 생활의 텍스트를 생산하는 데에는 다양한 역할을 하는 많은 사람들이 관여하고, 텍스트가 한 상황에서 다른 상황으로 옮겨갈 때마다의 텍스트의 생산과 소비까지를 추적하는 것이 가능하다.

공식적인 공지 사항은 차량 면허 취득 비용이 인상되기 전에, 법적 요구 사항으로 신문에 실렸을 것이다. 공지 사항의 언어가 암시하는 바를 생각해 볼 때, 신문에 나온 내용에 대해 택시 기사들이 인상된 취득 비용에 대해 깊이 논의할 기회를 가질 것 같지는 않다. 만약 정보를 제시하는 것을 의도했다면, 텍스트가 일상의 언어로 쉽게 쓰였을 것이다. 상당히 다른 문체를 지닌 다이어트에 관한 기사는 저자가 언급되지 않았는데, 이는 많은 지역 신문에 동시에 발표된 글일 수 있다. 기사는 설득의 기능이 있고 기사의 주변에 제시된 다이어트에 관한 광고를 지원하는 기능이 있다. 두 개의 짧은 광고는 아마도 개인이 썼을 것이다.

텍스트에 대해서 생각할 때 유용한 개념은 어떤 텍스트에서든 독자가 **구성된다**constructed는 것이다. 독자가 취할 수 있는 가능한 선택 사항에는 일종의 범위가 있다. 신문 기사나 연애 편지는 독자가 특정 지식, 가치, 믿음이 있을 것이라고 가정한다. 독자로 설정될 수 있는 **대상의 위치**subject positions에는 일정한 제약이 따른다. 다이어트에 관한 기사의 경우, 독자는 건강하지 않고, 몸무게가 많이 나가는 성인으로 위치 지워진다. 또한 독자는 자주 술을 마시는 것으로 가정되기도 하고, 때에 따라서는 고기를 먹고, 휴가 기간 동안 과식을 하며, 직장 생활을 하고, 의지가 약한 사람으로 위치 지워지기도 한다. 여기에서 대상의 위치는 명시적으로 드러나는데, 심지어 '여러분'이라고 독자가 지칭되기도 한다. 텍스트가 독자를 가정하는 방식은 대개는 비명시적이고, 텍스트가 여러분을 위치 지우는 정도는 다양하다. 반면 짧은 광고와 법적 공지가 대상으로 하는 독자는 사뭇 다르다. 짧은 광고는 특정 독자를 대상으로 하고, 이에 해당하지 않는 다른 독자들은 구경꾼이다. 이처럼 모든 텍스트들은 사람들을 포함하기도 하고, 배제하기도 한다. 텍스트는 우리가 우리 자신을 어떻게 보는지, 우리의 정체성과 분명히 관계된다. 위의 예들에서 텍스트가 사람들을 규정하는 다양한 방식을 볼 수 있다.

이 외에도 독자에 관해 더 많은 가정을 하게 하는 언어 사용이 있고, 그런 언어 사용은 더 많은 요구 조건을 필요로 한다. 예를 들어, 사람들이 기입해야 하는 서식은 읽기와 쓰기가 통합되어야 하는 것이기에 흥미롭다. 다른 사람이 작성한 범주들을 읽고, 그런 다음 서식을 채워 넣음으로써 자신을 범주화하게 된다. 즉, 서식은 가능성의 범주를 정의하고 그것을 채워 넣는 사람은 그 범주들 안에서 선택을 해야 하는 것이다. 문식성과 관련해서 보다 많은 논의를 할 수 있는 적절한 서식의 예는 실업자들이 실업 수당을 청구하고 직업을 찾을 때에 접하게 되는 서식일 것이다. '재취업 도우미'로 알려진 그 서식에는 '직장을 구하면 바로 일을 시작할 수 있습니까?'와 같이 단순해 보이는 질문들이 제공된다. 그런 다음에 '예'와 '아니요' 칸이 제공되고, 작성자는 둘 중 하나에 표시해야 한다. 택시 면허에 대한 공식적인 공지 사항과는 달리, 이 서식은 '쉬운 영어'로 작성되어 있다. 그럼에도 불구하고, 여전히 어려움이 있다. 단어는 흔하고 잘 아는 것들이고, 문장 구조도 분명하지만 이 질문은 실업 수당 청구자들에게 많은 문제를 안겨 준다. 실업 수당 청구자들은 단어 이면의 의도를 알아야 한다. 유경험자들은 이 질문에는 '예'라고 답해야 하고, 일을 당장 할 수 있는 사람에게 혜택이 주어진다는 것을 안다. 또한 그들은 직장의 위치, 하루 내에 일할 수 있는 시간, 일하고자 하는 의욕 등에서 제약이 있는 것처럼 보이는 응답을 해서는 안 된다는 것을 안다.[4] 서식에 관한 담화를 다루다 보면 문제는 복잡한 어휘나 서식의 편집 양식과 같은 것이 아니다. 오히려 보다 분명한 것은 질문에 대한 친숙한 정도와 관습의 테두리 내에서 질문을 받아들일 수 있는지가 문제가 된다. 서식을 채우는 것은, 자신이 서식에서 응답한 범주에 부합하는 당사자라는 점에서, 종종 자신에 대한 새로운 관점을 구성하는 것을 포함한다. 대표적인 사례가 이력서 작성이다.

나는 5장에서 인쇄물 문식성과 글쓰기로서의 텍스트라는 협의의 의미를 활용하고 있다. 그러나 텍스트의 편집 양식과 기타 다른 측면에 대해 아직 이야기하지 않았다. 법률 고지는 특정한 방식으로 구성되었다. 짧은 광고는 한정된 지면에서, 이런 장르에서 쓰는 전형적인 글씨체로 제시되어 있다. 이들 광고가 인쇄된 종이는 전형적인 신문용 종이로 얇고 특정 크기의 신문지이다. 이 책에 인용된 광고는 더 이상 신문에 실린 그 광고가 아니라는 점을 주목해야 한다. 그 짧은 광고는 이 책에서는 완전히 다른 텍스트가 되어 버렸다. 즉, 이제 문식성에 관한 책에 나오는 하나의 예가 되었다. 다른 맥락에 놓여졌고, 의미도 바뀌어 버린 것이다. 현재 이 책의 독자인 여러분은 택시 면허 취득 비용 인상에 대해 반대할 기회도 없고 짧은 광고에 답할 기회도 없다.

몇 가지 의미에서, 텍스트는 고정된 참조점이 될 수 있다. 가정이 드러나는 것도 텍스트 내에서이고, 당연하다고 여겼던 것이 중요해지는 것도 텍스트 내에서 이루어진다. 이는 단어 선택, 특수 어휘, 가정되는 배경 지식, 글쓰기의 특정 형식 등 여러 가지 면에서 이루어진다. 가정된 지식의 중요한 측면은 텍스트는 외재적 세계와 상식을 참조할 뿐만 아니라, 암묵적으로나 명시적으로 다른 텍스트들도 참조한다는 점이다. 이것은 **상호텍스트성**intertextuality으로 알려져 있다. 상호텍스트성은 텍스트가 다른 텍스트를 참조하는 방식이다. 이는 가령 학술 논문에서 다른 사람의 글을 참고하는 것과 같이, 명백히 확인할 수 있는 텍스트를 정확하게 인용한다는 점에서 매우 명시적이다. 다른 방법으로는, 다른 사람의 어구를 사용하거나 간접 인용을 함으로써 담화에 적합한 용어와 어구를 사용하는 것이다. 나는 여기에서 텍스트가 어떻게 이전의 텍스트들에 의존하고 있는지를 지적하기 위해 용어를 범박하게 사용하고 있다.[5] 나는 이 아이디어가 우리가 말하고, 이해하고, 생각할 때의 언어 덩어리를 설명하는 것과 관련성을 가진다고 믿는다. 아이들이 분석되지 않은 언어 덩어리를 기반으로 언어를 확장해 나가는 것처럼, 정치적 수사나 이야기 구술의 공식도 상호텍스트적이다. 또한 이런 접근은 사람들이 말하거나 쓸 때마다 사전이나 각자의 머릿 속 어휘사전에서 개별 단어를 선택한다는 아이디어에도 유용한 근거가 된다. 여기서 중요한 것은 텍스트는 다른 텍스트들로 구성된다는 점이다.

위의 예들에서, 택시 면허 취득 비용에 대한 공식적인 공지 사항을 처음 썼던 사람은 이전에 작성된 공식적인 공지 사항들을 많이 참고했을 것이다. 그러한 법률 공지 사항은 오랜 역사가 있을 것이다. 공지 사항의 요금표에 랭카스터에서 오랫동안 볼 수 없는 교통수단인 마차에 대한 요금의 세부 사항을 포함하고 있는 것에서도 과거의 공지 사항을 참조했을 것임을 짐작할 수 있다. 나는 공지 사항의 편집 양식이 중세 시대부터의 법률 공지 양식과 비슷하리라고 생각한다. 마찬가지로 서식, 짧은 광고, 광고 문구를 포함한 다른 예들도 모두 명시적으로나 암묵적으로 특정 담화의 예전 사례들을 참고하고 있다.

일부 텍스트들은 흔히 인용되는 참조점이 되고 사람들의 생활 속에서 변하지 않는 속성을 지닌다. 사람들은 종교 서적이든, 기도문이나 벽에 걸린 격언이든, 끊임없이 다시 읽는 학술 논문이나 연애 편지이든, 텍스트를 통해서 그들의 정체성을 구축할 수 있다. 텍스트를 분석하고 부분으로 나눌 수 있는 것은 텍스트의 고정성 때문이다. 텍스트는 개인과 사회에 참조점이 될 수 있다. 집으로 날아오는 각종 광고성 메일이나, 온라인 채팅, 일간 신문 같은 텍스트들은 고정성이 덜 하고 변하기 쉬우며 중요성이 떨어질 수 있다. 그러나 전반적으로 텍스트는 고정되어 있으면서 사람들을 자리매김하게 하고 그들의 정체성을 구축하게 한다.

신문에 나온 위의 예들은 모두 다른 사람들과 소통하는 것과 관련된 것이다. 그러나 소통을 위해서가 아니라 개인을 위한 텍스트들이 많다. 여기에는 **초고**drafts가 포함된다. 가령 학생들이 대학에서 쓰는 레포트나 논문의 초고를 비롯하여, 사람들은 개인 편지, 어려운 전화 통화, 지원서 등의 초고를 작성한다. 변하기 쉬운 텍스트의 다른 유형은 **메모**scratch notes이다. 여기에는 급히 받아 적은 전화 메시지, 책에서 읽은 내용을 메모한 것, 강의 준비를 위한 메모 등이 있다. 공통적으로 이들은 쓰는 사람 자신만을 위해 작성된다. 이들은 메모 형식으로, 종종 쓰는 사람만이 알아볼 수 있는 축약어, 철자, 문법을 담고 있는데, 일정 시간 내에 글을 직접 쓴 사람만이 그 뜻을 알아볼 수 있다. 직장과 가정에서의 초고와 메모는 그 생명력이 매우 짧다.

모든 종류의 텍스트 분석은 사람들을 텍스트가 무엇인가를 한다고 믿게 하고, 사람들이 텍스트 이면의 의미와 의도를 잊게 만든다. 텍스트가 사람의 자리에서 작동하는 방식을 생각하는 것은 유용하지만, 텍스트가 자체적으로 어떤 것을 한다고 생각하는 것은 잘못된 것이다.[6] 예를 들어, 주관성을 구성하는 것은 텍스트 자체가 아니라, 텍스트가 활용되는 방식이다. 실천이 주관성을 구성한다. 텍스트 이면에 있는 사람을 생각해 보면, 텍스트를 구성한 사람과 텍스트를 사용하는 사람이 있다. 텍스트는 그것을 생산한 사람으로부터 분리될 수 있다. 대체로 텍스트를 최초로 썼던 사람은 잊혀지고 텍스트만이 오랫동안 생명력을 유지하기도 한다. 그리고 그래피티, 정부의 서류 양식, 수학 공식 정리, 단편 소설, 교과서, 신문이든지 간에 텍스트를 쓴 사람들은 숨겨져 있을 수도 있다. 그럼에도 불구하고 모든 텍스트는 역사를 가진다. 비슷하게 실천의 관점에서 보면 텍스트가 어떻게 생명력을 가지도록 사용되었는지에 대한 자세한 사항을 알 필요가 있다. 텍스트는 단지 존재하는 것이 아니라 어떤 목적을 위해 사용된다. 텍스트가 소설, 시간표, 신문 광고이든 간에, 우리는 문식성을 충분히 이해하기 위해서 텍스트가 어떻게 쓰이는지에 대해 더 많이 알 필요가 있다. 사람들은 신문, 광고, 교과서, 지도, 매뉴얼 등을 가지고 무엇을 하는가? 책에 푹 빠졌다는 것은 무엇을 의미하는가? 사람들이 텍스트를 사용하는 방식에 대한 연구가 있다.[7] 텍스트 생산자의 의도가 텍스트가 실제로 사용되는 것에 대한 정확한 안내를 하는 것은 아니기 때문에 다양한 텍스트를 사람들이 어떻게 읽어내는지를 살펴보는 것은 중요하다. 텍스트는 문식성이 무엇인가를 구성하는 한 부분이다. 텍스트의 구조 외에 다른 것이 있는데, 그것은 실천이다. 텍스트는 실천과 분리될 수 없고 문식성을 이해하는 것은 텍스트를 분석하는 것과 더불어 실천을 분석하는 일을 포함한다.

텍스트로부터 의미 구성하기

텍스트에 관한 논의는 읽기 개념에 대해 많은 점을 시사하였다. 읽기와 쓰기의 특성을 규정하는 방식이 변화되어 왔다. 읽기에 대한 전형적인 관점은 읽기를 심리적 과정으로 보았던 것이다. 읽기에 대한 이 관점이 전부인 것처럼 쓰여진 책이 많지만, 우리는 이 관점을 넘어서려고 한다. 읽기에 대한 전형적인 심리학적 관점은, 언어 분석용 컴퓨터를 설계하는 것에 관심 있는 사람과, 언어를 문법을 따르는 단어들의 집합으로 여기는 사람에게는 적절한 것일 수 있다. 그러나 사람들이 언어를 가지고 무엇을 하는지에 관심이 있다면, 단어나 구가 지금까지 가지고 있는 용법과 의미가 변화하고 보강되는 모든 용법에서의 의미를 보는 것이 보다 유용할 것이다.

읽기를 이해하는 데 적합한 관점은 무엇인가? 언어의 구성주의적 본질, 상호텍스트성과 중재와 같은 주제에 대해서 지금까지 논의한 바에 의하면, 텍스트의 의미 파악은 단순히 단어의 의미를 알고 그들을 문법적인 범주로 분류하는 것에 국한된 문제가 아니라는 것이 분명해졌다. 읽기와 쓰기에 대한 구성주의적 관점은 의미를 구성하는 모든 행위와 마찬가지로, 사람이 수동적이지 않고 능동적이며, 텍스트를 사용하는 주체임을 보여준다. 또한 사람들은 의미를 만들어가기 위해서 선택, 조직, 연결과 같은 작용을 한다(Spivey(1990)을 참조하시오.)는 점이다. 이는 여전히 읽기에 대한 심리학적 관점을 취하지만, 읽기에 대한 사회적 관점에 부합한다는 점에서 보다 복합적이다.

읽기를 통해 지식을 습득하게 되고, 지식을 텍스트와 연결하게 된다. 읽기는 단순히 기능을 적용하는 것이 아니다. 읽기의 과정은 텍스트로부터 의미를 구성하는 것이 아니라, 텍스트와 상호작용하는 것이다. 이해는 부분적으로는 독자가 만드는 텍스트간의 연계이기도 하다. 또한 독해는 능동적인 것이다. 우리는 단어가 빠졌는지 아니면 모르는 단어가 나왔는지를 읽을 수 있다. 사실 새로운 단어를 배운다는 것은 글을 읽게 되면 잉여적으로 얻을 수 있게 되는 것이다. 이는 아이와 성인이 새로운 단어의 의미를 배우게 되는 중요한 방법이다.

읽기에는 다양한 방법이 있다. 대표적인 방법은 띄엄띄엄 대강 읽어 나가거나 주욱 훑어보는 것이다. 그러나 이보다는 더 많은 방법들이 있고, 텍스트로부터 의미를 취하는 다양한 방식이 있다. 상이한 사회적 실천은 읽기의 다양한 형태를 포함한다. 별자리로 운세를 읽는 것은 비디오 사용법을 읽는 것이나 협박의 의미를 읽는 것과 다르다. 언어에 표상된 다양한 발화 행위가 있는데, 실제 단어들은 다양한 방식으로 독해된다. 우리는 발화 행위를 이해하기에 앞서 어떤 발화 행위가 어떤 상황에서는 협박이 될 수도 있고, 약속이나 지시가 될 수도 있다는 것을 알 필요가 있다(발화 행위가 '발화' 행위라고 불리지만 그것도 글로 표현된다). 상이한 텍스트는 다른 방식으로 읽혀진다. 같은 텍스트라도, 가령 종교 서적에서 발췌한 구절과 같은 텍스트는 매우 다른 방식으로 읽을 수 있다. 그것은 교훈으로서 사실적으로 읽을 수도 있고, 명상이나 숙고하기 위한 무엇인가로 읽을 수도 있다. 종종 텍스트는 심화된 의미를 얻기 위해서 두 번 이상 읽기도 한다. 물론 반대의 읽기도 있을 수 있다. 휴식하면서 읽는 것이나 시간 때우기로 읽는 것, 책에 푹 빠져서 읽는 것 같은 읽기가 있을 수 있다.

의미와 관련된 읽기는 사회적으로 구성된다. 의미 파악은 특히 현대 교육자들의 관심사이다. 그러나 암기 학습이나 텍스트를 노래로 부르는 것은 텍스트에서 의미를 파악하는 것을 포함하지 않을 수도 있다. 언어 사용에 따라 담화 공동체가 구분된다는 점을 이미 언급하였다. 다양한 담화 공동체가 다양한 방식으로 텍스트를 사용한다는 것은, 문식성 연구에서 중요한 지점이다. 이로 인해서 '읽는다'라는 의미가 매우 다양해 진다. 컴퓨터 모니터 읽기가 이제는 책읽기와 깊이 관련 있는 것처럼, '읽는다'의 의미는 변화한다. 그리고 이미지와 같은 다른 형태의 의미 구성과 읽기와의 관계도 변화하고 있다.

읽기의 다양한 방식은 이전 부분의 예에서 명백하게 드러났을 것이다. 텍스트와의 상호작용에 대한 자세한 예는 아동에게 책을 읽어주는 것에 대한 장에서 제시될 것이다. 다음에 이어진 논의에서는 중재가 읽기의 의미에 어떻게 기여할 수 있는지에 대해 살펴볼 것이다.

언어 중재

언어는 우리의 경험을 중재하고 글쓰기는 이를 강력하게 만드는 방법이다. 가장 기본적으로 의미로 **중재**mediate란 두 가지 것을 서로 가깝게 만드는 것을 의미하고, 이는 매체를 통해서 이루어진다. 매체로서의 언어라는 아이디어는 많은 의미를 내포한다. 나는 중재의 세 가지 다른 의미에 대해 논의할 것이고 각각은 서로 다른 의미들을 형성한다. 핵심은 언어가 우리의 경험을 중재한다는 것이다. 우리가 실재(reality)에 대한 관점을 구성한다는 점에서 모든 경험은 중재된다. 경험의 중재자 중에 가장 중요한 것이 언어 자체이다. 내적으로 구성되는 언어에 대한 관점은 우리가 가용할 수 있는 언어에 의해 영향을 받는다. 어떤 경험을 부를 때 쓰는 단어는 그것을 기호화하고, 조직하고, 기억하는 방식을 제공한다. 언어는 사고를 중재하고, 레이코프와 존슨의 표현을 빌리자면, 삶으로서의 은유를 포함한다(Lakoff & Johnson, 1980: 2장).

여기에 이어서 매체로서의 언어에 대한 가장 일반적인 의미는 언어가 의사소통의 매체라는 것이다. 사실, 아이디어, 희망, 위협은 다른 사람에게 언어를 통해서 소통되는데, 이처럼 언어는 의사소통을 위해서 사용된다. 언어는 우리의 지식을 구조화하고 조직하는 방식에서도 핵심적인 역할을 한다. 언어는 우리 머릿속에서 일어나는 것과 바깥에서 일어나는 것을 중재하고, 이 때문에 언어 연구가 심리적인 것과 사회적인 것을 통합하는 가능성을 지니게 된다.

언어가 사용되는 실제 생활에서는 중재가 훨씬 더 중요해진다. 어떤 사건이나 경험을 기술하고, 해석하는 타인의 의미 형성은 그 경험을 우리에게 중재하는 것이다. 가령 이야기를 들려주는 사람, 목사, 배우, 정치인들은 모두 그들이 우리에게 무엇인가를 들려 줄 때에, 그리고 실재의 의미를 만들어 가는 방식인 구조를 제공할 때에 우리의 경험을 중재한다. 각각은 하나의 사건으로부터 의미를 취하는 특정한 가능성을 제시하는 것이다. 이는 또한 우리에게 이야기를 들려주거나 메시지를 제공하는 것이 본업이 아닌 사람에게도 해당된다. 가령 의사, 경찰, 교사는 모두 우리의 경험을 중재한다. 우리가 세상에 대해 배우는 방식에 대한 중요한 예는 성인이 아이의 경험을 기술하고, 해석하고, 그 의미를 만들어 갈 때이다. 사람들이 타인에게 세상을 이해할 수 있도록 만드는 데에는 특별한 역할들이 있다.

문자로 되어 있는 소설, 교과서, 신문에 적힌 것도 강력한 방식으로 우리의 경험을 중재한다. 이야기에서 텍스트는 실재를 경험하는 방식에 영향을 미치고, 그것을 구조화한다. 텍스트는 우리가 아는 것과 우리가 느끼는 방식을 제어할 가능성이 있다. 이야기는 우리가 슬프거나 행복하거나 화나거나 기대하는 것에 영향을 줄 수 있다. 이는 영화와 텔레비전과 같은 다른 매체에 있어서도 나타난다. 오히려 이들 매체는 소리, 영상, 색채와 같은 다른 감각을 불러 일으키기 때문에 문자 언어보다 더 많은 중재가 일어난다. 영화는 얼마나 오랫동안, 그리고 어떤 각도에서 대상을 볼 수 있는지를 제어할 수 있다. 영화는 우리의 경험에 영향을 줄 수 있다. 가령, 공포 영화에서는 무섭게 하기 위해 또는 로맨스 영화에서는 목가적인 분위기를 위해 숲속 장면을 활용하고 배경 음악이나 색을 적절하게 연출할 수 있다.

글쓰기와 기타 다른 매체에서 중재의 능동적인 본질을 잃지 않는 것이 중요하다. 언어를 사용하는 사람이 중재하는 만큼 언어가 중재하지는 않는다. 사람들은 자신이 사용하는 언어와 기타 다른 상징체계를 통해 경험을 능동적으로 중재한다. 우리가 책이나 영화를 읽거나 본다면, 우리는 소설가나 영화 제작자가 우리의 경험을 중재하도록 하는 것이다. 이는 생활 속에서 매우 복잡하게 얽혀 있다. 예를 들어, 학교에서는 교과서가 경험의 중재자이지만 교과서를 대개는 처음부터 끝까지 읽지는 않는다. 오히려 교사가 교과서를 중재한다.

중재의 능동적인 본질은 청자, 독자나 관람자를 위해 존재한다는 것이다. 이는 읽기의 개념 규정에 있어 보다 풍부한 안목을 제공한다. 읽기는 중재의 한 형태이다. 독자는 텍스트에 의해, 또는 텍스트의 필자에 의해 제공된 읽기를 할 수 있고, 대안적으로 독자는 그들의 목적에 따라서 다른 많은 것을 할 수 있다. 우리는 많은 반응을 할 수 있고 제공된 텍스트를 읽을 수도 있다. 책을 읽을 때, 그것이 제임스 조이스(James Joyce)의 『율리시즈』와 같이 복잡한 소설이든지, 노암 촘스키(Noam Chomsky)의 『통사 구조』와 같은 복잡한 학술 서적이든지 우리는 저자가 의도한 의미를 찾을 수 있다. 우리는 저자의 생각에 동의하기 위해서 그것을 읽을 수 있다. 그러나 독자는 항상 자신의 생각을 동원하는데, 이는 또한 텍스트에 대한 이해를 중재하는 것이다. 사실 텍스트 안에 의미가 있는 것이 아니고 독자가 텍스트로부터 구성하는 의미만이 있을 뿐이다.

더불어 아주 흔히 독자는 자신의 목적을 가지고 텍스트 내에서 특정한 것을 찾기도 한다. 이는 저자가 아일랜드의 본질이나 언어의 본질에 대해 제공하고자 한 것과 일정 정도 관계가 있을 수 있다. 저자는 더 읽기를 권하는 읽기 자료나 그 외 다양한 가능성을 제공하기도 한다. 이는 위에서 언급된 것과 같이, 독자가 구성되거나 위치 지워진다는 아이디어와 관련 있다. 그러나 독자가 상당히 다른 것을 할 가능성도 있다. 독자는 텍스트에서 제시된 읽기 자료를 무시하거나, 반대의 읽기를 할 권력을 가지고 있다. 가령, 우리는 『율리시즈』나 『통사적 구조』를 성차별주의의 증거로 쓸 수도 있다. 텍스트가 종속될 수 있는 많은 비판적 읽기가 있다. 그럼에도 불구하고, 우리가 텍스트를 어떤 방식으로 읽든 간에, 글은 우리의 경험을 중재한다.

요약하자면, 나는 중재를 세 가지 의미로 사용하였다. 첫째, 세상에 대한 구성주의적 관점에서, 우리의 모든 경험은 중재되는 것으로, 어느 것도 직접적인 것은 없다. 그리고 이러한 중재의 핵심적인 형태는 언어이다. 둘째, 사람들이 사회적 상호 작용 속에서 실재(reality)를 구조화하는 방식으로, 사람들은 우리의 경험을 중재할 수 있다. 셋째, 책이든 영화든 광고이든지 간에 텍스트는 우리의 경험을 중재한다.

제6장 언어의 구성 방식

문자 언어와 음성 언어의 차이
문자 언어에서 음성 언어로의 연속체
언어의 구성 방식
탈맥락과 명시성

문식성을 이해하는 데 있어서 핵심적인 요소 중 하나는 음성 언어와 문자 언어의 관계를 이해하는 것이다. 우리는 3장에서 음성 언어와 문자 언어가 서로 연계되는 방식에 대해 논의하기 시작했다. 아동의 문식성 발달이나 문자 언어의 기원에 대해 검토해 보면 음성 언어의 중요성은 명백해진다. 아이가 잠자리에 들 때 이야기책을 매개로 하여 이루어지는 음성 언어 상호작용의 경우에서처럼, 성공적인 읽기 학습에 있어서 중요한 한 축은 문자 텍스트를 둘러싸고 있는 음성 언어라고 할 수 있다. 이 점은 10장에서 보다 구체적으로 언급될 예정이다. 중요한 것은, 물론 다른 요인들의 영향력을 무시할 수는 없겠지만, 음성 언어 속에 내재된 문자 언어의 뿌리를 놓치지 말아야 한다는 점이다.

문자 언어와 음성 언어의 관련성이라는 주제는 1980년대 이후 언어학자들로부터 지대한 관심을 받았다. 이 시기에 이루어진 학술적 논의들을 검토해 보면 이 주제에 대한 사람들의 생각에 매우 뚜렷한 진전이 있었음을 알 수 있다. 이 주제를 바라보는 현재적 관점에 대해 이해하려면 문자 언어와 음성 언어의 관련성에 대한 시각이 지금까지 어떻게 변화해 왔는가를 먼저 언급할 필요가 있다. 따라서 이 장은 사적 고찰의 형태를 취하게 되는데, 이를 통해 문자 언어와 음성 언어의 관계에 대한 최근의 관점은 그 이전의 관점을 토대로 하여 구성된 것이라는 점, 그리고 이를 토대로 지금은 문식성의 다양성과 언어와 맥락의 관련성에 대한 관심이 더 커지고 있다는 점을 밝히고자 한다.

1980년대까지의 전개 양상을 간략히 돌이켜보면 음성 언어와 문자 언어 중 더 주목을 받은 언어 양식이 시기마다 달랐다. 지금으로부터 2세기 전의 학자들에게 주된 관심사는 과거를 돌아보는 것이었고, 따라서 역사를 가능케 한 문자 텍스트를 주로 다루었다. 문학 분야에 있어서도 주된 관심은 문자 언어였다. 그러나 20세기에 접어들면서 판연히 다른 인식이 대두된다. 구조주의자라 불린 일군의 학자들은 전 세계에 펴져 있는 언어들을 가능한 한 많이 기록하고 분석함으로써 언어의 속성을 설명하려고 했다. 이들은 주로 음성과 문법에 관심을 두었다. 문자 언어는 단지 음성 언어의 파생물로만 여겨졌을 뿐 관심의 대상이 되지 못했으며, 1933년 미국의 저명한 언어학자였던 블룸필드(Bloomfield)는 쓰기가 언어라는 것을 부인하기에 이른다. 즉 문자 언어를 단지 언어를 기록하는 수단으로 여겼다. 진짜 언어는 말해진 것이며, 따라서 언어학자들은 문자 언어에 대해 무시하도록 훈련 받았다(Stubbs, 1980: 24를 참조하시오.).

이러한 인식은 1960년대에 이르러 언어학 분야에서 촘스키를 필두로 한 혁명적 변화가 일어나기 전까지 언어학 분야에서 지배적인 접근 방법으로 자리매김하고 있었다. 1960년대의 새로운 접근 방법에서 언어는 보다 추상적이며 음성이나 문자와 같은 **양식성**modality으로부터 자유로운 것으로 간주되었다. 이 시기의 논의에서 음성 언어와 문자 언어의 차이에 대한 것은 거의 찾아보기 어려우며, 단지 일반적인 차원에서의 언어가 논의되었을 뿐이다. 물론 언어를 이해하고 생산하는 과정을 파악하기 위한 연구들이 문자 언어보다는 주로 음성 언어의 처리 과정과 결부되어 실시되긴 하였다. 이처럼 듣는 귀와 말하는 입 사이에서 일어나는 일에 대해 많은 관심을 가진 이들은 **심리언어학자들**psycholinguists이었다. 이 시기를 중요하게 여기는 까닭은 지금 우리가 언어에 대한 심리학적 접근에서 다루고 있는 문제들이 태동한 것이 바로 이 때였기 때문이다. 돌이켜 생각해 보면 음성 언어의 처리 과정에 대한 연구와 동시에 그 문법적 산물이 연구되고 분석되고 평가되기도 했는데 결국 이것이 쓰기의 산물이었다고도 할 수 있다.

초기의 행동주의 심리학에 대한 촘스키의 비판에 힘입어 출발한, 언어에 대한 심리학적 연구는 다시 언어의 사회적 측면에 대해 관심을 갖기 시작한다. 사회언어학으로 불리는 이러한 경향은 촘스키의 언어학에 대한 비판으로서 음성 언어와 문자 언어의 차이에 많은 관심을 두게 된다. 사회언어학자들은 '실제 언어 자료'를 녹음하고 이를 토대로 하여 단지 직관에 근거하여 언어를 설명해 왔던 학자들에게 문제를 제기한다. 사회언어학자들은 문장과 문법성 대신에 발화와 수용가능성에 대해 논의하였다. 언어 자료는 직관에 근거하기보다는 증명되는 것이며, 따라서 실제 언어로부터 살아있는 예를 수집해야 한다고 보았다. 나의 짐작으로는 이 과정에서 서로 다른 두 정보원, 즉 음성 언어 자료와 문자 언어 자료 사이에 대립하는 부분이 보였고 그 차이에 대한 인식이 결국 음성 언어와 문자 언어의 차이에 대한 연구로 귀결된 것으로 보인다. 이 새로운 분야에 대한 초창기 개론서 중 하나가 '언어와 문식성: 읽기와 쓰기의 사회언어학'(Stubbs, 1980)이라고 제목 붙여진 것은 그런 점에서 시사하는 바가 있다. 즉, 음성 언어와 문자 언어에 대한 본격적 논의의 출발점이 바로 사회언어학이라는 것을 책 제목을 통해 암시하고 있기 때문이다(물론 여전히 사회언어학 연구의 상당 부분은 음성 언어의 변이형에 일차적인 관심을 두고 있다).

음성 언어와 문자 언어의 차이에 대한 관심이 본격화된 시점으로부터 채 10년이 못 되어 이 분야에서는 크게 세 단계의 연구가 진행된 것으로 파악된다. 그 첫 번째 단계는 두 형태의 언어에 차이가 있다는 점을 받아들이고 그 차이를 파악하려는 노력이다. 두 번째 단계는 그 차이에 보다 더 주의를 기울이는 한편, 연속성의 관점에서 문자 언어와 음성 언어 간에 서로 겹치는 부분들을 검토하려는 노력이다. 마지막으로 세 번째 단계는 단지 두 형태의 언어가 있다는 것을 받아들이는 데 그치는 것이 아니라 쓰기와 말하기가 결합하는 방식이 매우 복잡하다는 것을 밝히려는 노력이다. 이 장에서 나는 이 세 단계 각각에 대해 보다 구체적으로 다루고자 하는데, 그렇게 함으로써 문식성에 대한 우리의 이해가 더 확장될 수 있을 것으로 본다.

문자 언어와 음성 언어의 차이

문자 언어와 음성 언어에 대한 논의의 첫 단계로서 **양식성**modality, 즉 매체로서의 특성에 대해 살펴보고 그 다음에 구조적인 측면에서 이 둘의 차이점에 대해 논의하고자 한다. 먼저 양식성의 측면에서 음성 언어와 문자 언어의 차이는 두드러진다. 음성 언어는 실시간의 청각적 매체를 통해 실현되며 연속적이고 머뭇거림, 오류, 휴지, 잘못된 시작, 장황한 반복 등이 동반된다. 또한 목소리의 특성, 제스처, 신체 언어와 같은 동적인 요소도 있다. 음성 언어는 즉시 사라져 버리기 때문에 사람들은 이를 실시간으로 이해하거나 기억해야만 한다. 청자가 같은 공간에 존재하기 때문에 '저것', '여기', '이제' 등의 단어를 통해 화자와 청자 간에 맥락이 암시적으로 공유되며, 이러한 맥락 속에서 말을 가로막기, 피드백하기, 모니터링하기가 가능하다.

문자 언어는 앞서 언급한 음성 언어와 정반대의 특성을 보인다고 할 수 있다. 문자 언어는 시각적으로 존재하고 음성 언어보다 더 영구적이다. 시각적이기 때문에 문장, 단어, 분절에 대한 분석은 텍스트를 통해 이루어진다. 문자 언어에 대한 전면적인 일반화도 이루어진다. 발화자는 드러나지 않으며 머뭇거림이나 오류는 제거된다. 맥락이 공유되지도 않으며 피드백이나 방해도 기대할 수 없다. 문자 언어는 '저기 밖에' 존재하고 준비되며 공식적으로 탈맥락적이다.

그런 점에서 음성 언어는 문자 언어에 비해 여러 가지 장점을 가지고 있다. 스텁스(Stubbs, 1980)는 여러 곳에서 음성 언어가 우월한 이유를 열거한 바 있는데, 가령 쓰기보다 훨씬 앞서서 역사에 등장했다는 점, 인간의 학습에 있어서 우선적이라는 점, 자연적으로 학습된다는 점, 생물학적 토대를 지녔다는 점, 전 세계 모든 문화에 걸쳐 존재한다는 점, 문자 언어보다 더 많은 기능을 수행한다는 점 등이다. 그러나 이처럼 다방면의 우위에도 불구하고 문자 언어는 '사회적 우선권', 즉 대부분의 사회에서 더 우위의 사회적 지위와 법적인 무게감을 갖는다.

음성 언어와 문자 언어 간에 서로 다른 점이 있다는 전제 하에 학자들은 이 둘 사이의 구조적인 차이점에 대해 분석했다. 이 분석은 대화의 전사 자료와 같은 음성 텍스트와 학술 논문과 같은 문자 텍스트를 비교하거나 실험실 상황에서 피험자들로 하여금 주어진 질문에 대해 음성 언어나 문자 언어로 대답하게 하는 방식을 통해 이루어졌다. 실제적인 텍스트가 이런 방식을 통해 비교될 수 있었으며, 이를 통해 모든 차원에서 구조적인 차이를 찾아냈다. 가장 일반적인 차원에서 볼 때 음성 텍스트는 문자 텍스트와는 다른 방식으로 조직되었다. 문자 텍스트의 경우는 하나의 종합적인 주제, 문단, 그리고 다른 형태의 담화 구조를 가지고 체계적으로 조직되었다. 또한 문자 텍스트는 명쾌하고 완성된 문장 형태를 보였다. 문장 내에서 문법적인 구조는 복합 명사구나 종속절과 같이 복잡한 형태를 띠었다. 즉, 'which'나 'that'과 같은 단어의 사용을 통해 전달하고자 하는 정보를 아주 빽빽하게 채워 넣은 것이다. 반면 음성 텍스트의 경우에는 보다 단순한 형태의 문장이 사용되었으며 '그리고'나 '그 다음에' 등과 같은 단어들을 통해 문장들이 동등하게 이어지는 양상을 보였다. 수직적이고 층상구조의 문자 텍스트 구문은 수평적으로 이어진 음성 텍스트 구문과 좋은 대비를 이루었다.

문자 언어와 음성 언어의 문법 형태가 서로 다르다고 보는 것은 유익한 점이 있다. 문자 언어의 기본 단위가 대문자로 시작하고 마침표로 끝나는 한 문장이라는 것은 의심할 여지가 없다. 반면 음성 언어의 기본 단위는 불명료한 **발화**utterance나 **생각 단위**idea-unit, 또는 t-unit과 같이 인위적인 단위로서 다소 모호한 편이다. 문자 텍스트에서는 특정한 문장 표현이 선호되기도 하는데, 가령 수동태, 가정법, 관계사절, 명사화가 더 많이 사용된다. 또한 문자 텍스트에서는 부정관사, 분사, 한정형용사, 조동사가 더 많이 사용된다.[1] 전반적으로 문자 텍스트에서는 폭넓은 단어가 사용되고 긴 단어가 사용되지만 문장의 길이는 짧아지는 경향을 보인다. 반대로 음성 텍스트의 경우 명령, 의문, 감탄 표현이 더 많으며, 능동형 동사와 '여기', '지금', '저것'과 같은 지시어의 사용도 많다. 문자 텍스트는 보다 집약적이고 보다 체계적으로 조직되며 더 많은 신정보를 담고 있다. 그러나 음성 텍스트의 경우에도 그 나름의 고유한 문장 구조를 가지고 있다는 점을 강조할 필요가 있다. 어떤 문법학자들은 말하기의 경우 생략된 부분이 있고 문장 구성이 형편없다는 점을 들어 실패한 언어라고 잘못 이해하는 경우가 있다.

문자 언어와 음성 언어의 차이에 대한 목록은 꽤 길고 인상적이다. 그러나 외견상 서로 양극단에 있다고 볼 수 있는 대화와 문학적 텍스트를 비교했을 때 그 구조적인 차이가 얼마나 경미한 것인지 알면 놀라게 된다. 두 형태의 텍스트에서 이러한 구조가 좀 더 많고 저러한 구조가 좀 덜하긴 하지만 결국 분명한 차이는 없다. 음성 언어나 문자 언어 중 어느 하나에서만 고유한 구조는 찾아볼 수 없다. 둘 사이의 모든 차이에 대해 결국 '일반적으로'라고 말하지 않을 수 없다. 즉 쓰기에서는 일반적으로 이러한 구조가 저러한 구조보다 더 많이 발견된다고 할 수 있을 뿐이다. 절대적인 것은 하나도 없다. 두 양극단에 있는 텍스트에서도 상당 부분이 중복되며 문자 언어에서 발전시킨 통사구조 중에서 음성 언어에서 발견할 수 없는 것은 하나도 없다.

음성 언어와 문자 언어의 처리 과정에 대한 차이를 분석하면서도 위에서 논의한 것과 유사한 결론, 즉 큰 차이가 존재하지 않는다는 결론을 이끌어낼 수 있다. 사람들이 무언가를 이해하고 기억하고 회상하는 과정에서 음성 언어와 문자 언어의 차이를 보려고 하는 연구가 꽤 있었다(예를 들어 Olson et al., 1985). 이 연구들의 결과를 보면서 내가 놀란 것은 사람들이 문자로 쓰인 메시지와 음성으로 된 메시지를 이해하는 데 있어서의 차이가 얼마나 작고 상대적으로 사소한 것인가 하는 점이었다. 이는 어찌 보면 우리가 붙잡으려고 하는 것은 구성된 의미이고 그 과정에 수반된 매체는 별로 중요하지 않기 때문이기도 하다. 다시 한 번 말하지만 큰 차이는 존재하지 않는다.

문자 언어에서 음성 언어로의 연속체

음성 언어와 문자 언어의 차이를 이해하는 두 번째 단계는 일상적인 대화와 문학적 텍스트가 양극단에 존재하고 친구에게 보내는 편지나 교실에서의 강의는 이 두 극단 사이의 어느 지점에 존재한다고 여기는 것이다. 이러한 생각에서 보면 모든 텍스트는 음성 언어와 문자 언어라고 하는, 양 끝 지점에서 이은 연속선상의 어느 한 지점에 존재한다고 볼 수 있다. 그런데 막상 친구에게 보내는 편지나 교실에서의 강의를 이 연속선상의 어느 한 지점에 두려고 하다 보면 이 작업이 한 개의 연속선상에서 가능한 것이 아니라는 것을 금방 깨닫게 된다. 즉 여러 개의 연속선 또는 범주가 필요하며 그 각각의 범주에서 두 텍스트가 위치하는 곳이 다 다르다는 것이다. 이 작업에 동원될 수 있는 범주는 매우 다채롭다. 어떤 것은 텍스트가 생산되는 방식과 관련될 수도 있고 또 어떤 것은 텍스트의 구조적 측면과 연관될 수도 있다.

그중 하나가 공식-비공식 범주이다. 문자 언어 활동은 음성 언어 활동보다 공식적이다. 텍스트의 생산 과정과 그 결과로 생겨난 텍스트 모두 그러하다. 또 이와 관련이 있는 것이 계획-비계획 범주이다. 즉, 문자 언어 활동에서는 텍스트 생산 전에 상당한 계획 시간이 있기 때문에 생산된 텍스트가 보다 조직적이며 시작 단계에서의 실패와 머뭇거림 등이 이미 제거되어 있는 반면, 음성 언어 활동은 어떤 의미에서 비계획적이라는 것이다. 그러나 이는 음성 언어에서의 계획하기에 대해 연구해 온 심리언어학자들을 어리둥절하게 만드는 것인데, 왜냐하면 이들은 시작 단계에서의 실패, 머뭇거림, 휴지 등의 수많은 증거로부터 음성 언어 활동에 포함된 계획하기에 대해 연구해 왔기 때문이다. 방금 언급한 두 범주만으로도 이들이 얼마나 서로 연결되어 있는지 알 수 있다. 공식적인 언어는 보다 계획적인 경향이 있다. 그러나 이와 동시에 공식적인 언어가 필요한 상황에서, 그것이 문자 언어이든 음성 언어이든, 그 언어가 때로는 더 계획적이고 때로는 덜 계획적일 수 있다는 것도 알 수 있다.

또 다른 범주로 제안해 볼 수 있는 것은 명시성, 즉 음성과 문자에 의해 전달되는 의미가 얼마나 명시적인가 하는 것이다. 문자 언어의 의미는 명시적인 반면 음성 언어의 의미는 다소 암시적이라고 여겨진다. 문자 언어 텍스트에서 의미는 텍스트를 통해 드러나지만(**문장 의미**sentence meaning), 음성 언어에서 의미는 발화자의 의도 속에 들어 있다(**발화자 의미**speaker meaning). 이와 관련되는 것이 음성 언어에는 맥락이 관여하며 문자 언어는 탈맥락적인 것으로 간주된다는 점이다. 문자 언어는 정보와 논리적인 의미를 전달하는 것과 더 관련되고 음성 언어는 정서와 대인관계의 의미를 전달하는 것과 더 관련된다. 이러한 차이도 결국 하나의 연속선상으로 이해될 수 있으며, 어떠한 예도 이 연속선상의 어느 한 지점에 위치한다고 볼 수 있다.

구조적인 차이라는 것 역시 하나의 연속선상의 개념으로 이해될 수 있다. 앞서 문자 언어가 구조적으로 보다 복잡한 형태라고 했지만 이에 대해 이의를 제기하는 연구들도 있다. 음성 언어의 담화구조에 대한 다수의 연구에서 음성 언어가 결속성을 유지하는 방식이 문자 언어와 다르기는 하지만 구조적인 복잡성은 마찬가지라는 것이다. 문자 언어는 밀도가 높고 통합적인 반면 음성 언어는 느슨하고 분절적이다. 문자 언어는 통사적으로 복잡하지만 음성 언어는 담화적으로 복잡하다. 이것을 시각화해 보면 문자 언어는 수직적인 구조를 보이는 반면 음성 언어는 수평적으로 대등한 연결 구조를 보인다.

그렇다면 이러한 범주 중에서 어떤 것이 더 본질적인가? 어떤 범주가 보다 본질적이며 또 어떤 범주가 그 본질로부터 파생된 것인가? 그 답의 하나로, 체이프(Chafe)의 의견을 빌리면, 문자 언어와 음성 언어의 양식성의 차이를 가장 본질적인 것으로 보고 다른 것들을 여기에서 파생된 것으로 볼 수 있다. 체이프는 '말하기는 쓰기보다 빠르고 읽기보다는 느리다(1982: 36)'고 언급하였는데, 그에 따르면 앞서 언급한 다른 차이들은 이 사실로부터 파생된다는 것이다. 말하기와 듣기는 같은 시간에 맥락을 공유한 같은 장소에서 일어나는 반면, 쓰기와 읽기는 서로 다른 방향을 향한다. 물리적인 쓰기 행위는 오랜 시간이 걸리는 반면 읽기 행위는 매우 빠르며 심지어 음성 언어를 듣는 것보다 더 빨리 이루어지기도 한다.

체이프는 앞서 언급한 본질적인 것으로부터 파생된, 문자 언어와 음성 언어를 생산하고 이해하는 데 있어서 차이를 만드는 두 범주로서 거리 두기와 개입, 그리고 통합과 분절을 제안하였다. 거리 두기와 개입은 참여자의 입장과 관련된다. 음성 언어 발화자는 문자 언어 필자에 비해 주제에 대해, 그리고 청자와의 관계에 있어서 보다 참여적이다. 통합과 분절은 텍스트의 특성, 즉 앞서 언급한 대로 문자 언어 텍스트와 음성 언어 텍스트의 구조상의 차이와 관련되는 개념이다.

연속선상의 음성 언어와 문자 언어라는 아이디어에 대한 논의는 이 정도까지 진척되어 있다. 하나 더 언급하자면 대단위의 코퍼스를 검토하여 통계적인 범주를 이끌어 내려는 노력도 이루어지고 있다(예를 들어 Biber, 1991; Aijmer & Stenström, 2004). 그러나 1980년대에 걸쳐 음성 언어와 문자 언어의 차이에 대해 연구한 학자 중 일부는 이러한 접근 방법에서 일부 한계를 인식하고 이 문제에 대해 다르게 접근하는 방식을 탐색하기도 하였다. 그 한 예로 테넌(Tannen, 1985)은 말하기와 쓰기 상황에서 공히 사용 가능한 구어 전략과 문어 전략이 있다고 밝히기도 하였다.

언어의 구성 방식

문자 언어와 음성 언어를 구분하기 위해 하나 또는 여러 개의 연속선을 상정하는 것은 여러 면에서 볼 때 이들의 관계를 매우 단순하게 이해하는 것이다. 우선, 가장 극단적인 두 형태라 할 수 있는 대화와 문학적인 에세이의 관계에 초점을 맞추게 되면 다른 형식의 말하기와 쓰기가 무시되는 문제가 발생하게 된다. 가령 개인적인 편지와 같은 형식을 정밀하게 분석해 보면, 사실 이 형식의 쓰기가 대화와 에세이라는 직선의 중간쯤에 위치하지 않는다는 것은 분명하다. 더욱이 펜과 종이를 넘어서서 다른 형태의 테크놀로지에 눈을 돌리면 대화와 에세이 사이에 위치하지 않는, 상당히 다른 형태의 언어를 발견하게 된다. 다른 많은 문식 사건에서도 문자 언어와 음성 언어는 구분될 수 없다. 결국 문자 언어와 음성 언어는 밀접하게 뒤얽혀 있어서, 좋은 글쓰기에는 음성 언어 전략이 포함되어 있다는 것을 알 수 있다. 이런 점들을 차례대로 예를 들어 설명하고자 한다.

미국의 인류학자인 니코 베스니어(Niko Besnier)는 태평양 누쿠라엘라에 환초 지대에 살고 있으며 폴리네시아어 중 하나인 투발루어를 사용하는 사람들이 쓴 편지들을 연구했다(Besnier, 1988, 1989). 그는 다섯 가지 음성 언어 레지스터와 두 가지 문자 언어 레지스터를 대상으로 하여 그 각각의 언어적 특성을 분석하였다. 그가 관찰한 특성 중에는 앞서 음성 언어와 문자 언어에서 서로 다르게 나타난다고 언급한 항목들, 예컨대 관계절이나 복합명사구 등도 포함되었다. 베스니어는 이들 각 레지스터로부터 42가지의 언어적 특성에 대한 빈도를 분석하였다. 이 빈도를 분석하면 레지스터별로 각 범주의 상대적 중요성을 파악할 수 있다. 이 연구는 문자 언어와 음성 언어의 차이를 연구하는 이들에게 시사하는 바가 많았다. 여기에서는 그중 몇 가지에 대해서만 초점을 맞추고자 한다. 우선 두 가지 문자 언어 레지스터는 연속선상의 어느 한 쪽 편에, 그리고 음성 언어 레지스터는 다른 편 끝에 위치하지 않았다. 오히려 이들은 서로 뒤섞여 있었다. 둘째로, 앞 절에서 논의할 때 개인적인 편지는 정보성 대 상호작용성이라는 하나의 연속선상에서 한쪽 극단에 위치할 것이라고 했으나, 베스니어의 분석에서는 그러한 예상이 빗나갔다. 개인적인 편지는 정보성 쪽의 극단에 위치하는 것이 아니라 오히려 상호작용성의 극단에 위치했다. 이것이 의미하는 바는 쉽게 수량화되고 분석될 수 있는 언어적 특성에 대해서만 보더라도 개인적인 편지가 일상 대화나 베스니어가 연구한 다른 음성 언어 레지스터보다도 정서적, 감정적, 대인관계적인 느낌을 더 드러내고 있다는 것이다.

위의 예로부터 문자 언어와 음성 언어의 차이에 대해 몇 가지 일반적인 사항을 더 언급할 수 있을 것이다. 우선 편지 쓰기는(또는 다른 형태의 언어의 경우에도 마찬가지지만) 그 생산 양식, 즉 쓰기라는 측면에서 설명될 수 있는 성질의 것이 아니라는 점이다. 편지 쓰기가 무엇이며 어떻게 정의될 수 있는가는 사회적인 이슈이다. 어느 한 문화 내에서 다른 종류의 편지 쓰기에 대한 정의가 있을 수도 있고 문화에 따라서도 달라질 수 있다. 지금까지 이 점을 다른 문화권에서의 편지 쓰기에 대한 분석을 통해서 밝혀 왔지만, 서구 주류 문화에서의 개인적인 편지 쓰기로 관심을 돌렸을 때에도 이 형식의 쓰기가 일상 대화와 에세이의 어느 중간 지점에 산뜻하게 떨어지지 않을 것임을 확신할 수 있다. 물론 개인적인 편지에서의 정서나 감정 표현 중에는 구두로 표현되지 않는 것이 있을 수도 있다.

다른 언어 형식의 연구에 대한 접근법은 서로 다른 테크놀로지가 제공하는 가능성을 고려함으로써 확장될 수 있다. 음성 언어와 문자 언어의 서로 다른 구성 방식으로 인해 이 둘에 대한 비교는 어떤 것이든 문제적이게 된다. 우선 전화상에서의 대화를 예로 들어 보자. 이는 분명히 음성 언어이지만 공유하는 맥락이 적고 피드백의 가능성이 적다는 점에서 문자 언어와 관련된 속성들을 갖는다. 더욱이 자동응답의 경우 수화자와의 실시간 의사소통도 아니다. 라디오 방송은 그 특성이 또 다르며 뉴스 방송의 경우는 문자 텍스트를 읽는 말하기라고 할 수 있다. 라디오 전화 참여 프로그램은 테이프 녹음기와 마찬가지로 새로운 가능성을 열어 주었다. 이메일, 월드 와이드 웹, 휴대 전화 문자와 같은 신기술은 새로운 형태의 의사소통을 가져 왔으며 그중 이메일이나 휴대 전화 문자는 팩시밀리와 같은 기기에서는 잘 드러나지 않는 다른 형태의 언어를 초래한다. 이들은 모두 의사소통의 실천 방식을 바꾼다. 사람들은 현재의 실천 방식을 새로운 매체에 적용함으로써 신기술에 접근하게 되며, 이메일에서 그랬던 것처럼 초기에는 신기술이 제공하는 새로운 대인 의사소통에서 여러 가지 문제를 경험할 수도 있다.

이처럼 신기술과 결합된 언어 형식에서 분명한 것이 있다면 그것은 문자 언어적 측면과 음성 언어적 측면을 손쉽게 구분해낼 수 없다는 것이다. 기술이 더욱 발달함에 따라 한편으로는 읽기와 쓰기, 그리고 다른 한편으로는 말하기와 듣기의 연계가 한층 모호해진다. 컴퓨터는 들려진 것을 쓸 수도 있고 쓰인 것을 말할 수도 있다. 체이프의 범주에서 토대가 되었던 네 가지 언어 양식(듣기, 말하기, 읽기, 쓰기)의 상대적인 속도 역시 오늘날에는 붕괴되고 있다. 그의 아이디어는 종이와 펜을 토대로 한 것이었기 때문이다. 이처럼 서로 다른 테크놀로지를 고려해 보면 문자 언어를 음성 언어로부터 분리해 내는 것이 어렵다는 점이 보다 분명해진다. 이 점은 이 책의 다른 곳, 즉 사람들의 일상생활에서 문식 사건을 풀어내려고 시도할 때에도 언급될 것이다. 예를 들어 두 사람이 새로운 디지털시계의 지침서를 놓고 머리를 짜내는 장면, 또는 둘이 함께 기차 시간표를 해독하려고 애쓰는 장면에서는 완전하게 결합된 문자 언어와 음성 언어를 사용하고 있는 것이다.

크레스(Kress, 2003)는 종이에서 스크린으로의 이동을 현대 사회의 의사소통 방식에서 가장 중요한 변화라고 밝힌 바 있는데, 이로 인해 복잡성은 더욱 심화된다. 왜냐하면 그러한 변화로 인해 문자 언어 의사소통이 이미지, 비디오나 음향 효과 등과 같은 다른 양식과 결합할 가능성이 한층 더 커졌기 때문이다. 크레스의 주장에 따르면 대부분의 의사소통이 이처럼 복합양식적인 형태로 변화함에 따라 의사소통 실천에도 혁명적인 변화가 생겨나고 있다. 쓰기의 논리, 즉 선형적이고 순차적인 의사소통 방식은 이미지의 논리, 즉 공간적이고 동시적인 형식으로 대체되고 있으며 여기에서는 레이아웃과 위치가 순차적인 것만큼이나 중요하게 다루어진다. 따라서 여기에 동원되는 문식성의 속성 또한 매우 두드러지게 변화한다. 몇몇의 연구자들(예를 들어 Lankshear & Knobel, 2003)은 이러한 변화가 새로운 형태의 사고방식의 발달로 이어진다는 점을 제시하고 있다. 새로운 문식 실천과 더불어 성장하고 또 그러한 문식 실천이 편안한 이들은 이러한 변화가 새롭게 여겨지는 이들에 비해 매우 다른 방식으로 문식 실천을 이해하고 이에 참여하게 된다.

문자 언어와 음성 언어의 차이에 대한 원래의 분석은 문자 문화가 외견상 부적응으로 보이는 구술 문화를 뒤로 하고 의미를 구성하고 의사소통하는 독특한 새로운 방식을 발달시켜 왔다는 아이디어에서 비롯된 것이었다. 결과적으로 문자 문화 속에서 음성 언어와 구술 전통의 역할은 폄하되었다. 그러나 현대사회에서 음성 언어가 여러 가지 측면에서 지속적으로 중요하다는 것이 더욱 명백해지고 있다. 사람들은 문자 문화 속에서 구술 전통들을 확인하고 있으며 그 구술 전통들을 문자 언어와 나란히 받아들이는 데 대해 아무런 모순을 못 느끼고 있다. 도시 괴담이나 이야기들 같은 데서 그 점을 확인할 수 있다. 또한 구전(口傳)은 대부분의 사회적 실천-그것이 자녀 양육, 새로운 일 배우기, 또는 법률 기관이나 교육 기관의 관습이든-들을 지속하는 데 있어 핵심적인 영향력을 발휘하고 있다는 것도 사실이다. 심지어 법정, 교실, 또는 대학 사무실과 같이 외견상 가장 문자 문화에 경도된 것 같은 환경에서조차도 행동 방식에 대한 대부분의 관습과 해야 할 것은 구두로 전달된다.

사실 문자 언어와 음성 언어를 구분하고자 하는 일체의 아이디어는 허물어지기 시작했다. 현실에서 이들은 실제로 구분될 수가 없는데 이는 음성 언어가 대부분의 문식 사건에서 중요한 맥락으로 작용하기 때문이다. 할리데이는 문자 언어와 음성 언어의 차이에 대해 논의하면서 '그들은 둘 다 언어이다. 언어란 점이 무엇보다도 중요하다. 매체에 너무 사로잡히게 되는 것은 실수이다(Halliday, 1985: 92)'라고 언급한 바 있다. 음성 언어와 문자 언어에 관련된 이 주제는 이후에 우리가 문식 사건에 대한 대안으로서 언어 사건에 대해 논의할 때 다시 거론하게 될 것이다.

마지막으로 한 가지 더 언급하자면, 지금까지 나는 일반적인 차원으로 언어를 바라보는 것이 합리적이라 상정하며 논의를 전개해 왔다. 마치 우리가 영어라고 부를 때 이는 문어적인 형식과 구어적인 형식을 모두 아우르는 것처럼 말이다. 하지만 문자 언어가 고유의 형식, 관습, 문법을 가지고 있고 음성 언어와는 다른 언어라는 아이디어를 계속해서 추적하는 것은 가치 있는 일이다. 영어에서는 발견하기 쉽지 않으나 희랍어나 아랍어의 경우에서처럼 표준적이고 고전적인 쓰기 형식과 일상의 말하기 형식 사이에 경계가 존재한다는 것이 언어학자들에 의해 받아들여지는 예도 많이 있다. 이 경우 만약 어떤 이가 둘 중 어느 한 형식만 안다면, 그것이 쓰기든 말하기든, 그는 다른 하나의 형식을 마치 다른 언어처럼 배워야만 한다. 영어와 가까이에 있는 예로 들 수 있는 것이 프랑스어인데, 프랑스어는 오랜 기간의 변화로 인해 문자 언어와 음성 언어가 상당히 다르다. 이들이 문법적으로 매우 뚜렷하게 구분되는 데에는 몇 가지 기본적인 방식이 있다. 예를 들어 프랑스어의 음성 언어에서는 형용사나 명사가 수를 표지하지 못하는데, 대개 단수와 복수의 형태가 같은 방식으로 발음되기 때문이다. 그러나 문자 언어에서 이들은 항상 명확하게 구분된다. 마찬가지로 프랑스어의 문자 언어는 음성 언어에 비해 매우 다른 형태의 동사를 사용한다. 언어학자들이 문자 언어와 음성 언어를 서로 다른 것으로 취급해야 한다고 주장할 때 언급하는 두 언어의 차이는 이러한 것이다. 문자 언어와 음성 언어의 관계는 언어마다 독특한 것이고, 따라서 다른 언어에서는 그 관계가 다를 수 있다. 또한 그 관계는 매우 역동적이어서 시간이 흐름에 따라 변할 수도 있다.

탈맥락과 명시성

문자 언어와 음성 언어 간의 논쟁이라고 하면 대개 문자 언어에 대해 다음 두 가지 생각을 떠올리게 된다. 첫째는 문자 언어가 **명시적**explicit이라는 것이고 둘째는 문자 언어가 **탈맥락적**decontextualized이라는 것이다. 문자 언어의 이러한 특징은 명시적이고 탈맥락적인 특정한 추론 능력과 연계되며, 그러한 추론 능력의 원천이 읽기와 쓰기 학습에 있다는 연결고리가 만들어진다. 그러나 이제 문자 언어와 관련된 이러한 논쟁에서 분명히 해야 할 것이 있다. 문자 언어는 명시적이지도 않고 탈맥락적이지도 않다.

문식성에 대한 생태학적 관점에서 핵심이 되는 부분은 문식성이 언제나 맥락적이라는 점이다. 왜냐하면 인간의 행위는 언제나 어떤 맥락 속에서 이루어지기 때문이다. 텍스트와 관련지어 설명하자면, 모든 인간의 이해는 공유된 지식에 의존하기 마련인데 이 공유된 지식이 곧 맥락의 한 부분이다. 이때의 지식은 텍스트의 내용과 관련된 것이다. 또한 이는 장르, 즉 담화의 관습에 대한 지식이기도 하다. 그럼에도 불구하고 이분법적인 구분을 하는 것은 아마도 어린아이의 음성 언어 학습이 즉시적인 맥락과 깊이 결부되어 있기 때문인 것으로 보인다. 하지만 학습의 과정은 그러한 즉시적인 맥락으로부터 점진적으로 멀어지는 것이다. 이러한 점진적 멀어지기는 문자 언어에서뿐만 아니라 음성 언어에서도 일어나는 것이다.

물론 언어에 따라 즉시적인 맥락에 의존하는 정도는 다르다. 프랭크 스미스(Smith, 1984: 147)가 제안했던 구분, 즉 상황 독립적 언어와 상황 의존적 언어라는 개념이 여기에 유용할 것 같다. 상황 의존적 언어는 의미의 단서로서 주변 환경을 활용한다. 그 활용 방법에는 여러 가지가 있을 수 있는데 예를 들자면 '저것'이나 '거기'와 같은 지시어를 활용하는 것이다. 문자 언어와 음성 언어는 둘 다 상황의존적일 수 있다. 토론, 설명, 이야기 등은 즉시적인 맥락을 언급하지 않는 상황 독립적인 언어일 수 있지만 이들 역시 문자로 수행될 수도 있고 음성으로 수행될 수도 있다. 설령 즉시적인 상황에 기대지 않는다 하더라도 문자 언어는 여전히 맥락을 가지고 있다.

문자 언어가 명시적이라는 인식은 곧 텍스트 내에 모든 의미가 담겨 있어서 어떤 맥락을 굳이 참조하지 않아도 텍스트에 대한 이해가 가능하다는 것을 의미한다. 역사적으로 발전해 온 문자 담화들 중에서 일부는 더 명시적이고 자족적이기를 목적으로 삼기도 했다. 법률 언어가 이러한 인식을 보여주는 가장 대표적인 예라고 할 수 있는데, 이는 법률을 해석하고자 하는 모든 이가 그 법률을 같은 방식으로 이해할 수 있어야 한다는 생각 때문이었다. 좀 더 엄밀히 말하자면, 법은 일반 독자들을 배제하는 언어로 기술된 만큼 적어도 같은 법정에 있는 법률가들이 같은 방식으로 이해할 수 있어야 한다는 생각 때문이라고 할 수 있다. 그러나 이를 두고 모든 의미가 텍스트 속에 담겨 있다고 여기기보다는 법률가들을 특정한 맥락에 대해 공유된 인식을 가진 담화 공동체로 간주하는 것이 보다 더 유용한 사고방식일 것이다. 한 가지 흥미로운 것은 법적 공방이 상급 법원으로 이어져서, 예를 들어 대법원에서 상고심이 진행되는 경우, 논쟁은 더욱 더 언어를 중심으로 하여 전개된다는 점이다. 이 법정에 참여한 이들은 텍스트의 해석을 놓고 토론한다. 대법원에서 이루어지는 대부분의 논쟁은 어휘의 의미, 그리고 법률을 만든 사람의 의도에 초점을 두고 있다. 상호텍스트성이라는 개념, 즉 법률가들이 기존의 텍스트들을 참조함으로써 현재의 의미를 얻는 것이 이와 관련이 있다. 완벽하게 정밀한 단 하나의 의미를 필요로 할 때 언어는 부족해지기 마련이다. 역사적으로 볼 때 대수학, 미적분학, 형식논리학 등과 같은 새로운 형태의 표기 체계가 발명되어 온 것도 그러한 이유 때문이다. 탈맥락적인 언어라는 것은 일상적인 인간 언어에서는 성취하기 힘든 목표인 것이다. 이는 언어의 속성이 그러하기 때문이다. 명시적인 표기 체계는 발명되어야만 했던 것이다.

문자 언어가 명시적이고 탈맥락적이라는 믿음은 구술 문화와 문자 문화 사이에 큰 차이가 존재한다는 것을 강조하기 위해 사용되어 왔다. 하지만 예를 들어 설명적인 텍스트가 명시적이기 때문에 그것이 한 문화 내에서 명시성의 유일한 원천이며 설명적인 텍스트가 없는 문화에서는 특정한 형태의 추론이 부족할 것이라는 주장은 잘못된 것이다. 이는 이른바 '결핍 모형'에 근거한 주장인데, 가령 "우리(예를 들어 문자 문화)는 무언가(문식성)를 가지고 있기 때문에 다른 어떤 것(명시성)이 가능하다. 다른 어떤 문화는 그 첫 번째 속성을 가지고 있지 않기 때문에 두 번째 속성이 결핍되어 있다."라는 식이다. 그러나 이러한 주장은 오류이다. 구술 문화에서도 명시성의 확보는 얼마든지 가능하며 실제로도 다른 명시성의 자원이나 요인이 존재한다. 앞서와 같은 오류가 발생하는 까닭은 자신의 언어나 문화에 대해서만 세밀하게 분석한 다음, 그 중에서 다른 문화에서는 부족한 특성들을 찾기 때문이다. 즉, 다른 문화에 대한 세밀한 조사가 없을 뿐더러, 무엇보다도 동일한 목적을 성취하기 위해 다른 문화에서는 어떤 다른 방식들을 활용하는지 면밀히 검토하지 않기 때문이다.

그동안 구술 문화의 언어는 문자 문화의 언어만큼 연구되지 못했다. 그러나 연구의 핵심은 분명한데, 곧 구술 문화 속에서 사는 사람들은 온종일 햇볕 아래 앉아 나누는 한가한 대화가 말하기의 대표적인 형식이라는 근거 없는 통념을 일소하는 것이다. 구술 문화 속에서 살아가는 사람들에게도 다른 사회들과 마찬가지로 활용 가능한 일정한 범위의 담화들이 있다. 구술 문화에서의 말하기 방식에 대해 연구해 온 학자들은 이 문화 속에서 사는 이들이 문자 문화의 쓰기에서 두드러지는 특성을 성취하기 위해 다양한 방식을 활용하고 있다는 것을 증명해 주었다. 이에 대해선 몇 가지 예를 들 수 있을 것이다. 한 예로 쓰기는 메시지의 생산자를 그 메시지의 내용으로부터 분리시킬 수 있다는 주장이다. 맞는 말일 수 있다. 그러나 만약 이 말이 구술 문화 속에서는 발화자가 메시지로부터 자신을 분리시킬 수 있는 방법이 없다는 것을 함의하는 것이라면 그건 틀린 말이다. 구술 문화의 화자는 거리 두기를 단어의 형태, 목소리의 톤, 자세, 의상 등을 통해 실현할 수 있으며, 이것은 확실히 구술 문화의 담화적 특성이라고 할 수 있다. 다른 예를 들어 보자. 구술 문화에서는 메타언어적 용어, 다시 말해 언어에 대해 말하는 어휘가 부족하다는 견해가 있는데, 여러 문화의 언어들을 세밀하게 관찰해 온 학자들에 따르면 그러한 견해 또한 쉽게 반박할 수 있다. 서로 매우 다른 구술 문화들을 대상으로 한 이들 각각의 연구들은 문자 문화에 노출되지 않은 사람들도 매우 정교한 방식으로 말하기에 대해 말할 수 있다는 것을 증명해 주었다. 더욱이 구술 문화에도 마치 우리 문자 문화에서의 설명적인 텍스트처럼, 일상적인 대화와는 뚜렷이 구별되는 말하기 형식이 있다. 그들은 다양한 형태의 구술 장르를 가지고 있으며, 구술 시, 구술 문학, 그리고 제의적 의사소통에 대한 연구가 진행되어 왔다. 이들 연구로부터 얻을 수 있는 마지막 요점을 말하라면, 그건 아마도 모든 구술 문화를 한데 묶어 마치 그것이 한 종류의 언어로 된 하나의 문화인 것처럼 취급하려는 건 그리 현명한 생각이 아니라는 점이다.[2)]

제7장 문자 체계와 다른 표기법

문자 체계

이 장에서는 전 세계에서 사용하고 있는 문자 체계 중에서 일부를 검토하여 문자 언어에 대한 논의를 계속하고자 한다. 문자 체계가 해당 언어의 구조와 어떻게 연계되는지 보여줌으로써, 문자 체계에 대한 다양한 사회적 요구를 비교함으로써, 그리고 사람들이 삶 속에서 사용하는 많은 상징체계 중 하나로 문자 체계를 자리매김함으로써 이 장에서는 문자 체계에 대한 논의를 생태학적 관점으로까지 확장시키고자 한다.

문자 체계에 대해 논함에 있어 먼저 문자 체계의 기반이 되는 두 가지 원리에 대해 언급하고자 한다. 이 두 가지 원리는 곧 언어가 두 가지 차원, 즉 **소리**sounds 차원과 **의미**meanings 차원에서 분석될 수 있다는 일반적인 사실과 관련이 깊다. 이 두 가지 원리 중 어느 것이든 언어를 문자로 표기하는 데 활용될 수 있다. 사실 문자 체계는 이 두 가지 원리를 함께 사용하고 있는 셈이다. 더 나아가 현실적으로 하나의 문자 체계에 대해 온전히 기술하려면 구성 요소가 되는 단위들에 대해 상술하는 것 외에 구두법, 레이아웃, 글씨체 등에 대해서도 언급할 필요가 있다. 물론 해당 문자 체계에서 기저를 이루는 것은 그 단위들이지만 말이다. 그러나 불가피하게 이 장에서는 문자 체계가 지나치게 단순하게 기술된 면이 있는 만큼, 보다 충실한 논의는 다른 책에서 찾아볼 수 있을 것이다(예를 들어 Gaur, 1984; Harris, 1986; Sampson, 1985; Daniels & Bright, 1996; Coulmas, 1996).

표의문자logographic script인 중국어 문자는 현대에도 사용되고 있는, 의미에 기반을 둔 문자의 대표적인 예이다. 이 문자 체계의 기본 단위는 글자이다. 글자가 기본 단위이기 때문에 가장 단순한 글자도 형태소(한 언어에서 의미의 최소 단위)로 기능한다. 이 문자 체계에서 글자가 만들어지는 방식은 전통적으로 여섯 가지로 구분되었다. 어떤 글자들은 순전히 그 글자가 의미하는 대상을 시각적으로 추상화하여 만들어졌다. 예를 들어 나무를 나타내는 글자는 나무 그림을 추상화한 것이다. 그러나 대부분의 글자들은 이보다는 복잡한 형태로 만들어졌는데, 이들 글자 속에는 그 글자를 발음하는 단서와 의미를 나타내는 단서가 포함되어 있다. 그중에서 가장 보편적인 형태는 두 부분으로 구성된 글자로서, 부수radical는 의미의 단서를, 그리고 성부phonetic는 발음의 단서를 제공한다. 부수의 양은 상대적으로 적고(약 200여 개) 고정적이며 매우 많은 글자들의 성분으로 활용된다. 이러한 글자들을 형성자라고 부르며 약 90%의 글자들이 이러한 방식으로 만들어진 것으로 추정된다. 이처럼 대다수의 중국어 문자는 내적인 구조를 가지고 있다. 그러나 꽤 오랫동안 서구 사회에서는 중국어 문자에 대한 잘못된 인식이 있었다. 가장 대표적인 오해가 중국인들은 아무 관련성도 없이 구불구불한 선으로 만들어진 글자를 약 4만여 개씩이나 외워야 한다는 것이다. 중국어 문자에 대한 잘못된 인식이 계속해서 나타나고 있으나 이는 전적으로 잘못된 것이다.[1)]

일본어의 문자 체계도 흥미로운데 그 까닭은 의미 기반의 단위와 소리 기반의 단위를 둘 다 사용하고 있기 때문이다. 일본어의 문자 체계는

음절문자 체계syllabic writing system의 대표적인 예로 자주 거론된다. 음성 언어의 경우 음절 구조가 꽤 간단하고 규칙적이며 이들 음절을 표기하는 데 필요한 문자도 그리 많이 필요하지는 않다(약 40여 개). 그러나 문자 언어 체계는 이보다 훨씬 복잡한데, 이는 서로 다른 두 개의 음절문자 체계를 사용하고 있기 때문이다. 그중 하나는 히라가나hiragana로 고유어와 문법 형태소를 표기하는 데 사용되며, 다른 하나는 가타카나katakana로 외래어의 단어 표기에 사용된다. 이에 더하여 모든 단어 중에서 약 3분의 1 정도는 중국어 문자를 사용하여 표기한다. 마지막으로, 대개 일본어의 문자 체계는 앞서 언급한 세 가지 체계로 기술되었지만, 네 번째 체계로서 일본어를 로마자로 표기하기 위한 로마지romaji가 신문지면 같은 데에서는 사용되고 있다는 점을 강조할 필요가 있다. 로마지의 경우 줄임말의 형태로 사용되는 경우도 많으며, 더 나아가 한 단어 내에서 다른 문자 체계와 혼용되기도 한다. 이 네 가지 문자 체계가 한 문장 안에 공존하며 따라서 독자는 동시에 네 가지 서로 다른 문자 체계와 씨름해야 한다. 중국어 문자의 비율은 20세기 초반에 줄어들었으나 최근에 들어서는 그 비율이 안정적인 것으로 보인다(Coulmas, 1991를 참조하시오).

영어의 문자 체계는 각각의 음소에 대응하는 문자가 따로 존재하는 음소문자 체계이다. 영어의 문자는 중국어 문자와는 달리 의미와 직접적인 관련이 없으며, 소리를 내는 단서를 제공할 뿐이다. 그러나, 비록 덜 분명하긴 하지만, 영어 문자 체계가 소리와 의미라는 두 가지 원칙을 다 활용한다는 것도 틀린 말은 아니다. 우선 영어 문자 체계에는 &, 6, @과 같은 표의문자가 일부 포함되어 있으며 right, write, rite와 같이 음이 같은 단어에서도 서로 다른 철자가 표의문자의 기능을 담당한다. 중국어 문자나 일본어 문자에서와 마찬가지로 이들 동음이의어는 철자를 달리함으로써 구분될 수 있고 따라서 이들은 개별적으로 학습되어야 한다. 같은 맥락에서 영어 철자법의 형태음소적 정보도(예를 들어 sign과 signature의 관련성) 종종 의미 단서를 제공한다.

영어의 문자 체계를 이러한 방식으로 설명하는 것은 다른 문자 체계와 관련하여 몇 가지 잠재적인 문제점들을 명확하게 하기 위해서이다. 분명히 인식해야 할 것은 영어의 문자 체계가 발음 표시만을 제공하는 것이 아니며, 또 한편으로 규칙적인 기호-상징의 관계를 갖지 못한다고 해서 음소문자 체계로서 부적합한 것도 아니라는 점이다. 영어 단어의 표의문자적 속성은 많은 영어 화자가 비록 사소한 것이라 하더라도 철자법에 변화를 주는 것에 대해 완강하게 저항하는 데에서도 잘 드러난다.

문자 체계 비교하기

언어와 문자 체계의 관련성에 대해 분명히 할 필요가 있다. 우선 문자 체계와 음성 언어는 그 구성 방식에 있어서 상당히 다르며 또 한편으로는 문자 체계를 그 문자 체계가 적용되는 언어와 별개로 논의하기도 어렵다. 언어가 다르면 적합한 문자 체계도 달라지기 마련인데, 가령 음절 문자 체계는 음절 구조가 간단하고 규칙적인 일본어에는 꼭 들어맞는 문자이지만 영어와 같은 다른 언어에 적용하기에는 매우 어렵다.

중국어 문자 체계도 어떤 면에서는 중국어에 적합한데 그 이유는 중국어에 나타나는 독특한 특징 때문이다. 우선 중국어는 단어의 끝부분에서 어형 변화가 거의 없는 언어이다. 또한 중국어에는 많은 수의 동음이의어가 있다. 이 두 가지 사실은 표의문자가 중국어에 잘 들어맞을 수도 있음을 보여주는 부분이다. 또한 이는 각 언어가 가진 특수성을 보여주는 예이기도 하다.

이번에는 아랍어의 예를 들어보자. 대부분의 아랍어 단어는 3자음 어근, 즉 3개의 자음이 연속된 어근에 기반을 두고 있다. 서로 의미상 관련이 있는 단어들은 같은 어근의 자음 사이에 다른 모음을 넣어서 만든다. 예를 들어 쓰기와 관련이 있는 단어들의 어근은 k-t-b이다. 이 어근을 토대로 '그가 썼다'는 *katab*, 책이라는 단어는 *kitab*, 필자는 *katib*, 이슬람 경전 학교는 *kotab*이 된다. 이 어근에 접두사와 접미사가 붙을 수도 있는데, 우선 *maktab*은 브라이언 스트릿(Brian Street)이 이란의 문식성의 한 형태를 언급할 때 사용한 말이면서 동시에 사무실을 나타내는 말이기도 하다. 또 *maktabeh*는 도서관을 의미한다. 관련 있는 다른 언어들과 마찬가지로, 모음을 표기하는 것은 대개 선택 사항이며 자음만으로도 단어의 의미가 전달될 수 있다. 모음은 글을 쓰는 과정에서 의미를 분명히 할 필요가 있을 경우 사용되며, 발음구별부호[diacritics]로서 자음에 붙어서 표기될 수 있다. 이것은 영어의 단어 표기 방식과는 다른 것이다.

이제 좀 더 나아가 각각의 언어에 대해 문자로 표기하는 것이 얼마나 쉽고 어려운가에 대해 언급해 보고자 한다. 영어의 경우를 예로 들면 구어 곳곳에 약모음[reduced vowels]이 존재한다. 예를 들면 about, unless, photographic, photography 등의 단어에서 밑줄 친 부분이 그러한데 이들은 문자로 표기할 때 잘 드러나지 않아서 영어의 문자 표기를 다소 엉망으로 만드는 부분이기도 하다. 또한 억양과 같이 하나의 분절을 넘어서는 초분절적 현상이 영어를 포함하여 일부 음소문자 체계에 있다는 점도 문제라고 할 수 있다.

어떤 한 문자 체계가 어떤 언어에 잘 들어맞는다고 해서 꼭 이러한 원칙에 의거해서 어떤 문자 체계가 그 언어에 채택되었다는 것은 아니다. 문자 체계는 정치적인 목적에서 채택된다. 문자 체계의 확산을 나타낸 지도나 중국어, 아랍어, 영어 문자에 기초한 쓰기를 시행하고 있는 지역들을 나타낸 지도는 곧 경제나 종교의 지배력을 나타낸 지도라고도 할 수 있다. 문자 체계의 일차적인 선택 기준은 정치이며 그 제한 내에서 세부적인 다른 결정들이 이루어진다(Wellisch, 1978를 참조하시오). 힌디어와 우르두어가 그 대표적인 예라고 할 수 있는데, 이들은 그 뿌리가 같음에도 불구하고 정치적 · 종교적 분리로 인해 두 개의 이름과 두 개의 문자 체계로 구분되고 있다.

한 가지 더 언급해야 할 것은, 만약 어떤 한 문자 체계에 대해 평가하고자 한다면 그 평가에 적용할 수 있는 간단한 하나의 준거가 따로 존재하지는 않는다는 점이다. 문자 체계는 수많은 요구에 부응한 것이며, 그 요구는 저마다 다르고 때로는 상반되기도 한다(Berry, 1958, 1977; Venezky, 1977를 참조하시오). 우선 대표적인 두 가지 요구를 생각해 볼 수 있는데, 그 중 하나는 읽기를 처음 배우는 집단의 요구이며 다른 하나는 유창한 독자들의 요구이다. 다시 말해 어떤 문자 체계가 배우기에 쉬운가 하는 것, 그리고 유창한 독자들이 얼마나 빨리 그리고 효율적으로 그 문자 체계로 된 텍스트를 읽을 수 있는가 하는 것이다. 곧 다루겠으나 이들 질문 중 어느 것도 결코 간단하지가 않다. 왜냐하면 유창한 독자들의 요구에 부합하는 문자 체계의 특징이 초기 학습자들의 학습을 쉽게 만드는 데 도움이 되는 특징과 같은 부류의 것이라고 보기는 힘들기 때문이다. 게다가 그 초기 학습자가 아동뿐만 아니라 어른일 수도 있다는 점과 그들이 배우려고 하는 문자가 제1언어의 문자일 수도 있고 제2언어의 문자일 수도 있다는 점을 감안하면 문제는 더욱 복잡해진다. 그러나 대부분 연구의 초점은 아동 학습자에게 맞추어져 있으므로[2)] 여기서는 아동 학습자가 좋은 예가 될 것으로 본다.

유창한 읽기가 반드시 음성 언어와 결부된다고 할 수는 없지만, 대개 읽기 학습learning to read은 음성 언어로부터 출발한다. 학습자들은 문자 체계를 배울 때 각 문자 체계의 서로 다른 측면, 즉 의미나 소리, 또는 음절이나 분절과 같이 서로 다른 단위에 주의를 기울여야 한다. 표의문자 체계는 어찌 보면 가장 초기 단계에 있는 학습자에게 가장 쉬운 문자 체계일 수 있으며, 영어에서도 초기 단계의 아동은 하나의 단어를 통으로 받아들여 이를 표의문자처럼 처리할 수 있다. 일본어와 같은 음절문자 체계에서는 음성 언어에 대한 상세한 분석이 상대적으로 덜 요구되며 읽기를 보다 빨리 배우고 난독증dyslexia과 같은 문제도 나타나지 않는 것으로 보인다.[3] 읽기 학습의 아주 초기 단계에서 영어와 같은 알파벳 체계는 과도하게 복잡한 면이 있다.[4] 물론 온전한 알파벳 체계라면 일단 그 코드를 해독하고 난 이후에는 어떤 단어도 읽어내는 것이 가능할 것이다. 물론 이 점은 비록 외워야 할 기호의 숫자가 더 많기는 하지만 음절 체계에서도 마찬가지이다. 그러나 표의문자 체계에서 이 학습은 성인기까지 이어져 새로운 문자가 등장할 때마다 새로운 학습이 이루어져야 한다. 그런데 이 점은 영어에서도 마찬가지이다. 어떤 새로운 단어를 들었을 때 그 단어가 문자로 표기된 것을 보기 전까지는 정확한 철자법이 어떠한지 확신을 가지기 힘들다. 반대로 글을 읽다가 어떤 새로운 단어와 마주쳤을 때 듣기 전까지는 그 단어를 어떻게 발음해야 할지 확신이 들지 않을 때도 있다.

문자 체계와 관련하여 또 한 가지 상당한 관심을 끌어 온 것은 각 문자의 **효율성**efficiency에 관한 것이었다(예를 들어 Taylor, 1981; Henderson, 1982). 표면적 수준에서 시각적 정보만 놓고 보자면 하나의 텍스트를 처리하는 과정은 문자 체계마다 다를 수 있다. 그런 점에서 능숙한 독자가 읽는다고 할 때 어떤 문자 체계가 보다 효율적으로, 다시 말해 빠르고 정확하게 읽히는가 하는 것이다. 지금까지 읽기 과정에 대한 연구는 주로 영어에만 초점을 맞추어 왔다.[5] 문자 체계 간 비교가 가능하기 위해서는 다른 여러 가지 요인들이 더 반영되어야 할 것이지만, 대부분의 연구자들은 어떤 한 요인이 효율성에 큰 차이를 만들어내지는 않는다는 점에 동의할 것으로 본다. 그런 의미에서 음소문자 체계가 다른 문자 체계보다 보다 효율적일 것이라는 생각을 뒷받침할 수 있는 근거는 없다.[6] 물론 하나의 문자 체계 내에서는 서체라는 요인에 따라 혼동의 정도가 달라질 수 있다. 예를 들어 고딕 서체, 현대의 서체, 각 개인이 손으로 쓴 독일어의 가독성에는 큰 차이가 있을 수 있다. 물론 레이아웃의 형식이나 폰트 차이도 가독성에 크게 영향을 줄 수 있다.

여기서는 문자 체계에 부여된 여러 가지 요구 중에서 몇 가지만을 다루었다. 학습의 용이성이나 효율성의 문제를 넘어 그러한 요구는 훨씬 더 다양한 차원에서 논의될 수 있을 것이다. 한 예로 쓰기 학습의 용이성이나 성숙한 필자의 쓰기 효율성에 대해서도 논의해 볼 수 있을 것이다. 왜냐하면 쓰기는 읽기와는 또 다른 일련의 기능들을 요구하기 때문에 문자 체계에 새로운 요구가 더해질 수 있기 때문이다. 또 다른 요구로 하나의 문자 체계가 얼마나 쉽게 기술과 결합될 수 있는가 하는 점도 생각해 볼 수 있다. 일본어와 중국어의 경우 인쇄와 타이핑에 어려움이 있는 것으로 얘기되어 왔다. 그러나 중국어의 경우 컴퓨터 기술에 힘입어 보다 쉽게 저장, 검색, 인쇄할 수 있는 방법이 마련되었다(Stallings, 1975; Becker, 1984를 참조하시오). (알파벳은 특히 컴퓨터 시스템에 적합한 것으로 여겨졌다. 어떤 면에서는 컴퓨터 시스템의 디자인이 알파벳에 맞추어진 면도 있다.)

이 밖에도 누구나 다른 요구에 대해 논할 수 있을 것이다. 이 장에서 논의하려고 했던 것은 각 문자 체계마다 장점과 단점이 있다는 점, 그리고 그 문자 체계에 대해 논의할 때는 그 체계를 사용하고 있는 언어와의 관련성도 함께 고려해야 한다는 점이다.

다른 표기법

지금까지는 문자와 연속적인 산문 텍스트라는 관점에서, 그리고 그 것들과 영어의 관련성이란 관점에서 쓰기와 문자 체계에 대해 논하였다. 그러나 우리는 그 밖에도 많은 것들을 쓰고 있다. 즉, 쓰기의 일부이거나 혹은 쓰기와 밀접하게 관련이 있는 다른 상징체계들이 존재한다. 이러한 논의를 하는 것은 문식성이 단지 음성 언어를 문자로 부호화하는 것만을 의미하지는 않기 때문이다. 문자 체계 이외의 상징체계에 대해 언급함으로써 그러한 상징체계의 범위에 대해 생각해 보는 것은 중요한 일이다. 그러한 상징체계들에 대한 탐색을 시도해 보는 것은 부분적으로는 쓰기가 어떻게 언어를 확장할 수 있는지 점검해 보는 것이기도 하다.

숫자는 이러한 논의를 시작하기에 좋은 출발점이다. 숫자는 사물을 셀 때, 사물의 순서를 정할 때, 그리고 사물을 측정할 때, 그리고 그 밖의 다양한 용도로 사용되고 있다. 수학의 상당 부분은 기록이 가능하다는 사실에 의존하고 있다(Hurford, 1987를 참조하시오). 우선 대수학의 예를 제시하고자 한다. 대수학에서는 종종 문자, 숫자, 단어, 그리고 표의 문자(예를 들어 '=')가 다음과 같이 혼재하고 있다.

만약 x = 3, 그리고 y=4이면,
곧 3x + 4y = 25.

사실 위의 예에서는 문자와 숫자도 표의문자인 셈이다. 또한 단어들은 보통 불필요하다.

$$x=3,\ y=4,$$
$$3x + 4y = 25.$$

위의 예는 모두 표의문자로 이루어져 있다. 또한 이 예는 영어로부터 자유로우며 다른 여러 언어에서도 이해가 가능하다는 사실에 주목해야 한다. 수학에 어느 정도 지식이 있는 사람이라면 위의 예를 읽고 그 의미를 이해할 수 있다. 그런데 재미있게도, 사람들이 위의 예를 소리 내어 읽으면 서로 다르게 말할 수도 있다(유사한 상황으로 서로 다른 방언을 사용하는 중국인들이 글로는 서로를 이해하면서도 말로는 그러지 못하는 경우를 생각해 볼 수 있다). 이 예에서는 로마자를 사용하고 있지만 꼭 그럴 필요는 없다. 그리스 문자를 사용해도 마찬가지이다.

수학은 상대적으로 자족적이며, 이러한 상징체계, 대수학, 기하, 컴퓨터 언어를 별개의 언어로 간주하는 것은 종종 유용하다(이는 언어학 내부에서 논의되어 온 것으로, 예컨대 오래 전에 촘스키가 수학적으로 다른 유형의 언어에 대해 논한 바 있다). 그러나 이들을 문식성의 관점에서 보자면 다른 이슈가 된다. 이들이 비록 자족적이라고 하지만 영어, 한국어, 우르두어와 같이 인간 언어의 맥락 속에서 가르쳐지고 만들어지고 논의되고 사용된다. 이들은 특정한 인간 언어에 깊이 연계되어 있으며 이들에 대해 말하거나 쓸 때도 특정한 언어를 통한 연습이 이루어져야 한다.

다른 상징체계에 대한 생태학적 또는 실제적인 설명은 문자 문식성에 대해 논할 때 제기했던 것과 같은 이슈에 관심을 갖게 한다. 예를 들어 수리력numeracy의 경우에도 문화적 배경뿐만 아니라 그것이 구체적으로 어떻게 실천되는지, 사회 속에서 어떻게 서로 다르게 분포하고 있는지, 문식성literacies과 마찬가지로 수리력도 어떻게 복수 형태numeracies가 되는가 하는 문제가 조명을 받고 있다. 수리력에 대한 인지적 관점은 축소

되는 반면 문화적 관점은 그 반대의 경향을 보여 왔다. 문화적 관점과 관련된 수많은 질문들이 쏟아졌다. 예를 들어 수리력은 일상생활에서 어떻게 활용되는지, 다시 말해 사람들이 일상생활에서 무엇에 수리력을 활용하며 이는 학교에서 공식적으로 교육 받은 방식과 어떻게 연계되는지, 어떤 한 사건에서 구어적 요소와 문어적 요소는 어떻게 결합하는지, 이중언어 상황-유아 교실이든 국제회의든-에서는 어떤 일이 벌어지는지, 서로 다른 사람들은 각자 어떤 역할을 맡는지, 수리력과 관련된 활동에서는 성적(性的) 특성이 어떻게 반영되는지 등이 그러하다. 이러한 질문들 중에서 일부는 앞서 언급한 바 있는 연구자들에 의해 논의되고 있다.[7)]

문자 체계나 대수학과 같이 배열하기를 이용하는 표기법들이 많이 있는데, 이들은 대개 왼쪽에서부터 오른쪽으로의 순서를 보인다. 예컨대 화학방정식, 컴퓨터 프로그램, 뜨개질 본, 기보(記譜), 언어학 규칙, 무보(舞譜) 등이 이에 속한다. 이들은 각기 나름의 역사를 가지고 있다. 그 중 일부는 최근의 것이지만, 무보의 역사는 약 1500년대로 거슬러 올라가며 기보의 역사는 그보다 더 이전이다. 또한 일부는, 기보의 경우처럼, 횡으로 죽 쓰다가 행의 끝부분에서 산문 글쓰기처럼 행갈이를 하기도 한다. 그러나 대부분의 경우는 시처럼 분행(分行) 방식을 취한다. 이러한 방식은 물리적인 공간을 추가로 필요로 하는 만큼, 레이아웃의 역할이 더 커진다. 컴퓨터 언어에도 다양한 방언(C++, 자바, HTML 등)이 존재하며 그만큼 표준화라는 이슈도 제기되고 있다는 점에 주목할 필요가 있다. 또 한편으로는 지금까지 언급한 다른 표기 체계들 중에서 특정한 언어와 결부된 것이 있는가 하는 질문도 해 볼 수 있다. 이와 관련해서 청각장애인들을 위한 수화가 하나의 흥미로운 예가 될 수 있을 것 같은데, 왜냐하면 지금까지와는 다른 관습에 기초하여 영국-미국 수화 언어British and American Sign Language가 현재 개발되고 있기 때문이다(이에 대해서는 영국 수화 사전British Sign Language(Brien, 1992)의 첫 장을 참조할 것).

앞서 언급한 여러 가지 표기법 중에서 음악의 경우를 예로 들어 언급하고 싶은 것은 문자 문식성과 많은 면에서 공통점이 있다는 점이다. 우선 전 세계적으로 매우 다양한 형태의 기보 체계가 있다. 서구의 기보 체계는 특정한 목적, 즉 몇 가지 한정된 유형의 음악에 잘 맞게 설계되었다. 그 후 몇 세기를 거치며 새로운 요구가 생겨날 때마다 그러한 요구를 추가하는 방식으로 발전해 왔다. 요즘에도 그러한 요구가 있는데 예를 들자면 스틸 밴드 등 이전까지 표기해 본 적이 없는 음악 형식의 경우가 그러하다. 역사적 관점에서 보면 기보 체계의 발전은 문자 체계의 발전과 유사점이 상당히 많은데, 특히 하나의 체계에서 다른 체계로 혁신적으로 옮겨 갔다는 점에서, 그리고 때로는 사람들이 다른 체계에 대한 사전 지식이 전혀 없이도 새로운 체계를 발명해냈다는 점이 그러하다. 서구의 기보 체계가 표기하는 데 있어 여러 가지 뛰어난 면이 있다는 점에서 다른 기보 체계보다 우위에 있는 체계 중 하나인 것은 맞다. 그러나 어떤 유형의 음악에는 잘 들어맞지만 그렇지 않은 경우도 있다. 특히 풀기 어려운 몇 가지 문제도 있다. 그럼에도 불구하고 서구의 기보 체계는 다른 어떤 체계보다도 우수하다거나 유일한 진짜 체계라는 생각이 사람들의 믿음 속에서 토착화되고 있다.

음악 문식성에 대해서는 매우 흥미로운 부분들이 있다. 예컨대 아마도 전 세계에서 악기를 연주하는 대부분의 음악가들은 글을 읽고 쓸 줄 모른다는 점이 그러하다. 이는 기보 체계를 연주에서 실제로 사용하는 것이 하나의 문화적인 실천임을 보여주는 부분이다. 예를 들어 서구의 기보 체계의 경우, 최소한 이 기보 체계를 따르는 대부분의 음악의 경우, 사람들은 연주를 하면서 그 체계를 읽어야 한다. 그러나 대부분의 다른 체계는 이런 방식으로 읽히지 않고 주로 학습이나 기록을 남기는 용도로 활용된다.

음성 언어의 논의를 벗어나는, 문자 언어의 두 번째 측면은 레이아웃에 관한 것이다. 문자 언어의 레이아웃은 전화번호부, 다양한 형태의 목록, 서식, 기차 시간표, 플로 차트 등에서 보듯이 고도로 구조화되어 있다(Goody, 1977; Gaur, 1984를 참조하시오). 또 지도나 인식도(mental map) 등은 비선형적이면서 고도로 구조화된 레이아웃의 예이다. 이 밖에도 다소 덜 구조화된 형태이긴 하지만 레이아웃이 사용되는 곳으로는 광고나 표지판 등이 있다(Swann, 1991; Kress & van Leeuwen, 1996를 참조하시오). 레이아웃은 시에서도, 노트 필기에서도, 속표지에서도 역시 중요하지만, 상대적으로 가장 연구가 많이 된 문식성 형식이라고 할 수 있는 연속적 산문에서는 그 중요성이 덜한 편이다. 이 모든 유형의 텍스트에서 의미의 상당 부분은 레이아웃과 관련이 있다. 레이아웃은 상호텍스트성과도 밀접하게 관련이 되며 텍스트 상의 신정보와 구정보를 이해하는 데에도 관여한다. 대부분의 시각적 레이아웃은 우리가 이미 알고 있던 것을 차용하여 새로운 형태로 조합한 것이다. 대수학의 경우처럼 디자인과 레이아웃은 의미 파악을 위해 특정한 언어의 단어들을 필요로 하는가의 여부에 따라 다양한 형태를 띤다. 이들 레이아웃은 똑같은 것을 복사하기 위한 목적 때문에 인쇄술과도 밀접한 관련을 맺고 있는데 그런 점에서 최근의 레이아웃은 점차 컴퓨터를 비롯한 새로운 기술과도 긴밀한 관련을 맺고 있다.

레이아웃의 역할을 잘 보여주는 예로는 지도를 들 수 있다. 지도는 특성상 그 자체적으로 레이아웃과 관련된 여러 가지 이슈들을 내포하고 있는데, 예를 들면 등고선, 3차원, 투시도법 등이 그러하다. 투시도법은 사람들이 어떤 용도의 지도를 원하는가에 따라 달리 적용된다. 즉 지방도, 한 국가의 전도, 세계 전도 중 어느 것이냐에 따라 투시도법이 달라지며, 카오스 이론가들이 지적한 것처럼 예를 들어 영국의 해안선 길이를 결정하는 데 가장 중요한 요인은 축척이라고 할 수 있다. 둥근 지구를 평면인 종이 위에 표시하면서 생기는 독특한 문제를 해결하기 위해서는 일정 수준에서 타협이 이루어질 수밖에 없는데, 16세기에 개발되어 세계전도에 가장 널리 사용되고 있는 메르카토르 도법은 그러한 문제의 상당 부분을 해결하였으나 모든 문제를 다 극복한 것은 아니다. 이 도법으로 제작된 지도는 항해에는 유용하지만 각국의 면적을 비교하기에는 부적합한데, 그 이유는 적도에서 멀어질수록 면적이 크게 확대되기 때문이다. 이러한 문제의 일부는 20세기에 개발된 피터도법에서 해결되었다.

여행, 지질 조사, 스파이 활동 등 목적에 따라 다양한 형태의 지도가 존재하고 있다. 지도를 문식성의 하나로 논하다 보면 부가적인 여러 가지 문제가 제기된다. 가령 사람들이 스스로 지도를 그리거나 어떻게 지도를 사용하는가에 관한 질문, 한 국가의 지도를 누가 그리며 지도에는 어떤 것이 반영되고 또 어떤 것은 제외되는가 하는 등의 문제는 실제로 다뤄진 적이 없다. 지도를 어떻게 입수하고 어떻게 사용법을 배우는가에 대해서도 마찬가지이다. 지도는 문식성을 이루는 중요한 한 부분으로서 메소포타미아 문명기에 쓰기의 기원이 담긴 점토판에도 지도가 있었다. 물론 후대에 남아 있는 예가 많지는 않지만 말이다. 문식성은 부분적으로 그러한 디자인과 레이아웃으로부터 기원했으며 지금도 여전히 문식성의 한 부분을 이루고 있다. 또한 지도는 오늘날에도 문자를 경험하지 못한 문화에 몇 가지 형태로 존재하고 있다.

이전 장에서 페이지에서 스크린으로의 이동이 복합양식 의사소통을 지배적인 의사소통 형태로 이끌고 있다는 주장을 소개한 바 있다. 텍스트 상에서 의미 구성 자원으로서 이미지, 비디오, 소리, 서로 다른 폰트와 글씨 크기, 배경, 스타일 등이 상호작용함에 따라 레이아웃과 서로 다른 양식mode 간의 결합은 더욱 중요한 문제로 부각되고 있다. 복합양식성에 관한 최근 연구들을 보면 이처럼 다양한 의미 구성 자원을 사회적 맥락 속에서 얼마나 새로운 형태들로 사용하고 있는지 탐색하고 있음을 알 수 있다(Kress & van Leeuwen, 2001; Kress et al., 2001). 이러한 변화 속에서 문자 텍스트의 역할은 지배적인 요소라기보다는 단지 한 부분으로서 그 지위가 변화하고 있다.

마지막으로 몇 가지 이슈와 예비적인 질문을 제시만 하고 넘어가려고 한다. 우선 문식성과 표기법에 대한 논의는 철도역이나 공항의 표지 등으로 확대될 수도 있을 것이다. 스콜론과 스콜론(Scollon & Scollon, 2003)이 '담화의 공간'에서 분석한 내용을 보면 공공장소의 표지판이나 다른 복합양식 텍스트의 의미 구성에서 배치, 레이아웃, 언어 선택 등이 얼마나 중요한 이슈인지가 분석되어 있다. 더 나아가 동물의 귀표, 수도원의 수화, 보드게임, 보디 페인팅과 같이 각자 나름의 이슈가 있고 새로운 형태의 복잡성이 추가된 소통 방식도 이 논의에 포함시킬 것인지 고려해 볼 수 있을 것이다. 다만, 다시 한 번 언급하자면, 이 장에서는 모든 기호 체계를 다 논의 대상으로 다루기보다는 지금 우리가 이 책에서 의미를 구성하고 있는 것처럼 문자 문식성 수준에서 멈추었으면 한다.

제8장 역사적 관점

도입

문식성의 역사에 대한 연구 성과는 다음과 같이 두 가지 상호보완적인 방식으로 활용될 수 있다. 그 첫 번째는 읽기와 쓰기의 기원에 대해 더 많이 알기 위해 폭넓게 접근하는 방식이다. 다른 하나는 문식성이 무엇이며 문식성의 생태학이란 어떠해야 하는가에 대해 질문하고 또 통찰하기 위해 연구 성과를 활용하는 것이다. 그러나 제한된 분량으로 인해 그렇게 광범위한 주제 전반을 다 다루기는 어렵고 또 이 장이 문식성 역사의 전반을 개관하려는 의도로 설정된 것도 아니다. 다소 선택적인 접근 방법이 필요할 것으로 생각되어 여기서는 문식성이 삶의 다른 활동들과 얼마나 잘 어울리는지 조명한 연구들을 선택적으로 살펴보았다. 이 장에서는 역사적으로 볼 때 문식성을 생태학적으로 이해하는 데 중요하다고 판단되는 몇 개의 지점에 초점을 맞추려고 한다. 맨 먼저 쓰기의 역사에 대해 살펴볼 것인데, 이는 무엇이 쓰기인가를 명료화하는 데 있어서 중요하기 때문이다. 그리고 쓰기의 시초에 대한 논의는 쓰기가 어떻게 다양한 형태의 상징적 표현을 활용하고 있는지를 분명하게 보여줄 것이다. 인쇄술의 발달 역시 중요한 지점이라고 할 수 있는데, 이는 잘 기록되어 있는 사회적 맥락 속에서 기술의 발달을 보여주는 예가 되기 때문이다. 마지막으로, 문식 문화의 발전에 대한 요약을 통해 문식성의 모든 측면은 발전하고 있고 나름의 역사를 가지고 있다는 점을 주장하고자 한다.

문식성의 고고학

문식성의 역사는 쓰기가 기원하기 이전, 다시 말해 쓰기의 선구자들을 탐색하는 데서부터 출발할 필요가 있다. 쓰기의 기원과 초기의 사용 형태에 대한 증거는 매우 드물기 때문에 현존하는 정보 조각들을 모아서 하나의 일관된 방식으로 그 발전 과정이나 읽기와 쓰기의 목적의 다양성을 설명하기는 어려운 노릇이다.[1] 쓰기의 초기 형태에 대한 증거는 돌이나 구운 점토판, 또는 뼈와 같이 대개 오랫동안 견디는 물질에서 나왔다. 물론 이들보다 앞섰지만 시간이 지나면서 소멸되어 버린 쓰기의 증거물들도 있었을 것으로 추측해 보는 것은 타당하다.[2] 이 장에서 고고학이라는 용어를 사용하는 까닭은 쓰기의 기원에 관한 것이 얼마나 덜 알려져 있고 우리의 지식 중에서 맞지 않는 것이 얼마나 많은지를 강조하기 위한 의도이다.

쓰기란 무엇인가?

앞 장에서 논의한 바 있는 문식성의 개념 정의에다 쓰기의 기원에 대한 연구 성과들을 조금 더 보태고자 한다. 최초의 시기로 거슬러 올라가 보면 의도적으로 만들어진 반영구적인 표기들은 매우 오래 전부터 존재해 왔다. 바위 표면에 새겼거나 그린 자료들은 지금으로부터 약 32,000년경 전인 상부 구석기 시대부터 있었다. 아메리카 대륙의 원주민들이 베링해협을 건너 정착한 것이 대략 15,000년 전에서부터 10,000년 전까지인 것으로 추정할 때, 잉글랜드 북서부 레이크랜드 구릉지의 형상들은 '겨우' 마지막 빙하기가 끝날 무렵인 10,000년 전에서야 형성된 것이라고 할 수 있을 것이다. 이렇게 놓고 보면 쓰기의 역사가 얼마나 오래된 것인지 감을 잡을 수 있을 것이다.

이러한 표기들은 전 세계적으로 나타나고 있다. 한 곳에서만 발견된 것이 아닐뿐더러 한 곳에서부터 기원하여 다른 곳으로 퍼져 나간 것도 아닌 것으로 보인다. 이들은 대개 사람이나 동물의 형상 또는 기하학적인 표기(선의 조합, 원, 점 등)들로 구성되어 있다. 이 시기는 또한 유럽에서 호모 사피엔스가 출현하던 때이며 근동 지역the Near East에서는 분화된 도구와 의복, 그리고 예배 의식이 존재했던 시기이다. 사실 이 시기에 있었던 시각적 형상화의 폭발적인 증가는 인류가 이룬, 질적으로 다른 성취의 표지라고 볼 수 있다. 이후 역사가 계속되는 동안 수많은 다양한 형태의 동굴 벽화나 그 밖의 표기들이 제작되었다. 그러나 우리가 진정한 쓰기 체계라고 여길 수 있는 것은 지금으로부터 약 6,000년 전에 출현하였다. 이렇게 놓고 보면 동굴 벽화에서 쓰기 체계가 출현할 때까지의 기간이 쓰기 체계 출현 이후 지금까지의 기간보다 훨씬 더 길었다는 것을 알 수 있다.

동굴 벽화, 최초의 시각적 형상물, 컴퓨터 그래픽, 그리고 최근의 시각적 텍스트 속에는 실로 다양한 종류의 시각 기호적인 표현이 존재하며 쓰기에 관한 어떤 연구도 이러한 상황에서부터 고려되어야 한다. 우리가 '쓰기'라고 부르기 원하는 행위는 종이 위에 펜으로 쓴 음소문자의 범위를 훨씬 넘어선다. 화면 위의 타자 글씨, 석관 위에 세긴 마야인들의 상형문자, 점토판에 세긴 설형문자, 중국인들이 비단 위에 찍은 어표, 이 모든 것들이 쓰기 행위에 속한다. 한 부족문화 내의 서사를 전하기 위해 자작나무 껍질에 신화적인 지도를 새기거나 우리가 보아왔던 것처럼 광고나 통계 보고서에서 음소문자가 다른 상징체계나 다양한 형태의 레이아웃과 빈번하게 결합하는 것도 마찬가지이다. 쓰기의 경계가 어디까지이며 어디에서부터 시작하는 것인지 분명하지 않다. 역사학자들은 이 중에서 어떤 것이 문식성을 포함하고 있다고 여기는가? 어떤 것이 쓰기 체계인가?

쓰기의 기원을 논할 때 어디까지를 포괄할 것인가에 대해서는 역사학자마다 의견이 다르다. 이 딜레마의 중점은 시각적 표상 체계와 음성 언어의 연관성에 있다. 예를 들어 겔브(Gelb, 1963: 12)의 경우는 '쓰기란 관습적인 시각적 표상을 통해 인간이 의사소통하는 체계'라고 하여 언어 형식에 기반을 둔 체계도 단지 일부가 되는, 다소 광의의 정의를 제시하였다. 반대로 데린저(Diringer, 1968: 8)는 아래와 같이 좀 더 제한적인 정의를 제시했는데 그 핵심은 음성 언어와 쓰기 체계 간의 대응을 강조하는 것이다.

> 쓰기란 발화 행위의 맞은편에 있는 그래픽이다. 쓰기 체계 내의 각 성분, 상징, 문자, 상형문자, 단어 등은 음성 언어 체계의 구체적인 성

분, 음절이나 발화된 단어와 같은 소리 또는 소리의 집합과 대응된다.

그림이나 조형물과 같이 순전히 표현적인 형태의 시각적 표상과 쓰기 사이에는 근본적인 차이가 있다. 쓰기는 그러한 시각적 표상들과는 달리 근본 목적이 인간 간의 메시지 전달에 있다. 그렇기 때문에 쓰기 체계는 다른 사람들도 이해할 수 있도록 최소한 일정 수준에서는 양식화되고 관습화된다. 쓰기 체계가 일련의 관습적인 기호로 구성되어 있다는 것은 매우 중요한 부분이다. 바로 이 점이 그림 한 장과 같은 고정적인 표상과 쓰기가 구분되는 지점이다.

두 번째로 언급할 것은 상징적인 의미의 전달자로서의 쓰기와 그러한 의미를 전달하는 다른 전달자 간의 차이이다. 이들 전달자의 범위는 눈금이 새겨진 막대나 매듭이 있는 끈과 같은 사물에서부터 이미 앞 장에서 다루었던 것처럼 쓰기로부터 발전한, 극도로 복잡하고 추상적인 표기 체계(수학적 · 논리적 표기법, 지도나 도표 상에서의 공간 표기, 화학과 연금술의 공식, 각종 코드 등)에까지 이른다. 물론 이들은 각자 고유의 정보 전달을 위해 독자적인 상징체계를 갖추었다는 점에서 공식적으로는 쓰기와 구별되지만, 실제로 이들이 사용되고 발달하는 과정에서 쓰기와 밀접하게 관련성을 맺고 있다. 이미 일군의 학자들이 지적한 것처럼 쓰기 체계를 이해하기 위한 가장 중요한 과제는 이러한 시각적 표상의 측면과 인간의 상징적 사고에서 이들의 중요성을 기록하고 통합하는 일이다.

쓰기와 다른 상징체계 간의 구분에서 중점은 소통되는 정보의 유형인 것으로 보인다. 만약 음성 언어에 대응하는 표기 체계로만 쓰기의 개념을 제한한다면 비교적 명확한 구분이 이루어질 수는 있을 것이다. 이럴 경우에 '쓰기'란 언어적 정보를 전달하는 하나의 제한적인 표기 체계로서 그 밖의 다른 표기 체계들과 비교될 수 있을 것이다. 이럴 경우 언어 정보와 연결되지 않은 표의적인 체계는 '쓰기의 원형' 이나 쓰기의 '전신' 등으로 격하될 것이다. 실제로 겔브를 포함한 일군의 학자들이 제시한 것이 이러한 해법이다. 이러한 해법은 이들 학자들의 집착, 즉 쓰기 연구에 대한 출발점은 음성 언어라는 생각을 잘 드러내고 있다. 그러나 만약 그 출발점을 인간은 어떻게 상징적 사고를 시각적 형태로 표현하는 방법을 다양화하고 발전시켰는가에 둔다면 앞서 언급한 구분은 그다지 핵심적인 것이 못 된다. 가우어(Gaur, 1984)가 지적한 것처럼, 기본적으로 쓰기를 정보 저장의 한 수단으로서, 그리고 공간과 시간을 통해 인간 의사소통을 촉진하는 수단으로서 바라보면 쓰기의 역사에 대한 전통적인 접근 방법은 도전에 직면하게 된다.

상징적 표현의 초기 형태

쓰기의 도래는 촌락이 발달하고 사회가 일정 수준 이상으로 복잡해진 것과 관련이 있다. 쓰기는 최소한 세 곳 이상의 문명 발상지(메소포타미아와 이집트를 잇는 비옥한 초승달 지대, 중국, 그리고 콜럼버스 이전의 미 대륙)에서 기원했다. 그 기원이 불명확하고 아직 덜 해독되기는 하였지만 가능성 있는 또 다른 지역으로는 인더스 밸리(Indus valley)의 하라파 문명(현재의 파키스탄)이 있다. 이들 문명의 쓰기 체계 중에서 현재까지 끊어지지 않고 그 전통을 이어가는 것은 중국의 문자 체계이다. 콜럼버스 이전 미 대륙의 문자와 하라파 문명의 문자는 문명의 종말과 함께 끝나버렸다. 메소포타미아에서 쓰기에 대한 최초의 증거는 기원전 3500년경 수메르인들의 설형문자로 거슬러 올라간다. 다른 중동지역의 문자들과 관련하여 당시 사회가 얼마나 먼 곳까지 교역 활동을 했는지 명확하게 알기는 힘들지만 아마도 당시 사람들은 서로의 문자를 베끼지는 않더라도 그 문자의 존재에 대해서는 인지하고 있었을 것이다. 초기 수메르인들의 문자는 상형문자였는데 언제, 어디서, 누가 발명했는가에 대한 상세한 정보가 알려져 있지 않다. 메소포타미아와 이집트의 문자는 초기 상형문자에서부터 음소 문자 형태로까지 일련의 변형 과정을 거치며 다른 문화와 언어로 퍼져 나갔다. 따라서 현재 사용 중인 여러 문자 체계의 기원은 메소포타미아와 이집트 문자로까지 거슬러 올라갈 수 있다.

초기 사회에는 쓰기 이전에 다양한 형태의 상징체계가 사용되고 있었다. 오늘날 다른 문화들을 검토하고 역사적인 증거물들을 수집해 보면 쓰기의 선구자가 단지 하나만 있었던 것이 아님을 알 수 있다. 오히려 여러 가지 독특한 형태의 시각적 상징이 쓰기와 관계를 맺고 있음을 알 수 있다(Barton & Hamilton, 1996). 의도적이며 반영구적인 표기의 최초 증거라고 할 수 있는 동굴 벽화와 앞서 언급한 상형문자는 추상적이고 양식화된 사람과 동물의 형태를 취하고 있다. 이러한 표기들은 그림이나 상징에 어떤 연속성이 없다는 점에서 쓰기와 구별될 수 있다. 즉 이들 표기들은 그 의도가 서사적이라기보다는 고정적이며 자족적인 인상을 준다. 따라서 우리는 왜 이러한 초기 표기들이 만들어져야 했으며 만약 있다면 그 상징적 의미가 무엇이었겠는지 단지 추측할 수 있을 뿐이다. 이들 중 상당수는 의도적으로 메시지를 전달하거나 의미를 기록하기보다는 다분히 표현적 의도와 심미적 의도를 가지고 만들어졌다고 추측할 수 있다. 또 혹자는 그 표기가 동굴과 같이 거주 구역으로부터 상당히 떨어져 있는 곳에서 발견된다는 점에서 제의적이고 주술적인 중요성이 있을 것이라고 주장하지만 구체적인 증거를 찾기는 어렵다.

시각적인 기억보조장치의 사용은 과거에서부터 현대 사회에 이르기까지 광범위하게 퍼져 있으며, 이와 유사하게 음성 언어 사회와 문자 언어 사회 모두에서 나타나고 있다. 달력이나 계산 용도로 눈금을 새긴 막대에서부터 북미 이로쿼이 족이 조가비 구슬로 장식한 벨트에 이르기까지 매우 다양한 장치들이 활용되었으며 그중에는 극도로 복잡한 형태의 것도 종종 있었다. 이들은 이야기를 들려주고 메시지를 전달하는 등 다양한 기능을 수행했다. 그러한 장치들은 문식 사회(예를 들어 카톨릭교의 묵주)에도 여전히 존재하며 인간 기억을 확장하는 상징적 표기로서의 기능을 광범위하게 보여주고 있다. 이와 유사하게 동굴 및 그 밖의 장소에서 발견되는 기호학적인 표기 중 상당수는 시간을 세거나 계산하기 위한 장치로서 가장 기본적인 음력 달력의 역할을 수행했던 것으로 보인다. 검수 장치는 체계적인 문자 체계가 없는 문화에서도 종종 발견된다. 시간이나 사물을 계산하기 위한 검수 체계의 발달은 쓰기의 다른 측면보다도 수천 년이나 앞서 있는 것 같다. 사실 이러한 검수 체계가 수학적으로든 언어적으로든 보다 복잡한 형태의 표기 체계를 발달시키는 데 가장 중요한 추동력이 되어 온 셈이다.

개인의 소유나 정체성을 나타내기 위한 표기는 구술 사회와 문자 사회 모두에서 지극히 보편적인 형태이다. 그러한 표기는 가축의 낙인, 장인들의 품질 보증 마크, 공동체나 혈연 정체성을 가리키는 문신이나 토템에서부터 가문의 문장, 인장, 배지, 깃발에 이르기까지 광범위하다. 개인의 무기를 표시하기 위해 사용되곤 했던 스칸디나비아의 룬 문자나 이집트 도예공들의 표기와 같이 역사적인 예도 많이 있다. 이와 관련하여 가우어는 다음과 같이 지적하고 있다.

> 소유 표시는 여러 가지 면에서 이미 쓰기의 실용적인 형태이다. 이는 '서명'의 기능을 담당하여 권위를 확립하고 소유권을 분명히 밝혀준다. 소유 표시는 체계적인 쓰기 발달에 적합한 요인들과도 밀접하게

> 관련이 있다. 예컨대 개인 재산의 중요성에 대한 인식의 증가, 차별화된 사회에서는 재산이 신분을 부여해 줄 수 있다는 깨달음, 그러한 재산을 보호하고 교환하려고 하는 욕망, 그리고 관리 면에서 재산이 식별 가능해야 한다는 인식 등이다(Gaur, 1984: 23).

이와 유사하게 각종 증표(token)는 기록 작성과 교환을 목적으로 하여 발달되어 온 것으로, 상업적인 맥락에서 물건을 혼동 없이 식별하고 계산하는 용도로 사용되었다. 최근의 연구 결과에 따르면 수메르인들의 설형문자 체계의 원형도 앞서 언급한 증표로 사용된 데서 비롯된 것이며, 빠른 것은 약 1만 년 전까지로 거슬러 올라간다(Schmandt-Besserat, 1992).

다수의 상형문자 또는 순수하게 표의문자적인 서사 형태도 존재해 왔는데, 이는 메시지를 전달하고자 하는 분명한 의도를 가지고 있고 다소 양식화된 일련의 그림들로 구성되어 있다. 여기에 해당하는 예는 알래스카의 이누이트 족, 북아메리카 인디언, 그리고 호주 원주민들이 나무판 위에 추상적인 표기를 통해 신비로운 꿈의 시대(Dreamtime)의 서사를 전하고자 했던 '추링가'(churingas)에서 찾을 수 있다. 이들은 복잡한 형태로 확장이 가능한 공간적 서사적 상징의 예라고 하겠다. 상형문자 기호가 점차 추상화되고 체계화됨에 따라 그 구조는 한편으로는 중국의 경우와 같은 문자 체계에 가까워지게 되었으며, 다른 한편으로는 실질적인 문자 체계로 이어지는 교량 역할도 담당하였다.

초기의 쓰기

앞서 쓰기의 기원으로 언급된 바 있는 각각의 사회에서 문식성은 각기 다른 목적으로 사용되었다. 고대 메소포타미아 문명에서 쓰기의 발달을 추동한 가장 근본적인 힘은 교역과 상업이었으며, 쓰기를 최초로 사용한 이들도 상인들과 회계 담당자들이었다. 기원전 2,300년경에 이르러서는 쓰기가 다양한 형태로 사용되었다는 증거가 발견되는데 여기에는 편지, 기록물, 어휘 목록, 문학적인 텍스트, 토지 판매 기록과 같은 법적인 문서, 그리고 일반적인 행정상의 기록이 포함된다(Trolle-Larsen, 1989: 138~139; Postgate, 1984: 8을 참조하시오). 이집트에서도 역시 경제적인 고려가 있었지만 이와 더불어 나일강의 범람을 예측하기 위한 달력 개발도 문자 사용의 이유 중 하나였으며 따라서 성직자와 관료도 쓰기를 사용했다. 그 후로는 다른 사람들을 위해 글을 써 주는 필경사가 등장했다.[3] 이러한 사회에서는 쓰기가 기본적으로 경제적 측면에 기여할 뿐만 아니라 그 밖의 다른 측면에서도 활용된 것으로 보인다.

중국에서 최초라고 알려진 '기록된' 문서의 목적은 점을 치는 것, 그리고 행정적인 것이었다. 중국인들은 대규모의 역사적인 문헌 기록, 지도와 초기 천문학 관련 자료를 남겼다. 이처럼 중국의 경우 쓰기의 발달은 비옥한 초승달 지대의 경우처럼 기본적으로 상업적인 요구로 인한 것은 아닌 것처럼 보인다. 인더스 문명의 경우 남아 있는 유물들은(비록 대부분은 해독이 되지 않았지만) 인장이나 증표와 같이 상업적이거나 행정적인 용도로 사용된 것처럼 보인다. 초기의 목적은 상업이나 행정적인 데 있었지만 후에 인도 문명에서도 점차 종교적 전통을 전달하는 역할을 맡아 왔다(물론 초기에는 저항이 있었다). 한편 역사적인 기록은 그다지 발달하지 못했다. 콜럼버스 이전의 미 대륙에서도 쓰기는 상업적이거나 행정적인 용도보다는 종교적이고 주술적인 용도로 더 많이 사용되었으며 달력 및 천문 과학의 발달에도 활용되었다. 그러나 종교적인 목적과 행정적인 목적은 서로 중첩되는 면이 있기 때문에 그 둘을 구분한다는 것은 사실 불가능하다(Hammond, 1986: 106).

지금까지 언급한 사회들을 차례차례 살펴보면 베인즈(Baines, 1983)가 이집트에서 했던 것처럼 한 사회에서 쓰기가 발달해 온 양상을 발견할 수 있다. 하지만 다른 모든 사회에도 적용 가능한 하나의 순서를 발견하기는 어렵다. 즉 다른 모든 발달의 출발점이 되는 하나의 근원적인 사용 방식이 존재하지는 않는 것이다. 따라서 중요한 것은 역사상의 어느 시점에 그 사회에서 무슨 일이 일어나고 있었는가가 문식성의 가능성을 열어준다는 점이다. 문식성은 도시화의 도래, 그리고 보다 복잡한 형태의 사회 구조로부터 발생하는 것이다.

초기 쓰기 시기에 대해서는 남아 있는 증거가 많지 않기 때문에 누가 읽고 썼는지, 문식성의 수준은 어떠했는지 알기가 어렵다. 그럼에도 불구하고 초창기의 필경사와 같이 문식성과 관련된 독특한 사회적 역할이 있었다. 형식을 갖춘 교수법이 있었으며 도서관과 같은 기관도 존재했었다. 돌에 새겨진 텍스트를 번역하는 것처럼 이중언어 문식성의 사례도 존재하였다.

결론적으로, 각종 증거들이 시사하는 것은 초기의 사회와 문명에서부터 쓰기가 사용되어 왔다는 것이며, 물론 복잡성이나 세부 사항의 측면에서 상당한 변이형이 여전히 있지만, 오늘날 우리는 그 시대의 쓰기의 광범위한 용도를 발견할 수 있다는 점이다. 초기 시대에서부터 주변에 사용 가능한 다양한 물질과 기술들이 쓰기에 활용되었는데, 그래피티와 같이 외견상 덧없어 보이는 문식 활동도 초창기에서부터 존재해 왔다. 이 절에서 또 한 가지 분명히 짚고 넘어가야 할 것은 형식이나 목적의 측면에서 다른 형태의 시각적 표상과 실제적인 쓰기 간에 상당한 정도의 연속성이 존재하고 있다는 점이다.

문식성과 역사적 변화

문식성에 대해 내가 지금 여기서 기술하고 있는 생태학적 관점과 다른 시각을 보이며 서로 잘 들어맞는 일군의 견해들이 있다. 브라이언 스트릿(Street, 1984)은 그러한 시각을 문식성에 대한 자율적 관점이라고 명명했으며 이에 대해서는 2장에서 논의한 바 있다. 이 아이디어는 문식성이 어떠한 맥락으로부터도 분리되어 자율적으로 설명될 수 있다는 점, 즉 문식성이라는 심리학적 변인은 측정이 가능하며 사회적 맥락이 달라지거나 역사적인 시대가 달라지더라도 같은 형태를 유지할 수 있다는 점을 강조한다. 이 자율적 관점은 차츰 확장되어 개인적 차원과 문화적 차원에서 문식과 비문식 간에 큰 격차가 존재하며, 문식성 그 자체와 관련된 인지적 결과가 있다고 제안하기에 이르렀다. 또한 역사적인 발달의 측면에서 그리스 문명에 그 뿌리를 두고 있는 현대 서구의 알파벳 문식성은 다른 형태에 비해 우월하며 그 우월한 지위에 자연스럽게 이를 수 있도록 발달해 왔다고 여겨진다.

이러한 관점은 광범위한 비판의 대상이 되고 있으며 독자들을 다른 관점의 연구에 더 주목하게 하고 자율적 관점에 대해 외면하도록 하는 것은 솔깃한 일이다. 하지만 문식성에 대한 자율적 관점은 여전히 지지를 받고 있으며 더 중요한 것은 이러한 관점이 문식성 논쟁의 기저에 깔린 보편적 경향이며 읽기와 쓰기에 대한 대중적인 이미지라는 점이다. 지금까지 언론에서 문식성에 대해 인용해 온 내용들을 통해 이러한 점은 분명해진다. 하지만 문식성이 무엇인가에 대한 대안적인 모형들이 존재하고 있으며 어떠한 모형이 보다 우위에 있어야 하는가에 대한 논쟁도 있다. 즉, 경쟁적인 이데올로기들이 문식성에 대한 패권을 놓고 서로 경쟁하고 있는 것이다.

이 절에서 나는 자율적 관점에 집중하고자 하는데, 그 지적인 기원을 초기 그리스의 문식성에 대한 논의에서 찾고 역사적인 발전 과정을 면밀히 살펴보려는 의도에서이다. 고대 그리스의 문식성을 중요하게 다루어야 하는 것은 자율적 관점에 대한 중요한 원천이 되어 왔고 때로는 우리의 시야를 명확하게 하기도 하고 흐릿하게 만들기도 하기 때문이다.

이러한 관점에 영향력을 미쳤고 랜드마크의 역할을 담당하고 있는 논문으로 잭 구디(Jack Goody)와 이안 와트(Ian Watt)의 것을 들 수 있는데 이는 1963년에 처음 출판되었고 그 이후에 여러 곳에서 다시 출판된 바 있다(Havelock, 1963도 참조할 것). 그들은 구술과 문자 간에 사회적으로나(문화의 측면에서) 심리학적으로(사람들이 어떻게 생각하는가 하는 측면에서) 큰 간극이 존재한다는 아이디어를 제안하였다. 이러한 제안에서 중요한 점은 현대 문식 사회는 초기의 단순했던 사회와 기본적으로 사회 조직의 측면에서 다르고 이러한 다름은 궁극적으로 문식성에서 비롯된다는 것이다. 현대 사회의 여러 양상들은 전적으로 문식성의 존재에 그 기반을 두고 있으며 여기에는 민주화, 특정한 정치적 기구 형태, 기술적인 발전에 대한 가능성 등이 포함된다.

이러한 제안들은 기원전 6세기 그리스 사회에서부터 인식되어 왔으며 이들이 주춧돌이 되어 서구 문명이 세워져 왔다. 구디와 와트의 주장을 요약하자면 이들은 그리스의 사례를 중대하다고 보며 그리스 문명의 발흥을 문식 사회로의 진정한 전환에 있어 중요한 역사적인 사례로 간주한다. 이러한 변화의 첫 번째 사례만을 제시한 것이 아니라 그들이 '알파벳 문식성'이라 일컫는 것의 문화적인 결과들을 분리시키기 위한 본질적인 사례 또한 제시하였다. 비록 근거의 부족으로 인해 어떠한 주장도 지극히 잠정적이라는 점을 인정하면서도, 그들은 알파벳 문식성 발달과 그 당시의 그리스의 문화적 발전 사이의 우연한 관련성(casual link)에 대해 주장한다. 이러한 아이디어들은 다른 사람들로부터 계속 이어져 오고 있으며, 문식성의 효과 또는 결과에 대한 많은 논의점을 내포하고 있다. 그러므로 구디 자신이 병치하였던 두 가지 현상들이 사실상 그리스 문화에 뿌리를 두고 있지 않음을 이후에 인정하였다는 점을 강조하는 것이 중요하다. 그리스인들은 알파벳을 '발명'한 것이 아니다 - 그것은 수천 년 전에 이미 존재했다. 또한 그들은 서구적 사고방식의 핵심인 것처럼 보이는 새로운 형식의 논리를 '발명'하지 않았다. - 그리스인들에게 부여된 몇몇 증명와 논쟁의 형식들은 더 이전에 바빌론에서 존재했었다(Goody, 1983).

적어도 나에게 '그리스' 주장의 특별히 기이한 양상은 쓰기 혹은 인쇄의 발달보다, 알파벳 그 자체가 추상적 사고의 양상들에 직접적으로 책임이 있다고 하는 개념이다. 이러한 입장은 구디와 와트의 주장에서 찾을 수 있고, 에릭 해브락(Eric Havelock)의 연구에서 기인한다.[4] 또한 마샬 맥루한(Marshall McLuhan)의 연구에서도 발견된다.[5] 어느 정도로 이 주장은 알파벳이 다른 표기 체계보다 더 추상적인 구성단위로 되어 있다는 것에 기초하고 있다. 그러나 앞서 본 바와 같이, 이는 지나친 단순화이다. 덧붙여 만약 추상성이 가장 중요한 기준이라면 우리는 알파벳보다 한국어의 음운 체계의 독특한 특성들에 근거한 표기 체계를 살펴봐야 할 것이다. 해브락의 연구 속 주장들 이상으로 쓰기 그 자체보다 알파벳이 더 중요하다는 직접적인 역사적 증거를 찾기는 어렵다. 앞서 지적했듯 표기 체계들 간의 차이점들은 그들이 처음 발생했을 때처럼 명백하지 않으며, 이는 특정 언어 맥락에서 논의될 필요가 있다.

진화로서의 쓰기

쓰기의 역사적인 발달에 대한 일반적인 시각은 쓰기를 상형문자에서 시작하여 표의문자, 음절문자를 거쳐 알파벳에 이르기까지의 진화의 과정으로 보려는 것이다. 즉, 우리의 쓰기 체계(역자주: 영어)를 향한 발전으로 보려는 것이다. 진화는 하나의 은유로서 현상을 개념화하는 방식의 일종이다. 2장에서 설명했듯 **진화**라는 용어는 전체적인 은유 체계 속에 포함되어 있는 것이다. 다른 은유 체계처럼 용어의 사용은 그것이 설명하고자 하는 현상의 특정한 측면을 강조할 수 있지만 동시에 다른 측면들은 경시될 수 있다. (진화라는 은유가) 쓰기의 역사에 적용되었을 때, 그것은 현상을 드러내기보다는 감출 것이다. 이것은 특히 쓰기의 역사적인 발달을 이해하는 데 좋은 은유가 아니며, 아마도 구어를 포함한 다른 인간 기호 체계에서도 마찬가지일 것이다. 이 절에서는 나는 쓰기의 일반적인 역사들이 진화 구조 안에서 표현되었을 때의 문제점들에 대해 지적하고자 한다. 몇 가지 문제들 중에서도 특히 알파벳의 우월성에 대한 시각들과 관련된 문제들을 논의할 것이다. 진화 구조에서는 문식성의 중요한 측면들이 배제된다. 여기에는 세 가지 쟁점이 있다. 첫째, 이는 언어와 표기 체계 간의 관계에 대한 오해를 야기한다. 둘째, 표기 체계들을 비교한다는 것은 어렵다. 셋째, 이는 언어 변화의 매커니즘을 규명하는 것을 어렵게 만든다.

진화는 변화를 이야기하는 방법 중 하나이다. 요즘 우리 사회에서 이것은 쉬운 비유이자 기본적 비유이며 다른 사회적 개념들과 일치하고 서로 다른 영역들에 걸쳐서 문제없이 사용될 수 있는 것이다. 함축적으로 그것은 신념 체계의 전체를 함께 가져온다. 예를 들어 내가 우연히 발견한 패션에 관련된 책의 제목이 '모자의 진화(The evouluation of hats)'였고 또는 누군가가 자신의 아이디어의 진화에 대해 설명할 때처럼, 진화는 일상적인 의미에서 사용될 수 있는 일상어이다. 이러한 예들에서 진화라는 단어는 '발달'이나 '변화'라는 단어로 대체될 수 있다. 그러나 용어의 사용은 발전이나 변화 그 이상을 암시한다. 그것은 특정 종류의 변화를 의미한다. 변화는 일방향성이 있고 자연적이며, 피할 수 없다는 것과 같은 개념 및 아이디어의 전체 집합을 포함한다. 수동적이고 비인간적인 적응이 암시되고 이는 또한 개선, 우월성, 진보와 같은 개념들을 가지고 온다.

현대의 일상적 개념의 근본들은 19세기 다윈의 생물학적 진화에 있다. 그러나 특히 문화적 현상에 그 단어가 적용될 때는 의견의 합일이 거의 없다. 그래햄 리처즈(Graham Richards)는 사회적 진화 이론에 대한 철저한 논평에서(1987: 206~234) 9개의 명확하고 뚜렷한 입장들을 찾아내어 설명한다. 이러한 입장들은 생물학적이고 문화적인 관계들에 대한 대부분의 기본적인 의문들에 대하여 반대의 관점을 가진다. 이는 심리학적인 것과 사회적인 것 사이의 연결점들이 분명하지 않은 또 다른 영역이며, 결정적으로 이것은 현재 사회적 가치들이 강력하게 사람들의 입장에 영향을 준다는 주장이다(Bowler, 1986; Lewin, 1984; 그리고 다른 사람들이 주장했듯이). 이러한 모든 것은 진화라는 단어가 쓰기의 발달에 적용되었을 때 정확하게 의미하는 바가 무엇인지를 밝히는 것을 어렵게 만든다. 어떤 특정한 이론가는 진화라는 단어를 쓰기에 적용시킬 때 좀 더 엄밀한 방식으로 사용하고자 할 수도 있지만, 일상적으로 논의되는 차원에서 진화의 개념은 결코 명확하지 않다. 그럼에도 불구하고 아래의 예들에서 볼 수 있듯이 진화적인 사고는 일반적으로 그 기저에 생물학적 구조를 지닌다.[6)]

알파벳을 향한 진화?

이러한 설명에 내재되어 있는 것은 알파벳이 진화의 측면에서 우월하다는 생각이다. 글쓰기의 역사가 알파벳의 역사라는 점에서 본다면 이것은 진보의 개념과 최상의 체계를 향한 자연적인 진화에 대한 아이디어들과 연결된다(Harris, 1986: 37). 이러한 아이디어의 근본은 앞서 언급하였던, 세계의 표기 체계들에 있어 가장 널리 인용되는 두 명의 학자, 즉 겔브(Gelb, 1963)과 데린저(Diringer, 1968)의 연구에서 찾을 수 있다. 겔브의 책 도입부에 나오는 세계의 가계도에는 마치 모든 변화들이 그 지점을 향해 가는 거침없는 발전인 듯이 영어 알파벳이 아랫줄의 가장 중간에 위치하고 있다. 데린저는 '알파벳 표기는 보편적으로 문명화된 사람들에게 이용되고 있다.'(1968: 13)라고 공언하며 또한 그가 중요도가 낮은 표기 체계들이라고 하는 것들의 사용자들이 왜 우리의 알파벳을 쓰는 데 실패했는지에 대한 가장 놀라운 설명들을 제시한다(p. 127).[7)] 알파벳에 대한 이러한 관점들은 제2차 세계 대전 이후의 민족중심주의의 한 부분에서 비롯되어 왔으며, 1958년에 베리(Berry)는 '알파벳이 최고라는 것은 모든 근거들에서 일반적으로 인정되었다' (p.753)라고 주장할 수 있었다.[8)] '기술 혁신의 세계'(Ong, 1982)의 또 다른 통속화는 같은 진화 구조에서 이루어진 것이다.

이전의 장에서 설명했듯 진화적 설명에서 그전만큼 강조하지 않고 있는 것은, 표기 체계의 기초가 될 수 있는 두 가지 원칙들을 모든 종류의 표기 체계에서 찾을 수 있다는 점이다. 이러한 두 원칙들은 언어가 두 가지 수준(소리와 의미)에 따라 분석될 수 있다는 일반적인 사실을 반영한다. 이런 원칙들 중 하나는 언어를 서면으로 표현하는 데 사용될 수 있다. 음절과 알파벳 시스템이 소리에 의존한다면 표의문자 체계는 주로 의미에 의존한다. 실제로 모든 쓰기 체계들은 두 가지 원리를 모두 활용하며 가장 초기의 쓰기 체계도 두 가지 원리들의 예를 포함한다. 이 모든 아이디어들은 진화라는 개념을 둘러싸고 있다. 그 중심에는 최선을 향해 가려는 자연적인 직선적 진보의 개념이 있다. 그러나 발달은 '자연적'

이지 않다. 오히려 발달은 사회적 상황에서 결정을 내리는 개인들을 포함한다. 발달은 '직선적'이지 않다. 발달은 잘 알려지지 않은 접촉의 메커니즘을 포함한다. 이미 살펴보았듯이 '최선'의 체계란 없다. 서로 다른 표기 체계는 서로 다른 언어에 적합하며 표기 체계에는 서로 상충하는 요구들이 광범위하게 있다.

접촉과 변화

한 사회가 표기 체계를 습득하는 데에는 여러 다른 방법들이 존재한다. 언어와 문화의 외부에서도 문식성을 갖춘 개인 또는 조직은 쓰기 체계를 설계할 수 있다. 대안적으로 '쓰기의 아이디어'를 가지고 있는 내부인들은 그들 자신만의 표기 체계를 계획하려 할 수도 있다. 오직 쓰기의 아이디어에만 노출된 후 표기 체계를 만들어낸 토착민들의 역사들을 통한 사례들이 존재한다. 종종 그들은 음절 기반 체계를 발명한다. 서아프리카와 북아메리카에서의 널리 알려진 사례가 존재한다.[9] 이러한 서로 다른 길들은 자세하게 탐험되지 않았지만, 강조되어야 할 점은 언어들이 쓰기 체계를 가지게 되는 일반적인 방법이 이미 쓰기 체계를 가지고 있는 다른 언어와의 접촉을 통한다는 점이다. 표기 체계는 새로운 환경으로 차용된 후 적용된다. 새로운 언어의 요구에 적용되는 이러한 과정에 의하여 표기 체계에서 가장 중대한 발달이 일어났다. 각각의 발달은 작지만 중요하며 그것이 발생한 맥락의 관점에서 설명될 수 있다(Goody, 1981에서의 사례들 참고). 이는 표기 체계의 전파를 통해 적용되며, 예를 들어 알파벳의 발달을 명확하게 하는 데 도움을 준다. 알파벳은 표기 체계가 다른 언어들에 맞게 적용되는 과정에서 점진적으로 어설프게 발달하였다. 사실상 특정한 알파벳의 진정한 발생을 정확하게 밝혀내려는 것은 타당하지 못하다.

접촉과 변화의 개념은 음성 언어에 대한 논의에 좀 더 적합하다. 음성 언어는 다양한 이유로 인해 다양한 방법으로 변화한다.[10] 언어 변화에 가장 큰 영향을 주는 것 중 하나는 언어 간의 접촉이다. 이러한 접촉은 문자 언어를 포함한 모든 문화적 변화에 있어 중요하다. 진화의 나뭇가지들이 뻗어가는 것은 이러한 변화의 형태를 보여주지 못하며 이것을 시각적으로 보여줄 수 있는 다른 방법이 필요하다.

변화에 대해 설명할 다른 방법들이 필요하다. 변화는 사회적 맥락에 내재되어 있으며 인간의 능동적 의사결정을 포함한다. 쓰기가 그것의 문화적 맥락에 내포되어 있다고 보여줄 수 있는 사회 · 역사상의 근거가 필요하다. 변화는 전적으로 직선적이지는 않다. 우리가 표기 체계가 어떻게 다른 사회들로 퍼졌는지와 같은 질문을 다루거나 언어 변화에 있어 문식성의 역할에 대해 설명하거나 변화의 매커니즘으로서의 접촉에 대해 이해하고자 한다면, 변화에 대한 좀 더 복잡하고 풍부한 근거가 필요하다. 변화를 이해하기에는 맥락의 중요성을 보여줄 수 있는 생태학적 접근이 진화론적 접근보다 더 필요하다. 쓰기 체계는 발달하는 것이지 진화하는 것이 아니다.

문식성의 사회사

인쇄술의 발달

읽기와 쓰기의 방식은 사회에 따라, 그리고 역사적인 시기에 따라 상당히 달랐다. 부분적으로 이는 쓰기에 활용할 수 있었던 재료, 그리고 제조와 보급 기술의 영향을 받았다. 종이의 제조, 인쇄술의 발달과 전자매체의 등장은 문식성 확산과 관련하여 기술적으로 가장 가시적인 사건들이라고 할 수 있겠다. 그중 여기에서는 인쇄술에 중점을 두고자 한다.

왜냐하면 이는 기술의 발명을 통한 문식 활동의 재구조화가 사회 조직 및 지식 생산과 어떻게 결합할 수 있는지를 보여주는 강력한 예이기 때문이다.[11)]

인쇄의 역사는 수천 년 전으로 거슬러 올라간다. 인장 찍기가 이미 7,000년 전에 있었던 것을 생각해 보면 어떤 면에서 인쇄의 역사는 쓰기의 역사보다도 더 이전이라고 할 수 있다. 이처럼 인쇄의 역사는 고대에 개인이 인장을 찍는 기술에서부터 기원 후 600년대 중국의 목판 인쇄로, 그리고 기원 후 980년대 중국에 이미 널리 퍼져 있었던 가동 활자 인쇄(movable type printing)까지 이어진다. 유럽에서 가동 활자 인쇄는 15세기 중반에 개발되었으며, 이는 텍스트의 대량 복사를 가능하게 한 것이었다.[12)] 인쇄 문화 이전에는 손으로 책을 복사하는 필사 문화가 존재했었다.

인쇄술은 르네상스 시기에 유럽에서 지식의 폭발적 증가와 궤를 나란히 한다. 사람들에게 즉각적으로 유용했던 아이디어의 범위는 어디까지였으며 인쇄술이 그러한 아이디어들을 어떻게 구체화했는지, 인쇄술이 텍스트를 광범위하게 확산하는 수단으로서 얼마나 영향력을 행사했는가에 대한 많은 가설들이 지금까지 쏟아졌다. 아이젠슈타인(Eisenstein, 1979, 1981)은 상당한 양의 학술적 연구 결과들을 통합해 본 결과, 인쇄술이 생산적인 지식과 사고의 세속화라는 관점에서 볼 때 매우 복잡하고 때로는 모순되는 영향력을 발휘했다는 의견을 제시한 바 있다. 그녀는 또한 이미 언급한 것처럼, 인쇄술 및 대량 복사로 생산된 텍스트의 광범위한 유통과 보존은 문식성에도 많은 영향력을 미쳤다고 언급했다. 인쇄술이 독특한 문식 문화를 태동시킨 것이다. 그 이전에 있었던 필사 문화는 구어 문화에서 드러나는 한계를 상당 부분 공유하고 있었다. 즉, 필경사가 각자의 독특한 형식과 관습에 따라 텍스트를 생산하지만 실수로부터 자유롭지 못했다. 반면 인쇄술은 대량의 동일한 텍스트 생산을 가능하게 했다. 또한 필사본은 대중화하기에 제한이 많았으며 분실이나 파기의 가능성도 높았다. 또한 필사 문화에서는 지식의 발전을 동시에 전 방위적으로 지원하기 어려웠기 때문에 필사되는 지식은 상당히 선택적이었다.

인쇄술은 두 가지 상반되는 현상, 즉 문화적 이산(離散)과 표준화를 동시에 지원하였다. 문화적 이산이란 관점에서 보면, 우선 텍스트가 대량 생산됨에 따라 많은 수의 사람들이 동시에 같은 텍스트를 접하게 된다. 이는 달리 말하자면 어떤 한 사람이 서로 다른 텍스트들을 읽고 비교할 수 있게 되었다는 의미이며, 이를 통해 새로운 생각들이 교배되는 것이다. 이러한 이산 현상은 한편으로는 새로운 지식을 태동시키기도 했지만 다른 한편으로는 옛것을 강화하기도 하였다. 물론 전자의 측면에서 보면 인쇄술은 새로운 지식의 유통을 촉진시키고 종교적 전통과 권위를 해체하는 데 기여한 면이 있다. 그러나 반작용도 동시에 존재했다. 즉, 세속적이고 '계몽적인' 텍스트뿐만 아니라 이 시기에는 중세의 종교적, 주술적, 신비주의적 텍스트들도 널리 유통되어 오히려 과거의 전통을 강화하는 역할을 했다.[13]

인쇄술은 그 자체로 독자들에게 노출되는 아이디어를 선택할 수 없다. 중요한 것은 사회가 그러한 기술을 어떤 방식으로 사용하고 또 앞서 언급한 것처럼 법이나 검열의 방식으로 제한하는가이다. 어떤 면에서 보면 인쇄술은 매우 선택적이라고도 할 수 있는데 왜냐하면 특정한 메시지와 고정관념을 유통시키고 강조하는 데 기여할 수 있기 때문이다. 아이젠슈타인은 지속적인 반복을 통해 어떤 하나의 아이디어가 어떻게 증폭되고 강화될 수 있는지 보여주었다. 이렇게 증폭된 메시지들은 언어 경계 지역들을 통해 상호 유통되고 이를 통해 한 지역의 고정관념과 다른 문화권에서 발달한 고정관념-예를 들어 종교적인 것-은 상호 교류하게 된다. 그러나 그러한 증폭을 역으로 생각해 보면 효과적인 억압의 수단이 될 수도 있는데, 예를 들자면 어떤 생각이나 메시지를 배제하거나 고의적으로 제쳐두어 인쇄에 이르지 못하게 하는 방식이다. 이같은 배제의 방식은 인쇄된 텍스트에 부여되는 진리의 무게나 권위를 생각할 때 더욱 효과적인 것이었다.

인쇄술의 효과를 가장 폭넓게 인식할 수 있는 부분은 아마도 표준화의 과정일 것이다. 필사 과정의 오류와 개별 필경사의 독특성은 제거되고, 언어지도(linguistic maps)와 관습이 고정되었으며, 그림, 지도, 도해와 같이 손으로는 정확하게 복사하기가 매우 어려웠던 텍스트가 대량으로 재생산되었다. 지도는 쓰기가 시작될 때부터 존재했지만 인쇄술로 인해 성장을 하였고 정확도가 더해지면서 새로운 목적에 사용되기 시작하였다. 인쇄술은 산문 텍스트의 재생산뿐만 아니라 레이아웃과 양식의 재생산도 가능하게 했다는 점을 꼭 강조해야 할 것이다. 마음 지도나 알려진 우주에 대한 지도는 초기 인쇄 시대의 주요 품목이었다. 다른 영역에서의 표준화이긴 하나, 일리치(Illich, 1981)가 스페인어의 경우를 예로 들어 언급한 것처럼, 인쇄술은 표준화된 언어를 만들어내고 이를 확산시키는 데에도 기여하였다.

아이젠슈타인(Eisenstein, 1979)은 초기 인쇄소가 문자화된 지식을 체계화하는 데 매우 강력한 역할을 수행했다는 점을 강조한 바 있다. 이들은 그야말로 '학식의 연구소'로서 참조 설명서, 안내서, 색인 등을 생산하고 엮는 일, 표기 체계를 창안하는 일, 내용과 난외 표제와 각주를 배열하는 일 등을 수행하였다. 그 결과로 기존의 책 형태에 상당한 변화를 가져 왔으며 이는 책을 쓰는 데에도 영향을 미쳤다. 이처럼 책의 각 부분은 저마다의 사회적 역사를 가지고 개발된 것이란 점을 기억하는 것이 중요하다. 또한 값이 싸면서 인기 있는 책들도 나타나기 시작하였다.

역사적으로 이 시기에 유럽 사회에 인쇄술이 등장하면서 사람들이 사고하고 책을 읽는 방식에도 매우 역동적인 역할을 하게 된 것으로 보이는데 여기서 말하는 역할이란 단순히 새로운 생각의 대량 소통 효과를 의미하는 것이 아니라 그보다 훨씬 복잡하고 모순적인 것이었다. 인쇄술은 분명히 학습에 대한 '체계적인' 접근을 촉진하였는데, 이를테면 사람들로 하여금 다양한 종류의 생각을 나란히 놓고 면밀히 검토하도록 하거나 서로 다른 판본의 같은 텍스트를 놓고서 일관되지 못한 내용이나 변천 과정을 사적으로 비교하도록 하는 식이었다. 물론 인쇄소도 스스로 기존의 텍스트들을 분류하고 상호참조하는 노력을 기울였다. 텍스트의 보존성이 증대되고 텍스트가 축적되며 기록이 고정됨에 따라 아인젠슈타인이 지적한 것처럼 진리 추구는 새로운 방향을 설정하게 된다. 즉 전통적인 지식을 보존하고 재발견하기 위한 지속적인 노력보다는 새로운 지식을 찾아내는 데 초점을 맞추게 된 것이다. 이것이 지식의 지속적인 발전이라는 아이디어를 낳게 했으며 그 발달 단계는 고정된 형태로 기록되었다.

문자 문화의 발달

문자 문화의 발달은 다양한 방면에서 인쇄술의 발달 이전부터 시작하여 지금까지 진행되어 왔다. 이 역사적 고찰에서 첫 번째로 언급할 것은 한 사회의 문식성 수준이다. 역사가들은 평범한 남자와 여자가 읽었던 책의 양이나 그들의 삶에서 책의 역할에 대해 발견할 때마다 놀라곤 한다. 한 예로 16세기 이탈리아의 한 작은 마을 사람들의 일상을 다룬 흥미로운 책에서 진즈버그(Ginzburg, 1982: 31)는 지나가는 말로 '이 작은 마을의 언덕에서 이처럼 많은 읽기가 행해졌다는 것은 매우 놀라운 일이다. …… 이들에게 책은 일상생활의 한 부분이었다.'라고 언급한 적이 있다. 주민의 절반 이상이 서로에게서 책을 빌렸으며, '독자들 간의 연결망'이 있어 서로에 대한 접촉이 이루어졌다. 또한 다양한 분야의 책이 있었는데 이 중 절반 정도는 종교와 관련된 것이었다.

다른 역사가들도 비슷한 지적을 한다. 8-9세기의 역사를 연구하고 있는 맥키트릭(McKitterick)은 프랑스와 독일에서 문식성을 가지고 있었던 일반인들의 숫자에 대해 언급하고 그 당시에 문식 사회가 있었다는 증거를 보여주고 있다. 그녀에 따르면 당시 문식성의 사용은 단지 종교적인 표현만을 위한 것이 아니라 '사업과 오락을 위한 일상적인 수행'이었으며 그러한 양상이 '사회적 지위가 낮은 계급으로까지 상당한 규모로'(1989: 270) 이어졌다. 클랜치는 12세기와 13세기 사이에 잉글랜드에서 문자 문화의 발달에 따라 문서 기록으로의 의존 양상 변화에 대해 연구했는데, 이 연구를 통해 그 역시도 문식성의 확산을 언급하였다(Clanchy, 1993).[14] 인도와 중국에서도 역사적으로 문식성 수준의 기복에 대한 논의가 기록되어 왔다(Gough, 1968). 다른 역사가는 영국에서 의무교육의 등장에 대해 연구하면서 초기 앵글로 색슨 시대에도 문식성이 넓게 보급되어 있었다는 점을 증명했다(Kelly, 1970). 그는 이와 관련하여 중세 시대에 제공될 수 있었던 교육의 양에 주목했는데 이와 함께 문식성 교육을 제공할 수 있었던 학교 또는 다른 기관들의 범위도 논의하였다. 또한 그는 그 시기에 교육되었던 외국어의 수, 그 밖에 항해술, 수학, 천문학 등의 과목에 대해서도 언급하였다. 물론 이는 그 당시에 행해졌던 비공식적인 교수 · 학습에 덧붙여진 것이었을 듯하다.

한편 빈센트(Vincent, 1989: 52~54)는 사람들이 결혼 서류에 서명을 했는지의 여부를 증거로 삼아 영국에서는 1750년대에 절반 이상의 인구가 문식성을 갖추고 있었고 의무교육이 도입되기 전에 그 비율이

60%를 넘어섰으며 1870년(의무교육 조항을 담은 첫 번째 교육법이 시행된 해)에 이르러서는 90%에 육박했다고 주장한 바 있다. 그러나 서명을 문식성 측정의 도구로 사용한다는 점에 대해서는 보다 신중할 필요가 있다. 빈센트는 이 서명을 도구 삼아 1914년에 이르러서 영국에서는 문맹이 사라졌으며, 따라서 문식성의 측면에서 영국은 매우 동질적인 집단이 되었다고 언급했는데, 이 주장에 대해서는 보다 면밀한 조사가 필요하다. 자신의 이름을 서명할 수 있는가는 단지 문식성을 정의하는 한 가지 방법일 뿐이다. 게다가 문식성 측정 시기가 문제가 될 수 있는데, 가령 20세에 서명한 사람이 60년 이후에도 계속 살아있을 수 있고 그 시간 동안에 그들의 문식성은 동일한 수준에 머물러 있을 수도 있고 변화했을 수도 있기 때문이다.

의무교육이 시작되기 이전부터 상당한 양의 문식성 교육이 있어 왔다. 부모, 조부모, 형제들이 이 교육 행위에 관여했으며 부모들의 문식성 교육을 돕는 교구도 존재했다. 주일 학교와 통학 학교도 있었는데, 이들 학교의 교사들은 해당 지역 출신들로서 따로 일정한 자격을 갖추거나 감독을 받지는 않았다. 1851년의 통계에 따르면 잉글랜드의 아동 중 3/4는 주일 학교에 다닌 것으로 보인다. 또한 여성들이 개별적으로 자신의 집을 개방하여 교육을 실시하기도 하였다. 그렇다면 이 당시의 문식성 교수 방법은 어떠했을까? 빈센트에 따르면, '보통교육이나 의무교육이 시행되기 이전의 문식성 교육에서 가장 주목할 만한 특징은 그 방법적 다양성이었다'(Vincent, 1989: 67).

현대 문식성 교육에 있어서 대부분의 토대는 의무교육 도입 이후에 다져졌다. 19세기에 이르러 읽기와 쓰기에 대한 교육은 학교에 인계되었으며, 가정이 그 교육의 일부를 되돌려 달라고 요구하게 된 것은 아주 최근의 일이다. 영국에서 의무교육은 1870년에 통과된 법에 따라 시작되었다. 물론 이 제도가 정착되기까지는 약 40년의 시간이 걸리긴 했다. 이 첫 번째 법을 통해 교육을 받기 원하는 모든 아동들은 무료로 교육 받을 권리를 갖게 되었으나 지역 단위의 교육위원회를 구성하는 것이 의무 사항은 아니었다. 교육위원회는 점진적으로 나타나기 시작하였으며, 보통 중등교육은 그보다 훨씬 뒤에 등장했다. 초등학교는 하나의 분명하고 명시적인 목적을 가지고 있었는데, 곧 아동들에게 읽기와 쓰기를 가르치는 것이었다. 하지만 일단 아동들이 읽기와 쓰기에 대한 교육을 받고 나면 교육의 목적은 종종 불분명해지고 논란의 대상이 되었다. 의무교육은 모든 이에게 문식성의 가능성을 열어주었지만 실제로 이것을 하나의 권리로서 인식하게 된 것은 20세기에 한창 접어든 뒤의 일이었다.

꼭 기억해 두어야 할 중요한 사실이 있는데, 우선 문식성 실천의 모든 측면은 역사적인 뿌리를 가지고 있다는 점, 그리고 권력관계와 연계하여 어떤 사회적 함의를 갖는다는 점이다. 문식성과 관련이 있는 기관들은 점진적으로 발전했는데, 정부의 인쇄국과 공문서 서식, 우편 서비스와 그 밖의 의사소통 수단을 포함하여 도서관, 책방, 인쇄소, 복사 가게 등이 그 예에 해당한다. 저작권이나 인세와 같이 문식성에 대한 법적 제도도 모두 역사를 가지고 있으며 그 발자취를 추적해 볼 수 있다. 작가, 비서, 손으로 쓴 문서를 타자하는 타이피스트 등과 같이 문식성과 관련된 사회적 역할에도 역사가 있으며, 그중 일부는 쓰기의 기원과 역사를 같이 하고 다른 일부는 비교적 최근에 발달하기도 하였다. 무엇보다도 중요한 것은 학교를 통한 교육 방식의 공식화와 교육 시스템, 그리고 교수 방법과 교사 양성 방식도 역사적으로 발달해 왔다는 점이다. 역사적 발전의 상당 부분이 기록되어 왔는데 여기에는 도서관의 발달, 읽기교육의 발달, 심지어는 연필과 잉크의 발달도 포함된다.[15)]

모든 형태의 쓰기와 모든 종류의 텍스트는 발달해 온 것이며 사회적인 역사를 가지고 있다는 것 또한 사실이다. 설명적인 글과 같이 특정한 형태의 쓰기, 또는 특정한 종류의 텍스트도 역사적으로 발전을 거듭해 왔다. 예를 들면 베이저먼(Charles Bazerman)은 장르로서의 연구 논문을 역사적으로 추적해 왔고 다른 이들은 보다 일반적인 차원에서 과학적 글쓰기의 발달 과정을 연구하였다.[16] 5장에서 언급한 바 있는 여러 텍스트-광고 카피, 고지서, 신문의 3행 광고-에 대해서도 우리는 그 역사적 발달 과정에 대해 질문해 볼 수 있다. 특별히 재미있는 것은 택시 요금 인상에 대한 공고라고 할 수 있는데, 이는 법률적 문식성에 그 뿌리를 둔 것으로 옛날부터 이런 유형의 텍스트는 언어 사용에 있어서 제한적이었던 것으로 이해할 수 있다. 특별한 목적을 위한 도서도 점진적으로 제작되어 왔는데, 아동들의 읽기 학습을 위한 도서, 특별한 분야의 학습을 위한 학습 도서, 취급 설명서, 입문서, 사전류, 카탈로그, 대학 요람 등이 그러한 예에 해당한다. 물론 도서만 그러한 것이 아니라 티켓, 청구서, 지폐, 여행자 수표 등등이 모두 문식성과 관련된 텍스트들이라고 할 수 있다.

모든 것이 이처럼 긴 역사적 발달 과정을 거쳤으며, 그중 어떤 것은 종종 쓰기의 역사 전체에 걸쳐 있는 것도 있는데 지도가 그 대표적인 예이다. 서명의 발달 역시 또 다른 좋은 예라고 할 수 있는데 이는 독특한 특징, 그리고 특별한 형식을 지니고 있다. 개인들의 기록된 서명은 16세기에서부터 나타나고 있는데, 비슷한 기능을 담당했던 인장(印章)의 경우 그 역사는 약 7천 년 전으로 거슬러 올라간다. 역으로, 모든 사람이 서명 또는 성(姓)을 가진다는 아이디어는 훨씬 최근의 일이며, 개인들이 삶을 영위하며 공식적인 요구가 제기된 데서 비롯된 것이다.

텍스트를 둘러싼 문식 실천 역시 발전하고 변화를 겪어 왔다. 성스러운 종교적 서적들은 천 년 이상의 역사를 가지고 있지만 이를 둘러싼 문식 실천은 세기를 거치며 많이 변화해 왔다. 한 예로 텍스트로부터 인용하는 방식은 시기별로 달랐다. 현재의 관점에서 과거를 바라보면 텍스트의 사회적 지위는 변화하며, 따라서 그 사회적 지위를 연구할 때는 기록된 시기를 고려할 필요가 있다. 예를 들어 역사상의 어느 한 시기에 교구 기록부가 세금 징수를 위해 사용되었다면 이는 상당히 중요한 역할을 담당한 것으로, 따라서 오늘날보다 훨씬 더 중요하게 여겨질 수 있다.

마지막으로 현재와의 연결고리를 만들어 보자면, 개인은 모두 각자의 역사를 가지고 있다. 개인은 또한 각자의 문식성의 역사도 가지고 있는데 이는 마치 유아기에 처음으로 문식성에 노출된 때부터 학령기와 성인 시절에까지 걸쳐 있는, 개인적이고 연속적인 하나의 끈과 같은 것이라고 할 수 있다. 오늘날의 아동들은 70년에 걸친 기억들을 지니고 있는 사람들과 수시로 접촉할 수 있는데, 만약 이 조부모들이 자신들의 부모에 대한 일화를 기억한다면 이야기는 백 년을 거슬러 올라갈 수 있다. 영국에서 학교, 도서관, 그 밖의 다른 기관들은 종종 백 년 이상의 역사를 가지고 있으며 빅토리아 시대의 가치를 반영하는 양식과 배치를 보여주는데, 이는 겉으로 드러나는 외형적인 측면에서뿐만 아니라 그들이 지지하고 있는 문식 실천 측면에서도 그러하다. 정체성이나 목적의식에 대한 문화적 이미지는 이백 년 또는 이천 년에 걸쳐서도 고취될 수 있는 것이다. 이 모든 것들이 과거가 현재를 구조화하고 현재의 문식성에 영향을 미치는 방식인 셈이다.

제9장 문식성의 뿌리

도입

문자 문화 속에서 문식성 발달은 태어나면서부터 시작된다. 즉 문식성은 음성 언어 사용, 그리고 아동을 둘러싼 사회적 상호작용 속에 내재해 있다는 것이다. 이 장과 다음 장에서는 유치원 단계까지의 아동의 발달 과정을 중심으로 문식성의 기원에 대해 살펴보려고 한다. 강조하고 싶은 것은 문식성의 사회적 토대를 이해하기 위해서는 여러 우회로를 경유해야 한다는 점이다. 그 일부로 우선 이 장에서는 다양한 학습 유형에 대해 살펴볼 것인데, 그중에서 특히 환경의 역할이 중요한 몇 가지 학습 유형에 주목하고자 한다. 그리고 문식성 발달에서 뿌리의 역할을 담당하는 초기 음성 언어 발달에 대해서도 간단히 다룰 것이다. 그런 다음 10장에서는 본격적으로 문자 언어, 즉 아동에게 책 읽어주기와 가정에서 아동이 접하게 되는 성인들의 읽기와 쓰기 행위에 대해 다루게 될 것이다.

본격적인 논의에 앞서 한 가지 짚고 넘어가야 할 것은 우리가 어느 문화에 대해 이야기하고 있는가 하는 점이다. 나는 앞서 '우리 문화'라고 말하는 것과 서구의 주류 문화에만 초점을 맞추는 것이 문제라고 지적한 바 있다. 아동의 언어 습득은 주로 영국이나 북미의 지배적인 문화,

즉 영어를 사용하는 백인 중산층 가정에서 자라는 아동들을 대상으로 한 연구 분야의 대표적인 예라고 할 수 있다. 그러다 보니 아동의 문식성 발달이 어떻게 이루어지는가에 대한 일반화도 주로 이러한 문화적 배경을 토대로 하고 있다.

그럼에도 불구하고 이 장의 논의와 관련하여 한 가지 분명히 해 둘 것은 방금 언급한 문화권이 고도의 문자 문화를 이룩하고 있다는 사실이다. 따라서 이 장에서는 아동의 언어 발달에 대한 논의를 서구 문화권에서부터 시작하고자 한다. 그런 다음 서구의 다른 문자 문화, 비서구권의 문자 문화, 그리고 더 나아가 문식성이 일상생활의 중심이 아닌 문화에 대해 다룰 것이다. 뒤에서 언급하겠지만 다른 문화를 대상으로 한 연구들, 예컨대 미국과 같은 서구권 국가 내에서 이루어진 다른 문화에 대한 연구나 칼룰리족이나 사모아인들을 대상으로 한 연구들은 매우 다른 양상을 보여주며 문식성과 아동의 언어 발달에 대해 흔히 갖고 있는 믿음에 대해 의문을 제기하기도 한다.

학습에 대한 접근 방법

이 절에서 다루려는 내용이 학습에 대한 하나의 완전한 이론은 아니다. 하지만 사회적 관점에서 문식성 발달을 바라볼 때 중요한 부분이라고 할 수 있는데, 다만 학습을 논하는 자리에서 자주 언급되지 않는 부분이기도 하다. 또한 생태학적 학습의 이론적 토대가 되기도 한다. 이 절의 내용은 아동의 언어 발달 및 일상 학습에 대한 연구 성과들로부터 나온 것이며, 특히 러시아의 심리학자인 레프 비고츠키(Lev Vygotsky)의 영향을 많이 받은 것이다. 사회와 개인이 어떻게 연결되는가에 대한 그의 통찰은 사회문화적 학습 이론이라는 커다란 이론적 전통의 기초가 되었으며 이 점은 앞에서도 이미 언급된 바 있다.

첫 번째로 언급할 것은 학습의 복잡성이다. 아동의 발달에 관심이 있는 일군의 연구자들은 인간의 언어 학습에 관여하는, 그리고 타고난 어떤 내적 장치로서 '언어 습득 장치'에 대해 논의해 왔다. 그러나 만약 그러한 장치가 지배적인 비유가 되고 또 언어 학습의 유일한 방법으로 인식된다면 이는 언어 학습을 지나치게 단순화한 것이다. 선천적인 자질이 언어 학습에 어느 정도 기여하는지 측정하는 것은 구성주의적 인식론의 틀에서 볼 때 그리 합리적인 접근 방법이 아니다. 내적인 요인들과 외적인 요인들은 매우 복잡하게 뒤엉켜 있다. 그리고 그 구성 요인들은 간단히 구분될 수 있는 형태로 섞여 있는 것이 아니다. 사실 그 구성 요인들은 분리되거나 질적으로 비교될 수 있는 독립체로 존재하지 않는다.[1)]

학습에는 여러 가지 형태가 있고 또 그중 어떤 것이 다른 것보다 좀 더 복잡하다는 점은 분명해 보이는 것 같다. 하지만 이런 생각이 항상 받아들여진 것은 아니었으며 단 하나의 학습 방법을 찾기 위한 노력이 광범위하게 이루어져 왔다. 문식성과 같은 것에 능숙해지기 위해서는 배워야 할 많은 것들이 있으며 이들을 학습하는 방법 또한 사뭇 다르다. 물론 한쪽 극단에는 문식성 발달에 일정 부분 기여하는 아주 단순한 조건도 있다. 또 한편으로 문식성 발달을 위해서는 훨씬 복잡한 방식의 학습이 필요하기도 하다. 그러한 학습의 일부를 우리는 고등 사고 과정의 습득이라고 불러왔다. 우리가 탐색할 필요가 있는 것은 바로 이러한 복잡한 형태의 학습이다. 이와 관련하여 사회화에 관여하는 네 가지 유형의 학습에 대해 언급하고 있는 아래 인용문은 참조할 만하다.

> 사회화는 문화를 전수하는 수단이다. 아동의 사회화에 관여하는 주

> 체는 기본적으로 부모, 교사, 동료 집단 그리고 매체이다. 사회화는 크게 다음과 같은 네 가지 과정을 거쳐 일어난다. 첫째, 기능, 습관, 그리고 몇몇 행동 유형들은 보상이나 처벌의 결과로 학습된다. 둘째, 부모와 타인은 아동이 모방할 수 있는 행동이나 역할의 모델이 되기도 한다. 셋째, 아동은 부모 중 어느 한 쪽이나 양쪽 모두에 자기를 동일시하여 부모나 다른 중요한 성인의 역할과 가치를 받아들이고 내재화한다. 넷째, 성장하는 아동이 스스로 만들어가는 부분이 있다. 그들은 능동적으로 주변 환경을 체계화하고 그 질서를 이해하려고 애쓴다. 이때 주변 환경을 체계화하기에 유용한 범주들이 있다면, 이는 아동의 사회화에 매우 중요한 역할을 담당하게 된다(Weinreich, Henriques et al., 1984: 19에서 재인용).

위 인용문에서 우리는 학습이라고 부르는 것의 복잡성을 알아야 한다. 서로 다른 유형의 학습에는 개인과 사회가 서로 다른 방식으로 기여한다. 여기에서 관건은 학습을 개인의 노력의 추구라고 인식하는 데에서 벗어나는 것이다. 학습에는 단지 한 개인만 관련되는 것이 아니라 상황, 행위, 그리고 구성원이 모두 관련된다. 또한 읽기 과정을 단순한 것으로 인식하는 시각이 있지만 사실 그렇지 않은 것처럼, 학습 또한 수동적인 행위가 아니라 능동적인 행위이다(행위activity라는 용어 자체가 그 능동성을 얼마나 잘 드러내는가!) 아동은 행위에 참여함으로써, 그리고 상호작용의 한 부분이 됨으로써 학습한다. 학습은 사회적인 행위이고 여기에는 아동들이 참여하며 이들은 문식 사건의 참여 방식을 종종 변화시킨다.

학습은 교실과 같이 학습을 위해 공식적으로 설계된 상황에서만 일어나는 것이 아니며 모든 행위 속에서 일어나는 것이다. 그럼에도 불구하고 특별히 학습이 일어나기에 유리하면서 아동의 경험 속에서 일상적인 상황들이 있다. 학습은 일상적으로 자주 반복되는 상황 속에서 잘 이루어진다. 우리의 일상적인 상황 중에서 상당수는 아동에게 이롭도록 규칙적인 반복성을 띠고 있다. 이러한 상황들이 학습을 지원한다. 따라서 이러한 사건들에 대한 분석이 중요해지며, 그러한 사건들 중에서 보편적인 한 형태가 바로 **문식 사건**literacy event이다.

이제 관심을 참여자에게로 돌려 보자. 상당수의 학습 속에는 보편적인 권력 관계가 존재한다. 서구 주류 문화권에서 아동이 보편적으로 조우하는 상황으로는 아동이 한 명의 성인과 함께 있는 상황(물론 여러 명의 성인이 하나의 활동에 같이 참여할 수도 있다.), 그리고 손위의 아동이 중요한 역할을 담당하는 상황을 생각해 볼 수 있다. 성인은 아는 것이 많고 문화를 알며 아동이 그 문화를 접할 수 있도록 해 준다. 이러한 행위를 이해하는 데 유용한 개념이 **비계**scaffolding인데, 이는 성인이 아동의 활동을 지원하고 활동의 전체적인 틀을 제공하는 것을 말한다. 이러한 지원은 아동이 발달함에 따라 점차적으로 줄어든다. 지금까지 논의한 원리는 옷 갈아입기나 수영과 같은 일상적인 행위 속에서도 발견될 수 있으며, 언어와 문식성 학습에서도 마찬가지로 적용된다.

학습은 항상 상황 속에서 이루어진다. 인간의 활동은 상황 종속적인 것으로, 상황과 독립적으로 존재할 수는 없다. 비계도 상황 속에서 제공된다. 여기서 핵심적인 요소는 성인의 지원이다. 대개 우리가 새로운 활동을 할 때는 우리를 안내해 주는 식견 있는 조언자가 있다. 이 성인은 학습 상황의 일부분이며, 두 명이 참여하는 활동에서 **'도움을 주는 타자'**the supportive other의 역할을 맡는다. 부모, 교사, 뛰어난 기능공은 모두 상호작용적인 학습 상황에서 도움을 주는 타자의 역할을 담당한다. 이러한 학습 상황을 지켜보는 누군가가 없었더라면 우리는 이러한 형태의 학습이 일어난다는 것을 상상하지 못했을 것이다. 여기에서는 지원이라는 의미가 중요하고 **견습생**apprenticeship이라는 개념이 유용하다(사실 비계라는 개념이 너무 고정적이고 기계적인 비유라서 인간 학습의 상호작용적인 측면을 잘 포착하지 못하는 면은 있다).[2)]

학습에서 중요한 또 한 축은 당연히 아동이다. 성인-아동의 관계에서 성인은 아동이 태어나자마자 그 아동을 완벽하게 보호하고 통제한다(아동에게 영향을 미치는 모든 다른 이들에 대해서는 무시하자). 시작 단계에서는 성인이 상호작용의 틀을 만들며 아동의 경험을 중재한다. 점차적으로 아동은 그 책임을 스스로 지며, 성인은 통제권을 내준다. 그리고 비계는 사라진다. 아동은 더 많은 것들을 해내며 자신의 학습을 스스로 통제하게 되고 마침내 성인이 된다. 이러한 접근 방법은 아동을 능동적인 인물로, 그리고 능동적인 **가설 생성자**hypothesis maker로 여기는 것이다. 사람들은 생각하고 계획을 세운다. 대부분의 인간 행위는 자기통제적이며 스스로의 사상, 의식, 계획에 기반하고 있다.

이와 관련하여 앤드류 락(Andrew Lock, 1980)의 '안내를 통한 언어의 재발명'이라는 구절을 떠올려 보면, 각 세대의 아동들은 세계를 재창조하고 재발명한다. 각 세대가 구성하는 세계는 새로운 통합이다. 문화적 역사와 개인의 발달이 성인과 아동의 상호작용을 통해 만난다. 성인은 역사를 대신한다. 사회와 인지가 서로 만난다. 예를 들어 지금 세대의 다섯 살 아동에게 컴퓨터는 과학 기술과 정보 통신 매체의 일부로 여겨진다. 이 아동에게 컴퓨터는 피할 수 없는 현실이며 축구나 자전거보다 재미가 더하거나 덜할 필요가 없는 그 무엇이다. 여기서 중요한 것은 아동이 컴퓨터를 접하게 되면서 컴퓨터를 자신의 삶의 일부로 받아들인다는 점이다. 그들에게 컴퓨터는 지금의 성인들의 경우처럼 삶의 후반부에 더해진 것이 아니다. 이 아동은 성인의 세계를 반복하여 사는 것이 아니라 새로운 세계를 창조해 낸다. 아동이 역사를 재현한다고 생각하는 것은 뛰어난 직관일지 모르나, 실제로 아동들의 발달을 세밀히 관찰해 보면 그렇지 않다. 그 어떤 아동의 성장 순서나 단계도 기존의 발달을 반복하지는 않는다.

성인의 중재는 점진적으로 줄어들고 아동은 사회적 상호작용의 구조를 내면화하면서 점차 자율적인 존재가 된다. **내재화**internalization는 학습의 한 방법이자 습득의 심리적 과정이다. 비고츠키에 따르면 여기에는 기초적인 심리적 과정과 복잡한(고등 수준의) 심리적 과정이 있다. 아동은 사회적 행위를 통해 복잡한 심리적 과정을 처음으로 경험하는데, 그 예로는 아동과 보호자 간의 사회적 행위 같은 것이 있다. 그리고 이러한 사회적 행위는 심리적 과정으로서 아동의 마음(mind) 속에 내재화된다. 아동, 또는 성인(모든 학습자)은 이런 방식으로 지식과 기능을 점진적으로 축적하며 이는 다시 새로운 학습 경험을 통해 변형된다. 추리(reasoning), 정체성(identity), 자각(awareness)의 뿌리는 초기의 사회적 상호작용에서 찾을 수 있다. 추리를 위한 내적 대화는 외부의 의사소통적 상호작용에 반영된다. 내부 세계와 외부 세계의 관계를 내재화에 대한 언급만으로 해결할 수는 없으나, 이 개념을 통해 어떻게 그 관계를 연구해야 할 것인가에 대한 분명한 방향을 설정하고 그 둘의 관계를 비유적으로 파악할 수 있다. 아직까지는 무엇이 내재화되고 무엇이 그렇지 않은지, 그리고 내적인 구조와 심리적 과정의 상대적인 기여도에 대해 명확한 것은 없지만, 이들을 연합하고자 하는 시도가 시작되고 있다.

비고츠키로부터 얻을 수 있는 또 하나의 유용한 개념은 **근접 발달 영역**zone of proximal development이다. 보편적으로 학습이란 한 아동이 자신의 능력에 매우 근접해 있는 무언가를 배우는 것이다. 근접 발달 영역이란 아동이 외부의 도움 없이 해낼 수 있는 수준과 외부에서 비계를 설정해 주었을 때 도달할 수 있는 수준 간의 간극을 의미한다. 외부의 도움을 받으면 아동들은 훨씬 더 많은 것을 할 수 있다. 사회적으로 지원을 받은 활동이 내재화되면 학습이 이루어지는 셈이다. 가르치는 데 있어 중요한 것은 그 다음에 학습될 무엇이다. 원론적으로 그것이 학습을 설명해 주기 때문이다. 사실 이러한 근접 발달 영역을 정확히 인식하는 것이 연구자들과 교사들이 풀어야 할 퍼즐이라고 할 수 있다.

이처럼 다양한 요소들, 즉 참여자, 상황, 활동, 참여의 방법과 구조 등이 한데 합쳐지면 학습의 여건은 갖추어진 셈이다. 이는 유아와 보호자 간의 초기 상호작용에서부터 출발하여 문화 전수라는 상황이 어떻게 전개되는가를 이해하는 매우 강력한 접근 방법이라고 할 수 있다.

말하기 학습

이 장의 앞부분에서 했던 말을 반복하자면 읽기와 쓰기 학습의 뿌리는 말하기 학습, 보다 보편적으로는 아동의 초기 발달에 있다. 즉 문식성을 갖춘 문화에서 문식성을 위한 준비는 초기 언어 발달 속에서 나타나는 것이다. 이 점을 강조하는 것이 중요한데, 왜냐하면 전통적으로 말하기 학습과 읽기 학습은 아주 다른 활동인 것처럼 인식되어 왔기 때문이다. 이는 또한 문자 언어와 음성 언어의 격리라고 하는 보다 거시적인 담론의 한 측면이기도 하다. 말하기 학습이나 읽기 학습 중에서 어느 한 쪽을 다루고 있는 일반적인 책들을 보면 다른 한 쪽 주제에 대해 언급하고 있지 않으며, 끌어온 이론이나 인용한 참고문헌에서도 겹치는 부분이 거의 없다. 이는 언어 습득이라는 주제가 언어학과 심리언어학에 뿌리를 둔 학문의 한 분야로서 발달해 왔기 때문으로 풀이된다. 그리고 말하기 학습은 5세 이전에 일어나고 읽기 학습은 5세 이후에 일어난다고 믿어온 경향도 있었다. 그러나 이제 연구자들 그리고 다른 이들도 말하기 학습이 5세보다 훨씬 이후에도 지속되고 읽기 학습도 5세가 되기 훨씬 이전부터 시작된다는 것을 인식하고 있다. 단지 만 4~5세에 와서 달라지는 것이 있다면, 적어도 영국의 경우에는, 정식 학교교육이 이때 시작된다는 점이다.

앞에서도 언급한 것처럼 문자 언어와 음성 언어의 결합은 아동의 학습에 적용될 수 있다. 쓰기와 말하기는 여러 가지 측면에서 유사하다. 유사한 심리적 과정이 두 활동의 기저를 이루며 앞 절에서 언급한 바 있는 학습의 원리와 구조가 말하기 학습과 읽기 학습에 공통적으로 적용될 수 있다. 우리는 여기에서 더 나아가 이 둘이 불가분의 관계여서 서로 떼어 놓을 수 없다는 점을 지적하고 싶다. 이 둘은 모두 부분적으로 언어 사용 방법을 학습하는 것이다.[3]

한 의사소통 체계 내에는 아동과 의사소통하는 표준적인 방식들이 거의 갖추어져 있다. 성인들은 어린아이들보다 크고 강하고 식견이 높고 생각이나 느낌을 잘 표현해서 아이를 두 팔로 들어 올려 안게 되면 꼭 붙들고서 으레 조심스럽고 온화하게 의사소통을 한다. 아이를 꼭 안고 있으면 우선 편안할 뿐만 아니라 서구의 주류 문화 속에서는 이렇게 함으로써 서로 지속적으로 시선을 유지하여 아이의 감정이나 성격을 관찰할 수 있게 되는 것이다. 말과 제스처는 어린 유아들과 의사소통할 때 중요한 방법이다. 어찌 보면 처해 있는 의사소통 상황을 감안할 때 당연한 결과이겠지만, 작고 무방비이며 쉽게 다른 것의 방해를 받는 유아들과 의사소통을 하기 위해선 의사소통 방식을 조정할 수밖에 없다. 유아들과 의사소통하는 성인들은 자신의 언어를 유아의 수준에 맞추어 일관되게 조정한다. 영어권에 사는 성인들이라면 이 경우 짧고 간단한 문장과 보다 단순한 소리로, 보다 조용히, 보다 천천히, 그리고 과장된 억

양으로 말할 가능성이 높다. 말하려고 하는 내용도 제약적일 수밖에 없을 것이다. 주된 내용은 현재 시점과 현재 장소에 관한 것, 주변에서 일어나고 있는 일들, 그리고 개인적인 감정과 필요에 관한 것이다. 곧 논의하겠으나, 방금 논의한 조정 방식들은 독립적인 현상들로서 이 중 일부는 다른 문화권에서는 전혀 나타나지 않을 수도 있다. 그러나 모든 문화권에서 성인들은 어떤 형태로든 자신을 아동의 행동에 맞게 조정한다.

사람들은 적절한 방식으로 대화한다. 그러나 이 말이 실제 상황에서 의미하는 바는 시간이 지남에 따라 달라진다. 즉, 성인들은 아동이 자라고 발달함에 따라 그에 걸맞게 반응한다. 성인들은 아동의 상태와 능력에 민감하다. 말하기 학습에서, 그리고 짐작컨대 다른 분야에서도 아동들은 어느 한 분야의 발달에 공을 들인 다음에 다른 분야로 옮겨 가는 듯하다. 아동이 실제로 무엇을 배우며 무엇에 공을 들이고 있는지에 대해 성인들이 민감하게 반응한다는 여러 가지 증거가 있다. 앞서 언급한 근접 발달 영역과 내재화가 여기에 적절히 맞아 떨어지며 성인과 아동 간의 이러한 상호작용이 효과적인 소규모의 언어 학습 상황이라고 할 수 있다. 여기에는 두 가지가 상호작용한다. 우선 성인은 어느 수준까지 자신의 언어를 미세하게 조정한다. 동시에 아동은 무엇에 집중할 것인지를 선정한다. 이 둘 간의 상호작용 속에서 이해와 학습이 일어나게 된다.

성인들이 다양한 방법으로 언어를 조정한다고 하지만 이는 결국 어떤 하나의 일관된 방식으로 수렴된다고 생각할 수도 있다. 그러나 실제 그 면면은 문화에 따라 서로 다르다. 그런 점에서 서로 다른 문화에서 추출한 몇 가지 사례를 살펴볼 필요가 있다. 현대의 서구 문화, 예컨대 미국의 서로 다른 사회 집단 간에도 차이는 존재한다. 앞서 언급한 히스(Heath)의 연구에서는 유년기에 대해 성인들이 가지고 있는 개념과 부모로서의 자세가 자녀들과의 상호작용에 어떤 영향을 미치는지 사우스 캐롤라이나 주의 두 지역을 대조해서 보여 주었다. 우선 백인 노동자들이 거주하는 시골 지역인 로드빌의 경우 아이들과 대화할 때 드러나는 **언어사용역**register이 따로 있다.

> 자녀에게 말을 할 때 로드빌의 부모는 적절하다고 생각하는 방식에 따라 자신의 언어를 조정한다. 부모는 자녀를 대화의 상대로 여기며, 자녀로부터 질문에 대한 답을 기대하고, 협력하여 책을 읽으며 실제 세계와 책 속 사물의 속성에 이름 붙이는 방법을 가르친다. 또한 자녀에게 과제를 부여하고 그들이 여러 활동에 참여하기를 권장하며, 그들의 노력을 지원하고 교정한다. (Heath, 1983: 146)

이는 히스가 연구한 또 다른 지역, 즉 흑인 노동자 계층 지역인 트랙톤과 대비를 이룬다. 히스는 이 흑인 지역에 대해 다른 방식의 부모-자녀 간 상호작용을 기록하고 있는데, 그 요지는 자녀와 대화하는 독특한 방식이 따로 있지는 않다는 것이다. 히스는 이 사례들을 통해, 자녀와 대화할 때 사용하는 별도의 언어 사용 방식이 있다는 것은 자녀들을 대화의 파트너로 여기고 있다는 것인데, 트랙톤에서는 그렇지 않다고 보았다.

> 트랙톤에서는 아동이 말을 시작하게 되면 어른들이 자신에 대해 하는 말을 그대로 반복하다가 조금씩 변화를 주고 마침내는 대화의 흐름 속에 끼어들어 그 대화에 영향을 미칠 수 있도록 언어를 사용한다. …… 진행 중인 대화에 참여해도 좋을 만큼 아동이 자라면 주변의 사물, 사건, 인물에 대해 비교하는 질문에 대답을 하고, 어려운 질문에 창

의적으로 답을 하고, 자신의 감정, 요구, 경험을 보고한다. 구체적인 설명이 없이도 아동은 하나의 사물을 다른 이의 관점에서 보는 것과 세상을 비유적으로 표현하는 법을 배워야만 한다.(Heath, 1983: 147)

이 두 대비되는 지역사회를 통해 모든 지역사회를 범주화할 수 있는 어떤 차원을 만들어 내려고 시도한다면 이는 바람직하지 않다. 이 두 예는 매우 다양한 양상 중에서 단지 두 가지에 불과할 뿐이며 이를 구술 대 문자, 흑인 대 백인 등과도 연결 지을 수 없다. 이 두 인용문은 이 장에서 언급한 여러 가지 논점을 보여주는 예이다. 즉 어린아이들의 언어발달이 어떻게 독특한 환경과 상호작용 속에서 이루어지는지, 그리고 서로 다른 하위문화 속에서 어떻게 다를 수 있는지 보여주는 것이다. 히스의 연구에 대해서는 추후 각기 다른 문화 환경 속에서 문자 문화가 어떤 방식으로 습득되는지 논의할 때 다시 언급하게 될 것이다.

음성 언어 발달에 있어 세부 요소들은 언어 그 자체의 범위를 넘어 인간 의사소통의 다른 측면과도 연계되어 있다. 나는 앞서 성인들이 자녀들과 대화하면서 자녀를 안는다든가 눈을 쳐다본다든가 하는 신체적인 상황에 대해 언급한 바 있다. 이러한 요소는 문화에 따라 다르게 나타나는데, 예컨대 아이가 항상 어머니의 등에 업혀 있는 문화에서는 자녀들에게 대화할 때 다소 다른 의사소통 방식이 존재할 가능성이 높다. 이러한 문화에서는 자녀와의 음성 언어 상호작용이 적고 자녀에게 맞게 음성 언어를 조절할 가능성도 낮다. 밤비 쉬플린(Bambi Schieffelin)이 파푸아 뉴기니의 칼룰리족을 대상으로 한 연구를 보면 자녀들에게 대화하는 독특한 방식이 기록되어 있다.[4] 이는 모두 언어 발달이라는 것이 얼마나 사회와 밀접하게 결합되어 있는 것인지 보여주는 두드러진 예이며 언어 습득이 일반화·보편화될 수 있다는 주장에 대해 이의를 제기하게 만드는 부분이다.

아동의 삶 속에는 몇 가지 일상적으로 반복되는 활동이 있다. 예컨대 수유, 목욕, 옷 갈아입기 등은 같은 시간대에 같은 환경에서 같은 성인의 도움을 받아 이루어지는 활동이다. 이러한 상황에서의 의사소통은 규칙적이고 반복적이다. 뒤에서 논하겠으나 독서 활동도 이와 유사한 면이 있다. 하지만 다시 한 번 언급하자면 일반화는 매우 조심스러워야 하며 우리는 단지 하나의 제한된 문화에 대해서만 논한 것이란 점을 받아들여야 한다. 특히 그 제한된 문화에서는 한 명의 자녀와 한 명의 보호자를 상정하고 있다는 점이 그러하다. 하지만 다른 많은 문화권에서는 엄마가 유일하거나 일차적인 보호자가 아닌 경우도 있다. 세계 곳곳을 돌아보면 아동이 대가족 속에서 자라 아동의 양육에 엄마의 물리적인 관여가 덜한 경우도 많이 있다. 엘리노 옥스(Elinor Ochs)가 사모아인들을 대상으로 한 연구를 보면 그러한 예가 잘 드러나는데, 이 문화권에서는 어린아이의 옷을 갈아입히거나 목욕을 시키는 등 서구 문화권에서라면 일상적이고 언어활동에서 핵심적이라고 할 수 있는 부분들을 손위의 형제들이 대신하는 경우가 많다. 자녀와 부모의 일상적인 상호작용이 양방향적인 것이라기보다는 삼방향적인 셈이다. 즉, 어린아이가 자신의 요구를 엄마에게 호소하면 엄마는 손위형제에게 어떻게 해야 할지 가르치고 결과적으로 손위형제가 그 요구를 처리하는 것이다(Ochs, 1983, 1988).

내가 여기서 주류문화에서의 학습이라고 한 것을 다른 문화나 그 하위문화에서의 학습과 비교하기는 매우 어려운 일이다. 연구의 양이나 기록물의 정도가 한쪽으로 너무 기울어져 있기 때문이다. 그동안은 대부분 영어권의 중산층 백인 자녀들과 이들의 발달에 관한 연구가 진행되어 온 셈이다. 그럼에도 불구하고 이러한 주제에 관해 다른 문화권을 대상으로 한 연구들이 있었고 이들 연구에서 보여주는 차이는 명백하다. 이 장에서 내가 짧게 언급한 개별 민족지학적 연구들은 아동을 둘러싸고 일어날 수 있는 상호작용의 다채로움과 단지 하나의 문화로부터 경험한 것을 토대로 학습을 일반화하기가 얼마나 제한적인지를 보여주려는 것이다. 또한 이들 연구는 서구의 중류 계층으로부터 학습이란 것을 일반화하려고 시도했던 이론들에 대한 강력한 비판이 되며 구체적인 상황을 세밀하게 분석한 연구도 얼마나 가치 있는 것인가를 보여준다. 분명 이들 연구는 사회적 상호작용과 학습에 관해 표준적이라고 여겨져 온 기존의 연구 성과들에 대해 강력한 도전인 셈이다. 마지막으로 이 장을 논의하는 목적과 연관 지어 볼 때, 이들 연구는 학습이 이루어지는 다양한 상황을 보여주고 문화적 배경과 결부된 학습을 강조하고 있다는 점에서 중요하다. 말하기 학습에 대한 이러한 인식을 토대로 하여 다음 장에서는 문식성 학습에서도 이러한 접근 방법의 중요성에 대해 논하고자 한다.

제10장 발생적 문식성

9장에서 다루었던 학습에 대한 논의는 다음과 같이 요약될 수 있다. 학습에는 여러 가지 방법이 있으며 또한 학습은 모든 활동의 일부이기도 하다. 학습에는 상황, 활동, 참여자가 포함된다. 그리고 사회의 보편적 행위 중에서도 학습과 관련된 것들이 있다. 학습은 타인의 도움과 참여자의 적극적 참여가 규칙적으로 반복되는 상황 속에서 이루어진다. 지식은 내재화되고 기존의 지식을 바탕으로 쌓이게 되며, 아동은 각자의 일관된 경로를 따라 발달한다. 이 장에서 나는 학습에 대한 이러한 생각을 문식성 발달에 적용하려고 한다. 생태학적 측면에서 볼 때 이 장의 핵심은 아동의 초기 문식성 학습에 사회적 기반이 강력하게 작용한다는 것을 증명하려는 데 있다. 논의의 출발점은 이미 잘 알려져 있고 보기에 그다지 복잡하지 않은, 잠자리에 들 때 아동에게 이야기를 읽어 주는 현상이다.

아동에게 책 읽어 주기

아동에게 책 읽어 주기는 문식성과 관련된 활동이라고 쉽게 인식되며 확실히 그러하다. 확실하다고 한 것은 성인이 아동에게 책을 읽어 주고, 그것을 당연히 '좋은 일'이라고 받아들이고, 아동의 읽기 학습에 도움이 되기 때문이다. 여기서 나는 대체로 잠자리에 들기 전에 집에서 부모가 아동에게 이야기를 들려주는 사례에 대해 자세하게 다루고자 한다. 이것은 부모와 연구자 모두에게 잘 알려져 있는 식별 가능한 문식 사건으로서, **스토리 타임**story time이라고도 불린다. 스토리 타임을 검토하려는 이유 중 하나는 스토리 타임이라는 활동이 9장에서 언급했던 초기 언어 발달의 일상적 상황과 매우 유사하다는 점 때문이다. 어떤 면에서 스토리 타임은 학교의 보편적인 읽기 활동과도 유사하다. 스토리 타임에 대한 연구는 초기의 음성 언어 발달과 이후의 학교 학습 사이에 연결고리를 제공하기도 한다.

이 한 가지 형태의 문식 사건을 세밀하게 살펴봄으로써 읽기에 관여하고 있는 많은 것들에 대해 이해할 수 있다. 스토리 타임은 아동과 성인이 함께 하고, 책이 중심이 되며, 읽기가 그 자체로 목적이 되는 문식 사건이다. '아동에게 책 읽어 주기'가 반드시 단일한 형태로 이루어지지는 않는다는 점은 잠자리 이야기와 관련하여 강조하고 싶은 점이다. 잠자리 이야기는 여러 형태가 있고 많은 의미를 지닌다. 아동에게 책을 읽어 주는 데에는 여러 방식이 있고 아동의 연령, 상황, 참여자에 따라서 달라질 수 있다. 읽기는 텍스트 종류에 따라서, 상호작용 속에서 텍스트가 활용되는 방식에 따라서, 그리고 아동이 이야기를 처음 듣는지와 같은 세부 사항에 따라서도 달라질 것이다. 아동의 참여 정도도 다양할 것이고, 또한 매번 다르게 나타날 것이다.[1] 또, 아동이 이 문식 사건에 참여하는 방식을 바꿀 수도 있다.

우선 명백한 것부터 언급하자면 영국과 미국에는 아동용 도서, 아동에게 읽어 줄 도서, 아동의 읽기 학습용 도서가 각각 따로 있다. 물론 역사적으로 늘 그랬던 것은 아니고 또 모든 문화에 해당되는 얘기도 아니다. 아동에게 삶을 단순화시켜서 소개하는 방법은 문화마다 다르다. 현대 주류 문화에는 그런 책들이 존재한다. 그런 책은 아동의 연령에 따라서 다양하고, 학교에서 아동에게 읽기를 가르칠 때 사용하는 책과도 다르다. 어떤 책은 글이 전혀 없고 그림으로만 되어 있다. 어떤 책은 두꺼운 골판지로 되어 있고, 어떤 것은 플라스틱이어서 물에 뜨기도 한다. 대개 서점마다 그런 아동용 도서 구역이 따로 있으며, 그러한 아동용 도서를 전문적으로 집필하는 작가들도 있다. 여기서 이러한 사실을 따로 언급하는 이유는 이런 것이 너무 당연한 것이 되어 버려서 우리가 그 중요성을 간과해 버릴 수 있기 때문이다. 이러한 내용은 마쉬(Marsh, 2005)가 편집한 책과 같이 아동의 매체 사용 발달에 대해 다룬 책에서도 논의될 필요가 있다.

여기서 나는 출판된 여러 책에 나오는 사례 외에 내 개인의 메모와 경험에서 비롯된 사례도 활용하고자 한다. 나의 개인 사례를 활용하는 것은 부분적으로는 문식성을 둘러싼 아동의 초기 문식 실천에 대해 발표한 연구가 많지 않기 때문이고, 또한 지난 몇 년에 걸쳐 내가 그 내막까지 가장 잘 알고 있기 때문이다.

우선 내 아이의 언어 발달과 문식성 발달에 대해 기록해 놓은 일지가 있는데, 그 예를 가지고 시작하려고 한다. 나의 아들은 1980년대 영국의 북서쪽 지방에서 엄마, 아빠와 함께 행복하게 성장했다. 집에는 아이 개인의 공간, 그리고 침대가 딸린 개인 방이 있었다. 그 방에는 책꽂이가 있었고 날마다 책이 늘어갔다. 우선 아들이 5살 때에 내가 작성했던 일지가 있다.

> 잠자리 이야기는 잠자리에 들 때 하는 일상적인 일과 중에서 필수적인 것이다. 또한 낮 동안 아이를 재울 필요가 있을 때에도 요긴한 방

법이었다. 이처럼 잠자리 이야기는 일상의 일부가 되었다. 양치를 하고 화장실에 갔다 오면 아이는 이야기를 듣고 곧 이불 속으로 들어간 다음 잘 자라는 뽀뽀를 받고 종종 몇 분 안에 잠이 든다.

부모라면 누구든 알겠지만 이는 단지 이상적인 형태일 뿐, 실제로는 많은 변이형이 있다. 이야기를 들려주는 사람은 대개 부모 중 한 사람이지만 때로는 방문객이나 보모가 그 역할을 할 수도 있다. 내 아들의 경우 4년 동안 잠자리 이야기가 삶의 일부였고, 그 이전에는 엄마가 아이가 잠들도록 노래를 불러준 것이 잠자리 이야기의 시초였다. 아들은 4년 동안 1,500편 가량의 잠자리 이야기를 경험했고, 그 이후에 더 많은 이야기를 들었다. 만약 우리가 하루 중에 다른 시간에도 이야기를 들려주었다면 아마도 아들은 더 많은 이야기를 들을 수 있었을 것이다. 이는 아동에게 있어 상당한 양의 경험이라고 할 수 있는데, 어떤 아동들은 학교 입학 전에 6,000개 가량의 이야기를 접하는 것으로 추정된다(Wells, 1986: 158).

물론 이야기를 들려주는 시간은 점차 체계적으로 변한다. 한 가지 변화는 아이가 커 갈수록 의례적인 데에서 벗어나 그 형식이 다양해진다는 것이다. 내 아이에 대한 일지를 조금만 더 언급하고 나서 다른 아동들에 대한 연구로 넘어가고자 한다. 다음은 내 아들이 5년 4개월이 되던 때에 내가 작성했던 일지의 내용이다.

어젯밤 아이가 욕실에서 이 닦기를 끝냈다. 나는 '자, 네가 가서 이야기를 고르고 침대로 가거라. 그러면 내가 가서 읽어 줄게.' 아이는 서재로 갔다. 몇 분 뒤에 아이 방으로 갔다. 아이는 책을 골랐고 ……침대에 앉아서 내가 읽어 주기를 기다리고 있었다. 내가 침대 위에 앉을 수 있도록 아이에게 옆으로 조금 움직여 달라고 했고, 아이는 늘 그렇듯이 옆으로 조금 비켜서 누웠다. 우리는 같이 책을 잡았고 내가 읽기 시작했다. 내가 읽기를 마치고 잘 자라고 했을 때 아이는 몇 분간 혼자 앉아서 책을 보고 있었다. 10분 뒤에 다시 아이 방으로 갔더니 아이는 잠들어 있었고, 책은 침대 옆에 떨어져 있었다.

이보다 몇 년 전에는 내가 아이를 욕실에서 침실로 옮기고, 책을 고르고, 읽는 동안 책을 들고 있곤 했다. 그리고 나는 아이를 침대에 뉘고 블라인드를 내리고 침대가 정돈되었는지 확인하고 불을 켜 두는 것으로 그 문식 사건을 구조화하곤 했다(이 묘사가 이 문식 사건을 매우 정형화되고 조직화된 것으로 보이게 할지 모르지만 참여자가 의식을 하든지 하지 않든지 간에 이러한 일상은 많은 아동의 생활을 구성하는 일상적이고 반복적인 사건 중의 하나이다). 초기에 사용된 책은 그림만 있고 글은 없었다. 나는 비록 세세하게 기록하지 못했지만, 스토리 타임 중에 일어나는 상호작용에 대해 상세하게 연구한 연구자도 있다. 그중에 여기에서는 세 가지 사례를 들고자 한다. 상호작용의 세밀한 과정에 대한 데이터를 수집하고 이를 전사하는 것은 상당한 노력을 필요로 하는 작업이지만 실제 그 시간 동안 무슨 일이 일어나고 또 어떻게 변화해 가는지 보여줄 수 있다. 첫 번째는 어린 아동의 사례이다(Ninio & Bruner, 1978: 6).

엄마: 여길 봐.[주의를 요구하는 목소리로]

아동: (그림에 손을 댄다.)

엄마: 이게 뭐지? [궁금하다는 듯이]

아동: (말을 하려고 하고 웃는다.)

엄마: 그래, 그건 토끼들이야. [피드백과 명명하기]

물론 대화는 이보다 더 길지만 이 부분에서도 논의할 것이 충분히 있다. 이런 상호작용은 아동 발달의 초기 단계에서 가장 전형적인 형태이며 반복적으로 관찰된다. 어른은 전체 상호작용을 구조화하고 심지어는 아동이 무심코 내는 소리도 마치 대화 중에 대답을 하는 것처럼 간주하곤 한다. 또 이 대화에서 어른은 아동의 의미도 창조해 낸다. 아동은 이 과정에서 간단한 형태의 대화에 참여하는 방법을 배워 간다. 위의 대화는 다양한 각도에서 분석될 수 있는데, 한 예로 위의 대화는 교실 대화의 보편적인 순환 구조, 즉 주의를 집중하고, 질문하고, 답하고, 피드백을 제공하는 구조의 모태라는 관점에서 분석해 볼 수 있다. 또한 이 간단한 유형은 음성 언어 상호작용의 보편적인 구성 요소이다.

다음은 위에서 예로 든 아동보다 한 살 많은 아동의 사례인데, 이 아동의 대화 참여 방식은 앞의 경우와 다르다는 것을 알 수 있다. 여기서 엄마는 이야기를 막 읽으려고 하고 있다. 엄마가 이야기책을 읽는 부분은 굵게 표시되어 있다(Wells, 1985: 244).

엄마: … 이요르가 있네, 이요르에게 무슨 일이 일어났지?

아동: 몰라.

엄마: 이요르에게 무슨 일이 있었을까?

아동: 추워 해.

엄마: 이요르는 추워요. 왜 추워하지?

아동: 몰라.

엄마: 엄마 생각에 이요르 위에 쌓인 눈 때문인 것 같아. 그렇지 않니? [잠깐의 휴지] **하루는** …[책을 읽기 시작한다.]

위 대화는 모두 엄마가 실제로 이야기를 읽기 전에 일어난 것이다. 엄마가 이야기를 읽기는 하지만 그 밖에 다른 일들도 일어나고 있다. 엄마와 아동은 이야기에 대해 대화를 나누고 있다. 엄마는 이야기를 읽기도 전에 아동이 이야기에 빠지도록 만들려고 한다. 마지막으로 다음은 2살 반이 된 아동의 사례이다(Teale, 1984: 112).

> 엄마: … **와, 우리가 키운 것 좀 봐. 우리랑 우리 친구들이 충분히 먹을 만큼 많이 자랐어.** 뭐 하고 있니?
>
> 아동: 이걸 먹고 있어.
>
> 엄마: 그걸 다 오물오물 씹고 있니?
>
> 아동: 응.
>
> 엄마: 이게 무슨 야채인지 말해 볼래? 어떤 게 토마토인지 보여 줄래? [아이가 토마토를 가리킨다.] 상추는 어디 있지? …

대화는 계속된다. 여기에서도 아동과 엄마는 이야기에 대해 대화를 나눌 뿐만 아니라 그 밖의 것에 대해서도 서로 대화를 나눈다. 엄마는 이야기를 확장할 뿐만 아니라 아동이 이야기에 집중할 수 있도록 하기도 하고 이야기와 일상을 관련짓기도 한다. 상호작용을 촉발하는 사람이 반드시 엄마일 필요는 없다. 가끔은 아동이 상호작용을 시작하기도 한다. 우리는 이를 단지 한 사람이 다른 사람에게 이야기를 들려주는 것으로 보지 않고 이야기를 둘러싼 이야기, 즉 참여자에 의해 **공동으로 구성되는**coconstructed 내러티브로 본다.

이 일상의 반복된 상황 속에서 아동은 무엇을 배울 수 있는가? 아동은 생활, 성인, 가족, 지식과 그 지식을 습득하는 방법, 사람 간의 상호작용, 그리고 사회적 실천에 대해 배운다. 이제부터는 아동이 언어,

그리고 특히 문식성에 관하여 무엇을 배울 수 있는가에 대해 논의해 보고자 한다.

스토리 타임이라는 문식 사건은 아동이 언어에 대해 배울 수 있는 좋은 기회가 된다. 아동은 옷을 갈아입고, 씻고, 먹으면서 언어 사용이 상당한 맥락을 제공하는, 일상의 반복적인 상황을 관찰하고 여기에 참여하는 기회를 갖는다. 스토리 타임에 사용되는 언어 중에서 가장 분명한 부분은 읽을 텍스트의 언어이다. 즉 큰 소리로 듣게 되는 문자 언어라는 점에 주목할 필요가 있다. 아동은 문자 언어를 듣는 것이다. 이야기를 들으면서 아동은 문자 언어가 음성 언어로 낭독될 때 생겨나는 운율을 접한다. 아동은 확장된 담화를 듣고, 이야기의 구조를 배운다. 아동은 언어의 기능과 구조에 주목할 수 있다. 문법 구조의 다양함과 풍부한 어휘는 일상의 대화보다는 이야기 속에서 접할 수 있다.

스토리 타임과 관련이 있는 언어는 읽게 되는 텍스트만이 아니다. 텍스트를 둘러싼 다른 화제에 대해 이야기하는 것도 똑같이 중요하며, 특히 이는 일상에서 이루어지는 다른 대화보다 훨씬 더 다양하고 언어 구조도 더 복잡하다. 이처럼 아동들은 스토리 타임을 통해 언어에 대해 이야기하는 방식에도 노출된다. 스토리 타임에는 읽기와 쓰기와 관련된 대화도 있는데, 이는 문식성에 대한 메타언어이다. 어른들은 '이게 무슨 의미인지 아니?', '이건 새로운 단어야.', '이건 긴 이야기야.'와 같이 말할 수 있다. 스토리 타임에서 문자 언어는 음성 언어의 형태로 전달되고 이로부터 더 확장되는 것이다. 다시 말해 스토리 타임은 문자 언어와 음성 언어가 서로 뒤얽히는 사례인 것이다.

이러한 사례에서 문자로 쓰인 이야기를 둘러싸고 있는 것은 음성 언어라는 점에 주목할 필요가 있다. 이 상황에는 특별한 무엇인가가 있고, 그것은 시간이 지날수록 아동에게 도움을 준다. 이 사건은 일상적이고 반복적이지만 한 권의 책을 둘러싸고 벌어질 수 있는 다양한 형태의 음성 언어 상호작용이 있다는 것을 사례를 통해서 알 수 있었다. 우선 아동이 아주 어릴 때에는 이야기가 없다. 아동의 첫 책은 대개는 그림으로만 되어 있고 첫 스토리 타임은 어른이 그 그림들의 이름을 부르는 것으로 다 채워지지만 아동은 그 관련성을 파악하기 어렵다. 하나의 그림으로 표상된 대상의 이름을 부르는 것-세계에 대한 상징적 표상-은 실제 대상에 이름을 부르는 활동과 매우 유사하다. 누군가가 실제 고양이나 강아지, 또는 인형 고양이나 강아지를 가리키면서 이름을 부를 수 있는데, 이는 고양이와 강아지를 두 차원에서 표상하는 것이다. 그림이 아동이 경험하게 되는 첫 번째 상징적 표상은 아니다. 그보다는 인형, 플라스틱 오리, 장난감 차가 먼저일 것이다. 그러나 인형에서 책으로 전이되는 데에는 특별한 무엇인가가 있다. 왜냐하면 아동이 그 대상을 잡거나 느끼거나 함께 놀 수 없기 때문이다. 대상은 구체적인 것에서 시각적으로 표상된 것으로 변화한다. 이로써 구체적인 사물을 가지고 어떤 행위를 하는 것에서 그 대상에 대해 생각하는 것으로 변화하게 된다. 아동은 인형에 대해 이야기를 할 수도 있지만 인형을 가지고 놀 수도 있다. 그러나 그림을 가지고서는 이야기만 할 수 있을 뿐이다. 그 다음의 전이는 그림에서 문자 언어로 변화하는 것이다.[2)]

음성 언어로 된 것이든 문자 언어로 된 것이든 이야기는 중요하다. 어른과 아동은 이야기를 가지고 많은 것을 할 수 있는데, 예컨대 이야기를 가지고 놀 수도 있고 읽는 척할 수도 있다. 이야기를 암기할 수도 있고, 등장인물에 따라 다른 목소리로 읽을 수도 있다. 이야기를 통해 현재를 초월하고 지금 여기에서 상호작용하며 생겨난 여러 문제들로부터 벗어날 수도 있다. 이야기의 의미를 알아가는 것은 삶의 의미를 알아가는 방법도 된다. 이는 종종 그림에서부터 시작해서 가지고 노는 인형과 환상과도 관련을 맺게 된다. 아동은 이야기를 현실에 대응하고 가능성을 탐색하며 지금 여기를 떠나 과거와 미래를 넘나든다. 이야기를 통해 아동은 다른 세계를 이해할 수 있고, 불가능한 것에 대해 환상을 품는다. 이야기라는 개념은 우리 문화에서는 구전되는 이야기뿐만 아니라 기록된 이야기로부터 획득된다. 어떤 문화에서는 구전되는 이야기만을 강조하기도 한다.

이제 문식성의 특별한 점에 대해 생각해 보자. 그것은 아동이 읽기의 본질에 대해서도 배우게 된다는 점이다. 우선 모든 책은 읽기를 위한 것이다. 책은 인형을 비롯하여 가지고 놀거나 조작할 수 있는 다른 대상과는 다르다. 아동이 경험할 수 있는 다른 대상과 달리 책이 특별한 이유가 있다. 캐서린 스노우(Catherine Snow)와 아낫 니니오(Anat Ninio)는 책의 특징을 아동이 배우기 시작하는 '문식성 계약contracts of literacy' 중의 하나로 설명하고, 책은 읽기를 위한 것이지 물기, 씹기, 집어 던지기의 대상이 아니라는 점을 아동이 배우게 되는 몇 가지 경우를 기술하였다. 물론 책은 이보다는 더 복합적인 것이다. 책은 어느 한 가지를 위한 것이 아니다. 우리가 살펴본 바와 같이 '책은 읽기를 위한 것'이라고 말하면, 읽기에는 다양한 방법이 있기 때문에 여러 가지 의문이 생긴다. 아동에게 책을 읽어 줌으로써 아동은 입문서, 카탈로그, 잡지 등을 포함해서 모든 종류의 책에 대해 친밀함을 느끼게 된다. 아동은 부록이나 제목 페이지의 특징처럼 책의 부분 부분에 대해서도 배우게 된다. 아동은 문식성의 기능에 대해 배우고, 인쇄물에 단어들이 새겨지고, 인쇄물의 한 기능이 이야기를 기록하는 것임을 배우게 된다. 아동이 배워야 하는 다른 계약들은 그림이, 나중에는 이야기가 어떻게 화제를 제약하는가이다. 이야기책은 아동의 경험을 중재하게 된다(문식성 계약의 목록에 대해서는 Snow & Ninio, 1986을 참조하시오).

스토리 타임 동안 아동은 읽기 전략을 관찰하고 읽기 과정을 추론할 수 있다. 물론 다른 사람이 하는 것을 관찰하는 것만으로는 읽기 과정에 대해 알아내는 데 한계가 있다. 그럼에도 불구하고 아동은 누군가가 소리 내어 읽는 리듬에 노출되고, 읽는 이가 언제 멈추고 시작하는지, 이야기가 어떻게 여러 부분으로 나뉘는지 알아챌 수 있다. 이야기와 관련하여 아동은 책을 읽어 가는 방향, 이야기에 적혀 있는 단어를 따라가는 것, 페이지를 넘기는 것 등을 관찰할 수 있다.

아동이 배울 수 있는 중요한 것은 아마도 이보다는 더 섬세한 것들이다. 읽기에는 한 가지 방법만 있는 것이 아니다. 읽기는 텍스트에서 어떤 한정된 의미를 추출하는 것이 아니며, 텍스트에서 다양한 의미를 취하는 다양한 방법이 있다. 이야기 시간은 의미가 생성되는 지점과 상호작용하는 어떤 방법을 취한다. 이야기 시간에 하게 되는 대화는 아동이 내면화할 수 있는 사고의 사회적 기초가 된다. 이렇게 해서 문식성이 사고방식을 형성하는 데 관계한다. 이 같은 것의 예로 텍스트에서 취할 수 있는 하나는, 우리가 텍스트를 이해하기 위해 세상사 지식을 활용하는 법을 배운다는 것이다. 우리는 이 같은 예를 위에서 들었던 두 번째 예의 엄마의 물음에서 볼 수 있다. 엄마가 '왜'를 묻는 대목인데, '왜 이요르는 추워하지?'라고 묻는 대목이 있다. 답을 하기 위해서 아동은 왜 생명체가 추위를 타는지와 관련된 자신의 세상사 지식을 동원해야 한다. 코크런 스미스(Cochran-Smith, 1984)는 이런 종류의 대화를, 자신의 생활 체험을 텍스트에 동원하는 것이기 때문에 삶 대 텍스트 상호작용life-to-text interaction이라고 부른다. 성인이 질문하는 방식은 종종 아동용 삶 대 텍스트 상호작용의 예가 된다. 세 번째 예는 텍스트와 삶이 연계되는 또 다른 방식으로서 텍스트 대 삶 상호작용text-to-life interaction이라 할 수 있는데, 이야기가 아동의 생활과 관련되고 아동이 이야기를 둘러싼 대화에 동참하는 것이다.

좀 더 일반적인 차원에서 보자면 아동은 읽기와 관련된 태도와 가치도 배울 수 있다. 스토리 타임은 따뜻하고, 친밀감이 넘치고, 편안한 경험이다. 스토리 타임은 시간이 정해져 있고, 아동이 성인의 관심을 혼자서 온전히 받을 수 있는 친밀감 넘치는 문식 사건이다. 스토리 타임은 아동이 혼자서 성인과 단 둘이서 하는 유일한 활동일 수도 있다. 이야기가 가족 내 보상 체계의 일부가 되는 가정에서는 중요한 기능을 할 수 있다. 가령 아이는 '이야기를 듣고 싶으면, 얼른 침대에 누워서 잘 준비를 해라.'라는 말을 들을 수 있다. 그리고 만약 다툼이 있었다면, 스토리 타임은 상처가 아물고 서로 화해하고 화가 풀리는 시간이 될 수 있다. 배우는 아동에게는 아마도 이러한 상황이 지난 장의 앞부분에서 언급했던 학습의 다른 강력한 메커니즘을 불러일으킬 수 있다. 즉, 아동은 부모를 동일시하고 부모는 역할 모델로서 행동하는 것이다. 아동은 여기저기에서 어른이 읽기를 통해 무엇을 하는지를 보게 된다. 이야기의 중요한 점은 아동에게 자기 전에 생각할 수 있는 기분 좋은 무언가를 선사한다는 것이다.

앞 장의 학습 이론의 측면에서는 어떤 일이 있는 것일까? 초기의 비계 설정이나 지원은 상황과 성인이 그 상황을 구조화함으로써 이루어진다. 성인은 아동의 행동을 중재한다. 아동이 참여하는 방식은 성인으로부터 점차적으로 배우면서 자신의 실천을 개발하는 방식으로 변화한다. 예를 들어 열렬한 독서광이 되는 데에는 많은 단계를 거치게 된다. 우선 이야기 시간에 아동은 자신의 책을 고르고, 상호작용을 아동이 먼저 시작하고, 마지막에는 스스로 혼자서 책읽기를 하게 된다. 아동은 만화책 읽기, 혼자 책 훑어 보기를 하게 되고, 인형 카탈로그에서 필요한 정보를 찾게 되기도 한다. 상호작용이 내면화된다. 읽기가 처음에는 성인과 공유하는 경험이지만 아동이 커 갈수록 혼자서 하는 경험이 된다. 이는 몇 가지 방향으로 전개될 수 있다. 아동은 읽기가 해변이나 버스와 같이 사람들이 많은 공간에서도 혼자서 할 수 있는 것임을 깨달으면서, 책에 푹 빠져서 혼자만의 세계를 구축할 수 있다. 이는 아동이 습득하는 읽기의 다양한 발달 유형 중에 한 가지이다. 동시에 아동은 동료와 함께 잡지나 카탈로그 등을 읽는 사회적 읽기를 발달시킬 수도 있다.

우리가 상상한 것보다 훨씬 많은 것이 아동에게 책 읽어 주는 것과 관련이 있다. 그중 상당 부분은 읽기 학습과 관련이 있다. 아동에게 책을 읽어 주는 방식이 다양하기 때문에 그 효과도 결코 간단하지가 않다. 12장에서는 아동에게 책 읽어 주기가 어떻게 학교에서의 읽기 학습에 중요하고, 아동에게 책 읽어 주기의 다양한 측면이 어떻게 학교에 다른 효과를 주거나 학교에서 다르게 받아들여지는지에 대해 논의할 것이다.

문식 사건

스토리 타임은 분명히 문식성과 관련되지만, 이것이 아동의 발달을 둘러싼 문식 실천에 있어서 가장 빈번하거나 가장 중요한 사례라고 생각할 필요는 없다. 가정 내에서 문식성이 중요한 관심사가 되는 다른 활동들도 얼마든지 있을 수 있는데, 예를 들면 가족 구성원들이 각자 또는 다함께 책을 읽으면서 보내는 시간 같은 것이다. 문식성에 대한 준비라고 여겨지는 아동의 놀이와 게임의 상당 부분에 문식성이 내포되었다는 것 또한 사실이다. 이 밖에 냉장고나 라디에이터에 붙어 있는 자석으로 된 알파벳 낱자도 있고, 낱자와 단어 게임으로 되어 있는 잡지나 만화도 있다. 이들은 모두 문식성에 초점이 맞추어진 활동이다. 그러나 여기에서 내가 초점을 두고자 하는 것은 문식성이 주된 관심사가 되는 활동들이 아니라 부수적인 역할을 하는 활동들이다. 앞서 강조했던 바를 다시 한 번 언급하자면, 문식성은 음성 언어 의사소통에 뿌리를 두고 있으며, 학습에는 다양한 방법이 있고, 학습은 모든 활동의 구성 요소이다.

가족은 문식성이 생존하고 유지되고 번성하기에 꼭 알맞은 생태학적 공간이다. 현대 사회에서 문식성은 가족생활 네트워크의 일부가 된다. 침대에서 이야기를 읽어 주는 것과 같이 문식 활동이 중심이 되는 사건뿐만 아니라, 일상의 수많은 활동이 어떤 방법으로든 문식성을 필요로 한다. 보통의 가정에는 잡지나 책뿐만 아니라 물건 포장지, 게시판, 사용 설명서, 스팸 메일 등 엄청난 양의 인쇄물들이 있다. 설령 책이 없는 가정일지라도 다른 인쇄물은 주위 환경 속에 여전히 존재한다. 요리하기, 음식 먹기, 쇼핑하기, 기록하기, 축하하기와 같은 활동에도 모두 어떤 식으로든 문식성이 필요하다. 물론 이러한 활동의 근본적인 목적은 문식성에 있는 것은 아니라 생존, 소비, 세상 속에서의 활동 등에 있다. 그러나 문식성은 그러한 목적에 도달하기 위해 불가결한 부분이다. 이러한 활동의 목적은 아동에게 문식성을 가르치는 데에 있지 않으며, 대부분의 활동이 특별히 아동들을 위한 것도 아니다. 이 활동들이 어른들에게 유익할 수는 있겠지만 아동들과는 관련성이 전혀 없을 수도 있다. 그럼에도 불구하고 아동은 다른 가족 활동으로 인해 이러한 활동을 시작하게 된다.

문식성은 이러한 일상의 활동에 있어 필수적인 부분이다. 주류 문화에서 문식성은 다양한 방식으로 가족들의 활동을 중재하므로 한 가정은 문식성을 중심으로 구조화된다. 이를 경험하는 데에는 수많은 방식이 있다. 히스는 가족이 시공간을 사용하는 데 있어 문식 전통이 어떻게 작동하는지 다음과 같이 설명한다.

> 문식 전통은 여러 가지 방식으로 음성 언어의 사용과 결부되어 있는데 가령 의미를 협상하고 행동을 결정하며 어떤 상태에 이르도록 하는 것 등이다. 각 공동체 내에서 읽기와 쓰기의 사용 양상도 공간 사용 방법(책꽂이가 있고 벽을 장식하며 전화번호를 붙여 두는) 및 시간 사용 방법(취침 시간, 식사 시간, 숙제 시간)과 밀접한 관련이 있다(Heath, 1983: 234).

나는 또한 한 가정을 관통하는 문식성의 모습을 상상하기 좋아한다. 문식성은 우편함을 통해 가정 내로 흘러 들어오고 쓰레기통을 통해 나가며, 바라건대 재활용이 되기도 한다. 그러는 사이에서, 어른은 문식성에 따라 행동하고 문식성을 사용하며 문식성을 변화시킨다(Leichter, 1984: 40). 나는 이것이 아이들에게 어떻게 영향을 미치는지 그 순간에 집중하고자 한다.

서구 문화권에서 가정에서 아동에게 노출되는 인쇄 환경은 광범위하다. 아동이 문식성에 어떻게 둘러싸여 있는지에 대한 연구들이 있다.[3] 레이터(Leichter, 1984: 41)는 가정에서의 문식성에 대한 광범위한 관찰 연구를 통해 문식성과 관련된 '인공물들'을 목록화하였다. 이들 인공물들에 대한 그녀의 장황한 설명은 50개 이상의 항목으로 확대되었으며, 한 편의 긴 산문시를 만든다(여기에 스크린 기반의 인공물들은 다루어지지 않았다). 여기에는 '책, 사전, 지도책과 지도, 백과사전, 워크북, 성적표와 시험지, …… 엽서, 정치 전단, 쿠폰, 세탁신청서, 요리책, …… 일기, 크리스마스 카드, 선물 목록, 음반, 바느질 옷본, 야구 카드, 운동복 상의, 사진첩, 신분증, 티켓' 등이 포함된다. 다른 연구에서 보다 많은 사례들을 찾을 수도 있기 때문에, 이는 결코 완결된 목록이 아니다. 우리의 연구에서도 유사한 목록들을 만들었고 계속해서 목록에 내용을 추가하고 있다.

가정은 위에서 제시한 광범위한 활동이 이루어지는 장소라는 점, 그리고 아동의 발생적 문식성에 대한 여러 연구가 이 장소를 탐구해 왔다는 점에서 특히 중요한 곳이다. 가정에서 아동의 문식성 사용에 대한 이러한 연구 중 하나인 틸(Teale)의 연구에서는 아동을 둘러싼 문식성의 서로 다른 형태를 확인하고자 하였으며 일상적인 생활, 여가, 학교와 관련된 활동, 종교와 같이 서로 구분되는 활동의 측면에서 문식성 사용을 범주화하였다. 각각의 활동에서 서로 다른 문식성의 형태는 분명하게 나타났다. 전체 목록을 열거하자면 일상적인 생활, 여가(더 세분화될 수 있음), 화장품 판매원이 집에 찾아오는 것과 같은 일, 학교와 관련된 활동, 종교, 대인관계 의사소통, 정보 네트워크에의 참여, 이야기책 읽기 시간, 교육을 위한 문식성 등이다. 물론 각 목록마다 하위 영역들이 있을 수 있으며, 이들은 다시 더 쪼개질 수 있다.[4)]

몇몇 사례에서 보면 아동은 기본적으로 관찰자이다. 가령 아동은 누가 신문을 가장 먼저 읽고 편지를 개봉하는지 등 어른들이 가정에서 수행하는 여러 역할을 관찰할 수도 있고, 때로는 '나를 좀 내버려 둬라. 신문을 읽는 중이잖니.', '곧 같이 있어 줄게. 처리해야 할 고지서가 있어.'와 같이 문식 활동에서 배제될 수도 있다. 아동은 주목 받기 원하지만 어른이 책 속에 고개를 파묻고 있는 바로 이 순간에 아동은 어른에게 있어 문식성의 가치가 어떠한지 알 수 있게 된다. 이는 분명히 중요하다. 사회적 상호작용을 관찰하고 여기에 참여하는 것은 둘 다 문식성 학습에 기여한다. 그러나 나는, 증거는 없지만, 참여가 보다 강력한 학습의 형태라고 가정한다. 그러므로 나는 아동이 가족 활동에 포함될 때 종종 일어나고 있는 일에 보다 주의를 기울이고 있다.

가정 밖에는 표지판, 알림판, 광고판의 세계가 기다리고 있다. 쇼핑 역시 주류 문화에서 주기적이고 반복적으로 이루어지고 아동이 어른을 따라 줄곧 참여하는 활동인데, 문식성이 주된 목적인 활동은 아니지만 역시 그 속에도 문식성이 관련되어 있다. 아동 돌보기와 쇼핑은 으레 동시에 이루어지는데, 슈퍼마켓은 문식성으로 인도하는 현장이 될 수 있다. 아동을 돌보는 것과 쇼핑, 겉으로 보기에 공존하기 힘들 것 같은 이 두 활동이 동시에 가능하기 위해선 몇 가지 전략이 동원된다. 한 예로 아동을 카트에 얌전하게 앉혀 놓고 쇼핑 내내 조용히 있게 만드는 전략은 일부 연령대의 아동들에게 짧은 시간 동안만 작동한다. 흔히 목격할 수 있는 광경은 아동이 이 쇼핑 활동에 개입하는 것이다. 어른은 아동에게 어떤 상품을 원하는지 물어보기도 하고, 꼭 필요한 물품을 같이 찾도록 요청하기도 하며, 사려고 하는 물품에 대해 의견을 말하기도 한다. 앞서 언급한 다른 활동들과 마찬가지로 이는 어른이 상황을 구조화함으로써 학습을 위한 발판을 제공하는 것이라고 할 수 있다. 이는 또한 일상에서 매일 발생하는 상황으로 아동들은 이를 목격함으로써 어른들이 실용적인 측면에서 문식성을 통해 무엇을 성취할 수 있는지 알게 된다.[5)]

아동의 능동적인 참여는 어디서든 발견된다. 아동은 아침에 누구에게 편지가 오는지 알고 싶어 하며, 슈퍼마켓에서는 특정 시리얼을 선택하고 싶어 하고 다른 시리얼은 피하고 싶어 한다. 누군가의 생일이 다가오면 아동은 달력에 적힌 일정에 대해 알고 싶어 하고, 특정 텔레비전 프로그램이 방송될 시간을 신문을 보고 알고 싶어 한다. 이러한 모든 활동을 통해 아동은 읽기가 활동을 어떻게 매개하는지, 자신이 원하는 결과를 얻기 위해 읽기를 어떻게 경유해야만 하는지, 그리고 읽기를 할 수 있는 누군가를 어떻게 경유해야만 하는지에 대해 이해하게 된다. 어떤 경우에는 활동을 위해 읽기가 매개되어야 하기 때문에 활동에 상당한 시간이 걸리기도 한다. 가령 어른이 새로운 장난감을 조립하기 전이나 새로운 카드 게임을 시작하기 전에는 설명서를 읽어야 한다. 아동에게 초콜릿 케이크를 만들어 주기 전에도 요리법 읽기가 필요하다. 위에서 언급한 이야기 읽기와 마찬가지로 아동이 이러한 활동들을 주도적으로 실행해 가면서 점진적인 변화가 생겨나게 되는데, 가령 일정표에서 필요한 정보를 모으고 좋아하는 시리얼을 확인하며 텔레비전에서 무엇을 방영하고 있는지 편성표에서 확인하는 식이다.

지금까지 언급한 것은 문식성이 뚜렷한 역할을 수행하는 가정들의 사례였다. 그러나 문식성을 상대적으로 갖추지 못한 가정에서조차도 문식성은 의미 있는 역할을 한다. 가정의 도서 보유량과 같이 손쉽게 측정할 수 있는 수치를 통해 본다면 가정에 따라 문식성에 큰 편차가 있어 보이고 가정에 책이 전혀 없는 상당수의 가정이 위협을 받는다. 그러나 현대 사회에서 문식 환경의 영향을 받지 않는 가정이란 없다. 많은 양이 사용되는 소비자 포장과 납부해야 할 고지서, 분류해야 할 광고 전단지, 그리고 처리해야 할 다양한 공문서와 안내문이 여전히 있다. 특히 광고 전단지는 피할 수가 없다. 즉 사람들은 늘 광고 전단지에 노출이 되어 있고, 그래서 각자 이 쏟아지는 전단지를 해결하는 나름의 방법들을 개발한다(Taylot, 1983: 27).

어떤 가정이 문식성을 갖추었느냐 아니냐는 온당한 질문이 아니다. 계량 가능한 것과 같은 간단한 범주로 문식성을 특징짓는 것은 바람직하지 않다. 몇몇 연구에서 우리가 보아왔고 특히 히스의 연구에서 더욱 명확하게 드러나는 것처럼 어떤 한 가정은 문식성에 대해 서로 다른 지향점을 가지고 있는 공동체의 한 부분이다. 즉, 어느 한 가정의 문식성 차원이라기보다는 지역사회라는 역학관계의 한 부분이라는 것이다. 이 부분은 문식성에 대한 서로 다른 지향이 학교 문식성 교육에서 어떻게 다루어지고 있는지 논의하는 장에서 다시 언급될 것이다. 히스의 연구에서 언급한 바 있는 트랙톤과 같은 마을은 주류 문화도 아니고 여러 가지 면에서 음성 언어적인 특성을 보이지만 여전히 문식성이 큰 영향을 미치고 있는데, 이러한 양상을 강조하는 것이 중요하다. 물론 그렇긴 해도 아동이 책을 다루어보거나 연필을 잡아 본 경험이 거의 또는 전혀 없고 학교가 '언어를 다루는 방식(ways with words)'에 대해 안내를 받아본 적이 없는 가정과 공동체들도 여전히 존재하고 있다.[6)]

가정에서 문식성이 어떻게 사용되는지에 대해 좀 더 아이디어를 모으기 위해, 나는 가정에서의 읽기와 쓰기의 가장 일상적인 사용을 목록화한 연구로 되돌아가고자 한다. 첫째, 미국의 세 공동체에 대한 연구에서 히스는 읽기와 쓰기의 가장 일상적인 사용에 대한 목록을 제공한다. 그녀는 트랙톤 마을에서 가장 일상적인 것을 시작으로 읽기의 네 가지 주요한 사용 방식을 목록화한다(Heath, 1983: 198).

도구적 사용: 가격표와 길거리 간판을 읽는 것과 같은 '일상의 실제적인 목적을 성취하기 위한' 읽기

사회적 상호작용/오락적 사용: '사회적 관계를 유지하고 계획을 세우며 토론과 이야기 주제를 소개하기 위한' 읽기. 이는 축하 카드, 편지, 신문 특집 기사 읽기를 포함한다.

뉴스에 관련된 사용: 지역 뉴스나 학교 교육과정 읽기와 같이 '제3자에게 일어나거나 원거리에서 발생한 사건에 대한 학습을 위한' 읽기

확증적 사용: '이미 형성된 태도나 신념을 지지하기 위한' 읽기. 이는 성경이나 차량 판매 책자 읽기를 포함한다.

이와 유사하게 쓰기의 사용 방식에도 목록이 있다(Heath, 1983: 199).

기억 목적: '필자 자신에게, 그리고 가끔씩 다른 사람에게 기억을 상기시키기 위한' 쓰기. 전화번호를 적어 두거나 달력에 메모를 하는 등의 사례가 있다.

구두 메시지의 대체: 학교에서의 필기, 축하 카드나 편지와 같이 '직접적인 구두 의사소통이 불가능하거나 난처할 때' 하는 쓰기.

재정적: '숫자를 기록하고 금액과 첨부 사항을 작성하기 위한' 쓰기. 수표 쓰기는 이에 대한 사례가 된다.

공공 기록: '교회 서비스의 차례를 안내하기 위한' 쓰기. 이 범주는 교회와 관련된 다른 보고서 쓰기와 기록하기를 포함한다.

이러한 접근은 공동체에서의 문식 실천의 범위에 대한 아이디어를 제공할 수 있다. 위에서 목록화한 트랙톤 마을에서의 읽기의 네 가지 사용 방식은 그 빈도에는 차이가 있지만 히스의 연구에서 두 번째 공동체였던 로드빌 마을에서도 마찬가지로 발견된다. 덧붙이자면 로드빌에서 사회적 상호작용을 위한 읽기 사용은 오락적 사용으로부터 분리되며, 후자는 '오락적/교육적' 사용으로 묶인다. 히스의 연구에서 세 번째 공동체인 '도시인(townspeople)'은 중산층 흑인과 백인이 거주하는 교외의 마을로, 여기에서는 오락적 사용이 독립적이며 '비판적/교육적'이라는 범주가 새로 추가된다. 쓰기도 이와 유사하게 세 공동체들 사이에 차이가 있다. 로드빌 마을에서는 공공 기록에 대한 범주가 없는 반면에 사회적 상호작용이라는 범주가 있었다. 도시인 마을에는 로드빌 마을의 네 범주에 '설명적' 범주가 추가되었다.

데니 타일러와 캐서린 도어시-게인즈(Denny Taylor & Catherine Dorsey-Gaines, 1988: 124~190)는 미동부의 도심 지역에 거주하는 가족들에 대한 자신의 연구와 히스의 연구를 비교한다. 도심 지역 인근인 쉐이 거리(Shay Avenue)에서의 읽기 사용 방식을 분석한 뒤, 그들은 트랙톤 마을에서의 네 가지 읽기 사용 방식에 '사회역사적', '재정적', '환경적'이라는 목록을 추가하였다. 그들은 트랙톤 마을에서 발견된 쓰기의 사용 방식에서 공공 기록을 제외하고, '도구적', '자서전적', '여가적', '창조적', '교육적', '직업에 관련된', 그리고 '환경적' 이라는 목록을 추가하였다.

이러한 목록은 어떤 공동체에서든 가장 일상적으로 나타나는 활동의 종류에 대해 기초 정보를 제공한다는 점에서 유용하다. 또한 트랙톤과 로드빌 같이 어떤 공동체를 비교해 볼 때에 어떤 읽기 또는 쓰기 방식이 부재하는지 확인하는 것도 가능하다. 물론 이러한 목록들이 서로 상당 부분 겹쳐지기 때문에 기능을 목록화하는 것은 쓸모없다는 지적도 있다. 예를 들어 편지 읽기는 뉴스와 관련되면서 동시에 사회적 상호작용이 될 수 있고, 쓰기의 대부분은 기억을 목적으로 하지만 동시에 구두 메시지를 대체하는 것을 목적으로 할 수 있다. 또한 사람들이 사용하게 되는 다양한 범주는 서로 다른 위상을 갖는 것처럼 보여서, '재정적'은 '기억 목적'에서 나온 서로 다른 종류의 범주인 것처럼 보인다. 면밀하게 살펴보면, '창조적'과 '자서전적'과 같은 명확한 범주처럼 보이는 것도 놀랍게도 쓰기의 특정 종류로 확정하고 정의하기가 어렵다. 우리의 지역 문식성 연구에서는 쓰기의 유형을 목록화하는 것을 피하고자 하였다. 대신 쓰기의 목적에 집중해서 가정에서의 쓰기는 가정생활을 유지하기 위한 쓰기, 의사소통을 유지하기 위한 쓰기, 개인적 쓰기라는 세 가지 넓은 영역이 있음을 확인하였다. 그러나 여기에서조차 영역이 서로 겹쳐질 수 있고 그 각각의 정의에 잠재적인 문제가 있을 수 있다.

쓰기

이 장에서 지금까지의 논의는 주로 읽기에 대한 것이었다. 이야기 시간의 예를 넘어서 또 하나 고려해야 할 방향은 아동들의 초기 쓰기이다. 대개 가정에서 쓰기 활동은 읽기 활동에 비해 현저히 드물게 일어난다. 어른들의 쓰기 활동이 드문 것과 유사하게 학령기 이전 아동들의 쓰기 활동도 드문 것으로 보고되고 있다.[7] 대개 초기 쓰기라는 연구 주제는 고유의 연구자와 연구를 지원하는 이가 따로 있는 별도의 분야로 여겨져 왔다. 여기에서는 앞서 읽기에서 언급했던 것과 유사하게 몇 가지를 언급할 수 있을 것 같은데, 이는 쓰기가 일상생활 속에 깊이 뿌리를 내리고 있다는 점과 말하기나 읽기 학습과 비슷한 형태를 취한다는 점을 보여주려는 것이다.

비록 많은 연구가 읽기 영역에서 이루어졌지만, 일부 연구자들은 아동들이 학교에 입학하기 전에 쓰기를 어떻게 학습하는지 관찰해 왔다. 특히 연구자 몇몇은 쓰기 발달에 대한 관심을 아동들이 처음으로 말하기를 배우는 지점에 두었다. 예를 들어 캐롤 촘스키(Chomsky, 1972)는 말하기를 배우는 과정에서 쓰기의 기초 원리를 배우는 아동들을 연구하였다. 그녀는 원칙적으로 말하기와 쓰기가 아무런 차이가 없으며 이 둘이 조화롭게 발달할 수 있다고 주장하였다. 쓰기와 말하기는 둘 다 언어를 생산하는 수단이라는 점에서 유사하다는 점에 주목할 필요가 있다. 다른 학자들은 펜이나 연필과 같은 쓰기 도구 연구에 집중하였으며 적어도 일부 아동들에게서는 그림을 그리는 과정에서 쓰기의 뿌리를 보았다. 또 홀과 로빈(Hall & Robinson, 1996)은 구두법의 발달에 초점을 맞추기도 하였다.

찰스 리드(Charles Read)와 그의 후학들은 아동의 창안적 철자invented

spelling에 대해 분석해 왔는데, 여기서 창안적 철자란 아동이 어른들의 도움이 거의 없이 자발적으로 만들어내는 철자를 가리킨다. 창안적 철자가 증명해 주는 것은 어린 아동들이 스스로에게 쓰기를 가르치고 많은 것들을 일관되게 수행하며 언어의 속성에 대해 적극적으로 가설을 세운다는 점이다. 흔히 철자법 오류라고 여겨지는 것 중에는 사실 어떤 문제에 대해 일관되게 반응하는 것이 있을 수 있다. 예를 들어 '요트(yacht)'를 YOT이라고 쓰는 아이는 영어의 음운 체계에 대한 지식을 토대로 나름 지적인 추론을 하고 있는 것이며, 사실 이 단어의 정확한 철자보다도 더 타당한 철자를 제안한 것일 수도 있다. '용(dragon)'을 JRAGIN, '배(ship)'를 SEP, '낚시(fishing)'를 FEHEG로 표기하는 것 역시 영어 음운 체계에 대한 세련된 지식이 반영된 것이다(Read, 1971, 1986; Barton, 1992를 참조하시오).

능동적인 가설 세우기는 단지 철자에서뿐만 아니라 쓰기 체계의 다른 측면에서도 발견된다. 아동들은 단어의 경계에 대해서도 가설을 세우곤 하는데, 이는 곧 어디에서 어떻게 쓰기의 흐름을 분할하는가와 관련된다. 그중에는 각 단어 사이에 여백을 두는 것처럼 영어의 쓰기 체계와 맞는 것도 있다. 또 어떤 아동들은 처음 몇 달 간 각 단어 사이에 점을 찍기도 하는데, 이 역시 나름의 목적에서 비롯된 것이다. 물론 이것이 현재 영어 쓰기 체계에 수용될 수는 없지만 말이다. 그렇지만 이는 지적인 추론이며 정말 그럴 듯한 방식이기도 하다. 왜냐하면 각 단어 사이에 점을 찍는 쓰기 체계가 그동안 실재해 왔고, 특히 최근에 들어 일부 워드 프로세서 프로그램에서는 컴퓨터 화면 상에서 각 단어 사이의 공백에 점을 찍어 주기도 하기 때문이다. 이와 유사하게 영어권의 일부 아동들은 처음 쓰기를 할 때 각 음소 대신 음절을 기본 분절 단위로 여기기도 하는데 이 역시 타당한 선택이지만 실제 영어 쓰기 체계에서는 받아들여지지 않는다. 요점은 아동들이 쓰기 체계가 어떻게 작동하는가에 대해 추측을 할 때 나름 현명한 방식을 취한다는 점이다.[8)]

쓰기 학습은 '쓰다(write)'라는 단어에 담긴 두 가지 측면의 의미와 연계되어 있다. 그 첫 번째 의미는 기계적인 쓰기 학습을 가리키는 것으로 다른 말로 하자면 필경사 되기이며, 다른 하나는 무엇을 쓸 것인가를 결정하는 것, 즉 필자 되기이다. 나는 이 영어 단어 'write'에 담긴 두 가지 서로 다른 의미를 다음 장에서 더 자세하게 탐색할 예정이다. 당장 여기서는 어린 아동들이 쓰기를 배우는 과정에서 겪는 한 가지 문제, 즉 펜이나 연필로 물리적으로 글씨를 쓸 때 있을 수 있는 실제적이고 기술적인 문제에 대해 언급하고자 하는데 그 까닭은 이러한 문제가 어린 아동들의 쓰기를 멈추게 만드는 하나의 장애 요소가 되기 때문이다. 아동들은 연필을 잡고 글자를 쓰는 것에도 어려움을 느낄 뿐만 아니라 글자의 방향과 같은 불필요한 추가적인 혼란 때문에도 어려움을 겪는다(b, p, q, d와 같이 역사적으로 볼 때 무계획적으로 발달한, 대칭을 이루고 있는 문자들에 대해서도 아동들은 어려움을 느낀다). 모든 필자에게 그렇겠으나 특히 어려움을 겪고 있는 초기 단계의 필자에게 글자를 쓰는 것은 몹시 고통스러운 시간을 보내는 것이며 표현하고자 하는 생각보다 훨씬 뒤처지는 일이다. 이 모든 것이 의미 표현을 방해하는 요소이다.

쓰기의 더딤은 아동들의 쓰기 행위에서 불가분의 것이다. 그러나 다시 말하지만 이 역시 쓰기와 관련된 사회적 실천일 뿐이다. 쓰기 도구의 선택은 사회적인 결정이다. 연필의 발달은 오늘날의 컴퓨터 못지않게 테크놀로지의 한 부분이다. 이제는 테크놀로지에 접근만 할 수 있다면 누구나 키보드와 프린터가 부착된 컴퓨터를 이용하여 쉽고 깔끔하게 글자를 만들어낼 수 있다. 이는 글자 쓰기의 물리적 어려움을 상당 부분 해소하는 효과가 있을 뿐만 아니라 더 나아가 아동들이 쓰기를 하는 방식에도 영향을 미칠 수 있다. 이처럼 테크놀로지의 발달은 아동들의 가능성을 더욱 변화시키고 있다.

이제 관심을 집에서의 아동에게로 옮겨 보자. 집에는 어떤 쓰기 활동이 있는가? 가정에서 아동들이 관찰하고 참여할 수 있는 문식성 실천 중에서 어떤 것이 쓰기와 관련이 있을까? 이미 앞서 언급한 것처럼 사실 가정 내에서 쓰기라고 부를 수 있는 문식성 실천은 많지 않다. 물론 그렇다고 전혀 없는 것은 아니다. 전형적인 것으로는 노트하기, 메시지 쓰기, 일정표 작성하기, 수표로 결재하기, 쇼핑 목록 작성하기 등이 있을 것이다. 가정 내에는 종종 공적인 행위들이 있고 이들 행위에 아동들이 어떻게 참여하는지 조사할 수 있다. 그러나 아직 이와 관련해서는 세밀한 연구가 거의 없었다. 그런 점에서 학교에 입학하는 시점에 이미 읽고 쓰는 법을 알고 있었던 아동들을 대상으로 한 클락(Clark, 1976)의 연구는 되짚어볼 만하다. 리드(Read)의 연구처럼 창안적 철자를 주제로 한 연구들의 대부분은 그 결과물 또는 창안적 철자가 포함된 메시지에 초점을 두었으며, 아동들이 그러한 철자를 어떻게 창안해 내었는지를 강조하느라 어른들이 그러한 활동들을 어떻게 구조화하였는가에 대해서는 별로 관심을 갖지 않았다. 그러한 철자는 가족 내에서, 그리고 특별한 사회적 실천의 테두리 안에서 창안된 것이란 점을 간과해서는 안 된다.

맨 처음의 쓰기 행위는 대개 어른에 의해 설계되고 지원된다. 내 아이의 처음 쓰기 행위에 대해 기록해 놓은 노트를 살펴보면, 이름(탐, Tom)이 중요하다고 생각했기 때문에 맨 처음 썼던 글자는 대문자 'T'였는데 이 글자를 축하 카드의 문구가 끝나는 데에 사인을 하듯이 썼다. 처음에는 안내를 받아가며 'T'자를 썼고 그 다음에는 혼자서 'T'자를, 그리고는 혼자서 이름(Tom)을 전부 다 썼다. 처음 단계에서 'T'라고 썼던 문자는 'Tom'이라는 단어의 상징이었던 셈이다. 이러한 점진적인 발달을 지속적으로 관찰해 온 다른 이들도 초기 쓰기 단계에서 본인 이름 쓰기의 중요성을 지적하고 있다.

대개 아동들의 초기 쓰기는 축하 카드에 이름 적기, 알림장 만들기, 메시지 보내기와 같이 어른들이 집에서 하고 있는 쓰기 행위에 기반을 두고 있다. 아동들은 종종 어른들에게 단어를 써 달라고 요구한다. 초기 단계의 아동들이 이야기 쓰기를 원할 필요는 없으며 게임하기, 공연 티켓 만들기, 클럽 가입을 위한 신청서 만들기, 그림에 단어 붙이기 등에서 쓰기가 나타나기 시작한다. 다시 언급하자면 아동의 학습이 사회적 상호작용을 통해서, 그리고 그 후에 지식으로 내재화된다는 것을 초기 쓰기의 예를 통해서도 확인할 수 있다. 덧붙이자면 쓰기가 일부 포함된 활동이 쓰기 그 자체보다도 더 중요하다. 쓰기는 목적을 가지고 있다. 내가 작성한 노트의 예를 다시 들자면 우리 아이의 경우는 자기 소유를 분명히 하기 위해 자기 방문에 이름을 붙이고, 이름을 아직 잘 쓰지 못하는 친구를 도와 장난감 클럽 가입 신청서를 작성하는 것을 돕고, 친구와 함께 공책에 필기를 하는 것이 쓰기의 목적이었던 셈이다.

KNOW I WAD LAYC TOO GO HOME

'나는 이제 집에 가고 싶어요(now I would like to go home)'라는 이 메시지에는 이 새로운 친구가 어른에게 접근하기를 꺼려한다는 의도가 담겨 있다. 이 새로운 형식의 의사소통은 면대면 상호작용을 피하게 해주었다. 또 한편으로 이 문장은 아동의 초기 철자 양상을 보여주는 좋은 예라고도 할 수 있다(이 문장에는 'home'과 같이 관습에 맞는 철자와 'layc'와 같은 창안적 철자, 그리고 'know'와 같은 겉핥기식의 철자가 조합되어 있다는 점에 주목하라).

아동들의 쓰기는 점진적으로 발달하는데, 페레이로와 테베로스키(Ferreiro & Teberosky, 1979) 같은 학자들은 이를 일련의 단계, 즉 그림 그리기에서부터 출발하여 점차적으로 조정 기능이 향상되는 것으로 기록하고 있다. 그러나 내가 관찰한 아동들, 그리고 읽었던 연구 결과들로는 잘 들어맞는 정리된 발달 단계를 만들어내기가 어려웠다(이러한 단계에 대해서는 Hall(1987, 52)도 참조하시오). 오히려 내가 내릴 수 있는 결론은 앞서 읽기의 발달과 일반적인 학습에 대해서 언급했던 것과 유사했다. 즉, 아동들은 적극적으로 쓰기를 수행하고 이는 다른 목적에 기여하며 각자 일관된 경로를 따라 발달한다는 것이다. 앞에서 기술해 온 바와 같이 읽기와 마찬가지로 쓰기는 사회적 실천이다. 초기 쓰기의 발달에 대해 더 상세한 내용은 크레스(Kress, 1997)를 참조할 것을 권한다.

문식성에 대해 알아 가기

이 장에서 다루고 있는 주제를 약간 다른 방식으로 설명한다는 차원에서 아동들의 음성 언어와 문자 언어에 대한 지각이 어떻게 발달하는지 검토해 볼 수 있을 것이다. 말하기 학습, 그리고 자신이 속한 문화 속에서 의사소통 하는 방법에 대한 학습의 일부로서 아동들은 언어 그 자체에 대해서도 지각하기 시작한다. 아동들은 점점 더 확장된 맥락 속에서, 그리고 보다 다양한 주제에 대해 의사소통하면서 언어를 사용한다. 다른 무엇보다도 아동들은 요구하고 묻고 자신과 자신을 둘러싼 환경에 대해 언급하기 위해 언어를 사용한다. 이처럼 아동들이 언급하는 세계 중 일부는 언어 그 자체, 즉 자신의 언어와 다른 사람들이 사용하는 언어이다. 아동은 언어에 따라 행동하고 언어와 관련하여 이러저러한 말을 하고 언어에 대해 질문한다. 이는 매우 다양한 방식으로 일어난다.

예를 들어 문법 발달이 막 시작되고 어휘력이 폭발적으로 증가하는 시기인 두 살 반 무렵의 아이도 언어에 대한 지각을 여러 가지 방식으로 보여준다. 가령 이름을 모르는 사물에 대해 계속 묻고 잘 이해가 가지 않는 것에 대해 명확하게 알려고 '뭐라고 했어?'(what you say?; what she say? - 역자주: 두 문장 모두 문법적으로 완전하지는 않음.)와 같은 질문을 한다. 적절한 목소리를 내가며 역할 놀이를 하기도 하는데 그중에서도 검표 승무원이나 의사 등이 대표적이다(이 예에 대해서는 Barton(1986: 69)를 참조하시오). 이러한 지각이 시작되는 초기 연령대 아동들은 종종 사람들을 놀래 주곤 한다.

앞서 언급한 예나 그 밖의 다른 예들을 통해 볼 때 분명하게 증명되는 것은 이 시기 또는 그 이전 시기의 아동들도 단순한 의사소통을 넘어서 언어에 대한 지식을 갖고 있고 지각을 한다는 점이다. 언어 사용과 언어에 대한 지각은 함께 가는 것이다. 아동이 발달함에 따라 지각은 당대의 문화 속에서 문식성을 획득하는 것과 밀접하게 관련된다. 아동들에게 말을 하는 어른들이 언어에 대해 숙고하고 코멘트를 하고 언어에 이목을 집중시키는 것도 언어가 명시적으로 가르쳐지는 읽기 및 쓰기 학습 상황에서이다. 여기서 다시 한 번 우리는 문자 언어의 발달 과정에서 음성 언어의 중요성에 대해 강조하게 된다. 어떤 지각은 읽기 학습의 전제 조건으로 여겨지기도 하며 다른 지각은 문식성에 노출됨으로써 생겨나기도 한다. 다시 말해 우리는 읽기 학습과 쓰기 학습을 통해 언어에 대해 배우는 것이다. 물론 문식성을 가르치는 것은 언어에 대한 지각과 통찰력을 기르는 하나의 원천일 뿐이다. 예를 들어 다른 언어에 노출되는 것도 지각에 대한 적절한 자극으로 보인다(예를 들어 Slobin(1978)를 참조하시오). 이는 우리가 학교, 그리고 학교와 연계된 문식 실천에 대해 살펴볼 때 다시 논할 부분인데, 지각은 문식성을 가르치는 특정한 방식과도 밀접하게 연계되어 있다.

음성 언어와 문자 언어 둘 다에 흠뻑 빠져 있는 아동들의 경우 읽기 학습과 쓰기 학습의 과정에서 언어에 대해 다시 한 번 집중하게 된다. 문자 언어의 양식성은 음성 언어와 달리 보다 분명하게 실재하기 때문이다. 말하는 순간 사라져버리는 음성 언어와는 다르게 쓰인 것은 계속 그 자리에 남아 검토될 수도 있고 또 모든 이들이 볼 수도 있다. 쓰기는 언어(영어)가 문자, 단어, 문장으로 바뀌는 것에 명시적인 분석을 제공한다. 읽기를 배우는 아동은 이 새로운 양식의 언어를 받아들이려고 애써야만 한다. 바로 이 때가 언어에 대한 지각이 중요한 역할을 수행하는 순간이다. 일반적으로 읽기와 쓰기 학습에는 언어에 대한 상당한 지각이 필요한데 문식성을 획득하려면 음성 언어의 전달 매체와는 별개인, 대상으로서의 언어에 대해 초점을 맞출 수 있어야 하기 때문이다.[9]

지금까지 논의해 온 것처럼 말하기에서 쓰기로의 도약을 지나치게 과장하지 않는 것이 중요하다. 우리가 이 장에서 보아 온 것처럼 아동은 아주 어렸을 때부터 문식성에 노출된다. 학교 교실에서 읽기 책을 접하는 것은 대부분의 아이들에게 특별하거나 이상한 사건이 아니다. 왜냐하면 오랜 기간 동안 문식성 실천을 통해, 그리고 음성 언어 활동을 통해 그러한 준비를 해 왔기 때문이다.

아동들의 언어에 대한 점진적인 지식 발달, 그리고 이것과 읽기 및 쓰기 학습의 관계에 대해서는 그동안 상당한 양의 연구가 진행되어 왔다. 또한 문식성 실천에 대한 아동들의 지식과 관련된 연구도 있는데, 그중에는 부모들이 읽을 수 있는지 없는지 모르거나 책의 어떤 부분을 읽는지 명확히 알지 못하거나 쓰기를 그리기나 낙서와 구분하지 못하는 경우를 보여주는 연구도 있다. 이러한 모든 지각은 점진적으로 발달한다.[10] 이 장의 앞부분에서 언급한 가정에서의 문식 실천과 지각에 대한 연구의 결과들이 제안하는 것은 아동들이 학교에 들어갈 때 읽기와 쓰기를 할 줄 아는가를 묻는 대신 아동들이 문식성에 대해 무엇을 알고 있는가를 물어야 한다는 점이다. 이는 교사가 다른 문화에서 비롯된 다른 지식을 가지고 교실에 오는 학생들을 고려해야 할 필요가 있는 비주류 커뮤니티에서 특히 중요한 부분이다. 한 예로 구자라티어를 사용하는 영국 내 무슬림 커뮤니티에서 자란 아동들은 주류 문화에서 자란 아동들의 다른 언어와 다른 문식 활동에 노출될 것이다.[11] 이러한 상황에 있는 아동들의 지식도 고려되어야 할 필요가 있다.

아동들은 문식성을 어떤 종류의 사회적 실천인지 분류하려고 노력하기 때문에 이처럼 조기에 언어와 문식성에 대해 지각하는 것은 중요한 일이다. 이는 또한 아동들의 사고 발달에도 중요한 역할을 한다. 9장에서 언급한 것처럼 지각은 학습에 접근하기라는 측면에서도 결정적인 요소이다. 자기 자신에 대한 지각과 자신의 사고에 대한 지각도 발달한다. 마음은 사회적으로 형성된다. 이는 아동들이 자신의 사고 과정에 대해 이야기하는 것을 배우면서 드러난다. 네 살 무렵이 매우 주목할 만한 시기라고 할 수 있는데, 왜냐하면 이 무렵에 아동들은 단어들을 만들어내기 위해 소리를 구분하고 의미를 전달할 수 있는 구조를 만들기 위해 문법 일부를 구분한다. 또 이 시기에 아동들은 정체성에 대한 의식을 가지고 자기 자신을 지칭하기 시작하며 자신의 지능에 대해 언급하기 시작한다. 네 살짜리 아이한테서 녹음한 '나는 그걸 내 머릿속으로 말했지 너한테 말하지 않았어.'라든가 '내가 뭔가를 말할 때 나는 그럼 두 번 말을 하는 거야?'와 같은 발화는 깜짝 놀랄 만한 것이다.

문식성과 사고의 관계를 연구할 때 사고 작용이 사회적으로 구성된다는 발상이 매우 중요하다. 왜냐하면 아동의 지각 발달에 대한 연구를 통해서 사고라는 것이 문식성이 동원되는 어떤 '선천적' 활동으로 여겨질 수 없다는 것을 다시금 입증할 수 있기 때문이다. 초기의 지각은 아동들이 문식성에 대한 비판적 인식을 발달시키고 서로 다른 문식성을 사용하는 방법을 배우게 됨에 따라 그 토대 위에서 만들어지는 것이다. 다시 한 번 말하자면 사고를 구조화하는 것은 쓰기가 아니다. 사고를 구조화하는 것은 사회 조직이며 쓰기, 엄밀히 말해 쓰기의 사용은 그러한 사회 조직의 일부인 것이다.

제11장 문식성에 대한 대중적 정의

읽기의 기능
필경사로서 그리고 저자로서의 필자
문식성에 대한 문학적 관점
전문 필자

가정 문식성의 실천과 그 속에서 이루어지는 아동의 참여를 논의할 때에는 두 가지 방향을 고려할 필요가 있다. 우선, 나는 미디어와 대중적 논의에서 사용되고 있는 문식성에 대한 보다 포괄적인 대중적 정의를 탐색하고자 한다. 그러고 나서, 나는 학교 교육과 학교에서의 문식 실천으로 되돌아갈 것이다. 나는 읽기와 쓰기 학습에 대한 **기능 담론** skills discourse과 문학과 문화에 대한 엘리트적 관점과 관련된 **문학적 담론** literary discourse이라는 두 가지 변별적인 담화들을 살펴 볼 것이다. 일반적으로 문식성에 대한 대중적 논의는 기능 담론과 문학적 담론으로 이루어진다. 이들은 강력한 관점이며, 매우 일반적으로 행하여지며, 읽기와 쓰기, 그리고 학교에서 해야 할 일에 대한 미디어의 인식을 드러낸다. 그리고 다양한 사회적 제도에 의해 유지되고 조장된다. 대중적 논의에서는 물론이거니와 초기 읽기 교육에서부터 고등 교육에 이르기까지 모든 수준의 교육에서, 문식성의 이러한 관점들과 관련된 논쟁이 있어 왔다. 교육에 대한 논의를 할 때에도 이 두 가지 담론에 기반하게 된다.

읽기의 기능

읽기와 쓰기에 대한 대중적 논의에서, 가장 설득력 있는 비유는 문식성을 일련의 기능들로 간주하는 것이다. 이 기능 비유는 정책입안자와 미디어가 문식성 쟁점에 대해 토론할 때에 이들의 논리를 뒷받침해 준다. 실패한 성취 기준들, 읽기 교육을 강화해야 할 필요성에 대한 강조, 성인 문식성의 '문제'에 대한 토론과 헤드라인들의 이면에는, 종종 기능 비유가 전제되어 있다. 여기에서 나는 특히 학교의 읽기 지도 방법에 있어 기능 비유에 대한 근원을 탐구하고자 한다. 그리고 실천을 강조하는 문식성의 생태학적 관점과 통합할 수 있는 범위에 대해 논의하고자 한다.

기능이라는 아이디어는 심리학에서 왔으며, 원래 이 용어는 언어 및 읽기와 관련이 없었다. 그러나 오늘날 기능 비유는 읽기와 다양한 형태의 학습에 적용되며, 인간 행동에 대한 측정과 점검을 지향하는 문화의 일반적 흐름과도 부합된다. 간단하게 말해, 읽기에 적용될 때에 이는 문식성에 대한 자율적 관점autonomous view으로 정의된다. 즉, 읽기는 부분으로 쪼개어 가르치고 평가될 수 있는 일련의 기능들로 이루어져 있다는 것이다. 읽기 학습의 기계적인 측면과 지도 방법에 대해 강조하는 것은 매우 중요한 것으로 여겨진다. 간단한 것에서 출발하여 점진적으로 구축될 수 있는 구성 요소로 기능을 쪼갬으로써, 읽기 학습은 성취된다(사실, '기능'이라는 단어 의미의 역사적 기원은 '분리된다'이다.). 이로 인해 순서에 따라 학습될 수 있는 분리된 기능들이 있다고 간주되고, 명료하고 구체적인 학습 단계가 만들어질 수 있다고 생각하게 된다. 이러한 생각의 기저에는 읽기 학습 방법은 단 하나뿐이라는 전제가 존재한다.[1)]

학습을 단계적으로 할 수 있다는 극단적인 사례로는 고정된 순서가 있기 때문에 가르칠 수 있다고 생각하는 수학 교과의 학습이 있다. 사실, 이는 교과에서 구성된 개념 안에서만 진실이다. 수학이라는 학문 자체는 단 한 가지의 고정된 순서로만 존재하지 않는다. 그러나 수학 교과의 여러 학습 순서들은 사회적으로 구성된다. 아동을 대상으로 하는 수학 지도의 새로운 접근 방식에서는 정밀한 학습 순서를 위해 아동의 인지적 요구라는 측면을 고려하기도 한다. 이러한 순서를 사회적으로 구성하는 또다른 사례로는 기술의 변화가 아동이 학습할 내용에 영향을 미치는지와 관련이 있다. 예전에는 상용 로그표나 자, 계산기를 다룰 수 있는지가 수학 교과 내에서 아동의 학습 순서를 결정하는 데에 영향을 미쳤다. 기능 관점에서 벗어나 사회적 관점으로 확장되어 가는 수학 학습의 변화를 부모와 대중이 이해하는지는 보다 의미 있는 쟁점이다.

학습에 대한 기능 관점에서는 읽기의 구성 요소가 독립적이라는 몇 가지 생각들이 존재한다. 첫째, 읽기 학습은 개인이 수행하는 무언가로 간주되며, 기본적으로 개인적 성취의 문제이다. 둘째, 읽기는 2~3년 동안을 할애하여 개별 과목으로 가르쳐지고, 한번 배우게 되면 끝이 난다. 읽기를 배우지 못한 아동에게 9년은 매우 힘든 시간이다. 또한, 전통적인 관점에서 볼 때에 읽기와 읽기 습득은 교실을 제외한 어느 곳에서도 지속되지 않는다고 가정된다. 학교는 읽기 학습을 위한 중립적 장소로 간주된다. 최근까지도 미취학 아동의 읽기와 쓰기를 돕는 것은 해롭다는 생각 때문에, 부모가 아동의 교육에 참여하면 안 된다는 것이 일반적인 관점이었다. 이러한 관점에 있어서는 다소의 변화가 있는 반면에, 학교는 아직도 아동을 가족과 가정의 삶으로부터 분리하여 가르치려고 한다.

이와 관련된 또다른 생각으로는 다섯 살이라는 연령이 읽기 학습을 시작하는 데에 적절한 나이라는 관점이 있다. 영국과 북미에서는, 다섯 살을 발달적으로 즉, 심리학적 또는 심리사회학적으로 읽기를 배우기에 적절한 시기라고 간주한다. 몇몇 다른 나라에서는 아동에게 일고여덟 살이 될 때까지 읽기를 가르치지 않는다는 사실에도 불구하고 말이다. 이러한 접근은 아동의 발달에 있어 특정한 영역의 학습을 하는 데에 적절한 심리사회학적인 결정적 시기가 있다는 생각과 관련되어 있다. 학습을 하는 데에 적절한 특정한 연령이 있다는 생각은 문식성보다는 교실 수업 관리라는 측면에 뿌리를 두고 있다. 이러한 관점은 범문화적 비교 연구, 취학 이전 시기의 문식성 연구, 문식성에 대한 민족지학적 연구에 의해 의문이 제기되었으며, 이에 대해서는 이전 장에서 언급한 바 있다. 기능 접근은 읽기 학습 이전의 시기를 단지 읽기 이전의 단계로만 설정하고 있기 때문에, 그 시기에 대해서는 충분히 고려하지 못한다. 또한 기능 접근은 성공적인 읽기 학습의 전제 조건으로 일련의 인지적 과제의 수행을 설정하기 때문에, 우리가 여기에서 논의해왔던 다른 요인들을 고려할 여지는 거의 남겨 두지 않는다.

읽기 지도 방법에 대한 이론들이 있고, 수많은 지도 방법들이 있으며, 미디어나 출판사들에 의해 만들어진 신념이 존재한다는 것, 그래서 읽기 방법을 선택하는 것이 결정적으로 중요하다는 말이 그럴듯하게 들린다는 것은 지적할 필요가 있다. 읽기 이론들을 간명하게 정리하여 명시적으로 제시하고 있는 읽기 학습을 위한 특별한 책도 있다. 초기 읽기를 위한 인쇄물의 글씨 크기는 좀더 크고, 각각의 페이지에 담긴 내용은 적다. 의미를 보여주는 선이 어그러져 있는 책이 있는가 하면, 그렇지 않은 책도 있다. 삽화가 실려 있는 책도 있고, 삽화가 실려 있지 않은 책도 있다. 영어에서 자주 쓰이는 단어 위주로 간단한 단어를 보여주는 책이 있고, 일반적인 철자 유형으로 된 단어를 보여주는 책도 있다. 그러나 간단한 것에서부터 출발하여 점점 복잡한 것으로 나아간다는 아이디어는 공통적이다. 읽기를 배우기 위한 특별한 책이 있다는 진술은 분명하지만, 읽기 학습을 위한 특별한 책이 있어야 한다는 사실은 분명하지 않다. 역사적으로 볼 때에는 수많은 사람들이 성경 읽기에서 시작하여 일상적인 책 읽기의 순으로 읽기를 배워왔다. 아동이 이러한 모든 방법으로 읽기를 배우는 현상을 관찰하는 것은 유익하지만, 최근 논쟁이 있어 온 특정한 방법이 큰 효과를 거두고 있는지의 여부는 명확하지 않다. 읽기 방법 선택은 아동의 읽기 학습에 크게 영향을 미치지는 않을 것이다.

읽기에 대한 기능 관점은 평가의 필요성과 밀접한 관련이 있다. 학교는 아동을 분류하고, 등급을 매기고, 시험을 보고 평가할 수 있는 능력이 필요하다. 이는 우리가 직장에서처럼 일상적인 삶에서 엄격한 방법으로 무언가를 하는 것과는 다르다. 그 근간에는 서로 다른 직업에 대한 준비를 위해 학교 교육에서 아동을 능력별로 분류하기 위한 목적으로 만들어진 지능 검사가 있다. 검사는 수업의 특정한 방법들과 항상 관련되어 있고, 검사 방법은 가르친 것과 가르치는 방법에 강력한 영향을 미친다. 예를 들어, 북미를 포함한 세계 곳곳에는 외부 사람들은 이해할 수 없는 읽기 측정을 위한 등급 체계가 있다. 다시 말해, 북미 사람들에게는 우리가 이해할 수 없는 다른 체계가 있을 것이다. 읽기 등급은 시험의 필요라는 관점에서 정의된다. 외적 참조라는 관점에서 어떤 사람이 등급을 얻게 될 때에, 등급에 대한 정의는 특정 등급에 해당되는 아동에게 기대하는 성취 수준 내용을 중심으로 진술된다. 이후의 등급은 이전 등급과 유사한 방식으로 진술될 것이다. 읽기 수준이 그들이 주장하는 읽기에 대한 좁은 관점으로는 측정되지 않지만, 어휘, 일반적인 지식, 의미 구성의 방법이 학교 교육의 실천에서는 측정된다.

나는 이를 비판하는 데에 너무 많은 시간을 보내는 것을 원하지 않으므로, 이에 대한 논의는 여기에서 마무리하고자 한다. 성인 문식성에서 기능적 관점에 대해 논의할 때에, 나는 기능 관점에 대해 다시 논할 것이다. 실천에 대한 논의를 할 때에 기능 접근의 관계에 대한 몇몇 논평은 유용할 것이다. 즉, 나는 실천에 대한 논의가 문식성을 개념화하는 데에 보다 포괄적인 접근 방식이 될 것이라고 본다. 문식 실천 관련 이론이 정교해짐에 따라 적용되는 분야가 확대될 수 있고, 심지어 검사, 읽기 부진아 지도, 양식 작성에 대한 이해와 같이 사회적 설명이 어려워 보이는 영역에도 적용될 수 있다. 기능은 필연적으로 그 과거의 책임을 수반하는 단어 중 하나이다. 기능 접근은 문식성과 상호텍스트적 연계를 갖고, 문식성과 학습에 대한 전반적인 이데올로기와 관련된다. 기능을 사용하는 것은 어떤 곳에서는 사람들에게 내재되어 있고, 모든 상황을 넘나들어 동일하게 사용될 수도 있으며, 단편적인 것을 덧붙일 수 있는, 일반 사람들이 보유하고 있는 중립적 성격의 기술들을 갖고 있음을 함의한다.

그러나 기능이라는 개념은 특정한 상황에서 탐구될 때에 유용할 수도 있다. 이러한 접근은 기능을 실천 속에서 상황화된 것으로 간주한다. 이는 기능이 실천 속에 위치하게 되며 실천은 기능을 결정한다는 스크라이브너와 콜(Scribner & Cole)의 공식과 관련된다. 다음 제시된 인용구는 그들이 실천과 기능의 관련성에 대해 상세하게 언급한 내용이다.

> 실천은 특정한 기술과 특정한 지식 체계를 사용하는 반복적이고 목적 지향적인 활동들의 순서를 의미한다. 우리는 '기능'이라는 용어를 특정한 상황에서 이러한 지식을 적용할 때에 관여하는 일련의 행위들을 언급할 때에 사용한다. 그리고 실천은 기술, 지식, 기능이라는 세 가지 요소로 구성되어 있다. 우리는 이 개념을 특정한 감각 운동(예컨대 천을 짜는 일) 뿐만 아니라 특정한 개념적인 활동(예컨대, 법의 적용) 측면에도 적용할 수 있다. 모든 실천에는 도구, 지식 기반, 기능들을 공유

하는 상호관련성이 있는 과제들이 포함되어 있다. 그러나 우리는 실천에 대해 일상적인 대상(법)을 둘러싼 활동의 전체적인 영역들로 보다 넓게 언급하거나 이러한 영역 내에서의 좀더 구체적인 노력들(반대 심문이나 법률 연구)로 보다 좁게 언급하는 것을 이해할 수도 있다(Scribner & Cole, 1981: 236).

이러한 접근에서 기능은 항상 사회적 맥락 내에서 존재한다. 복잡한 과제 속에서 개별적 기능들을 일일이 확인할 수는 없지만, 수용된 기능들을 갖게 되면 이는 불가분의 방법으로 통합된다.[2] 비고츠키(Vygotsky)의 용어로 말하자면, 읽기는 고등 심리적 과정의 일부이다. 즉, 읽기는 보다 낮은 기능을 넘어서는 것을 기반으로 하지만, 이때에 읽기를 낮은 기능과 높은 기능으로 나누는 것이 필요하지는 않다.[3]

필경사로서 그리고 저자로서의 필자

일상생활에서 쓰기는 종종 손 글씨의 깔끔함과 철자의 정확성이라는 측면에서 평가된다. 좋은 필자는 글씨를 깔끔하게 쓰는 필자이다. 이는 사회적으로 일반적인 생각이며, 나는 그 근원이 문식성에 대해 학교가 취해 온 관점과 관계가 있다고 본다. 20세기 초에 어린 시절을 보냈던 한 여성의 사례를 자세히 살펴보자. "그래요. 나는 한때는 좋은 필자였어요. 그 시절에는 펜을 쥘 때에 두 손가락을 사용해야 했고, 그렇지 않으면 선생님께 혼이 났어요. 글씨의 획은 힘 있게 정확히 써야만 해요!" 이는 시각적으로 보이는 글씨체를 강조하는 것도 쓰기를 정의하는 하나의 관점임을 보여준다. 손 글씨를 쓰는 과정에 대한 이러한 관점은 글씨를 쓰는 사람의 사회적 지위나 교육의 정도에 따라 달라진다. 그래서 학자나 의사와 같이 고등 교육을 받은 사람들은 손 글씨 쓰기에 대한 관습을 마음대로 업신여길 수 있다. 이들은 읽기 어려운 글씨를 쓰는 거만한 사람으로 언급되기도 한다.

영어에서 '쓰기'라는 단어는 두 가지 의미를 전달하기 때문에 모호하다는 지적을 받아왔다. 그래서 "당신은 이것을 스스로 썼는가?"라는 질문은 모호하다. 그것은 손 글씨에 대해서 묻는 것일 수도 있고, 내용에 대해 묻는 것일 수도 있다. 영어 단어 '쓰다write'는 '저자'와 '필경사'를 구별하지 못한다. 깔끔함, 철자와 쓰기의 기계적 측면에 대한 언급은 쓰기를 필기라는 측면에 집중시킨다. 읽기와 쓰기에 있어, 우리는 지금까지 문식성에 대한 정의로 받아들여져 왔던 문식성의 기본적인 측면에 대한 초점을 확인할 수 있다. 이는 현재 우리의 삶에서는 적절한 측면이라고 간주되지는 않는다. 마이스(Mace, 2002)는 현대 생활을 영위하는 데에 있어 손 글씨를 쓰는 것과는 다른 쓰기 방법을 제안하기도 한다.

쓰기의 개념을 저술하기로 전환하는 것 또한 쓰기를 단순하게 보는 것이다. 쓰기 과정에 대한 일반적인 관점은 이미 만들어진 생각을 종이에 옮겨 놓는 것을 포함한다. 이러한 관점에서 쓰기는 '번역'의 한 형태이다. 우리가 이전에 살펴봤던 것처럼, 기술적 수준에서조차 쓰기에는 이보다 좀더 많은 것들이 담겨 있다. 작성하기와 수정하기에 관심을 가지면, 탐구의 방향은 결과물보다는 과정으로 옮겨지게 된다. 여기에서 쓰기는 '생각하기'의 형태로 간주된다. 다음은 읽고 쓸 수 없는 상태로 학교에 남겨졌지만 몇 년 후에 다시 공부를 하기 위해 돌아 온 16세 여성의 이야기로, 우리가 수행한 연구의 일부이다.

> 나는 읽기, 쓰기, 철자법에 맞게 쓰기를 할 수 있는 것, 그리고 이 세 가지를 통합하기 위해 다른 기능들을 사용할 수 있는 것의 차이를 깨

닫지 못했다. 논쟁의 두 측면에 대해서 아는 것, 처음, 중간, 끝을 아는 것과 같은 학습 기능들 말이다. 나는 읽고 쓸 수 있는 사람이라면 누구나 자동적으로 그것을 할 수 있을 것이라고만 생각했다. 나는 그 외의 기능들도 알지 못했다. 나는 '오! 읽고 쓸 수 있는 사람은 누구라도 어떤 것을 하는 데에 어려움이 없어야 해.'라고 생각했는데, 실은 그것이 아니었기 때문에 충격을 받았다.

쓰기 행위의 결과물이 의미하는 것이라는 측면에서 볼 때에, 쓰기가 평가될 때에 일어나게 되는 충돌은 매우 명백하다. 평가를 해야 하기 때문에, 학교는 쓰기에 점수를 매길 필요가 있다. 철자법과 글씨의 깔끔함과 같은 쉽게 확인될 수 있는 것들에 점수를 매기고자 하는 유혹에는 저항하기 어렵다. 쓰기의 내용을 평가하려고 할 때에, 잘 쓰여진 글에 대해 쉽게 합의하기란 어렵다. 학교나 대학에서 매기는 점수는 서로 거의 일치하지 않는다. 학교 평가에서 쓰는 글은 평가라는 협소한 교육적 기능을 수행하는 것 이상의 명료한 목적을 갖고 있지 않기 때문이다. 그러나 쓰기를 독자와 목적으로부터 분리해서 살펴보고자 하는 경우는 없다. 쓰기는 의도된 목적이라는 관점에서만 평가될 수 있어야 한다. 절대적인 쓰기 평가는 없다. 즉, 좋은 점수를 받을 수 있는 학교에서의 글쓰기라는 것은 사회적으로 구성되고 문화에 따라 달라진다. 서로 자주 접촉을 하는 호주나 캐나다, 미국, 영국처럼 같은 영어권 국가 내에서도, 학교에서의 글쓰기를 구성하는 것은 여러 방법으로 이루어지고 서로 다른 모습을 보인다.

물론 학교와 대학에서는 쓰기에 대한 보다 정교한 관점을 발전시키고, 쓰기 학습의 기초 단계를 넘어서기 위해 노력해왔다. 쓰기에 대해 보다 복잡한 관점으로 쓰기 수업을 하는 수많은 교사들이 있다. 여태까지 언급되어 오지 않았던 것 중 하나는 쓰기에 대한 **과정 관점**process view이다. 이는 학생이 산출한 최종 결과물로서의 글 뿐만 아니라 계획하기, 작성하기, 수정하기와 같은 쓰기를 위한 준비에도 초점을 둔다. 이는 쓰기를 규범과 양식으로 바라봤던 것에 대한 변화이다. 수업과 학생의 관점에서 볼 때에, 과정 접근에 포함된 이해와 반성은 학생의 쓰기를 향상시키도록 도울 수 있다. 내재화의 관점에서 볼 때, 언어화는 여기로 향해가는 합리적인 단계이다. 활동에 대한 자기 반성은 무언가를 인식하게 되는 단계이며, 인식은 학생 필자와 다른 사람들이 자신의 행동을 바꾸기 위한 행동을 할 수 있게 만드는 방법 중 하나이다.[4)]

과정 접근은 쓰기 실천을 설명하는 방법 중 하나이다. 그러나 이 접근은 근본적으로 과정들에 초점을 맞춤으로써, 상황적 요인들을 무시하고 쓰기를 손에 펜을 들면 생각이 머릿속에서 나와서 종이로 옮겨지는 정신적 활동이라고 가정한다. 이러한 가정 속에서 사회적 배경은 무시되거나 거부되었다(Cooper & Holzman, 1989). 쓰기를 사회적 맥락 속에 위치지우는 방법은 실천의 관점에서 그것을 구성하는 것이다. 학생의 글 작성하기는 일련의 실천 중 하나이다. 작성하기, 공책 필기와 같은 것들, 예전에는 종종 쓰기라고 인식조차 되지 않았던 것들, 연구되기 어려웠던 것들을 포함한 활동들을 모두 쓰기라는 것으로 수용한 것은 과정 접근의 진일보한 측면이라 할 수 있다. 이러한 생각은 작성하기가 쓰기의 한 부분임을 깨닫게 하고, 모든 쓰기가 깔끔하게 퇴고되고 최종 산출물로 인쇄되는 것이 아님을 깨닫게 한다. 그러나 모든 쓰기가 학생이 글을 작성하는 것과 동일하다고 생각하는 것은 오산이다. 목적이 모호한 채 쓰여지는 글은 최종 산출물만이 아니다. 쓰기는 또한 편집하기와 자신의 글이나 다른 사람의 글에 대한 수정하기, 공책 필기, 양식 작성하기, 서명하기와 베껴쓰기와 같은 활동들을 포함한다. 5장의 예시 자료로 되돌아가 보면, 각각의 텍스트의 산출을 둘러싼 매우 다른 실천들이 있어왔다.

문식성에 대한 문학적 관점

'문학적'과 '문학'이라는 단어의 근원적인 의미는 한 문화 내에서 인정된 허구라는 의미와는 관계가 없다. 이러한 생각은 수백 년 전부터 있어 왔던 것 같다. 사실 **'문식성을 갖춘**literate'이라는 단어와 **'문학적**literary'이라는 단어는 교육을 받은 존재라는 측면에서 공통의 기원을 갖는다. 20세기에 접어들면서, 문학적이라는 단어는 소설, 시, 희곡을 다룬 무엇인가를 의미한다. 물론 문학적이라는 단어에는 그것이 예술인지 과학인지의 여부와 관계없이 문학 과목을 아는 것, 기행 문학 작품을 대강 훑어 읽는 것과 같은 보다 일반적인 의미가 들어 있다. '문식성을 갖춘'이라는 단어에는 문학을 안다는 의미가 아직도 들어 있다. 그럼에도 불구하고, 문식성과 문학이라는 단어는 보통 협의의 의미를 갖고 있고 특정 문식성 이론을 표상한다. 문식성과 문학적이라는 개념은 엘리트 문화와 대중 문화의 간격만큼이나 거리를 두고 성장해 왔고[5], 이 간극은 대중 문화의 중요성에 대한 논의에서 중심이 된다.

학교 문식성의 관점은 읽기와 쓰기에 관심을 가져왔던 최초의 시기까지를 포함한다. 학교 문식성 속에는 아동이 학교에서의 삶에서 노출되는, 기존에 경험했던 것과 서로 다르고 때로는 정반대일 수도 있는 문식성에 대한 서로 다른 관점들이 함께 존재한다. 문학 연구에서 영향을 받은 문식성의 관점이 있으며, 나는 이를 문식성에 대한 **문학적 관점**literary view이라고 부를 것이다. 문식성에 대한 다른 비유와 마찬가지로, 이 역시 읽기와 쓰기에 대한 일상적인 관점의 하나로 널리 퍼져있다. 그것이 필연적으로 학교에서 비롯된 것은 아니지만, 학교 교육의 제도에 의해 육성되고 뒷받침되어 왔다. 영어 과목과 보다 정교한 읽기, 쓰기에 대한 탐구는 문학 수업에서 다루어지게 된다. 텍스트의 의미를 파악하고, 그에 대해 **반응하는 것**responding은 종종 문학적 텍스트와 특정한 장르에 국한된다. 도서 문식성은 다른 형태의 인쇄물 문식성보다 우위를 차지하게 된다. 특정한 종류의 쓰기가 가르쳐지고, 그것을 평가하는 특정한 방식이 제공된다. 또다시 이는 사회적 실천이 된다.

문식성 교사들은 서로 매우 다른 학문적 배경을 갖기도 하지만, 자기 자신만의 이데올로기를 가질 수 있다. 대다수 문식성 교사들의 공통적 학문 배경이 영미 문학에 있지만, 이것이 문학에서 전문가로서 읽기를 가르치기 위한 필수적인 조건은 아니다. 여기에는 쓰기는 '필자'의 것이라는 엘리트 문식성이 자리 잡고 있다. 학교와 대학에서 학생들은 위대한 저자들의 정전을 공부한다. 문학에 대해 비평함으로써 문학을 공부하게 되고, 사람들은 자신이 이용할 수 없고 이용할 수 없도록 의도된 문식성을 배우고 있다. 그들은 다른 사람의 위대함에 대해서 수동적인 관찰자가 되도록 교육받는다. 그리고 문학적 문화를 관찰하지만 참여하지는 못하도록 교육받는다. 교육과정 전반에 창의적 글쓰기가 들어 있지만, 창의적 글쓰기는 종종 영어 과목과 구분되는 독립적인 과목이 될 수도 있다. 문식성에 대한 이러한 관점에서 좋은 필자는 다른 사람이 쓴 문장을 인식할 수 있는 개성적인 사람이다. 소설가들은 모든 단어를 선택할 수 있고 어떤 영감이 있는 사람으로 간주된다. 이는 역사적으로 전해 내려져 온 불변의 '복음(the Word)'에 대한 종교적인 관점과 유사하다. 이 '복음'에서 필자의 실제적인 쓰기 과정과 필자가 지속적으로 초고를 수정하는 방법은 무시된다.

문명화된 사람들이 알아야하는 정전은 공동체 구성원의 지향과 정신을 보여주면서, 어떤 사람들은 포함하고 다른 이들은 배제하는 도구가 된다. 이는 이미 언급되었던 문화적 문식성이라는 개념이며, 영국에서는 모든 학교의 아동이 특정한 연령에 배워야 할 것으로 정의되고 있다. 전반적으로 이는 문화에 대한 엘리트 관점이다.[6] 쓰기에 대한 이러한 관점을 예로 들면, 소설가 메리 레빈(Mary Lavin)은 어떻게 글쓰기를 시작했느냐는 인터뷰 질문에 대해 "나는 쓰는 것을 배운 적이 없다. …… 나는 그냥 썼다. 어느 날 박사학위 논문으로 다시 되돌아갔고, 계속해서 썼다(Chamberlain, 1988:140)."라고 답했다. 여기에는 창의적으로 쓰기 위해 주제로 되돌아간다는 이미지뿐만 아니라, 아무거나 쓰는 것이 아니라 대체로 정교하게 쓰여진 몇백 페이지 텍스트인 박사학위 논문을 마친 사람의 관점이 매우 강력하게 드러나 있다.

이와 관련하여 성공적인 전문 필자들과 그들의 일상생활을 들여다보고, 소설가들이 문식성을 둘러싼 자신의 삶을 어떻게 해결하는지를 탐색하기 위해, 나는 문식성의 특정한 세계, 전문 필자의 일상적인 실천에 대해 이야기할 것이다. 나는 여기에서 문학적 실천도 단지 문식성과 관련된 일련의 실천이고, 읽기와 쓰기를 구성하는 문학적 이론 또한 문식성 이론의 하나임을 입증하고자 한다.

전문 필자

문식성에 대한 문학적 관점의 한 측면은 필자라는 개념을 설명하는 것에 있다. 필자에 대한 문학적 관점은 그 자신의 일련의 실천, 가치, 정체성의 개념을 수반하며 상당히 구체적이다. 그것은 소설, 시, 희곡과 같은 픽션 쓰기와 관련이 있다. 이러한 생각은 교과서 필자, 직업적으로 정형화된 글을 쓰는 필자, 광고 기획사의 카피라이터, 저널리스트, 연설문 작성자와 같이 비문학적 쓰기를 하는 사람들을 포함하지 않는다. 비록 이러한 사람들이 평생 글을 쓰면서 살아가더라도 말이다. 그리고 사전 편찬자, 과학책이나 사회책, 논문, 보고서, 제안서를 작성하는 전문 필자, 에세이를 쓰는 학생 필자를 포함하지도 않는다. 텔레비전과 영화 대본 작가, 대중 소설 작가를 배제할 수도 있다.

여기에서 필자라고 일컬어지는 작가는 희곡, 소설, 시를 쓰고 그것을 출판하는 사람을 의미한다. 이들은 전문 필자의 글쓰기를 실천하는 사람들이다. 이러한 필자들은 자신이 글을 쓰는 방법에 대해 종종 이야기한다. 그리고 컴퓨터 글쓰기가 보급되기 이전에 글을 썼던 필자들을 대상으로 한 인터뷰를 모은 책도 몇 권 있다.[7] 그들의 첫인상은 다양하지만, 대체로 특이한 사람이라는 강렬한 이미지를 제공한다. 이들에 대해 단일한 유형을 찾아보기는 어렵다. 규칙적인 작업 유형을 갖고 있다고 주장하는 각각의 필자들에게도 이상해 보이는 또다른 것이 있다. 글을 쓸 때에 술을 마신다고 한 필자들 중에서도 글을 쓰면서 술을 마시는 것이 불가능하다고 답한 사람도 있다. 필자와 인터뷰어는 필자를 신화화하려는 시도가 있다. 신화를 넘어 서는 것은 중요하다. 술을 마시는 것을 예를 들면, 남자 작가들은 술을 많이 마시며 똑똑하지만 충동적이고 이기적이며 성차별적이고 신경질적이라는 신화가 있어 왔다. 윌리엄 포크너(William Faulkner), 노만 마일러(Norman Mailer), 테네시 윌리암스(Tennessee Williams)는 때때로 이러한 이미지를 선동했다. 필자가 술에 대해 말하는 것을 탐색해 보면 실제로는 정반대일 때가 있다. 그들의 실제 삶은 대체로 금욕적이기도 하다. 오히려 그들의 글쓰기를 방해하는 것이 술이다.

필자의 일상의 실천을 살펴보고, 그들이 하는 일과 글쓰기의 계획을 세우고 수행하는 방법을 살피는 것은 문식 실천을 탐색하는 하나의 방법이다. 나는 사람들 각각의 글쓰기 방법과 그 사람들의 생활을 조직하는 실제적인 방법을 함께 논의하고자 한다. 그러나 나는 사실 이러한 활동들은 쓰기와 생활 방식이 사람들에게 무엇을 의미하는지에 대한 기본적인 접근을 반영한다고 생각한다. 쓰기가 사람들에게 무엇을 의미하는지는 자기 자신에 대한 구성과, 그들이 사회에 의해 어떻게 보여지는지 즉 사회적 실천과 관련된다. 우리는 문식 실천에 있어서 사회적이고 심리학적 한계와 가능성들의 혼합된 상태를 파악한다. 우리는 필자마다 시간 관리를 다르게 하고 기억력을 비롯한 다른 능력들을 적절하게 사용하면서 자신의 개인적인 능력들을 어떻게 전략적으로 조직하는지를 알 수 있다. 사람들의 일상의 리듬을 갖기 위해 노력하는 데에 있어 문식 실천에 대한 단일한 집합인 단 하나의 유형만 있는 것은 아니다. 필자가 스스로의 삶에 대해 말하는 내용을 통해 수집한 증거들에서는 실제로 두 가지 일반적인 유형을 추출할 수 있을 것이다. 모든 사람에게 그것이 부합하지 않는다 할지라도 말이다.

몇몇 필자들은 아침에 시작해서 4시간여 동안 규칙적으로 일을 한다고 주장했다. 예컨대, 에드워드 앨비(Edward Albee), 트루먼 카포트(Truman Capote), 애니 딜라드(Annie Dillard), 존 도스 파소스(John Dos Passos), 아서 코틀러(Arthur Koestler), 윌리엄 맥스웰(William Maxwell), 에드나 오브라이언(Edna O'Brien), 메리 샤턴(Mary Sarton), 프랑소와즈 샤강(Francoise Sagan), 존 업다이크(John Updike), 웰스(H. G. Wells), 퀘이스 워터하우스(Keith Waterhouse)는 아침을 '황금 시간'이라고 부른다. 앤 버내이(Ann Bernays)는 일정한 규칙성을 갖는 글쓰기의 중압감에 대해 말하면서 "부끄럽지만, 나는 최선을 다하는 날에도 서너 시간만 글을 써요."라고 죄의식을 나타내기도 한다(Winokur, 1986:81). 그들이 준수하는 일련의 의례가 시작되는 시간이 있는 것이다. 그들은 특정한 방식의 글쓰기를 할 수 있는 일정한 장소 또한 갖고 있는데, 대체로 조용하고 방해받지 않는 곳을 좋아한다.

하루의 남은 시간은 종종 생각을 배양하는 시간으로 해석된다. 이 시간 동안에는 편지 쓰기 같은 부수적인 활동들로 시간을 보내거나 쓰기와 전반적으로 관련이 없는 활동들을 할 수도 있다. 매우 왕성한 집필을 하는 대중 작가 바바라 카틀랜드(Barbara Cartland)는 이러한 한 예이다. 그녀는 자신의 말처럼 이렇게 주어진 남은 시간 동안 문학적인 글은 잘 쓰려 하지 않는다. 매일 아침 그녀는 긴 의자에 누워 비서에게 글을 받아쓰게 한다. 나이가 들고 손 글씨로 글을 더 이상 쓸 수 없는 상황인데도 글을 써야 될 때에는(이를 강요받았음에도 불구하고), 유진 이오네스코(Eugene Ionesco) 또한 자신에게 편안한 느낌을 주는 이야기를 말하고 이를 받아쓰게 했다. 제임스 서버버(James Thurber)는 자신의 글을 비서가 받아쓰게 하는 방법을 배우는 데에 10년이 걸렸다고 말했다. '깊은 밤의 저편(The of side of midnight)'의 작가인 시드니 셸던(Sidney Sheldon)은 하루에 4시간 이상 받아쓰게 해서, 하루에 50페이지 이상 완성하였다. 그러나 그런 일을 한 사람이 누구인지는 알려지지 않았다.

몇몇 작가는 좀더 오랜 시간 글을 쓴다. 필립 로스(Philip Roth)는 매일 8시간씩 쓴다고 말했다. 아이작 아시모프(Issac Asimov)는 하루에 18시간 이상 글을 쓴다고 말했다. 이는 '폭식을 하듯' 글을 쓰는 필자 집단도 있다는 것을 우리에게 알려 준다. 그들은 보다 불규칙적으로 글을 쓰고, 글이 끝날 때까지 계속해서 글을 쓴다. 조르주 심농(Georges Simenon)은 소설이 끝날 때까지 하루에 한 챕터를 쓰고, 그러고 나서 기진맥진하여 쓰러진다고 말했다. 포크너(Faulkner) 같은 집필 방식은 필자에 대해 대중이 갖고 있는 이미지와 유사할 것이다. 그러나 여러 인터뷰 자료를 읽어 보면, 이는 그렇게 보편적이지는 않다는 것을 알 수 있다.

많은 사람들이 대단히 다양한 방식으로 글쓰기를 하고 있다고 주장한다. 일부는 페이지의 숫자로 자신에게 맞는 속도를 찾는다. 윌리엄 스타이론(William Styron)은 하루에 두세 페이지를 쓰되, 노란 종이에 손으로 다섯 시간 정도를 쓴다. 토마스 만(Thomas Mann)은 1년 내내 하루에 한 페이지를 쓰는 것으로 알려져 있는 반면, 트롤럽(Trollope)은 1주일에 49페이지의 초고를 완성하도록 자신을 훈련시켰다. 어니스트 헤밍웨이(Ernest Hemingway)는 자신이 하루 동안 쓴 단어의 숫자를 세는 데에 열과 성을 다하곤 했지만, 다른 사람들은 이를 놀렸다. 그는 규칙적으로 하루에 500단어씩 쓸 수 있었지만, 그럼에도 불구하고 '320단어를 잘 쓰는 것'에 만족감을 느꼈다. 1,200 또는 2,700 단어를 하루에 쓰는 것은 "당신이 믿을 수 있는 것보다 당신을 행복하게 만들어 준다."(Phillips, 1985:56)고 주장하기도 하였다.

글쓰기가 필자의 삶을 반영한다고 생각하는 입장에서, 미국 작가인 애니 딜라드는 작가를 둘러싸고 있는 신비로움과 이례적인 일화가 일상의 실제성을 표상하게 되는 것에 대해 매우 냉소적인 입장을 취한다. 그녀는 6주 동안에 소설을 쓰는 파울러에 대해 이는 맨손으로 차를 들어 올리거나 손쉽게 나이아가라 폭포를 건너는 것과 같은 보기 드문 솜씨라고 말한다. 그녀는 필자들은 평균적으로 1년에 73페이지 정도의 쓸 만한 글을 쓴다고 진지하게 추측한다(Dillard, 1989:12-16). 어떤 필자들은 1년 내내 매일 글을 쓴다고 주장하는 반면에, 엘리자베스 보엔(Elizabeth Bowen)은 매일 무언가를 써야할 필요에 대하여 이야기하기도 한다. 실제로 책을 쓰는 시간인가의 여부와 관계없이 시간을 가져야 하는 것 자체가 작가들에게 보다 일반적인 것처럼 보인다. 어니스트 헤밍웨이는 1년 중에 보다 좋은 글쓰기를 할 수 있는 특정한 시기가 있다고 주장한 반면, 레이몬드 카버(Raymond Carver)와 앵거스 윌슨(Angus Wilson)은 이러한 관점은 애니 딜라드가 냉소를 보일 수 있는 주장이라고 말했다.

계획하기, 작성하기, 수정하기 과정에서, 필자가 글을 어떻게 쓰고 있는가에 대해서는 수많은 논의가 있어 왔다. 다시금 다양한 접근들이 확인될 수 있다. 첫 번째 페이지에서 시작해서 순차적으로 페이지를 써 내려 간 후 끝이 날 때까지 거의 덧붙임이나 변화를 하지 않는 필자도 어느 정도 있다(조르주 심동도 그 중 하나이다.). 앵거스 윌슨은 초고 쓰기와 수정하기를 순차적으로 한다고 말했다. 아무데서나 시작하고 반복적으로 앞뒤로 왔다갔다하는 것을 편안하게 생각하는 사람들도 있다. 조이스 캐리(Joyce Cary)는 큰 장면을 먼저 쓰고 나머지를 채워 넣는다고 말한다. 어떤 사람들은 수정하기를 하지 않는다고 주장하기도 하는 반면에(안소니 버제스가 그 예이다.), 다른 사람들은 글을 끝맺은 후에 수정의 횟수를 정해놓고 서너 번에 걸쳐 수정하기도 한다. '매우 특별한 종류의 노란 종이'에 세 번째 초고를 쓰는 트루먼 카포트는 수정을 하는 순서가 분명하다. 지속적으로 수정을 하는 사람들도 있다. 존 도스 파소스는 예닐곱 번을 수정하고, 메리 라빈은 여러 번 수정하며, 서버는 15번까지, 레이몬드 카버는 2~30번 고친다고 말한다.

다양한 필자의 수행이 존재하고 필자마다 사용하는 다양한 전략이 있다는 관점에서, 몇몇 연구자들은 필자들의 글쓰기 유형을 찾기도 한다. 이는 픽션을 쓰는 작가에게만 해당되는 것이 아니라, 학문적 글쓰기나 다른 유형의 글쓰기를 하는 사람들에게도 해당된다.[8] 처음에 시작해서 곧장 작업을 하는 사람들과 전반적인 초고를 쓴 후 서로 다른 부분들을 오가며 작업하는 사람들로 간단하게 나눌 수 있다. 이는 각각 '연속론자'와 '전체론자'로 언급되어 왔으며, 수많은 필자들이 자기 자신을 이

중 하나로 규정하였다. '계획하는 사람과 발견하는 사람', '생각하는 사람과 실천하는 사람'과 같이 보다 많은 범주 쌍들이 제안되어 왔다. 다니엘 챈들러(Daniel Chandler, 1995:229-36)는 여러 연구에서 필자들이 사용하는 전략을 분류해 온 범주들을 검토하여 인상적인 네 가지 전략을 제안하였다.

기름칠 전략, '최소한의 계획하기를 수행하고 아이디어를 적으면서 텍스트에 대한 작업을 반복적으로 수행하는, 전형적인 인공위성 전략'

건축학적 전략, '제한된 초고쓰기, 검토하기와 함께 의식적인 계획하기와 조직하기를 포함하는 것'

벽돌쌓기 전략, '그 다음으로 넘어가기 전에 각 문장을 다듬는 것'

수채화 전략, '상대적으로 신속하게 완전한 형태를 만들고자 시도하는 것'

이들 각각의 전략을 위해, 챈들러는 이들 각각의 전략을 사용하는 필자들을 확인하였다. 커트 보네커트(Kurt Vonnegut), 알베르토 모라비아(Alberto Moravia)는 기름칠 전략을 사용하였고, 존 바쓰(John Barth)는 건축학적 전략을, 톰 로빈스(Tom Robbins)와 안소니 버제스(Anthony Burgess)는 벽돌쌓기 전략을, 캐서린 앤 포터(Katherine Anne Porter)는 수채화 전략을 사용하였다. 각각의 전략에 대해 찬성하는 필자가 있는 반면, 반대하는 필자들도 있었다. 물론 많은 필자들이 이 전략들을 하나 이상 실천하고, 서로 다른 목적을 위해 서로 다른 전략들을 사용할 수도 있다. 전략 중 일부는 다른 것보다 컴퓨터를 활용한 단어 처리에 보다 잘 맞을 수도 있다. 쓰기를 배우는 모습은 그야말로 다양하기 때문에 단 한 가지로 모든 것이 설명되지 않는다. 그러나 이러한 접근이 얼마나 서로 구분되는지를 판단하는 것은 중요하다. 모든 사람들의 쓰기 방법을 단 하나의 모형으로 묶을 수는 없다.

이러한 인터뷰에서는 실천에 대해 논의할 수 있는 것들이 많이 있다. 필자의 영감의 원천은 다양하다. 세상살이에서 영감을 끌어오는 사람이 있는가하면, 자기 자신이나 다른 책으로부터 영감을 끌어오는 사람들도 있다. 공책을 갖고 있는 사람들도 있지만, 공책을 무시하는 사람들이 있기도 하다. 포스터(E. M. Forster)는 절대로 공책을 사용하지 않으면서 '공책을 사용하는 것은 생각을 부적절하게 만드는 것'이라고 하였다. 프랑수아 모리아크(Francois Mauriac), 도로시 파커(Dorothy Parker), 윌리엄 스테이론, 제임스 서버도 마찬가지이다. 윌리엄 맥스웰은 공책을 포기하고 대신 파일 카드를 사용하였지만, 결코 그것을 보지는 않았다. 물론 글을 쓸 때에 기록해 두었던 엄청나게 많은 공책들을 갖고 있는 사람들도 많다.

문학 필자들은 협력적이지 않다. 아가사 크리스티(Agatha Christie)와 에벨린 워프(Evelyn Waugh)는 협력이라는 행위를 조롱하는 모습을 보인다. 많은 사람들이 글을 쓰는 동안 작업하는 것을 공유하기가 어렵다고 밝혔다. '만약 무언가에 대해 말한다면, 그것은 잃게 된다.'는 헤밍웨이의 느낌은 아마 작가들에게 있어서는 확실히 일반적인 반응일 것이다. 반면에, 트루먼 카포트는 그의 미완성된 작업을 그의 친구들에게 읽어 주는 것을 글쓰기의 필수적인 부분으로 간주하였다.

문학 필자들의 삶과 글쓰기가 얼마나 잘 어울리는가는 이들의 문식 실천을 이해하는 데에 중요한 부분이다. 인터뷰를 들여다보면, 대부분의 필자들은 그들이 하고 싶은 대로 시간을 쓸 수 있고 아동을 돌보거나 쇼핑이나 집안일을 하는 것에 구애받지 않는 깔끔한 일상생활을 보냈다는 인상을 준다. 다른 사람들이 지적했다시피, 남자와 여자의 경험은 이 점에서 근본적으로 달라질 수 있다. 인터뷰를 한 사람들은 일반적으로 성공한 필자이며, 유명해지고 부유해진 이후에 인터뷰를 하였다. 그들의 실천은 이를 반영한다. 대개 그들은 전적으로 글을 쓸 수 있는 시간이 있었다. 사실상 전일제로 글을 써서 돈을 벌 수 있는 것이 불가능하기 때문에, 시는 여기에서 예외이다. 필립 라킨(Philip Larkin)은 전일제 도서관 사서였고, 시를 쓸 때에는 '다른 것과 마찬가지인 일상의 한 부분으로' 매일 저녁 두 시간씩 그 일을 했다고 말했다. 많은 인터뷰에서, 사람들의 사회적 관계는 밝혀지지 않은 채 남아 있다. 필자들은 사회적 책임감이나 사회적 위치에 대한 인식에 대한 생각 없이 종종 개인의 인식에 머물러 있기도 한다. 이는 필자가 부분적으로 답하게 되는 질문을 반영하는 것일 수도 있다. 여성 필자들의 인터뷰에는 이러한 모습이 보다 적게 나타나기도 한다.

모든 인터뷰에서 필자들은 초기에는 컴퓨터에 대해 문외한이었다고 밝히고 있고, 펜으로 쓰는 것과 타자기로 쓰는 것에 대한 논의에서도 본인들이 타자기로 쓰는 것에 매우 서툴다고 하였다. 이처럼 문학 필자는 기계에 대해 잘 모르고 서툴다는 이미지가 일부 있기도 했지만, 이는 컴퓨터와 인터넷의 도래와 함께 바뀌어가고 있다.

나는 주로 '문학적' 필자와 그들의 문식 실천에 초점을 맞추었다. 여기에는 두 가지 이유가 있는데, 첫째로는 문학 필자의 글쓰기에 대해 갖고 있는 우리의 신화를 깨기 위해서이며, 둘째로는 다른 유형의 글을 쓰는 필자보다는 문학 필자와 나눈 인터뷰가 좀 더 흔하기 때문이다. 문학 필자들과의 인터뷰는 글쓰기에 대해서 많은 생각을 하는 다른 사람들과의 인터뷰보다 일반적이다. 이미 언급했듯이, 학자들과 그들의 글쓰기에 대한 연구 또한 있어 왔다. 그러나 직업적으로 정형화된 글을 쓰는 필자나 저널리스트와 같이 다른 전문 필자들에 대한 연구는 거의 없다. 전문직 수행에 필요한 지식은 책에서 얻기보다 실천에서 얻게 되는데, 이를 수행하기 위한 지식에 대한 이론도 없다. 더불어, 일상생활에서 폭넓게 글을 쓰는 사람들의 문식 실천 또한 그리 많이 연구되지 않았다.[9)]

제12장 학교에서의 문식 실천

도입

앞에서 언급한 바와 같이, '문식성을 갖춘'이라는 단어는 원래 교육받은 사람을 의미하는 것이었다. 오늘날에도 때때로 이 말은 교육받은 사람을 가리킬 때에 사용된다. 그리고 때때로 교육받은 사람과 그렇지 않은 사람 또는 학교 교육을 받은 사람과 그렇지 않은 사람을 구분하고자 할 때에도 사용된다. 그러므로 교육에서 문식성의 중요성에 대한 논의는 아직 분명히 정리되지 않았다. 문식성 능력으로 측정되는 성공적인 학교 교육, 의무 교육 기간으로 측정되는 여러 나라의 문식성 수준에서 알 수 있듯이, 현대 사회에서는 문식성, 학교 교육, 교육이라는 개념이 전반적으로 얽혀 있기 때문이다. 그러나 대체로 읽기 학습과 쓰기 학습은 교육의 중요한 요소로 인식된다.

그러나 원래 학교 교육은 문식성에 대한 탐색이 시작되는 지점이 아니었다. 학교 교육은 문식성에 대한 이론적 근거도 아니고 종착점도 아니기 때문에, 이 책의 주요 논점이 아니다. 학교 교육은 문식성에 대한 커다란 그림의 일부분은 될 수 있지만, 문식성은 그 자체로 목적이 될 수 없다. 그보다 일상적 삶의 문식성은 다른 목적을 제공한다. 사람들이 일상에서 문식성을 사용하는 것으로부터 실천에 대한 논의는 시작된다. 만약 문식성이 학교 교육에서부터 시작된다면, 우리는 학교 문식성의 관점에서 모든 것을 평가하게 될 것이다. 학교는 우리 사회의 문식성 교수·학습과 관련된 공간이다. 이 말은 그러한 관점으로부터 우리 자신이 자유로워지기는 매우 어렵고, 교육적인 것과 다른 관점으로 문식성을 들여다보는 것 또한 매우 어렵다는 뜻이다. 학교의 요구라는 관점에서만 가정 문식성을 바라보는 것은 위험하다. 이러한 사례들은 만약 학교가 읽기를 배우는 곳이라고 가정한다면 가정에서 배우는 모든 것이 '읽기 전'이라고 불리게 됨을 뜻한다. 만약 읽기가 학교에서 순차적인 기능의 집합으로 배우게 되는 것이라면, 가정에서의 읽기 또한 단계가 있는 일련의 기능으로 정의될 것이다. 이러한 종류의 정의 때문에, 학교 교육 시작 이전에 가정에서 일어나는 일에 대해 탐색하는 것은 중요하다.

이 장에서 나는 어디에서 시작했든 간에 교육 세계에서의 문식성에 대해 탐색하고자 한다. 나는 이제 학교에 대한 논의를 하고자 한다. 이 논의는 학교와는 다소 거리를 둘 때에 가능하고, 학교를 평범한 곳이 아니고 색다른 곳으로 바라볼 때에 가능한 것이다. 문식성을 일상의 환경에서 이루어지는 것으로 바라보는 생태학적 비유에서, 학교는 특정한 형태의 성장을 독려하는 특별한 장소로 여겨진다. 이는 온실에서 자란다는 것을 강조하여 학교를 온실로 비유하고, 식물을 키우고 사람을 훈련시킨다는 두 가지의 의미로 양육이라는 단어를 사용할 수 있다는 점에서 매력적인 비유이다. 이 장의 의도가 학교 문식성의 적용 범위를 속속들이 규명하는 것이 아님을 강조하는 것은 중요하다. 이 책 전체는 문식성과 학교 교육에 대하여, 특히 읽기와 쓰기 학습에 대해 말하고 있다. 여기에서는 이 책의 주제인 문식성의 생태학과 관련된 주제로만 논의가 집중될 것이다. 이 장에서는 우선 아동의 일상적 문식성의 일부인 학교에서 실제 일어나고 있는 것을 탐색할 것이며, 그다음으로 가정 문식성과 학교 문식 실천의 관련성을 탐색할 것이다. 학교가 생태학적 접근에 대해 설명할 수 있는 몇 가지 방법에 대한 논의는 14장에서 계속된다.[1]

물론, 문식성에 대해서는 학교의 관점만 있는 것은 아니다. 비판을 하기 위해 하나의 관점만을 취하는 것도 아니다. 학교는 보다 넓은 사회 안에서 위치 지워지며, 가치의 다양성을 반영한다. 개별적인 점들이 많기 때문에 일반화하기도 어렵고, 국가나 세계에 단일한 종류의 학교가 존재하지도 않는다. 국가 내에서도 학교는 동질하지 않다. 영국에서는 공적 지원을 받는 공립 체계와 사립 체계라는 두 가지 교육 체계가 공존하며, 전자는 후자에 비해 보다 연구되고 면밀히 조사된다. 또한 설명하기는 어렵지만, 학교 밖의 교사와 학생처럼 공식적 체계 밖의 숨겨진 부분도 있다. 학교에서의 문식성에 대한 관점은 서로 다른 지도 방법들과 관련되어 있지만, 같은 학교라도 실제 개별 교실에서는 구체적인 지도 방법이 매우 다르게 변화될 수 있다. 현재 영국과 미국에서는 교육과 문식성은 공적 영역에 속하는데, 이러한 공통이 있음에도 두 나라는 서로 상반된 문식성 이론을 갖고 있다. 서로 다른 지도 방법으로 종종 표현되는, 문식성에 대한 상반되는 정의들이 있다. 그럼에도 불구하고 어디에서든 학교 교육이라면 공통된 무언가가 있을 것이고, 학교에서 일어나고 있는 일에 대해 일반화를 하기 앞서 지금까지 언급한 내용은 염두에 두어야 한다.

학교에서 일어나고 있는 일

학교에서는 어떤 일이 일어나고 있는가? 문식성이 어떤 내용으로 어떻게 가르쳐지느냐에 따라 이 질문은 다양해진다. 실제로 어떤 일이 일어나고 있는가라고 묻는다면, 이는 생태학적 질문이다. 학교는 우리 문화에서 삶의 여러 측면에 있어, 특히 문식성을 정의하는 데에 있어 강력한 영향력을 미치는 기관이다. 학교는 다른 문화적 활동들과는 분리되어 있는 기관으로 간주될 수 있다. 학교에 기반한 문식성의 형태는 단 한 가지 형태의 문식성으로, 학교 교육에서 가르쳐지는 문식성은 인정받은 문식성이 되었다. 그리고 이는 일정 정도 학교 이외의 문식성을 가정과 삶의 다른 영역의 것으로 치부하면서 주변적인 것으로 만들어버린다(Street & Street(1991)에 이러한 논의가 제시되어 있다). 제도로서의 학교는 무엇인가를 이루게 하는 특정한 방식이 있는데, 특히 언어 사용과 문식성을 둘러싼 일련의 실천에서 그러하다. 아동의 삶의 대부분은 학교에서 소비되고, 학교는 그들의 가치와 태도를 형성하는 데에 의미 있는 참고 지점이 된다. 이러한 영향은 성인기에도 계속되고, 성인이 부모가 되면 강화된다. 학교를 다니는 아동이 있는 가족에게는 학교의 가치가 가정에 영향을 미친다. 학교의 태도와 가치는 전반적으로 사회에 영향을 미친다. 그리고 일반인들이 읽기와 쓰기를 바라보는 관점은 학교교육과 학교 교육에 대해 갖고 있는 이미지에 의해 일정 정도 영향을 받는다.

아동이 학교 교육을 받을 수 있는 특정한 연령이 되면, 그들은 가족의 삶에서 떨어져 나와 어른들이 만들어 놓은 집단에서 배우게 된다. 학교는 특정한 영역이며, 특정한 사람들만 다니는 공간이다. 그들은 특정한 종류의 옷을 입고, 특정한 종류의 활동을 수행하며, 이는 가정과 일터에서 이루어지는 것과는 다르다. 예를 들어, 물리적으로 학교는 다른 건물과 구별되는 건물이고, 학교와 다른 공간은 담장을 경계로 분리되어 있다. 사람들이 학교에 들어가기 위해서는 학교 이름, 위상과 교훈이 표시되어 있는 입구, 수석 교사의 권위, 직위에 따른 교사 명단, 눈에 띄는 여러 가지 메시지들을 지나치게 된다. 학교 내에서 공간은 나누어져 있기 때문에, 아동은 종종 연령에 따라 구분되고 때로는 능력과 성별에 따라 구분된다. 교실이라고 불리는 공간이 있으며, 여기에는 어른 한 명과 함께 3~40명의 아동이 모여 있게 된다. 시간 역시 명확하고 엄격하게 구분되어 있다. 사람들은 특정한 날, 특정한 시간에 학교에 가서, 명확히 정해진 시간 동안 활동들을 수행한다. 이는 종소리에 의해 알려진다. 전형적으로 학교의 모든 이들은 동일한 시간의 구분을 따른다. 학교의 삶은 공유된 리듬에 의해 표시된다. 교실에는 교사와 학생의 학교생활 속에서 반복되는 일상으로 이루어진 일상적이고 반복되는 활동들이 있다. 활동들은 교과 과목으로 쪼개어져서 시간표별로 다른 장소에서 다른 교사와 다른 책을 가지고 이루어진다. 사회적으로 학교는 학교 책임자에 따라서 위계화된다. 교사들은 학생들보다 높은 위상과 권한을 갖고 있으며 보수를 받는다. 아동은 학교에 다녀야 할 합법적인 의무를 진다. 부모들은 거의 학교로 들어오지 않지만, 대개 공식적인 학교 수업이 종료되는 날에는 학교에 온다. 이러한 틀 속에서 아동은 문식성에 대해 배우게 된다.

학교에는 아동이 배우게 되는 모든 종류의 실천이 있다. 아동은 규칙에 따르고, 보다 큰 집단의 일부가 되는 것을 배운다. 그들은 계속해서 앉아 있는 것을 배우며, 정해진 시간에 따라 행동해야 하는 것을 배운다. 학교에는 허용되는 행동과 그렇지 않은 행동에 대한 기본 원칙이 있다. 여기에는 누가, 언제, 누구에게, 무엇에 대해 말을 해도 좋은지에 대한 규칙이 포함된다. 이러한 기본 원칙은 가정이나 아동이 속한 작은 공동체와는 다르다. 학교가 매일 있는 수업의 리듬을 조직하여 아동을 사회화시키는 데에는 수많은 방법이 있다. 언어 사용은 이러한 방법에 있어 중요한 한 부분이 된다.[2)]

읽기와 쓰기에 대한 탐색에 있어서, 학교 교육의 문식성이 학교에서 일어나는 문식성의 유일한 형태가 아님을 기억하는 것은 중요하다. 학교에는 보이지 않는 상태의 서로 다른 문식성이 있다. 우리는 실제적인 실천을 바라보는 것이 필요하다. 공식적이고 비공식적인 범위의 문식성 활동들이 있다. 교실에는 그래피티와 낙서, 책상에 쓴 이름이 있고, 비밀 공책이 오고 간다. 아동은 만화책을 읽고 사회 통념에 어긋나는 자료들을 돌려 본다. 그들은 학교 밖에서 들여 온 자신의 책과 잡지를 갖고 있다. 또한, 아동을 둘러싼 게시판, 교실의 전시물, 기호 등의 시각적인 환경도 존재한다. 아동은 옷과 도시락 가방에 자신의 이름을 적어 놓는다. 어린 아동은 집과 학교를 오가는 알림장을 쓴다. 여기에서 아동은 메시지를 운반하는 사람으로 행동하게 된다. 그런데 메시지는 음성 언어로 설명될 수도 있다. 아동은 읽기와 쓰기에 대한 공식적인 지도 내용이 아닌 문식 사건을 관찰한다. 예를 들어, 그들은 언어 사용역을 일상으로 가져오는 데에 참여할 수도 있다. 그리고 학교에서 문서 기록을 관리하는 장면을 볼 수도 있다. 아동이 나이가 들어감에 따라, 그들은 학교 안팎에서 자신의 읽기와 쓰기를 계속해서 수행하게 된다.[3)]

학교 내에서의 공식적인 지도는 일련의 실천 방식이 있다. 가정에서 읽기를 배우기 위해 특별한 책을 읽는 것처럼, 학교 교육 전체에서도 특별한 책을 사용한다. 종종 이 책들은 학교 교육에서 활용되고, 교실에서 항상 볼 수 있다. 동일한 책의 수많은 복사본이 존재하며, 이들은 서점에서는 구할 수 없을 수도 있다. 이러한 책들은 아동에게 일정 기간 동안 대여된다. 아동은 책임감을 갖고 학교에서 책을 갖고 있게 된다. 부모는 이 책을 볼 수 없을 것이다. 아동은 때때로 자신의 책을 갖게 되고, 때때로 이를 공유한다. 교과서들은 제한된 장르, 특정한 형태의 쓰기로 이루어져 있다. 처음에 이러한 책들은 읽기 학습을 위해 사용되었다. 이후 이 책들은 전문가인 교사가 서로 다른 교과로 구분되는 특정한 담화들을 지도하기 위해 사용되었다. 비록 대다수가 문학 작가 같은 인상을 주지는 못했을 지라도, 종종 이러한 책들은 교사들이 집필하였다. 교과서는 대개 매우 짧은 글을 읽는 방식으로 사용된다는 점에서 특별하다. 이러한 텍스트를 둘러싸고 수많은 이야기가 오고 가며, 그 사용은 교사에 의해 강력하게 중재된다.

아동이 학교에서 글을 쓸 때에는 특정한 책에 글을 쓴다. 영국에서 이러한 책은 종종 학교에 의해 보급되는데, 이 책은 개인적인 편지나 상업적인 상황에서 사용하는 종이와는 다른 크기로 되어 있다. 아동은 사용할 수 있는 쓰기 도구의 종류나 사용 가능한 잉크의 색깔 등을 제한받기도 한다. 다른 나라의 아동은 교과서를 자기가 구입하고 다른 규칙의 적용을 받는다. 수많은 나라에서 낮은 품질의 크레용이 어린 아동이 글쓰기를 배우는 데에 사용된다. 부모들은 때때로 아동이 쓴 글의 결과물을 볼 수 있도록 초대를 받는다. 예를 들어, 학기 말에 부모에게 찬찬히 보여주기 위해 교실에 아동이 작업한 파일을 전시하여 놓을 수도 있고, 아동이 집에 갈 때에 함께 묶음으로 보낼 수도 있다. 쓰기가 수행되는 것이 명확하지 않기 때문에, 이 결과물들은 집으로 가져 갈 수도 있고 교실에 던져 놓을 수도 있으며 몇 년 간 계속 보관될 수도 있다.

텍스트를 둘러싼 이야기들

아동은 학교에서 의미를 구성하는 변별적인 방법에 대해서 배운다. 이는 올슨(Olson)의 말처럼 '텍스트에서 의미를 해석하는 것을 한정하는 방법을 배우게' 되거나(Olson & Nickerson, 1978), 웰쉬(Wertsch)가 학습은 **텍스트에 기반한 실재들**text-based realities을 다루는 법을 배우게 된다고 지칭했던 것이다. 이러한 방법을 배우게 되는 교실에서 이루어지는 수많은 교실 언어 실천은 동질적이다. 학교생활 리듬의 일부로, 교실에는 일상적인 문식 사건이 있고 책을 가져가고 다시 갖다 놓는 시간이 있다. 읽기를 위한 시간이 있고, 쓰기를 위한 시간도 있다. 교실에서의 문식성 사용에 대해 탐색할 때에 고려해야 할 첫 번째 사항은 문식 실천이 전반적으로 구두 언어와 관련되어 있다는 것이다. 책, 활동지, 학생 글쓰기, 문자 언어로 제시되는 시험 등 그 형태와 상관없이, 우리는 모든 종류의 문식 사건 속에서 텍스트에 대해 이야기한다. 학교 교육의 많은 부분이 **텍스트를 둘러싼 이야기**talk around texts로 특징지워질 수 있다. 언어의 일상적인 사용은 이러한 사건과 연관된다. 교실에서의 언어와 상호작용은 많은 연구에서 설명되었다. 주로 분석되는 것은 구두 언어이지만, 구두 언어와 문자 언어가 동시에 분석되기도 한다. 언어의 이러한 사용에 있어 어떤 점들은 이미 지적되었던 바와 같이 문식성의 습득에 있어 중요한 역할을 갖는 것과 동일화된다. 또한 이는 주류 학교 교육에 있어 성공의 결정적 요소로 보이기도 한다.[4)]

학교 교육에서 구두 언어의 중요성이 크기는 하지만, 이 또한 텍스트에 기반한 의미에서 벗어날 수 없다. 강조하는 한 방법은 **2/3 규칙**two-third rules이라고 불리어 온 것에 대해 기술하는 것이다. 이는 말하기의 중요성과 특정한 종류의 말하기를 포착하는 것이다.[5)] 규칙은 세 부분으로 되어 있다. 즉, 교실에는 2/3 시간 동안 이야기하는 사람이 있다. 그 중 2/3

는 교사이다. 이 교사의 말의 2/3는 강의나 질문을 하는 것이다. 특정한 형태의 언어는 교실에서 사용되고, 집과 같은 다른 상황에서보다 언어 사용의 다양성은 줄어든다. 교실에서의 공식적 언어의 가장 보편적인 유형은 교사가 무언가를 질문하고 학생이 대답하고 교사가 다시 피드백이나 평가를 제공하는 틀로 구성되어 있다. 달리 말해, 교사는 화제를 소개하고, 학생은 답을 제공한다. IRE(Initiation-response-evaluation: 시작-반응-평가)나 IRF(Initiation-response-feedback: 시작-반응-피드백) 절차로 불리는 이러한 틀은, 문식성 수업에서의 그 역할을 포함하여 광범위하게 연구되어 왔다(Bloome & Green, 1992를 참조하시오.).

학교에서 이루어지는 상호작용의 이러한 규칙성들에는 가정 문식성에 대한 논의에서 진술했던 상호작용과 유사성이 있다. 즉, 활동들은 우리가 이미 검토한 장에서의 내용과 많은 공통점이 있다. 이름 붙이기 실천에는 무엇인가를 지칭하고, 모두가 답을 알고 있을 때에 '그것이 무엇인가'라고 묻는 중산층 교양 문화로 자녀를 양육한다는 공통점이 있다. 이러한 질문에 답하는 표지는 학교에서 매우 보편적이고 일반적인 언어의 틀이다. 이상하게도, 매우 어린 아동과 어른들은 이러한 표지를 사용하는 데에 비해, 아동이 말하는 방법을 배우고 자신의 삶을 통제함에 따라 이 사용은 점진적으로 줄어들게 된다. 학교는 아동의 삶에 있어 이러한 형식의 중재를 다시 한 번 보여준다.

가정 언어와 관련하여 10장에서는 문식성과 얽혀 있는 두 개의 공통적인 언어 활동인 **이름 붙이기**labelling와 **스토리텔링**story telling에 대해 중점적으로 다루었다. 이들은 주류 가정 내 수많은 언어 활동 중 두 가지이며, 또한 학교의 보편적인 활동들이기도 하다. 셜리 브라이스 히스(Shirley Brice Heath)는 주류 가정에서 중요한 역할을 수행하는 요인과 학교에서 중요한 특성이 되는 요인들에 주목하였다(Heath, 1985, 1986; Wells,

1989). 이러한 활동에서 나타나는 언어에 주목하여, 히스는 학교에서 주로 일어나는 보편적인 언어 유형을 여섯 개의 '언어 사용 장르'로 나누었다(Heath, 1985, 1986). 이는 구두 언어 장르이자 학교에서 글을 쓰게 하는 방식으로, 이름붙이기와 스토리텔링이 이에 속한다. 또다른 장르는 이름붙이기와 유사하다. 이는 히스가 **의미 탐색**meaning quests이라고 언급했던 것으로, 어른들이 발화된 것이나 의미화된 것에 대한 해석을 제공하거나 요청하는 경우이다. 다른 세 가지 장르는 서사에서 보다 더 나아간 유형이라는 점에서 스토리텔링의 확장이다. 첫째는 **사건 제시**eventcasts이다. 이들은 현재에 일어나거나 미래에 있을 사건에 대한 서사를 제공하는 것으로 구성되어 있다. 나의 연구 자료에서 사건 제시에 대한 예시는 다음 어린 아동의 말에서 나타난다.

'비밀 아지트를 짓자. 우리는 이 막대기를 사용해서 나무 아래에 지을 수 있어. 우리를 도와줄래?'

두 번째는 **설명**accounts이다. 이들은 청자에게 새로운 정보를 제공하는 것을 포함한다. 설명에 대한 예시는 아동이 일어난 일에 대해서 보고할 때에 볼 수 있다.

'우리가 학교에서 뭘 했는지 맞춰 봐. 우리는 서커스도 했고, 어릿광대가 등장했고, 얼굴도 분장했어. 정말 대단한 일이었어.'

세 번째는 **경험담**recounts이다. 이들은 화자와 청자가 모두 알고 있는 경험에 대한 재진술을 포함한다는 점에서 설명과 차이가 있다. 설명과 경험담의 차이는 명시적이지 않을 수도 있다. 그러나 청자가 의사소통에 공헌할 수 있다는 점에서 그 방법은 다르다. 경험담의 예는 다음과 같다.

'우리가 핼리 혜성을 봤을 때를 기억하니? 우리는 옥상으로 올라갔고, 그곳에는 수많은 사람들이 있었어. 그리고 나는 정말 추워져서 차로 돌아갔지.'

언어 사용에 대해 이러한 구체적인 예시가 주어질 때에, 학교의 실천이라는 측면에서 문식성이 홀로 평가되는 것이 아니라는 것은 여전히 중요하다. 가정과 공동체와 같은 다른 영역에서의 실천은 무언가 부족한 것이라는 측면에서만 평가되었다. 우리는 문자 언어의 유무와 상관없이 서로 다른 상황에서 의미가 어떻게 만들어지는지에 대해 좀 더 알 필요가 있다. 언어의 서로 다른 형태에 대해 논의하고 싶은 두 가지 쟁점이 있다. 첫째는 서로 다른 형태들을 가정에서의 언어 형태와 관련짓는 방법이다. 둘째는 교실에서의 문식 사건의 확장을 보다 일반적인 언어 사건과 구분할 수 있는지의 여부이다.

가정에서 학교까지

읽기를 고립적 기능으로 간주하는 것은 문식성의 학교 기반 정의를 탐색하기 위한 출발점이 된다. 언어와 문식성에 대한 어린 아동의 지식이 출발하는 지점에 대해 논의한 10장에서의 언급처럼, 이는 우리를 매우 다양한 방향으로 이끈다. 이 둘에 대한 탐색이 유사한 기반을 두고 있는 것같이 보이더라도 말이다. 아동은 가정에서의 경험으로부터 자신이 속한 공동체의 특정한 언어와 문식 실천에 대해 알게 된다. 그들은 언어가 무엇인지, 문식성이 무엇인지, 그리고 그것을 배우는 방식이 무엇인지에 대해 자연스럽게 알게 된다. 이 지식이 학교에서 어떻게 변화되는지를 살펴보는 것은 중요하다. 주류 가정에서 온 아동은 의미를 구성하는 주류의 방식에 대해 알 것이다. 비주류 공동체에서 온 아동은 의미를 구성하는 자신의 공동체의 방식에 대해 알 것이다. 코란 문식성에 대해 아는 아동이 있는지의 여부에 따라 특정한 문식 실천은 이 중심에 있게 될 수도 있고, 그렇지 않을 수도 있다. 의미 구성에 대한 주류의 방식을 알지 못하는 아동도 다른 방식에 대해서 알고는 있다. 그러나 인쇄 문식성의 여부와 관계없이, 비주류 아동이 학교에 입학해도 학교에서는 다양한 문화에서의 의미 구성 방식은 거의 허용되지 않는다. 몇몇 연구자들은 가정과 학교의 문식 실천 사이의 불일치가 있음에 대해 이미 언급하였다(Heath, 1983:235, Bissex, 1984:99). 의미에 대한 주류나 중산층의 방식이 학교의 방식과 상당히 부합된다 할지라도, 가정과 학교의 문식 실천이 서로 다르다고 인식하는 것은 여전히 중요한 문제이다.

그 이후에 이루어지는 학교 학습과 관련하여 가정 문식 활동들의 핵심 요소가 무엇인지 확인하고자 하는 수많은 연구들이 있어왔다. 가정 학습과 학교 학습의 사이에는 무언가 관련성이 있는 것처럼 보인다. 위에 기술된 언어 사용의 여섯 장르는 가정의 언어 사용과 학교 문식 실천 사이의 가교가 된다. 가정과 학교에서의 언어 사용에 대한 연구를 검토해 보면, 히스는 이러한 여섯 장르를 문식성의 성공적인 학습, 그리고 학교에서의 성공을 위한 필수 요소라고 주장한다. 그러고 나서 그녀는 이러한 학교에서 가치를 부여하는 장르들이 발생하는 범위를 미국의 서로 다른 비주류 공동체들이 어떻게 바라보는지를 탐색한다(Heath, 1986). 그녀는 중국계 미국인 가족들과 멕시코계 미국인 가족들을 관찰하고, 그들이 속해 있는 언어가 무엇이든간에 공동체의 장르 사용에는 학교 교육에서의 성공이 반영된다고 주장하였다. 그러므로 언어의 구체적 사용에 대한 이러한 사례는 학교와 가정 사이의 연계, 그리고 서로 다른 공동체와 학교의 문식 실천의 연계를 제공한다.

다른 연구자들(예를 들어, Weinberger, 1996; Compton-Lilly, 2003; Hull & Schultz, 2001) 또한 가정 문식 사건의 범위를 강조하여 이 쟁점에 대해 탐색하였다. 웰스(Wells, 1985)는 일정한 가정 문식 실천과 이후의 학교 성취를 비교하는 훌륭한 종단적 연구 결과를 보고한다(동일한 아동의 가정, 그리고 그 이후의 몇 년 간 학교생활이 연구되었다는 점에서 이 연구는 흥미롭다.). 그는 책을 보거나 그림을 그리고 색칠을 하거나 글을 쓰는 것보다 아동에게 이야기를 읽어 주는 것이 아동의 가정과 학교 성취를 연결하는 가장 중요한 변인임을 확인한다. 다시 한 번, 이러한 문식 사건에서 구두 언어의 중요성은 강조할 만한 가치가 있다.

이러한 모든 결론에는 가정과 학교 사이의 연계가 될 수 있는 두 가지 방향이 있다. 첫째, 학교의 문식 실천은 가정의 문식 실천에 반영되어 있거나, 아동은 가정에서 이미 지식을 다루는 학교의 방식을 공부할 준비가 되어 있다. 둘째, 가정의 문식 실천이 학교에서 용인되었는지의 여부에는 의문이 있다. 후자의 질문은 가정의 문식 실천이 종종 무시되어왔다는 것을 의미한다. 이 두 번째 질문의 일부로, 아동이 학교에 입학하면서 가정 문식성은 중지되고 학교에서는 활용되지 않는다는 것 또한 진실이다. 가정환경은 읽기와 쓰기를 둘러싼 문식 실천들로 이루어진다(어떤 아동에게 이는 그들이 학교의 가치를 확인함으로써 또는 가정의 가치를 유지하고 학교의 가치를 받아들이지 않음으로써 풀어야 하는 가치 갈등의 표상이다.).

가정의 문식 실천에 대한 논의와 관련짓기 위해, 학교는 단지 아동이 읽을 수 있는지를 판단하는 것에서 나아가 아동이 문식성에 대해 알고 있는 것에 관심을 가져야 한다. 물론 어떤 아동은 글을 읽고 쓸 수 있는 상태로 학교에 입학한다. 생애 첫 5년 동안 일어난 일 중에서 학교가 관심을 갖는 부분은, 학교에 오기 전에 읽는 방법을 배운 초기 독자이다. 읽을 수 있는 상태로 학교에 오게 되는 아동의 숫자는 의미 있는 것이며, 바로 이 점 때문에 학교는 그렇게 많은 에너지를 쏟게 된다고 알려져 왔다. 능력과 사회적 계층이 서로 다른 아동이 명시적인 노력 없이 그리고 형식적인 지도 없이 읽기를 배울 수 있는 까닭은 무엇인가?

초기 읽기에 대한 생각은 상세하게 기술되고 논의되며 진전되어 왔다. 고전적 연구를 예로 들면, 마가렛 클락(Clark, 1976)은 학교에 입학할 때 글을 읽을 수 있었던 32명의 아동을 대상으로 연구하였다. 그녀는 이러한 아동의 공통점을 밝히고자 하였다. 그녀는 지능이나 사회적 계층을 배제하고, 아동의 공통점 중 가장 주된 것이 읽기에 대한 열망과 부모의 강력한 구어적 참여라고 진술하였다. 부모들은 대체로 열성적인 독자였고 아동의 문식 실천에 동참하였다. 또다른 연구자는 말하기를 배워감에 따라 읽기를 배우게 되는 아동을 연구하였다. 여기에는 말하기를 시작하기 전에 낱자 몇 개를 읽는 것을 배운 아동이 포함되어 있었다.[6] 현재 아동이 집에서 읽기를 배울 수 있도록 도와주는 책들이 많이 있다. 이는 아동의 문식성 학습에 있어 부모의 참여가 해악이 아니라 이익이 된다고 여기는 주류 계층의 일반적인 인식 전환을 보여준다. 베텔하임(Bettelheim)의 1966년 논문 「당신의 아동에게 읽기를 가르치는 것의 위험성(The danger of teaching your baby to read)」과 같은 글은 오늘날에는 적절해 보이지 않는다.

언어로서의 문식성

지금까지 나는 구술성이나 시각성의 측면을 포함한 확장된 문식성이 아니라 인쇄 문식성에 초점을 맞추려 했다. 그러나 학교 교육 내에서 몇몇 사람들은 문식 사건이 다른 사건들과 구분이 가능한지에 대해 의문을 가져 왔다. 그들은 문식성의 정의를 확장하고 언어의 다른 측면을 포함해야 할 필요를 발견했으며, 몇몇 방향에서 그렇게 해 왔다. 교실 내의 학습을 다룰 때에, 문식성을 포함하는 사건들이 문식성을 포함하지 않는 다른 사건들과 간명하게 나누어지지 않는다. 문식성 학습이 목적인 사건 속에서 텍스트가 관계되지 않은 경우도 많다. 예를 들어, 유치원 교실에서 아동은 자신의 경험을 쓰기 위해서 건물을 보면서 산책을 하거나 아침 요리를 하는 데에 시간을 보내기도 하였다. 문식 사건이 시작되고 끝나는 지점은 명확하지 않다. 글을 쓰기 전에 토론하거나 실험을 하고 나서 그 후에 글을 쓰는 등과 같은 학교생활을 관통하는 공통 양식의 전구체처럼 활동들은 구조화된다. 그러나 토론보다 글쓰기가 학습을 위한 좀더 중요한 요소로 간주되거나, 실험보다 보고서를 자세히 쓰는 것을 좀더 중요하게 생각할 이유는 없을 것이다. 교육의 처음부터 끝까지, 문식성과 문식성 관련 사건들 사이의 명확한 분리는 없다. 다시 한 번 말하자면, 서구의 학교 교육에서 구두 언어와 문자 언어는 전체적으로 얽혀 있다. 결정적으로, 텍스트는 말에 의해 생산된다. 그리고 문식 실천이 보다 넓은 사회적 실천의 부분임을 인식하는 것이 중요하다.

구두 언어의 새로운 형태를 학교에서 배우게 되고 이에 대해 숙달하는 것이 문식성 학습의 일부가 된다는 점은 문식 사건들에 대한 생각을 어렵게 만든다. 예를 들어 문식성의 한 측면에만 집중해서 생각해 보면 고든 웰스는 '문식성을 갖춘'이라는 것이 '사고의 도구로 언어의 상징성을 자유자재로 활용할 수 있는' 것이라고 정의하였다(Wells, 1989:252). 문식성에 대한 아이디어가 확장되는 다른 영역은 영화 문식성, 컴퓨터 문식성으로 이미 언급된 바와 같이 다른 매체에 있다. 확실히 아동의 책은 복합양식적이며, 인쇄물의 유의미성과 시각적 의미 구성이라는 다른 형태 사이를 구획하는 것은 어렵다. 교육에 초점을 맞추지 않고도, 예컨대 마이클 콜(Michael Cole)과 헬렌 키셔(Helen Keyssar)는 문식성을 '어떤 의사소통의 양식이라도 해석할 수 있는 능력'이라고 정의하였다(Cole & Keyssar, 1985). 물론 여기에는 음성 발화가 포함되어 있다.

문제를 해결하고 인쇄물을 포함하는 사건과는 다른 방법에 대해, 데이빗 블룸(David Bloome)과 그의 동료들은 **언어 사건**language events이라는 용어로 말한다.[7] 현대 사회에서 언어를 포함한 어떤 활동이 문식 사건이 된다는 것을 배제하기는 어렵다. 문식 사건은 학교 교육 밖에서도 잘 구분되지 않기에, 문식 사건이라는 아이디어를 규정하는 데에는 또다시 어려움이 생긴다. 문식성이 작동하지 않는 의사소통적 활동을 찾기는 어렵다. 이때 문식성의 역할은 다양하며, 때로는 아동에게 잠들기 전에 이야기를 들려주는 것처럼 중심적인 역할을 한다. 그러나 동시에 그것은 주변적인 역할을 할 수도 있고, 때로는 아무 역할을 하지 않을 수도 있다. 예를 들어, 라디오에서 읽어 주는 뉴스를 듣는 경우에는 문식성이 주변적인 역할을 하는 것이다.

결론적으로, 문어 담화와 복잡한 구어 담화를 함께 묶는 데에는 수많은 이유가 있다. 특히 교육에서는 더욱 그렇다. 제임스 폴 지(James Paul Gee)가 말했던 것처럼, 인쇄물의 포함 여부로 담화를 구별하는 것은 현학적이다. 학자들의 구분일 뿐이다. 그는 문식성에 대한 아이디어를 몇몇 **2차 담화**secondary discourse로 발전시켰다.[8] 그럼에도 불구하고, 나는 이 책이 이 문제를 명료하게 해 주길 바라면서, 유용성의 측면에서 인쇄 매체에만 초점을 맞추었다. 이러한 토론에서 암시된 '문식성을 갖춘'에 대한 정의는 2장에서 사용된 것과 유사하다. 즉, 매체에서 자신 있게 문식성을 행하는 것이 그것이다. 문식성을 갖추게 되면 문식 실천에 참여할 때에 자신감을 갖게 된다. 자신감에 대한 이러한 강조는 수많은 성인 문식성 연구에서 오랜 전통으로 내려왔다. 또한, 이는 제닝스(Jennings)와 퍼브스(Purves)에 의해 사용된 '기호를 공유하는 공동체 속에서의 안정적인 상태'라는 정의와도 유사하다(Jennings & Purves, 1991:3). 이 정의는 '문식성을 갖춘'에 대한 확장된 의미를 다시금 작동시킨다. 문식성을 갖추게 된다는 말은 컴퓨터 문식성, 텔레비전 문식성 또는 정치적 문식성과 같이 해당 영역에서 자신감을 갖게 되는 것을 의미한다. 이 말은 또한 읽기와 쓰기에 적용될 때 문식성을 갖추었다는 의미와도 유사하다. 학교가 할 수 있는 것 중 하나는 아동의 서로 다른 문식성 발달을 지원하는 것이다.

제13장 성인 문식성 그리고 세상의 문식성

도입

이 장에서 우리는 성인 문식성의 영역, 그리고 성인의 읽기·쓰기 교육을 둘러싼 쟁점에 대해 논의할 것이다. 이는 교육 체계를 구축 중에 있는 니카라과, 나미비아, 네팔과 같은 개발도상국의 관심사이다. 또한 백여 년 이상 의무 교육을 시행하고 있는 영국이나 캐나다 같이 산업화된 나라들의 관심사이기도 하다. 이 장의 목적은 성인 문식성에 대한 논의를 간략하게 소개하고 여기에서 사용되는 지배적인 비유, 특히 **기능적 문식성**functional literacy이라는 개념을 둘러싼 담론을 만드는 비유를 탐구하는 데에 있다. 나는 이 접근에 대한 대안을 논의하고, 성인 문식성 논의에 있어서 생태학적 관점이 기여할 수 있는 점에 대해 보여줄 것이다. 여기에는 읽기와 쓰기에 문제가 있는 성인들이 일상생활에서 사용하는 전략들에 대한 탐구가 포함될 것이다. 언어의 선택은 문식성과 관련되는 가장 중요한 질문 중 하나이다. 언어에서 문식성은 언어의 건강과 생존이라는 복잡한 방식으로 관련된다. 여기에 대해서는 이 장의 뒷부분에서 논의할 것이다. 나는 처음에는 다른 쟁점으로 보일 수도 있는 이 두 내용을 함께 다루고자 한다. 그러나 이들 사이에는 관련성이 있다. 즉, 문식성 쟁점에 대해 논의하는 것과 언어가 사라지고 있다는 것은 성인 문식성 교육의 목적에 대한 근본적인 질문을 제기한다.

세계 곳곳에서 이루어지는 성인의 읽기 · 쓰기 학습에 대한 논의에는 이전 장에서 언급했던 내용을 끌어 올 수 있다. 언어에 대한 논의를 예로 들면, 서로 다른 문식성이 있고 언어 사용에는 체계적인 제약이 있음을 이해하는 것은 성인 문식성을 논의할 때에 중요하다. 이와 유사하게 텍스트가 서로 다른 방식으로 읽혀질 수 있음을 보여주는 논의도 있다. 이전 장에서의 논의와 관련지어, 우리가 오늘날 세계 곳곳에 존재하는 문식성의 모습을 고려해 본다면, 문식성은 역사적 발전과 상당히 관련이 있음을 알 수 있다. 역사 연구를 통해 서로 다른 문식성이 다양한 문자와 연계되어 있고, 이들은 무역, 이민, 식민지화 등에 의해 퍼졌음을 확인할 수 있다. 그리고 학교 이외에도 학습과 연관된 여러 기관이 있고, 읽기 · 쓰기 학습을 위한 비공식적 방법들도 수없이 많다.

앞의 두 장에서 아동의 학습과 학교 교육에 초점을 맞추었기 때문에, 이들과 성인 문식성 간의 관련성과 차이점을 지적하는 것은 의미가 있다. 성인과 아동의 관련성을 살펴보는 것도 중요하지만, 성인 학습은 아동 학습과 구분되는 논의임을 지적하는 것도 생산적이다. 스칸디나비아의 국가들과 같이 성인 교육의 오랜 전통을 갖고 있는 나라들도 일부 있지만, 대부분의 나라들은 그렇지 않다. '성인 문식성의 문제'가 국가 내에서 확인될 때에, 이는 일반적으로 아동 교육에서 해답을 구하는 방식으로 귀결된다. 교육자와 학습자 모두 이러한 생각에 동조한다. 교육자는 우선 초등학교 교사와 교과서로 되돌아간다. 성인 학습자는 아동 교육에서 볼 수 있는 교육적 기대와 이미지에 그럭저럭 따르게 된다. '읽기 학습'에 대한 생각은 아동, 교과서, 교실, 학교, 교사와 각각 깊은 관련성을 맺기 때문에, 이를 기본적으로 여기거나 굉장히 자연스럽다고 여기기는 쉽다. 그런데 성인에 대해 생각할 때 이러한 각각의 관련성은 다르게 생각할 수 있고 다르게 생각해야만 한다(그리고 사실 읽기 학습에 대한 수많은 가설이 아동 학습과 동일하게 적용되는지에 대해서는 달리 생각해 볼 수 있다). 학교 교육과 마찬가지로, 읽기 학습은 학교를 다니기 시작하면 2~3년 후에는 완성된다는 전제가 포함되어 있다. 또한, 교육에는 십 년 후에 완성되고 종료된다는 전제가 포함되어 있다. 이러한 생각이 전제되어 있는 학교 교육에서는 성인 학습을 위한 노력을 찾기 어렵다.

물론, 아동 교육에 의지하지 않고 성인 교육 자체로부터 출발한 성인 학습에 대한 접근들도 있다. 문식성에 대한 사회적 접근은 성인과 아동 사이의 몇 가지 차이들을 강조한다. 즉, 성인은 일상의 생활에서 획득되는 학습의 범위를 갖는다. 성인은 문화에 대한 자기 자신의 경험이 있으며, 학습에 대한 자기 자신의 필요와 목적을 갖는다. 성인 교육은 종종 전통적 교육 체계 밖에 있기 때문에 혁신가능성이 있다는 것은 흥미로운 일이다. 성인 교육은 주변적인 주제로 치부될 수도 있고, 생동감 넘치는 교육 영역이 될 수도 있다. 성인 교육은 당연히 일상생활에 문식성을 자연스럽게 포함시키는 방법들로 이루어질 수 있다.

세상에서 이루어지는 성인 문식성의 모든 형태를 생각하는 것은 매우 어렵다. 그러나 현대의 성인 문식성을 세 영역으로 정리해 보는 것은 유용할 수 있다. 문식성 캠페인에는 내가 앞으로 종교적, 정치적, 개발적 집단이라고 언급할 세 가지 종류가 있다. 첫 번째 캠페인 집단의 예로 들 수 있는 미국 개신교 선교 집단은 종종 '말을 퍼뜨리는 것'에 있어 우선권을 가짐으로써 문식성을 장악했다. 사람들에게 읽기를 가르치는 것은 선교의 일환으로 존재해 왔다. 읽기를 가르쳤던 선교사 프랭크 루박(Frank Laubach)은 배우는 사람 한 명이 있고 가르치는 사람 한 명이 있다는 생각을 보여주는 '각각 한 사람을 가르친다(Each one teach one)'는 슬로건 아래 세계적으로 사용되는 문식성 지도 방법에 대한 명성을 얻게 되었다. 위클리프 성경 번역 선교 단체와 관련된 SIL 국제 협회(Summer Institute of Lingustics International(이전의 '하계 언어학 연구소'))에서 이루어진 또 다른 선교 활동은 미국에 기반이 있다. 그들은 이전 시기에는 문자로 쓰여지지 않은 언어들로 성경을 번역하기 위한 언어학적 작업을 하며 세계 곳곳에서 활발하게 활동한다. 문식성에 대한 사회적 관점의 측면에서, 그들은 다른 문화에 대해 존중하지 않았다는 비판을 받아 왔다. 앞서 지적했던 바와 같이, 역사를 통해 볼 때에 서로 다른 문식성의 범위를 나타내는 큰 그림에는 정치적·종교적 우위가 반영되어 있다. 이는 오늘날에도 역시 그러하다.

나는 사회 개혁 프로그램의 일환으로 전형적으로 국가의 정부에 의해 시작되어 온 문식성 캠페인에 주목하여, 두 번째 캠페인 집단을 정치적 집단이라고 부른다. 이들은 소비에트 연방, 탄자니아, 쿠바, 니카라과 등에서 이루어진 대중 문식성 캠페인을 일컫는다. 이 캠페인을 통해 기초 수준의 읽기 · 쓰기를 학습한 사람들의 숫자는 극적으로 증가하였다고 보고된다. 예를 들어, 니카라과에서는 1980년 혁명 직후에 문식성 캠페인이 있었고, 1년 동안 국가 자원 전체가 동원되었다. 그 결과 국가 내에서 문맹 비율이 52%에서 12%로 감소했다. 이들 캠페인은 대중의 문맹률을 크게 낮추고 그 결과가 성공적이었기 때문에 중요하다. 대중 캠페인은 많은 교훈을 시사하는데, 대중의 지지가 있는 사회에서 보다 거시적인 변화 속의 일부로 이루어질 때에 문식성이 작동한다는 것은 생태학적 관점에서 의미 있는 교훈이다. 또한 대중 캠페인은 캠페인이 지속되지 않는다면 읽기 방법을 잊을 가능성이 존재한다는 문제, 그리고 읽기 방법을 계속 유지하기 위해 '문식성 후속 지원'과 같이 캠페인 이후에 주의를 기울여야 하는 문제에 주목한다.[1)]

유네스코와 세계 은행 같은 국제 개발 기구가 국가 경제 개발과 함께 문식성 캠페인을 벌여 왔다는 점에서, 나는 세 번째 캠페인 집단을 개발적 집단이라고 부른다. 이러한 접근 방식의 근본에는 읽기·쓰기 학습은 국가의 경제 개발에 영향을 미치며, 심지어 경제 발전의 원인이 된다는 생각이 자리잡고 있다. 이러한 집단은 문식성에 대한 재정 지원이 사용되는 곳과 대부분의 문식성 논의가 이루어지는 곳을 대변한다. 그러나 우리가 본 것처럼 그들이 특별히 성공적이었던 것은 아니다. 내가 보다 깊이 탐구하고자 하는 것은 이러한 국제적 노력의 기저에 있는 문식성에 대한 아이디어이다. 이 논의는 기능적 문식성의 개념을 둘러싸고 해결될 것이다.

이에 앞서, 문식성 캠페인을 종교적, 정치적, 개발적인 것으로 나누는 이 구분은 상당 부분 겹쳐지며, 모든 문식성 작업이 이 범주에 포함되지 않는다는 것은 강조할 필요가 있다. 확실히, 목적에 있어 개발 기구와 유사한 선교 조직이 있으며, 정치적 문식성 캠페인을 지원하는 외부의 원조 기금 또한 있어 왔다. 덧붙여 개발적 캠페인은 국제 관계라는 측면에서 본질적으로 정치적이다. 그럼에도 불구하고, 나는 세 집단이 그 근본 동기에 있어 서로 다르다고 느낀다. 이러한 캠페인들과 함께, 이들 범주에는 맞지 않은 상당히 다른 작업이 있어왔다. 이는 종종 소규모로 이루어지고 공식적 교육 체계 밖에 있으며 공동체에 뿌리를 두고 있다. 이러한 풀뿌리 문식성 작업은 브라질의 파울루 프레이리(Paulo Freire)와 관련된 최초의 프로그램을 포함하며, 영국, 캐나다, 미국과 같은 국가들에서 이루어지는 대다수의 혁신적 작업의 원천이 되어 왔다.

기능적 문식성

국제연합교육과학문화기구인 유네스코는 세계 개발에 관심을 두는 기구들과 함께 2차 세계 대전 이후에 설립되었다. 유네스코는 초창기부터 문식성 프로그램에 우선 순위를 두었다. 초기 문식성 프로그램은 문식성과 사회 개발 사이에는 강력하고 인과적인 관련성이 있다는 가정에 기반하였다. 개인의 태도와 인지 기능을 통해 강화되는 문식성은 일반적으로 사회의 경제적 개발과 번영을 이끈다고 여겨져 왔다. 그러므로 문식성은 '저개발' 국가를 개발하기 위한 필수적인 첫 발판이 된다. 가난과 질병, 소위 말하는 '전통적이지만 비생산적인' 형태의 사회적 조직을 제거하는 것에 문식성의 목적이 있었다. 이러한 철학의 결과로 문식성 교육은 1950년대 이래 유네스코의 근대화 정책들의 주요 강령이 되어 왔다. 문식성과 경제 개발의 인과적 관련성에 대한 논의에서는 사회에서의 경제 도약을 위해 필요한 수준으로 문식율(literacy rate) 40%를 제안하고 있다(Anderson, 1966을 참조하시오.). 물론 이에 대한 다소의 비판은 항상 존재한다. 그러나 문식성이 개발을 위한 필수적인 촉매라는 생각은 이 기간 동안 대부분의 문식성 프로그램들의 기저에 있어 왔다.

개발 기구가 주도해 온 문식성은 기능적 문식성이었다. 기능적 문식성에 대한 생각은 1956년 유네스코에서 출판한 그레이(Gray)의 기념비적 저작인 『읽기 · 쓰기 교육론(The teaching of reading and writing)』에 기술되어 있다. 50여 년 전에 집필된 책을 살펴보는 것은 흥미롭다. 오늘날의 시각에서 보면, 대부분의 책들은 매우 시대에 뒤떨어진 것처럼 보인다. 예를 들어, 이 시기에는 인쇄물 기반 읽기 연구를 수행해 왔고, 인쇄물 읽기의 지도 방법에 기반한 이론은 눈동자 움직임의 길이에 대한 논의에 머물러 있다. 그리고 읽기에 포함되는 것은 단어 재인을 넘어서지 못한다. 그러나 이와 함께 논의되는 일상에서의 문식성의 중요성에 대한 논의가 시대에 뒤떨어지는 것처럼 보이지는 않는다. 문식성에 대한 사회적 기반의 필요성과 문화적 배경에 적절한 문식성을 만들 필요성에 주의를 기울이고 있다는 점에서, 그레이의 저서는 중요하다. 기능적 문식성에 대한 기능적 정의는 만약 그들이 '[그들의] 문화나 집단에서 일반적으로 가정되는 모든 활동들에 있어 효율적으로 참여'할 수 있다면 그 사람은 기능적으로 문식성을 갖추었다는 뜻이다(Gray, 1956: 24). 이 폭넓게 인용된 정의가 문식성과 관련된 수많은 질문들에 모두 답할 수 없음은 분명하다. 그러나 이는 문식성이 상대적인 문제이며 특정 사회나 집단과 관련되어 있다는 아이디어를 핵심적으로 보여주기 때문에 중요하다. 이러한 정의는 또한 문식성을 고정된 최소한의 기준으로 보는 관점의 이전 단계이다.

위의 정의에도 불구하고, 실천적 측면에 있어 기능적 문식성은 종종 보편적이고 어느 곳에서도 적용가능하다고 여겨지는 일련의 기능들을 가르치는 것을 의미한다. 그리고 여기에는 문식성은 누구나 같은 방식으로 배워야 한다는 생각이 있다. 원론적으로 볼 때에 기능적 문식성이라는 개념은 고정된 일련의 기능들을 넘어서는 데에 유용한 첫 단계이다. 그것은 특정한 상황들에 대한 요구는 서로 다르다는 사실과 문식성을 갖추었다는 것은 문식성이 사용되는 맥락과 관련되어 있다는 사실을 설명함으로써 가능해진다. 지난 반백 년 간의 문식성 연구에 대한 기반을 실증적으로 살펴 볼 때에, 우리는 가치에 대한 보다 일반적인 진술과 기능에 대한 협소한 정의 사이의 지속적인 긴장을 볼 수 있다.

실제로 국제적 캠페인에서 기능적 문식성이라는 개념은 대체로 고용 및 경제 개발과 밀접하게 관련되어 왔다.[2)] 문식성은 측정할 수 있고, 경제 개발이나 근대성과 같은 개발의 다른 변인들과 관련을 맺는 변수로 다루어져 왔다. 자원은 문식성에 투자되었고 이러한 목적에는 개발이 있었다. 이는 무언가를 사회로 가져 오는 외부적인 것으로 간주되어 왔다. 불행히도 개발도상국과 선진국 모두에 있어 기능적 문식성은 외부에서 부과된 문식성(imposed literacy)과 관련되어 있다. 즉, 문식성이 자신의 필요에 대한 자기 인식으로부터 시작하기보다 다른 것에 의해 부과되었다는 것이다.

그들의 관점에서 볼 때에도 이러한 접근에 기반한 초기의 문식성 프로그램들이 사실 성공적이지는 않았음을 깨닫는 것은 중요하다. 유네스코는 자신들의 프로그램을 평가한 후 부족한 부분을 발견하였다. 예를 들어, 1960년대의 실험적 세계 문식성 프로그램(Experimental World Literacy Programme)은 기능적 문식성 프로그램에 대한 폐단의 흔적이라는 평가를 받았다. 그리고 그러한 평가가 그들의 활동을 비판하는 조직에 의해 만들어졌다는 사실로 인해 비판은 보다 강력해졌다(Unesco, 1976).

1960년대의 유네스코 프로그램 이후, 보다 많은 프로그램과 모임, 선언문이 있었다. 1990년 태국의 좀티엔(Jomtien)에서는 '국제 문식성의 해'를 위한 행사의 일환으로 의미 있는 국제 회의가 개최되었다. 좀티엔 회의 참석자들은 전 세계적인 문식성 교육의 측면에서 1980년대의 실패를 솔직하게 인정하였으며, 이러한 추세를 전환하기 위해 2000년까지 '행동하는 10년'을 요구하였다. 개발도상국에서의 문식성에 대한 새로운 계획과 프로그램의 범위가 부각되었다. 이들의 대다수는 문식성에 대한 사회적 관점에 입각하여, 문식성과 수리력을 사람들의 삶, 생계 수단, 지역적 상황들과 밀착하여 가르치고자 하였다. 최근 유엔에서 2012년까지 실천되는 문식성을 주도적으로 이끄는 기관은 유네스코이다. 유네스코는 '모두를 위한 교육(EFA : Education for All)'에 도달하기 위한 방법과 성인 문식성에 대한 강조로 문식성 교육의 초점을 재차 강조하여 왔다. 그 즈음 출판된 '모두를 위한 교육'에 대한 보고서(Unesco, 2005)는 사람들의 문식 실천과 사회적 맥락 변화에 주의를 기울이는 기능적 접근에 대해 함께 다루고자 하였다.

일부 다른 계획들은 보다 정치적으로 기울어졌고, 지역 사람들의 관심에 보다 반응하고자 하였다. 비정부 조직인 액션에이드(ActionAid)는 성인에게 읽기와 쓰기를 가르치기 위한 프레이리의 접근 방식을 수용하여 문식성 프로그램을 개발하였다. REFLECT(Regenerated Freirean Literacy Through Empowering Community Technique: 공동체 기술의 권한 부여를 통한 프레이리 문식성 교육의 적용)의 목적은 지역 개발을 활성화하는 데에 보다 많은 노력을 기울이면서 문식성과 수리력 지도를 통합하고, 공동체의 사회적이고 정치적인 관심을 다루는 데에 있다. 또한 학습의 출발점은 미리 규정된 교육과정을 갖는 것에 앞서, 학습자의 삶과 관심에 대해 분석하고 그 후에 학습자와 자료를 개발하는 데에 있어야 한다고 본다. 이는 이제 50개국 이상에서 사용된다. 미국의 비정부 조직인 세계 교육(World Education)은 문식성과 수리력 계발에 대한 통합적인 접근을 취하며, 아프리카와 아시아에 프로젝트를 지원하고 있다.

성인 교육에 대해 일반적인 표현을 쓰자면, 수사적 표현과 실제 실행의 간극은 오늘날에도 남아 있다. '문맹의 재앙'을 극복하자고 말하는 책이 여전히 출판되고 있으며, 이러한 관용구는 여전히 많이 사용된다. 나의 관점에서 볼 때, 이러한 진술에서 국제 단체는 새로운 접근을 통합하고자 하면서도 융통성 없는 기능적 접근을 유지하고자 한다. 이는 문식성 연구 영역 중 하나이다. 나는 이를 부담 없는 낡은 이론들의 삐걱거리는 틀에 새로운 아이디어를 짜맞추려는 시도로 보고 있다. 유네스코와 다른 국제 기구들은 여전히 자신의 목적과 방법의 기저에 있는 아이디어와 이론에 대한 재평가를 필요로 한다. 문식성과 경제 개발 분야에서, 서로 다른 각각의 철학이 공존하고 있다는 것은 명백하다. 문식 상황에 대한 서로 다른 분석과, 변화를 위한 서로 다른 실천적 제안 또한 있다. 해방에 대한 자유민주주의적 목적과 재정 지원을 받는 실천적 프로그램 사이에는 간극이 존재한다. 다양한 접근의 기저에 있는 문식성에 대한 정의가 충돌한다는 생각은 현재의 상황을 보다 명료하게 살펴볼 수 있게 한다. 보통 사람들은 종종 쟁점에 대해 보다 확실하고 정확하게 이해한다. 반면, 정부와 국제기구가 수행하는 것은 대개 강제적으로 부과되고 특별한 효과가 없는 기능적 문식성 프로그램으로 초점이 맞춰진다(Barton & Papen, 2005).

산업화된 국가들

세계의 모든 산업화된 국가들은 과거 120여 년 간 보편적 의무 교육의 체계를 수립하여 왔다. 그들은 법적 의무 요건을 확장하고 강화하면서 교육을 보급하며 점진적으로 이를 이행하여 왔다. 공식적 통계가 실제 출석 수준과는 다를 수 있음에도 불구하고, 모든 산업화된 국가들은 이제 최소한 95%의 아동이 학교에 입학한다고 주장한다. 그리고 모든 국가는 아동을 위해 최소 9년의 의무 교육을 제공한다(Unesco, 1990).

성인을 위한 읽기와 쓰기 학습의 보급 방법은 나라마다 다양하다. 대부분의 서구 유럽과 북미에서는 안정적인 학교 교육 체계에도 불구하고 성인 문식성 교육의 보급은 잘 되지 않는다고 여기고 있다. 의무 학교 교육의 완수가 문식성의 완전한 습득을 의미하지는 않는다는 깨달음이 점차 확산되어 왔다. 대부분의 사람들은 학교에 입학하면서부터 읽기

능력을 획득하는 것으로 관찰되었다. 그보다 정도는 덜하지만 쓰기도 마찬가지이다. 그러나 이처럼 그들이 읽고 쓰는 능력을 획득했다는 것이 완전한 문식성을 갖춘 것을 의미하지는 않는다는 인식이 있다. 많은 사람들이 자신은 성인의 삶에서 필요한 문어 의사소통을 자유자재로 구사한다는 느낌을 갖지 못한 채 학교를 떠난다. 정치인, 고용주, 교육자는 사람들의 읽기와 쓰기 능력에 대해 우려를 표명한다. 이러한 현실에 반응하여 1970년대 초반 미국과 영국을 포함한 몇몇 국가에서는 1~2년 동안의 시행을 목적으로 하는 소규모 국가 캠페인을 벌였다.

대중들은 국가 내의 공립학교 체계가 문식성과 관련된 어려움을 해결하지 못한다고 여기는 것에 대해 불편하게 생각하였다. 이 인식은 문식성에 대한 공동체 캠페인이 있어야 한다는 압력 이후에 대두되었을 것이다. 쟁점을 둘러싼 토론은 비난, 충격, 불신 그리고 실패한 기준들에 대한 주장으로 가득 찼으며, 그 중심에는 지도 방법과 교육이 조직되어야 하는 방법에 대해 상충되는 관점이 있다. 이러한 태도는 '위기'의 분위기를 조성하였고, 이를 해결하기 위한 단기 조치가 마련되었다. 1980년대와 1990년대에 학교 체제에서의 문제를 마지못해 받아들였음에도 불구하고, 보다 더 많은 나라들이 이 문제를 받아들이게 되었다. 그리고 산업화된 나라들에서 '문제'는 최근에 깨닫게 되거나 구성된 것뿐이었다. 문제를 말할 때조차도, 마치 문제가 방해를 받거나 해결이 될 수 있는 것처럼 비유가 등장한다. 앞의 두 장에서 논의된 질병, 위기, 문제로서의 문식성에 대한 비유는 미디어와 문식성에 대한 대중적 이미지에서 널리 퍼져 있다.

개발도상국에서와 마찬가지로 산업화된 국가의 문식성 프로그램에는 다양한 방법들이 관련되어 있다. 몇몇 국가에서는 일관성 있고 지속적인 접근이 있었다. 예를 들어 1970년대에 영국에서 가장 먼저 개발된 방법은 뚜렷한 철학을 가진 것으로 보일 수 있다(이 역사를 보려면 Hamilton & Hillier, 2006을 참조하시오.). 이 방법의 목적은 사람들이 표현한 요구에 대해 반응하고 개인이나 소집단별로 문제를 해결하고 유연하게 문식성 지도를 하는 데에 있다. 동시에 최근까지도 외적 평가와 전문성을 피하려는 의식적인 시도가 있었다. 학습자의 자제력을 강조하면서 일상생활과 관련을 맺는 방법과 자료가 있었다. 성인 문식성은 학교의 공식적 교육 공급과는 거리를 유지하면서 변별적인 접근을 개발한다.

변별적인 접근의 사례는 쓰기 교육에서 찾을 수 있다. 상대적으로 수동적으로 보이는 읽기와 대조되어 쓰기의 능동적 과정에 대한 강조가 종종 있다. 여기에서 쓰기는 단지 글을 쓰는 물리적 행위만을 또는 그에 대한 과정을 의미하는 것이 아니라 책, 잡지, 소식지에 대한 생산과 인쇄를 포함할 수 있는 보다 넓은 무언가를 의미한다. 이는 앞 장에서 논의된 필자가 된다는 것의 의미와 관련된다. 성인 문식 수업에서 어떤 사람은 쓰기의 물리적 행위에서 어려움을 갖고 있음에도 불구하고 저자라는 의미에서 필자가 될 수 있다. 즉, 쓰기의 기술적 문제는 다른 사람을 위해 필경사가 되어 주는 사람에 의해 해결된다. 영국 성인 문식성 교육에서의 학생 쓰기 운동은, 이 혜택을 받지 못했다면 아무것도 하지 못하는 필자가 되었을 학생에게 목소리를 낼 수 있는 기회를 제공하여 혁신적인 출판하기를 경험할 수 있도록 하였다. 그러나 이러한 접근은 최근에 와서 자금 지원의 변화와 함께 보다 통제된 과정을 강조하면서 위기에 처했다. 성인 문식성 보급의 새로운 물결은 여러 측면에서 개발도상국의 기능적 문식성 접근에 가까운데, 이는 1990년대 이후에 지배적인 것이 되었다. 그리고 성인 문식성 보급은 종종 협소한 직업적 목적과 연계되고, 재정 지원을 통해 국가적 · 국제적 기구들의 도움을 받는다.

'정보의 시대'로 접어들고 기능이 매우 중요해진 산업화된 국가에서 정부와 정책입안자 사이에서는 합의가 이루어진다. 이는 변화에 의해 일어나게 되고, 특히 무역과 사업의 세계화로의 확장, 그리고 고등 기술의 제조 및 사용을 수반하는 새로운 소위 '지식 기반 사회'의 출현, 의사소통의 증가, 컴퓨터화된 사회 기반 시설의 급속한 증가라는 변화에 의해 일어난다. 산업화된 국가들에서 고용 시장은 고급 기술 노동에 대한 요구 증가, 제조업 종사자 수의 감소, 고급 기술과 그렇지 않은 기술의 소득 사이에서 발생하는 격차의 증가와 함께 변화한다. 이러한 환경에서 문식성(과 수리력) 기능이 개인과 경제 전반에 있어 점진적으로 중요해지고 있다는 것은 논쟁거리이다. 유럽 연합(EU)은 문식성 프로그램들의 확장을 경제적으로 주도하는 것을 격려하는 국제 조직 중 하나이다. 2000년의 '리스본 의제(Libson agenda)'는 유럽 전역에 걸친 교육과 훈련에 대한 투자라는 책무를 포함한다. 문식성과 수리력에 대한 '기초 기능'의 향상은 교육과 훈련 전략의 13가지 핵심 목표 중 하나이다.

이와 같은 움직임에 대한 영국 정부의 반응은 소위 '삶을 위한 기능'이라 불리는 성인 언어, 문식성, 수리력을 위한 대규모 프로그램들에 막대한 재원을 투입하는 것이었다. 영국 정부는 2000년부터 국가 중심 교육과정과 교사 교육 프로그램을 개발하고, 문식성과 수리력 프로그램에 참여하고 검사를 통과하는 사람들의 숫자를 늘리는 데에 막대한 투자를 했다. 이와 같은 투자는 영국에서 문식성, 수리력과 언어 분야를 변화시켰다. 기초 기능의 성적 향상이 전례 없는 규모로까지 이루어졌다. 그것은 정부와 고용주들이 좀 더 교육 서비스 제공에 관심을 갖게 되었다는 점에서는 고무적이지만, 방법의 측면에서 이러한 국가 주도 접근은 앞서 언급했던 공동체 기반 공급의 전통과 매우 다르다는 점에서 위협이 제기될 수 있다. 궁극적으로 문식성에 대해 서로 충돌하는 정의들은 문식성에 대해 서로 다른 접근들의 기저를 이루고 있다.

이러한 시도들이 고용 향상을 위해서 기능적 문식성을 이끈다는 것은 매우 분명하다. '기능적 문식성'이라는 용어는 산업화된 국가들의 문식성 문제들을 설명하기 위해 신중하게 선택된 것이다. **기초 문식성**basic literacy이라는 개념은 학교에 가 본 적 없는 성인의 읽기·쓰기 초기 학습을 위해 사용된다. 기능적 문식성이라는 용어에는 현대의 복잡한 사회에서 성인에게 필요하다고 생각되는 읽기와 쓰기의 수준이 담겨 있다. 비록 사람들이 문식성에 대한 기초 수준에 도달했다 할지라도, 그들이 일상의 삶에서 다루게 되는 문식성은 다양한 수준이라는 아이디어를 강조하는 용어를 사용하는 것이 필요하다. 그러나 여전히 두 가지의 혼란스러운 느낌이 있다. 이 용어는 한편으로는 일상에서 필수적이라고 여겨지는 최소한의 능력이라는 의미로, 그리고 다른 한편으로는 직장에서 컴퓨터 기반 기술들을 사용하는 것과 같이 상당히 구체적이고 상세화된 능력이라는 의미로 쓰인다. 나는 그와 관련된 문제들에 대한 주목 없이 이 개념을 개발도상국에서의 작업으로부터 가져 왔다는 데에 관심이 있다. 이제 세계 곳곳에서 성인 수준의 문식성 문제에 대해 관심이 있는 산업화된 국가들은 개발도상국에서 일어난 경험의 가치를 무시하지 않고 그로부터 배우는 것은 중요하다. 무엇보다 그들이 실패한 철학과 방법을 무분별하게 베끼지 않는 것이 필요하다.

산업화된 국가에서 읽기와 쓰기에 문제가 있는 사람들에 대해서 말할 때, 그들이 평범한 사람임을 강조하는 것은 중요하다. 일부 미디어가 양산한 부정적인 이미지에도 불구하고, 실제 그들은 이상한 사람들이나 병리적 장애가 있는 부적응자가 아니다. 모든 연구 결과는 그들이 일반적인 삶을 영위하고 사회에서 보통의 기능을 수행하는 평범한 사람임을 포괄적으로 보여 준다. 또한 그들이 일상의 삶에서 겪는 읽기와 쓰기에 대한 문제를 확인해 보면 그 원인이나 이유가 서로 다른 매우 이질적인 집단이다. 읽기와 쓰기에 있어 문제가 발생하는 원인은 많으며 다양하다. 문식성 문제는 아무리 부유한 선진국이라 해도 빈곤을 비롯한 다양한 종류의 사회적 불이익과 관련되어 있다. 특히 이러한 문식성 문제와 연관되는 사회적 불이익은 교육의 혜택을 단편적으로만 받게 되는 사람들이 있는 저개발 지역에 여전히 존재한다. 문화적·사회적 배경에 뿌리를 두고 있는 원인도 있고, 대규모 학급, 처방적 도움의 부족, 아동의 중도 탈락과 같이 좀 더 직접적으로 학교 교육과 관련되는 원인도 있다. 장애로 인한 특수 학습에 대한 필요, 학습 속도에서의 차이, 건강상의 이유로 학교를 쉬는 것과 같이 자신의 학습에 영향을 미치는 개인적 요인이 있는 사람들도 있다. 나는 이제 현대 사회에서 읽기·쓰기와 관련된 문제에 대한 경험을 논의하고자 한다.

문식적 세상에서 문식성을 갖추지 못한다는 것은

오늘날 수많은 성인들이 읽기와 쓰기에 다소 문제를 갖고 있다는 사실은 이제 모든 사회에서 받아들여진다. 지향점은 동일하지만 방법론에 있어서 상이한 캐나다, 미국, 호주, 영국에서의 조사는, 대략 10명 중 1명의 성인이 일상의 삶에서 문식성 문제를 경험하며, 이들이 겪는 문제 중 가장 일반적인 것은 쓰기 문제라고 보고한다. 현대 사회에서 문식성 문제를 겪는 사람들은 다른 사람들과 어떻게 어울릴까? 비밀스러운 장애를 숨기고 감추며 다른 것으로 보충하려는 고독한 사람, 아웃사이더의 이미지가 일반적이다. 이 사람은 문제를 다루는 방법을 배우는 데에 실패한 사람이다. 이 사람들의 이미지는 겉보기에는 평범하지만, 이 사람들은 사실 지속적으로 핑계거리를 만들고 있다. 빈 안경 케이스를 갖고 다니면서 안경을 잊어 버렸다고 말하거나 글을 쓰는 손에 지속적으로 붕대를 감고 다니는 등 말이다. 이러한 이미지는 강력하다. 그리고 문식성 캠페인에서 그들은 문식성 문제를 갖고 있으며, 성인 문식성 프로그램에 참여할 평범한 사람들이라는 생각을 일반적으로 수용하도록 촉진하는 것은 매우 중요하다.

마지막에는 강화를 필요로 한다. 즉, 문식성에 문제가 있는 사람들은 직업을 갖고 있으며, 가족이 있고, 사회에 참여하고, 취미 생활을 하고, 결정적으로 종종 의존적이거나 도움을 필요로 하는 것처럼 보이지 않는, 대체로 평범한 사람들이다. 그들은 인쇄된 단어를 다루는 전략들을 다양하게 갖고 있다. 그들이 스스로를 문제가 있는 사람으로 보는 것은 중요하지 않다. 그들을 아웃사이더나 일반인들과는 '다른 사람들'로 보는 것 또한 중요하지 않다. 그들은 종종 문식성에 문제가 있는 성인들이 그려지는 곳에서 자신들을 둘러싸고 있는, 그리고 자신이 보게 되는 미디어 이미지와 자신을 동일시하지 않는다. 문식성에 대한 낮은 수준을 가진 사람들의 관점과 문식성을 갖춘 사회가 그들에 대해 전하는 미디어 이미지 사이에는 뚜렷한 긴장이 있다. 예를 들어 '철자를 쓸 수 없는 마을'이라는 미디어의 이미지(Daily Mail, 1987년 2월)는 그곳 주민들이 자신의 마을에 대해 인식하는 것과 동일하지 않다. 나아가 일부 성인들은 문식 수업에 참여하고 있음에도 대부분의 성인들은 성인들이 문식 수업에 참여한다고 생각하지 않는다. 그리고 수업에 참여하는 사람들도 자신을 '기초 교육 학생'의 이미지와 동일시하지 않는다.

미국 북부의 도시에서 한나 엘렌 핀그렛(Hannah Arlene Fingeret)에 의해 수행된 소규모 연구(1983)는 이러한 점을 강조한다. 그녀는 43명의 성인들과 이야기하고 문식성 학습을 추적하는 데에 1년을 보냈다. 그녀는 이들이 문맹이라고 언급하였으나, 보다 정확하게 묘사하자면 그들은 문식성 수준이 낮은 사람들이다. 그녀는 사회적 관계의 관점에서 이를 설명하며 그들의 사회적 삶을 기술하였다. 그녀가 연구한 사람들의 대부분은 읽기와 쓰기에 약간의 문제만이 있었기 때문에, 자신을 단순히 의존적인 사람으로 보지 않았다. 그들은 다른 사람들과 동등하게 여겨지고 있었는데, 이는 기능에 대해 상당한 상호 교환이 있는 풍성한 사회적 관계 속에 있었기 때문이다. 이러한 네트워크는 친척, 이웃, 직장 동료, 오랜 친구들에 기반을 두고 있었다. 기능과 자원은 교환되었고, 모든 사람들이 모든 기능을 개별적으로 개발하는 것은 불필요한 것으로 여겨졌다. 이러한 네트워크는 사람들이 다른 사람의 아동을 돌보고 다른 사람을 위해 장을 보며 정원 가꾸기에 대한 조언을 제공해 주는 등 지역 사회의 일부를 이루는 여타의 사회적 네트워크와 차이가 없다. 차를 고치는 사람으로 알려져 있는 사람도 있고, 머리를 잘 손질해주는 것으로 알려진 사람도 있으며, '당신의 문제를 이해하도록 도울 수 있는' 제 3의 인물도 있다. 서식을 채울 수 있고, 이메일 사용 방법을 보여줄 수 있거나 은행에서 온 편지를 이해할 수 있는 것 또한 사회적 삶의 구조인 이러한 교환 가능한 기능들의 사례가 된다.

핀그렛은 문식성에 문제를 겪는 사람들이 이러한 네트워크에 참여하는 다양한 방법을 보여준다. 어떤 사람들은 문식성이 갖추어진 범세계적인 지역에서 산 반면, 다른 사람들은 잘 읽고 쓸 수 없는 몇몇 사람들이 있는 보다 지역적인 삶을 살았다. 후자의 사람들은 자신의 네트워크 속에서 동등하게 여겨졌고, 그들이 할 수 있는 것으로 받아들여졌다. 그들은 상호의존적이었고, 기능을 교환하였다. 누군가에게 '무언가를 고칠 수 있는' 능력은 누군가에게는 희소 자원이 되었고, 읽고 쓸 수 있는 능력보다 가치 있는 것이 되기도 하였다. 이러한 네트워크가 변하거나 깨질 때에, 사람들은 아마도 문자 언어를 다룰 때에 빚어지는 문제를 확인하게 될 것이다.

핀그렛은 자신의 연구에서 독립적인 사람들에 비해 의존적인 소수에 대해 기술하였다. 이들은 삶에 기본적인 불균형이 있으며, 도움의 손길이 필요한 사람들이다. 그녀는 세 가지 사례에서 사람들을 의존적으로 만드는 것이 문식성 자체는 아니지만 문식성이 의존성의 일부가 된다는 것을 강조했다. 문식성이 의존성을 만드는 데에 작용을 하지만, 그 원인은 아니었다. 우리는 문식성이 극단적인 빈곤이나 신체적 장애와 같은 어려움 중 하나였던 소수에 대한 지역 문식성 연구에서 동일한 현상을 보았다. 그것은 사람들을 의존적으로 만드는 문제들의 조합이었다. 다른 연구에서 이는 상세화되었고, 국가 조사 또한 비슷한 결론에 도달하였다. 고도로 문식화된 사회에서는 문식성의 어려움과 관련된 문제들과 불이익들을 가볍게 여기는 것을 원치 않으면서도 문식성 프로그램이 투사될 수 있는 이미지를 고려한다는 점에서, 이러한 지역 문식성 연구는 매우 중요하다. 문식성 쟁점에 대한 대중의 기대 수준을 높이는 데에 있어, 교육에서 소홀히 여겨지고 자원의 투자가 부족한 영역에 대해 관심을 두는 것과 문식성에서 어려움을 겪는 사람들에게 오명을 씌우는 대중적 이미지를 만들어내는 것 사이에는 뚜렷한 경계가 있다.

네트워크의 중요한 측면은 이러한 네트워크가 존재하기 때문에 읽기와 쓰기에 대한 문제가 발생하지 않는다는 것이다. 즉, 사람들은 문제로부터 피할 수 있도록 도와주는 지원으로서의 네트워크를 갖는다. 이는 어려움의 상대적 속성을 강조한다. 나는 이에 대해 다른 연구에서 다음과 같이 언급하였다.

사람들은 세금 서식을 이해하는 데에 도움을 줄 사람을 구하거나 철도 공무원에게 기차 시간표를 적어달라고 요청하기 위해 문식성 '문제들'을 확인할 필요가 없다. 우리 모두는 이런 일들을 스스로 하며, 문식성 활동에 필요한 중개인으로 간주되는 특정 사람들이 있다. 이런 사람들은 수치를 다루거나 서식을 채워 줄 이웃이나 친구가 될 수도 있다. 그것은 기차 시간표를 들여다보는 철도 공무원이나 고객을 위해 빈 양식을 채워주는 여행사처럼 제도화될 수도 있다(Barton, 1991: 9).

이 방식을 들여다보면 문식성은 더 이상 개인적 문제라고 말하기 어렵고, 그보다는 공동체 내에서 이용 가능한 자원들이 중요하게 됨을 알 수 있다. 물론 모든 사회적 네트워크가 지원의 관계를 포함하는 것은 아니다. 예를 들어, 실업 수당을 받기 위해 면접을 보고 관련 서류를 작성하는 것은 상당히 다른 네트워크들의 사람들을 포함하고, 새로운 문식성을 요구할 수 있다(Hamilton & Davies, 1990). 또한 작은 마을 공동체에서는 사회적 네트워크가 보다 뚜렷하게 드러날 수 있다는 것도 사실이다. 그렇지만, 작은 마을에서의 사회적 네트워크는 상당히 다른 상황들에서 존재한다. 제임스 제닝스(James Jennings)는 방글라데시의 공동체에서 이루어지는 서로 다른 성격의 네트워크 속의 지원 사례를 제시한다.

핀그렛의 연구에서와 같이 우리의 지역 문식성 연구에서는 자신의 삶에서 문제를 겪는 사람들이라도 그럭저럭 살아가는 다양한 방식들이 있음을 보여준다. 그들은 일상적으로 처리하는 서식처럼 특정 형태의 자료를 해독하는 데에 능숙하기도 하였고, 복잡한 문서에서 원하는 정보를 찾는 데에 능숙하기도 하였다. 다시 말해, 우리 모두는 이러한 것들을 하면서 살아간다. 모든 사람들은 일반적으로 완전하게 이해하지 못하는 텍스트로부터 의미를 포착하는 읽기를 한다. 그리고 이러한 읽기에 의해 구성된 의미에 대한 논의는 앞서 기술하였다. 비디오 레코더,

열차 시간표, 보험 정책의 소책자, 심지어 제임스 조이스(James Joyce)의 『율리시즈』나 마이클 할리데이(Michael Halliday)의 『사회적 기호로서의 언어』를 사용하는 읽기 수업을 할 때에 의미를 완전하게 이해하지 못하는 일은 발생한다. 우리 연구에서 확인된 어려움을 겪는 성인들 역시 텔레비전과 같은 다른 매체와 구어로 된 네트워크에 보다 많이 의존하는 양상을 보였다. 사람들은 도움이 필요할 때에 특정 과제를 해결하기 위해 적절한 누군가를 선택하였다. 옆집의 이웃은 공문서에 도움을 줄 수 있었고, 어떤 사람은 다른 도시에 사는 친척에게 보낼 개인적 편지를 읽어 주기도 하였다. 쓰기에서의 어려움은 사람들을 방해하였지만, 우리 연구에서 그들은 일기를 쓰고 자신의 삶에 대한 설명을 쓰며 다른 개인적 쓰기를 하는 것을 멈추지 않았다.

읽기와 쓰기에서 사람들이 부딪히게 되는 어려움은 한 국가 내에서 언어를 아예 모르거나 잘 모르는 것과 비견할 만하다. 그들이 관광객이든 이민자이든 간에, 읽기와 쓰기에서 어려움을 겪는 상황에 있어 사람들이 사용하는 전략은 매우 많을 것이다. 단일언어주의 또한 새로운 문식성이다. 사실, 언어를 아는 것과 문식성을 아는 것에 대한 두 가지 쟁점은 종종 그것이 사람들이 이해하고자 하는 쓰여진 언어라는 점에서 거의 구분이 되지 않는다.[3)]

성인 문식성에서의 언어 쟁점

언어와 역사에 대한 논의에서 살펴 보았듯이, 대부분의 국가에서는 몇 가지 언어를 사용하며, 서로 다른 언어는 서로 다른 지위들을 갖고 있다. 일부 언어에서만 문자 언어가 있으며, 일부 언어에서만 문식성에 대한 사회 기반 시설을 사용할 수 있다. 결과적으로 생각해 보면 공식적인 삶과 교육에서 특정 언어를 선택할 때에 어려운 점이 생긴다. 이들은 말레이시아, 나미비아, 웨일즈, 호주 등 어느 곳에서나 있는 어려움이다. 이들 나라에는 매우 다른 해결책과 함께 서로 다른 맥락이 있다. 모든 국가에는 암묵적으로 또는 명시적으로 언어 정책이 있다. 결정은 언어 또는 문식성 지도를 위한 언어에 대해 이루어져야 한다. 주목할 만한 예외가 있기는 하지만, 대체로 정부는 비공식적 언어에 대해 호의적이지 않다. 교육에서 일상적인 논쟁이 일어나는 영역은 문식성에 대한 최초의 지도가 몇몇 민족어에서 이루어져야 하는지, 만약 그렇다면 몇 년을 해야 하는지에 대한 것이다. 상급 학교에 진학하고 고등 교육이 이루어지는 과정을 통해, 서로 다른 과목에서의 언어, 수업에서의 언어, 교과서에서의 언어, 시험에서의 언어를 무엇으로 선택한 것인가에 대한 결정이 필요하다. 그것은 간단한 선택이 아니다. 그리고 아동은 교실에서 사용되는 언어가 상급 학교로 진학하면서 변화하는 것을 알 수 있다. 그것은 서로 다른 과목에서 달라질 수도 있고, 그들이 배우고 시험을 치는 언어가 교과서의 언어와는 다른 것이 될 수도 있다.

우선적으로는 민족어로부터 읽기를 시작하는 것이 중요하다는 지혜가 항상 수용되어야 한다. 이는 아동과 성인 모두에게 진실이 되어 왔으며, 유네스코의 1953년 책인 『교육에서의 민족어의 역할』로 되돌아가는 것이다. 이 책의 저자들은 사람들이 문식성을 갖추도록 만드는 출발점으로서의 민족어 사용의 중요성을 주장했다. 토착 언어, 국제 공용어, 모국어, 지역 언어를 포함한 다른 용어들과 비교하여 민족어에 대한 정의가 있다. 민족어는 '다른 언어로 말하는 집단과 구분되며, 사회적·정치적으로 지배적인 집단의 모어인 언어'로 정의된다. 우리는 민족어가 어떤 나라의 공식어라면 그것을 한 나라의 소수어라고 간주하지 않는다.[4] **민족어**vernacular라는 용어는 문식성에 대한 다른 연구에서 여러 가지 의미로 사용되었다. 교육에서 민족어의 역할을 재평가하고 '문식성의 민족화'의 상태를 탐구하는 일부 언어학자들은 용어에서 문제를 발견하고 세계의 언어 상황들에서 그것이 서로 다르게 정의되고 있다고 했다(Tabouret-Keller et al., 1997). 민족어라는 단어를 둘러싼 쟁점은 교육을 위해 어떤 언어가 사용되어야 하는지에 대한 결정과 관련되어 있기 때문에 심각하다.

민족어의 개념을 규정하는 것은 쉽지 않다. 1950년대 이래 세계적인 문식성 프로그램의 혜택 하에서 '누구의 민족어로 읽기를 배우는 것이 좀더 쉬운가?'라는 가장 기본적인 심리학적 질문에 대한 정답 또한 없다. 이 질문은 근본적으로 틀렸다. 이 질문은 마치 우리가 사회적 실천을 초월하는 것으로 여겨지는 학습의 일반화된 인지적 측면을 고려할 필요가 있는 것처럼, 기능에 대한 물음을 주요하게 던지기 때문이다. 이 질문은 문화에 언어가 스며있다는 것을 근본적으로 무시한다. 동시에 그것은 문식성에 대한 생태학적 기반을 무시한다. 질문에 대한 대답은 단지 '그것에 달려 있다'가 될 수 있는데, 여기에서 '그것'은 사회적 상황, 화자에 대한 언어의 가치, 읽기와 쓰기 학습을 위한 동기, 영역 내에서의 다른 언어들, 그리고 수많은 다른 것일 수 있다. 심리학적 관점에서 질문에 대한 대답을 할 수 있다 하더라도, 언어 선택에 대한 물음은 앞서 언급한 문자 선택에 대한 물음과 유사하다. 이러한 결정은 사회적 맥락 속에서 이루어진다. 영국에서 이루어지는 결정은 서부 아프리카나 스페인에서 이루어지는 결정과 매우 다르다. 어떤 맥락에서 하기를 원하는 것은 아마 다른 맥락에서는 다를 수 있다. 사람이 언어적 토대에 기초해서 한 선택은 실질적이지 않을 수도 있다. 문식성을 위한 언어 선택은 수많은 쟁점을 포함하는 복잡한 정치적 선택이기 때문이다. 민족어 지도는 문자 언어를 필요로 한다. 그러나 그것은 또한 책과 다른 읽기 자료,

출판, 교사 그리고 장기적인 관점에서는 문식성 유지를 위한 제도를 포함하여 문식성에 대한 사회 기반 시설을 필요로 한다. 민족어 지도는 또한 매우 고비용이 될 수도 있다. 특히 읽기 책이 거의 없고, 고등 수준의 교과서가 없다면 말이다.

어떤 언어로 문식성을 시작하는지에 대한 질문은 얼마나 최선을 다해 죽어가는 언어를 보호하고 유지하고, 지원하고 지탱하는가라는 질문과 결부되어 있다. 그러나 이는 서로 동일한 질문이 아니다. 초기 문식성을 위한 최선의 방법에 대한 물음은 소수 언어를 유지하기 위한 방법에 대한 물음과 같지 않다. 소수 언어를 유지한다는 면에서, 민족어는 또한 이미 읽고 쓸 수 있는 사람에게는 어떤 가능성이 된다. 그것은 언어 학습의 출발점이 될 뿐만 아니라 다른 언어 학습의 매개체가 될 수 있다. 민족어가 보존되기 위해서는 이미 그 민족어로 문식성을 갖춘 사람들이 이를 가치 있는 것으로 여겨야 한다. 만약 그것이 주류 언어로 이미 문식성을 갖춘 사람들에 의해 사용된다면, 그리고 시인이나 다른 필자들이 문학을 창조하는 데에 사용된다면 민족어 유지를 위한 지지를 얻게 된다. 그것은 문식성을 갖춘 사람들이 이중 문식자가 되는 것이다! 이러한 사례는 런던에서의 성 루시안 크리올 화자(St Lucian Creole speaker)를 위한 문식성 수업의 휴비시 뉴웬메리(Hubisi Nwenmely)의 경험들이 있다. 이들은 영국에서 크리올 수업을 받는, 이미 문식성을 갖춘 사람들이 된다(Morris & Nwenmely, 1994). 이것은 단지 하나의 사례에 불과하다. 그리고 이 절의 남은 부분에서 나는 사라져가는 언어들을 지원하고 유지하는 방법에 대한 보다 일반적인 생태학적 질문들에 주의를 기울일 것이다.

언어들은 놀라운 속도로 사라지고 있다. 식물과 동물 세계의 종(種)과 같이, 언어가 멸종된다면 그 언어는 영원히 사라지게 된다. 서로 다른 문식성을 포함하여 언어적 종이 사라지고 있다. 남아있는 언어의 숫자 또한 위협 받고 있다. 세계에는 6,000개 이상의 언어들이 있다. 소수의 화자가 사용하는 보다 많은 언어들이 아직도 발견되고 있고, 종종 사투리와 다른 종류의 언어 사이의 경계가 분명히 구분되지 않는 것처럼, 그 숫자는 정확하게 알 수 없다. 이러한 언어에 대해서 검토할 때에, 마이클 크라우스(Michael Krauss)는 **소멸 직전의 언어**moribund languages, **위기의 언어**endangered languages, **안전한 언어**safe languages로 구별하였다. 소멸 직전의 언어는 수명을 다한 것과 같다. 이는 더 이상 아동이 말하지 않는 언어이다. 그래서 새로운 세대의 화자가 없다. 전 세계적으로 볼 때 이러한 상태에 있는 언어의 숫자는 상당하다. 몇몇 예를 제시해 보면, 알래스카의 20개 토착어 중 18개는 더 이상 아동이 말하지 않는다. 서아프리카의 400개의 언어 중 100개 이상이 소멸 직전에 있다. 호주 원주민 언어 중 90%가 거의 멸종되었다. 전반적으로 크라우스는 세계의 언어 중 50% 정도가 소멸 직전에 있으며 현재의 화자들이 사망하면 사라지게 될 것이라고 추정한다. 위기의 언어는 공식적 상태의 지원을 받지 못하는 언어 또는 그 언어를 실제로 사용하는 화자의 숫자가 부족한 언어이다. 언어를 안전하게 만드는 데에는 100,000명의 화자를 필요로 한다. 크라우스는 언어의 40% 이상이 위험에 처해있다고 추정한다. 그리고 세계의 약 10%의 언어만이 안전할 뿐이라고 추정한다. 이러한 안전한 언어 중 영어, 프랑스어, 스페인어, 아랍어 4개만이 세계의 절반 이상의 국가들에서 공식적 언어이다.

언어가 이러한 비율로 사라지고 있는지에 대해서는 몇 가지 이유가 있다. 그것은 '강제적인 흡수 또는 동화 교육에 있어 전자 매체의 포격, 특히 텔레비전에 의한 노골적인 집단 학살, 사회적 또는 경제적 이유 또는 서식지 파괴, 이동, 민주적인 침몰, 언어 억제'이다(Krauss, 1992: 6). 이는 지난 반세기 동안 증가하고 있고 지속되고 있는 경향들이다. 크라우스가 안전한 언어라고 언급한 언어조차도 사실 안전한 것 같지는 않다. 경제적 그리고 문화적 우월성을 통한 영어의 최근 분포는 주요 세계 언어들의 영향을 받아 왔다. 예를 들어, 유럽 내에서 오백만 명이 넘는 화자들이 있는 덴마크어는 확실히 삶의 수많은 영역에서 영어로 교체되는 위협을 받고 있다. 특히, 교육 체계를 통해 영어로 이동하고 있다. 언어 사용에 있어 극적인 변화는 단 한 세대만으로도 일어나게 될 수 있다.

이는 전 세계적 규모의 환경적인 재앙인데, 그것에 대해 우리가 할 수 있는 것이 무엇인지 분명하지 않다. 대체로 정부는 소수 언어를 보호하는 데에 거의 관심을 갖지 않는다. 그들은 교육과 공식적인 삶에 있어 표준화를 밀어 붙이기 때문이다. 덜 알려진 언어를 사용하는 화자는 낙후되어 있고 근대적이지 않다고 인식된다. 소수 언어에 대한 대중의 인식은 거의 없고, 여러모로 상황은 희망이 없는 것처럼 보인다. 그러나 뮐하우저(M hlh usler, 1992), 힌톤과 헤일(Hinton & Hale, 2001), 오스틀러와 루데스(Ostler & Rudes, 2001)와 같은 언어학자들과 다른 사람들의 초점화된 관심 덕분에, 위기의 언어가 처한 곤경에 대해 이제는 보다 많은 관심을 가지게 되었다. 여기에서 나는 이 모든 것에서 문식성의 역할에 대해 간단하게 살펴보기를 원한다.

대부분의 소멸 직전의 언어는 문자로 쓰여지지 않는다. 그리고 언어 내에서 쓰여지는 경우가 거의 없고 단지 좁은 범위의 영역들 내에서만 쓰기 체계가 있다. 이는 또한 수많은 위기의 언어에도 사실이다. 문식성은 언어의 소멸을 늦추기 위해 언어의 지위를 부여하거나, 그 사용을 확장시킴으로써 그 역할을 할 수 있다. 지역 문식성을 지키는 것이 중요할 수 있다. 그렇지만 그것은 모호한 역할이다. 글을 적어서 쓰는 것과 글로 쓰여지지 않은 언어를 테이프에 녹음을 하는 것은, 그것을 보호하는 데에 도움을 줄 수 있지만 논란이 될 수도 있다. 쓰여진 형태를 창조하는 행위는 언어를 변화시킨다. 대체로 그것은 언어의 표준화와 직접적으로 관련이 되어 있다. 그리고 이 행위는 수많은 다양성을 파괴시킬 수 있다. 언어를 글로 적는다는 것은 필연적으로 어떤 측면들은 주목받게 되고 다른 측면들은 무시되거나 억압된다는 뜻이다. 그래서 예를 들어, 언어를 글로 적는 것을 최전선에서 담당해 온 선교사 조직들은 동시에 어휘를 '기독교화'하게 되도록 할 수도 있고 문화의 다른 의미는 무시하게 되도록 할 수도 있다. 언어를 보존하는 데에 있어 그들의 역할이 문화를 보존하는 것을 포함하지는 않을 수도 있다. 역설적이게도 토착 언어의 지지자는 동시에 토착 문화에 대해서는 파괴자가 될 수도 있다. 덧붙여 만약 사람들이 언어 사용을 중단한다면 언어는 거의 글로 적히지 않는다. 박물관 같은 기록 보관소에서 언어를 보호하는 것은 하나의 단계가 될 수 있지만, 그 언어가 포함된 문화는 소멸될 수도 있다.

민족어에서의 문식성은 또한 비록 그것이 언어에 지위와 가치를 부여하고 실천의 범위를 확장시키는 것처럼 보이지만, 종종 보다 넓은 의사소통용 언어의 문식성에 대한 디딤돌로만 사용될 수 있다는 점에서 양날의 검과 같다. 그러고 나서 문식성은 민족어를 피하고 문화의 보다 넓은 범위에 접근하는 방식이 될 수 있다. 초기 문식성은 그 자체로는 언어를 보호하기에 충분하지 않다. 몇몇 다른 가능성들이 있다. 즉, 언어는 아마도 그것을 배우고 가치를 부여하기 위해 우월한 언어를 사용하는 화자를 필요로 할 것이다. 언어는 명료한 기능을 필요로 하고, 그것을 글로 쓸 수 있는 사람들을 필요로 한다. 이러한 맥락에서 언어를 배우는 데 있어 교육은 중요한 역할을 한다. 비주류나 주변적 문식성은 종종 사회에서 가치를 인정받지 못하고 비표준적인 다양성, 지역적 방언, 피진이나 크리올도 되지 못한다는 것이 문제이다. 생태학적으로 가치를 부여하는 것은 이러한 다양성이다. 이는 문화적 장점의 원천을 표상할 뿐만 아니라 언어적 변화와 혁신에서 중요하다는 것을 표상한다. 다시 말하면, 세계의 모든 언어가 생태계를 표상하고, 모든 존재들이 상호의존적으로 살아간다는 의미이다. 서로 다른 언어들은 서로 다른 가치, 경험, 아이디어의 자료를 내포한다. 다양성은 하나의 언어 내에서 담화의 범위를 확장하고 주변적인 비표준적 담화를 가치롭게 만들며 그들에게 목소리를 부여한다는 점에서 중요하다.

영어와 같은 세계 언어들은 이 모든 것에 있어 역할이 있다. 그들은 죽어가는 언어를 위협하는 수많은 것의 근원이 된다. 덧붙여 그들은 이러한 쟁점들에 대해 자체적으로 면역성이 있지도 않다. 언어의 다양성에 대해서는 일찍이 논의되어 왔으나, 언어 변화와 어떠한 관련성이 있는지에 대해서는 많은 의문들이 있다. 가령 영어의 보급과 관련하여, 사람들은 세계의 다양한 영어들을 받아들일 필요가 있다. 하나의 표준만 있는 것이 아니라, 나이지리아 영어, 인도 영어, 미국 영어, 영국 영어 등 여러 영어가 있으며 이들은 모두 표준이다. 방언, 크리올, 언어와 연관된 여러 범위의 다양성들 또한 존재한다. 언어를 개발하고 조정할 때 주요한 방식 중 하나는 언어 그 자체로 다양성을 실현하는 것이다. 또 다른 방식은 다른 언어를 빌려 오는 것이다. 영어는 문화를 표상하고, 그 발전을 위해 항상 다른 것들에 의지한다. 영어가 하나의 특정 문화를 내포한다고 주장하기 위한 모든 시도들은 잘못 판단된 것이다. 하나의 우세한 문화를 강요하기 위한 움직임에 대해서는 반대할 필요가 있다. 다른 쟁점으로는, 이미 언급되었던 새로운 테크놀로지의 역할에 대한 관심이다. 인터넷과 같은 테크놀로지를 통한 매스 커뮤니케이션은 빠르게 변화하고 있다. 최근 대부분의 인터넷 정보는 영어로 되어 있기 때문에, 다른 언어들이 감당해야 할 비용이 증가하고 있다. 그러나 테크놀로지는 피할 수 있으며, 민족어로 된 반응도 있고 이는 통제될 수 있다. 그렇지만 이러한 통제에는 정책적인 의지가 수반된다. 다른 문식성과 마찬가지로 테크놀로지 또한 사회적 실천의 일부이다.

제14장 생태학적 관점의 영향

교육에서의 문식성

전 세계의 문식성

문식성 연구는 여러 방향으로 발전하고 있다. 이 책을 통해 인터넷이 사람들의 글쓰기에 미친 영향을 이해하고, 비주류 언어 문식성의 유의미성을 평가하였다. 또한 가정과 학교 문식 실천의 관련성이나 방향성을 명료화하고, 이후 문식성 연구를 수행하는 데에 도움이 되는 참고 문헌들이 제공되었다. 이처럼 상당히 발전된 논의가 이루어진 영역이 있는 반면에, 아직 시작에 불과한 영역도 있다. 예를 들어, 사람들이 특정한 상황에서 서로 다른 문식성을 어떻게 사용하는지, 그리고 다양한 맥락에 놓여있는 텍스트가 무엇인지 등에 대해서는 여전히 좀 더 많은 연구가 필요하다.

비록 이 책이 교육적 실천에 초점을 두고 있는 것은 아니라 할지라도, 이 책은 교육적 실천과 관련 있는 문제, 즉 학교에서의 읽기와 쓰기에 대한 대중의 논란과 성인 기초 교육에 있어서의 쟁점에 대한 질문으로 시작하였다. 교육과 문식성에 대한 이론적·역사적 논의를 거쳐, 이제 이 장에서는 교육과 문식성에 대한 실천적 논의로 되돌아가는 것이 적절한 듯하다. 여기서 나는 문식성 교육을 생태학적으로 접근할 때 고려해야 할 몇 가지에 대해 제안할 것이다. 우선 읽기와 쓰기 학습을 학교라는 맥락에서 논의한 후 세계의 문식성이라는 맥락에서도 논의할 것이다. 이러한 논의에서 시사하는 바는 교육적 실천뿐만 아니라, 문식성 쟁점에 대한 대중의 논의에도 적용된다.

교육에서의 문식성

학교와 다른 교육 기관은 문식성에 대한 생태학적 관점을 고려할 수 있다. 이는 이 장에서 특별히 논의하는 것이 아니라 이미 책 전반에서 제시된 바 있다. 예를 들자면, 문식 실천이라는 차원에서 가정에서의 문식성 학습을 살펴 본 것이 그러했고, 최근 학교 교육에서의 문식성 교육에 관련된 변화와 다른 곳에서 볼 수 있는 사례들 역시 그러했다.

영국을 비롯한 여러 나라에서 학교는 정부, 미디어와 함께 읽기와 쓰기를 둘러싼 논쟁의 중심에 있다. 나는 학교에서 이루어지는 문식성 교육에 강력한 영향력을 미치는 비유인 문식성에 대한 기능적 관점과 문학적 관점에 주목한다. 이러한 비유는 문식성에 대한 대중적 이미지인 동시에 정책 결정자, 부모, 미디어에 의해 이용되어 왔기 때문이다. 물론 이러한 접근을 넘어서는 문식성에 대한 또다른 관점들이 교실에서 나타나고 그 중 일부는 여기에서 언급되고 있다. 현대 사회에서 나타나는 교실의 문식 실천은 읽기와 쓰기를 단순하게 바라보는 관점을 넘어서며 발전되어 왔고, 이는 서로 다른 방식으로 이루어지는 문식성에 대한 사회적 관점을 포함한다. 예를 들어, 초등학교에서의 읽기와 쓰기 지도 방식은 변화해 왔다. 아동을 능동적인 학습자라고 강조하는 것과 부과된 교육과정을 실행하는 것 사이에는 갈등이 있다. 이러한 사례는 최근 공공 영역에서 드러나는 읽기와 쓰기에 대한 갈등의 일부이다. 문식성에 대한 정의와 이러한 갈등은 여러 방식으로 충돌한다.

몇몇 연구자들은 학교에서의 문식성에 대한 사회적 관점을 설명할 수 있는 방식에 대해 논의하였다. 로즈 이바닉(Roz Ivanič)과 메리 해밀튼(Mary Hamilton)은 학교가 문식성에 대한 새로운 관점을 어떻게 설명할 수 있는지와 관련하여 문식 실천의 여러 사례를 제시하였다. 나는 이 연구에 논의를 덧붙이고 해석하고자 한다(Ivanič & Hamilton, 1989: 15~17). 이러한 생각은 주류 교육에 존재하는 양질의 문식 실천을 보완하며, '아동이 있는 곳에서부터 출발한다.'는 접근 방식과도 부합한다.

이는 교육과정과 관련된 제언으로 시작된다.

1. 학교 문식성은 수없이 많은 의사소통 형식 중 하나이고, 구두 언어, 물리적 의사소통, 그래픽과 같은 다른 의사소통 형식과 함께 발달되어야 한다. 교육에서 인쇄 문식성만이 요구되어서는 안 된다.
2. 학교 밖에서 이루어지는 문식 실천은 매우 다양하고, 학교 안에서 이루어지는 문식 실천과는 상당히 다르다. 교사는 일상에서 나타나는 문식성의 범위에 대해 탐색하면서 소비자 문식성과 같은 학교 밖 문식성에 대해 비판적으로 연구할 수 있다.
3. 학교를 사람들 속에서 학습이 일어나는 하나의 맥락으로 바라보는 것은 중요하다. 아동은 학교에 입학하기 전에 그리고 학교에 다니면서 일상의 삶에서 비공식적으로 문식성을 배운다. '이런 종류의 학습은 단계를 따르지 않는다. 사람들은 문식성 사용, 전략, 가치에 대해 동시에 그리고 되는대로 배운다.'
4. 사람들이 읽기와 쓰기를 할 때에는 사회적 목적이 존재한다. 일반적으로 사람들은 목적 없이 읽고 쓰지 않는다. 이는 학교에서 실제적인 목적을 위한 읽기와 쓰기를 가르쳐야 한다는 주장을 뒷받침한다. 실제적인 목적 없이 읽기와 쓰기 자체만을 위한 연습, 자료, 활동들은 피해야 한다.
5. 일상의 문식성은 협력과 지원의 네트워크를 사용하는 것을 포함한다. 교실에서 협력적인 읽기와 쓰기를 개발하는 사람들을 격려해야 한다.

6. 성인 문식성 학습자들처럼 읽기와 쓰기를 제대로 배우지 못한 채 학교를 졸업한 사람들을 통해 교사가 설명할 수 있는 교육의 과정에 대한 통찰을 얻을 수 있다.
7. 아동은 자기 자신과 다른 사람들의 문식 실천을 반영할 수 있고, '왜, 언제, 어디서, 어떻게 그들의 부모, 조부모, 이웃 또는 역할 모델들이 읽고 쓰는지를 기록하면서' 문식성에 대한 민족지학자가 될 수 있다.

진단과 평가에 대한 제언도 있다.

8. 부모, 정책입안자, 교육자들은 읽기와 쓰기에 대한 표준화된 검사에 대해 조심스럽게 접근해야 하고, 교사의 평가와 아동의 자기 평가의 중요성을 인식하고 이를 실천하는 데에 노력을 기울여야 한다. 성인 문식성에 있어서 평가는 독립적인 측정과 객관적인 검사에 의해서가 아니라, 다양한 역할과 맥락에서 자신의 필요와 갈망에 의해 정의된다.
9. 교사는 문식성을 맥락에서 고립시키거나, 맥락을 가장하는 검사에 대해 유의해야 한다.
10. 사람들이 읽기와 쓰기에서 실수를 저지를 때는 대체로 이유가 있다. 성인이나 아동 스스로가 자신의 학습에 대한 정보 제공의 원천이 된다.
11. 교사가 주변적 문식성과 교육 영역 밖에 존재하는 문식 실천에 가치를 부여한다면, 학교 문식성을 거부하는 아동에 대해 보다 잘 이해하게 될 것이다.

그리고 가정과 학교의 연계에 관련되는 제언이 있다.

12. 가정-학교의 연계는 단지 부모가 학교의 문식 실천과 기대를 접하게 되는 것에 있지 않다. 그것은 양방향의 변화가 되어야 하고, 학교에서 일어나는 일을 알려 주기 위해 공동체 실천에 대한 정보를 수집하는 것을 포함할 수 있어야 한다. 교육 시스템에서는 교사가 학생이 가정에서 친숙하게 느끼는 것을 알고, 필요할 때에 학교의 문식 실천을 기꺼이 변화시키는 것이 필요하다.
13. 아동은 학교에서 자신의 문식 실천이 가치 있게 받아들여지지 않을 때 배제되었다고 느끼는 경향이 있다. 학교는 어떤 공동체의 문식 실천이 교실에서 받아들여지는지에 대해 탐구해야 한다.

문식성에 대한 문학적 관점을 논의할 때를 제외하고 교육에 대한 논의 대부분에 있어, 나는 초기 읽기에 주목하였다. 최초의 학교 교육이 읽기 학습에 관한 것이고, 그런 다음 다양한 텍스트를 다루는 학습과 다른 미디어와 관련된 학습으로 확장되어 갔음을 기억하는 것은 중요하다. 특히 학교 교육의 후반기에 실천이라는 아이디어는 아동이 여러 과목을 다루고 보다 넓은 범위의 장르에 대해 다루게 되기 때문에 유용하다. 읽기와 쓰기에 대한 이러한 학습은 삶 전체에서 계속된다. 사람들은 일터에서 기존에 접했던 것과는 다른 새로운 문식성에 직면한다. 소방관이든 사회복지사이든 공장 노동자이든 간에 말이다. 학자, 법률가나 물리학자가 되기 위해서 문식성 학습은 10년이나 20년이 걸린다. 업무뿐만 아니라 일상은 문식성에 대한 새로운 요구들을 창출할 수 있다. 사람들은 삶을 통해 새로운 문식성에 대해 학습한다.

전 세계의 문식성

전 세계적으로 살펴 볼 때 교육의 미래에 대해 희망을 갖기란 매우 어렵다. 개발도상국에는 수많은 문제들이 산적해 있다. 여기에는 광범위한 빈곤의 문제, 국가 내 불평등의 심화, 충분히 교육받지 못한 교사들과 과밀 학급, 교육 시설의 부재 등이 있다. 또한 문자 언어의 전통이 거의 없거나 전무한 언어, 다양한 방언이 있는 언어, 문식성 사용이 전혀 없는 언어도 있다. 개발도상국이 산업화된 국가 및 원조 기구와 함께 하기 어려운 구조적 관계가 있다. 그럼에도 불구하고, '작고 아름다운' 프로그램이라고 부르는 것이 있는데, 이는 세계 곳곳에서 이루어지고 있는 우수한 문식성 프로그램 사례이다. 이는 영국뿐만 아니라 다른 국가에도 있다.[1)]

앞에서 살펴 본 생태학적 관점은 개발도상국과 산업화된 국가 모두를 포함하여 전 세계의 문식성에 대한 몇 가지 시사점을 제공한다. 문식성에 대한 사회 기반 시설이 있는 산업화된 국가와 그것이 없는 개발도상국처럼, 두 상황에는 중요한 차이가 있다. 교육 시스템을 거친 성인을 가르치는 것과 그렇지 않은 성인을 가르치는 것과 관련된 차이도 있다. 그럼에도 불구하고 이러한 상황의 유사성을 살펴보는 것은 여전히 유용하다.

1. *사람들은 문식성에 대한 비유를 재검토해야 한다.* 국제적 프로그램의 성공 또는 실패는 읽기와 쓰기를 설명하기 위해 사용된 언어와 문식성에 대한 수많은 비유로부터 출발한다. 언어는 쟁점이 정의되는 방식, '문제'와 '해답'으로 간주되는 것에 영향을 미친다. 현대 문식성 프로그램의 기반이 되는 **기능적 문식성**functional literacy은 모호한 용어이다. 이

용어는 때로는 모든 문식성은 기능적이라는 점에서 모든 것을 의미하기도 하고, 때로는 매우 협소한 정의를 의미하기도 한다. 이 용어가 얼마나 유용한지는 분명하지 않다. 특히, 서로 다른 상황들을 비교할 때에는 더욱 그러하다. **보편적 문식성**universal literacy은 의미 있는 것이 아니지만, **보편적 학교 교육**universal schooling은 의미 있을 수도 있다. 이러한 용어들은 문식성을 갖춘 상태와 그렇지 않은 상태를 나눌 수 있다는 생각을 기반으로 하며, 문식성의 수준은 인지의 결과라는 신념과 결부되어 있다. 앞에서 이 비유적 체계에 대해 비판적으로 살펴보았다.

오늘날 사회에서 기능적 문식성이라는 용어는 문식성에 대해 말하는 방식 중 하나로, 문식성에 대한 특정 담론와 관련되어 있다. 이 특정 담론은 기능적 문맹, 보편적 문식성, 문맹 퇴치와 같이 그다지 유용하지 않은 용어와 관련된 접근이다. 이러한 용어는 전 세계가 직면하고 있는 어떤 끔찍한 재앙을 제거할 필요가 있다는, 미디어가 만들어낸 이미지에 함몰되게 만든다. 사람들은 단어를 재정의해야 할 가능성에 대해 말하지만, 이 용어를 피하는 것이 더 좋을 수도 있다. 우리는 단지 단어 하나에 대해 논의하는 것이 아니라 전체 담론, 말하기의 전체적인 방식에 대해 논의하는 것이다. 말은 서로 연계되고 각각 정의된다.

'문식성 문제'에 대한 아이디어를 포함하는 용어는 세심하게 살펴야 할 필요가 있다. 우리가 앞의 장에서 봤던 것처럼, 이는 상대적인 개념이다. 여기에는 현대 사회에서 살아가는 사람들은 누구나 문식성 문제를 갖고 있다는 전제가 내포되어 있다. 영국에서 읽기와 쓰기에 문제를 가진 대부분의 사람들, 문식성 수업에 참석하는 대부분의 사람들은 어느 정도까지는 읽고 쓸 수 있다. 그러나 그들은 일상에서 완전하게 이해할 수 없는 문식성에 부딪힌다. 이러한 상대성은 기능적 문식성의 본래 개념에는 있었으나, 명확하지 않다. 또한 우리가 살펴 본 것처럼, 문식성을 갖추지 못한 사람을 아웃사이더로 취급하는 것은 바람직하다고 할 수 없다. 이와 관련하여 문식성은 사회 문제로 정의된다. 누군가가 참여하지 않는 문식 실천을 문제로 간주해서는 안 된다. 운전이나 덧셈을 못하는 것, 또는 컴퓨터를 다루지 못하거나 외국어를 구사하지 못하는 것이 문식성을 갖추지 못하는 것에 비해서는 문제로 인식되지 않는 것 같다.

문식성에 일상의 맥락이 내포되었다고 보는 생태학적 관점은 두 가지 측면에서 본 논의에 의미 있는 지점을 제공한다. 첫째, 생태학적 관점은 다른 비유들과 경쟁하면서 문식성에 대한 서로 다른 비유들이 있음을 분명하게 만든다. 둘째, 문식성에 대한 비유 중 사회적으로 기반한 생태학적 관점은 서로 다른 문식성, 문식 사건들, 문식 실천과 같은 대안을 일관성 있게 제공한다. 문식성에 대한 사회적 관점은 대안적 담론이 되고, 문식성에 대한 다른 비유를 제공한다. 문화 안에는 서로 다른 문식 실천과 서로 다른 영역들이 있다. 문식성 프로그램에 대한 국제 기금을 원조하는 사람들은 어느 사회, 직장에서나 수많은 서로 다른 문식성이 있음을 깨달을 필요가 있다. 그러나 그들이 문식성에 대해 말하는 방식을 결정할 수 있는 것은 아니다. 수습 교사도 자신의 문식 실천에 대해 반성할 수 있고, 다른 사람들의 문식 실천을 관찰할 수 있다. 이와 유사하게, 신문을 읽는 비판적 독자 또한 자신을 둘러싼 문식 실천에 대해 탐구할 수 있다.

2. *문식성 학습은 사회적 기반을 갖고 있다.* 종종 성인 문식성은 수업, 교수 방법과 관련이 있다고 가정된다. 그러나 사람들이 일상의 삶에서 문식성을 어떻게 사용하는지에 대해 탐구하게 되면, 그 쟁점이 수업이나 교수 방법과 관련된 것보다 훨씬 광범위한 문제임을 분명히 알 수 있게 된다. 개인이 아닌 공동체가 문식성을 갖추어야 한다. 즉, 개인을 대

상으로 하는 예방보다 공동체를 대상으로 하는 문식성 캠페인이 있어야 한다. 개인을 돕는 것보다 공동체가 문식성을 갖추도록 돕는 것이 필요하다고 생각하는 것은 중요하다. 그렇게 되면 문식성을 전파할 수 있는 사람과 같이 문식성 교육의 네트워크 속에서 핵심적 역할을 하는 인물을 도울 수 있게 된다. 전형적으로 국가의 문식성 수준에 대해 논의할 때에는 전체 국민 중 얼마나 많은 사람이 문식성을 획득했는지 비율을 확인한다. 물론 이보다 훨씬 더 많은 것을 살펴보기도 한다. 학교, 대학, 문식성에 대한 전체적인 사회 기반 시설의 존재를 비롯하여, 필자, 서점, 출판사, 인쇄소, 도서관, 종이의 양, 펜, 컴퓨터, 타자기, 우편, 다른 의사소통 기술에 대한 이용가능성의 차이도 확인한다.

문식성에 대해 이해하는 것은 문식성 사용이 사회 구조 내에서 어떻게 작동하는지를 이해하는 것, 오늘날 사회에서 사용되는 언어를 탐구하고 분석하고 도전하는 것을 포함한다. 이는 몇 가지 측면에서 생각할 수 있다. 예를 들어, 법률 문서 등에서 약자가 보다 손쉽게 접근할 수 있는 글을 써야 한다는 움직임이 있다. 이와 관련하여 특정 전문 직종과 학문 분야의 이해하기 힘든 용어에 대해 질문하고 그런 점을 이해하는 것은 중요하다. 문식성 관련 연구는 언어의 통제, 권력 관계, 정보의 접근 가능성에 대한 의문을 제기한다. 앞에서 언급한 바와 같이, 사람들이 언어의 중요성을 알고 비판적인 언어 인식을 고취할 수 있도록 돕는 것은 언어의 사회적 관점을 촉발하는 문식성 지도의 중요한 측면이다(예를 들어, Ivani & Moss, 1991을 참조할 수 있다.).

문식성의 사회적 관점은 성인과 아동의 지도에 실제적인 시사점을 제공한다. 이 장의 앞 부분에서는 아동의 학습이 어른에게 동일하게 적용되는지에 대해 논의할 때에 고려해야 할 제안이 있었다. 사회적 맥락에 관심을 두는 성인 문식성 지도는 기능이 자동화되도록 가르치는 것과 다르다. 여기에는 수많은 논의가 있다. 이미 제시된 참고 문헌 이외에도 라이틀(Lytle, 1991), 파펜(Papen, 2005), 테트 외(Tett et al., 2006)는 성인의 읽기·쓰기 학습에 대한 사회적 실천의 접근을 적용한 연구를 수행하였다. 레이더(Reder, 1987)는 성인 문식성 교육에 있어 개인을 가르치는 것보다는 공동체를 지원할 수 있는 방법을 제안한다. 애플비와 바튼(Appleby & Barton, 2006)은 성인 문식성 수행에 있어 사회적 실천 교육학을 위한 아이디어를 발전시켰다.

기존의 언어 실천을 토대로 새로운 언어 실천이 이루어진다는 생각은 문식성이 갖고 있는 사회적 기반의 일부가 된다. 공동체는 특정한 의사소통 유형을 토대로 수립되고, 새로운 실천은 예전의 것과 일정 정도 관련성을 갖게 된다. 새로운 문식 실천은 구어 실천과 문어 실천에 기반을 두고 발전하게 된다. 문식성 교육은 모든 상황이 다르고 언어 사용에 대한 나름의 유형이 있다는 데에서부터 시작해야 한다. 지금까지의 문식성 캠페인은 세상의 모든 공동체는 공통점이 있다는 일반화와 세상이 원하는 문식성이라는 불변의 필수품이 있다는 일반화에 기초하였다. 이 일반화는 가능한 수준까지 받아들여져 왔다. 이제 반대의 관점을 받아들이고 추구하는 것이 문식성 학습을 보다 풍성하게 만들게 될 것이다. 모든 상황은 서로 다르고, 각각의 상황은 문식성 요구를 이해하기 위해 상세하게 탐구되어야 한다.

3. *사람들은 실천을 변화시킨다.* 사람들은 자신의 삶에 기반한 요구와 목적을 갖는다. 이는 명백한 것처럼 보이지만, 이를 보다 정교하고 명시적으로 만들 필요가 있다. 왜냐하면 아직도 각 개인의 인식을 설명한다는 것에 반대하는 목소리가 존재하기 때문이다. 이는 문식성 프로그램을 수립하는 과정에서 예산 책정과 전략 논의 및 개인 지도 계획 등 모

든 단계가 반대에 부딪히는 것에서 알 수 있다. 그리고 사용된 언어에 대해 영향력을 행사할 권리에 있어서도 반대에 부딪힌다.

사람들은 문식성을 이해한다. 문식성에 대한 사람들의 인식과 지각은 중요하다. 마찬가지로 문식성의 역할과 가치에 대한 대중의 지각 또한 중요하다. 언어에 대한 아동의 최초의 인식에서부터 해방적 성인 교육에 대한 시도에 이르기까지 이들을 관통하는 것은, 학습은 지식의 능동적인 구성이라는 것이다. 이러한 생각이 성공적인 문식성 지도의 출발점이 되어야 한다. 학습자는 문식성을 갖추고자 결심한 사람이고, 능동적으로 배우는 사람이며, 자신의 삶을 변화시키기로 결심한 사람이다. 문식성에 대한 사람들의 의미 구성은 자신의 태도와 행동에 뿌리를 두고 있다. 문식성 수행은 문식성에 대한 자신의 정의와 자신의 목적, 현재의 의사소통 실천으로부터 시작해야 한다. 성인과 아동의 문식성 수행을 위해서는 학습 방법에 대한 학습이 필요하다.

정부와 국제 조직의 힘만으로는 성인 문식성 교육을 성공적으로 보급하기 어렵다. 여기에는 사람들의 인식 변화에 대한 고려가 수반되어야 한다. 이 점은 또다시 언급할 필요가 없다. 오랫동안 이러한 생각이 있어 왔고 국제 조직의 다양한 선언문에서도 찾아 볼 수 있지만, 실천적 문식성 프로그램으로 전환될 때에는 종종 간과되었다(이러한 예는 Barton & Hamilton, 1990; Rogers et al., 1999; Barton & Papen, 2005를 참조하시오.). 문식성에 대한 선언문의 언어와 기능적 문식성 프로그램의 실제 사이에는 항상 간극이 있어 왔다. 문식성 교육을 위한 출발점은 이를 위한 구체적인 준비와 함께 사람들의 요구를 반영해야 한다. 요구가 변화할 때마다 이에 대한 평가는 계속되어야 한다. 사람들의 요구는 가능성과 관련하여 존재한다. 즉, 교육에 대한 접근에 있어 서로 다른 가능성이 주어지고, 사람들의 요구는 이에 부응하여 변화할 것이다. 이는 요구 분석과는 다르다. 어떤 영역에서는 교사가 사람들의 요구를 받아들여 교육을 하는 것이 일반적이지만, 다른 영역에서는 대체로 교사와 학생은 교섭하지 못한다.

4. *시급히 채워야 할 부족한 자원이 있다.* 개발도상국에는 성인 문식성 교육이 직면한 수많은 문제들이 있다. 세계에서 가장 빈곤한 국가들에서는 교육의 보급이 점점 악화되고 있으며 교육에 투자하는 국가 자산은 감소하는 추세를 보이고 있기도 하다. 성인 교육은 보편적 기본 교육을 목적으로 하는 아동 교육과 같은 교육의 다른 영역과 한정된 자원을 두고 경쟁해야 한다. 동시에 국제 기구의 관심은 다른 의사소통 기술로 돌려질 수도 있으며, 기초 문식성에는 관심을 덜 기울일 수도 있다.

실질적인 차원에서는 종이와 펜과 같은 기본적인 물품에 대한 요구라는 자원 문제가 쟁점이 된다. 그러나 문식성의 출발은 무엇이 필요한 것인가가 아니라, 문식성을 어떻게 유지할 것인가에 있어야 한다. 문식성을 어떻게 갖추고 유지할 것인가에 대한 물음이 문식성 프로그램 수립 이전에 이루어져야 한다. 지속 가능한 문식성에 대한 요구가 있다. 즉, 문식성이 인간의 지속 가능한 발달에 부합해야 한다는 뜻이다. 이것이 어떻게 가능한지에 대한 아이디어는 스트릿(Street, 2005), 로빈슨-팬트(Robinson-Pant, 2004), 로저스(Rogers, 2005)에 의해 발전되었다.

개발도상국과 산업화된 국가 모두에서 우리는 '위기'가 속성 캠페인으로 해결될 수 있지 않고 성인 교육의 보급과 관련이 있다고 말한다. 사람들은 자신의 삶에 있어 각기 다른 다양한 시점에서 서로 다른 이유로 인해 교육에 대한 접근을 필요로 한다. 교육은 장기적인 것이 되어야 하고, 사람들의 서로 다른 요구에 응답할 수 있도록 유동성이 있어야 하며, 최소한의 교육을 받아 온 사람들에게 기회를 제공해야 한다. 이는 정책적인 약속을 필요로 하며, 비용이 발생한다. 결국 문식성은 사회에서의 불평등을 반영한다. 그것은 권력의 불평등, 부의 분배에 있어서의 불평등, 교육의 접근에 있어서의 불평등을 말한다. 이러한 불평등은 국가 내에 그리고 국가 간에 존재한다. 문식성은 이러한 사회적 관계의 맥락 속에서만 완전하게 이해될 수 있다. 이러한 불평등의 쟁점이 문식성 문제와 함께 다루어지지 않는 한, 문식성 교육의 효과는 보장하기 어려울 것이다. 문맹 퇴치는 의미 있는 수준까지 가능하지만, 빈곤 퇴치가 선행되어야만 가능할 것이다.

주 석

제1장 문식성에 대한 통합적 접근

1) 문식성 신화(literacy myth)라는 용어는 본래 그래프(Graff, 1979)에 의해 쓰였다. 일련의 최근 신화를 명시적으로 열거한 접근은 예를 들어 오드뤼 그랜트(Audrey Grant, 1986), 프랭크 스미스(Frank Smith, 1983, 1985), 캐롤 에델스키(Carol Edelsky, 1986)과 셜리 히스(Shirley Heath, 1987) 등에 의해 쓰였다.

제2장 문식성에 대해 이야기하기

1) 이러한 생각은 레이코프와 동료들의 연구를 참조할 수 있다. 우선적으로 레이코프와 존슨(Lakoff & Johnson, 1980)의 '삶으로서의 은유(Metaphor we live by)', 이 책의 전반부를 참조할 수 있다.

2) 사실 일상의 글쓰기에서 경멸적인 어조의 '문맹의'와 '문맹'이 긍정적인 용어인 '문식성을 갖춘'과 '문식성'보다 더 흔하게 쓰이는 것 같다. 영국 신문에서 교육에 대해 논의하는 것을 검토해 보면, '문맹'과 '문맹의'라는 용어가 확실히 더 많이 쓰인다.

3) 이는 문식성과 구술성을 대조하는 언어학자나 고고학자에게는 이상하게 보일지 모른다. 그러나 성인 기초 교육을 받는 학생은 이 용어가 예외라는 것을 알 것이다. 사람들은 '국제 문식성의 해(International Literacy Year)'가 실제로는 국제 문맹의 해(International Illiteracy Year)를, 문식성 교실이 실제로는 문맹 교실을 의미한다고 지적한다.

4) 우리는 또한 교사, 훈련자, 학생, 학습자와 같은 용어를 불어로 번역하고자 할 때 혼란을 겪었다.

5) Cole & Keyssar(1985)

6) 문식성에 대한 다른 강력한 비유는, 비유가 세상을 창조한다는 것이다. 이 비유는 나중에 서로 다른 문식성을 논의할 때 유용할 것이다. '문식성의 세계(World of literacy)' (Hamilton et al., 1994), '아동의 문식성 세계(children's worlds of literacy)' (Dyson, 1991), 그리고 정보 처리가 아니라 세상을 창조하는 것으로서의 문식성 비유 사용(Smith, 1985) 등이 있다.

7) 가령 Lave & Wegner(1991), Cole et al.(1997), Rogoff(2003), Holland et al.(2001), Holland & Lave(2001) 등이 있다.

8) 비고츠키에 대해서는 그의 두 책(1962, 1978) 외에, 이러한 아이디어를 발전시

킨 다른 사람들의 연구(Kozulin, 1990; Moll, 1990; Wertsch, 1991, 1997)와 사회 문화적 이론에 대한 참고 문헌을 보시오.

9) 생태학적 측면에서의 언어 연구는 다중언어 교실에 대한 연구(Creese & Martin, 2003)와 보다 일반적으로는 Creese & Martin(2006)이 있다.

10) Lemke(1995)는 '생태사회 체계(ecosocial system)'로서의 사회라는 개념을 발전시켰는데, 이는 생태계의 모든 복잡성을 의미 생성 과정과 관련하여 부가된 사회적 복잡성과 연계시키는 개념이다.

제3장 문식성의 사회적 기반

1) 실천 이론의 사회학적 형성에 대해서는 Lave(1988)에 들어 있는 부르디외(Bourdieu)의 연구를 보시오. 다른 방향에서는 Fairclough(1989, 1992)와 Chouliaraki & Fairclough(1999)가 사회적 제도와 권력 관계의 구조가 어떻게 우리의 언어 사용(구어와 문어)을 구조화하는지를 드러내기 위해서, 사회적 실천의 집합으로서의 언어 개념에 대해 탐색하였다.

2) 콜린 랭크시어(Colin Lankshear)의 연구는 이에 대해 자세하게 논의하고, 테스트 개발자가 기초와 심화로 분류하는 것은 상이한 목적에 부합하는 서로 다른 문식성이라는 것을 보이면서, 이러한 접근의 부적절성을 입증하고 있다. Lankshear(1991)을 보시오.

3) 마음을 행위로 보는 홀랜드와 퀸(Holland & Quinn, 1987), 콜(Cole, 1998), 뷀취(Wertsch, 1997)를 참조하시오.

4) 예를 들어 Lave & Wegner(1991), Rogoff(2003)을 보시오.

제4장 문식 실천 연구

1) 소규모 문식 연구에 대한 이러한 접근은 Barton(2000)에서 다양한 학생 프로젝트의 예를 들면서 보다 자세하게 묘사하였다. 학생들의 포스터 사진의 예는 www.literacy.lancs.ac.uk에서 더 찾아볼 수 있다. 교사가 성인 학습자를 데리고 문식성 연구를 어떻게 할 수 있는지에 대해서는 Fowler & Mace(2005)을 보시오.

2) 응용 언어학에서 윤리적 연구를 수행하는 데 필요한 안내는 미국 교육 연구 학회(American Educational Research Association: AERA)와 미국 인류학회(American Anthropological Association: AAA)나 영국 응용 언어학회(British Association for Applied Linguistics: BAAL)와 같은 전문 학회의 웹페이지를 참고할 수 있다.

3) 예를 들어 Ferdman et al.(1994), Gonzalez et al.(2005)에 나오는 연구와

Guerra(1998), Pérez(2004) 등을 참조할 수 있다.

4) Alam(2000)와 Hodge & Jones(2000)은 영국 내의 파키스탄계 펀잡어 화자에 대한 연구이다. 이 두 연구에서 펀잡어로 말하는 사람들이, 글을 쓸 때에는 보다 높은 신망을 얻을 수 있는 언어인 우르두어를 사용하는 것으로 나타났다.

5) 이 같은 안정성이 있지만, 엘리자베스 톤킨(Elizabeth Tonkin)의 보고(Le Page, 1990)처럼, 라이베리아어, 그리보어, 크루어와 같은 문자가 왜, 그리고 어떻게 존속할 수 없었는지를 아는 것도 중요하다.

6) 그리고 역사적 차원에서 4,000년 전, 문식성 초기 시기에도 개인적인 편지는 여성과 관련되었던 예들이 있다(Barton & Hall, 2000)

7) 제니퍼 홀스맨과 케이트 록힐의 여성의 삶과 성인 문식성에 관한 연구(Horseman, 1994; Rockhill, 1993), 모스(G. Moss, 1989)와 밀라드(Millard, 1997)와 같은 여학생과 남학생의 학교 문식성에 관한 연구, 십대에 관한 연구(Finders, 1996; Smith & Wilhelm, 2002), 제인 메이스의 어머니들에게 주는 문식성의 의미(Jane Mace, 1998)에 관한 연구와 해밀튼과 동료들(Hamilton et al., 1994)에 나오는 여러 논문들을 참고할 수 있다.

8) 이러한 점은 이 절에서 언급된 직장에 대한 민족지학적 연구를 포함하고 있는 Hull(1997)의 저서인 『일 바꾸기, 근로자 바꾸기(Changing Work, Changing Workers)』의 도입 부분에서도 지적되고 있다.

9) 쓰기에 대한 역사적 연구의 검토를 통해서 우리는 다섯 가지 유형의 제한점을 확인하였다. Barton & Hamilton(1996)을 참조하시오.

10) 역사적 사례들을 힌두 인도에서 볼 수 있다. Goody(1968; 12)와 Gaur(1984; 84)을 참조하시오.

제5장 언어 속의 문식성

1) 장르 중심 접근에 대한 개관과, 장르 중심 접근과 과정 중심 접근 간의 논쟁은 Cairney(1992)를 참조하시오.

2) 언어 사용 집단을 분류하는 기준에 대한 대안적인 접근은 공통된 활동을 강조하는 것이다. 이는 Wenger(1998), Barton & Tusting(2005)에 나오는 실천의 공동체를 강조한 연구와 담화 공동체 간의 비교 연구로 Swales(1998, 1990)를 참조할 수 있다.

3) 텍스트를 어떻게 분석하는지에 대한 일반적인 아이디어는 Fairclough(1989, 2003)에 제시된 언어 분석에 대한 접근을 참조할 수 있고, 교육에 적용된 예는 Fairclough(1992), Rogers(2004), Bazerman & Prior(2004)를 참조할 수 있다. 보다 복합양식적 측면에서의 텍스트 분석을 보고자 한다면 LeVine &

Scollon(2004)를 보시오.

4) 이 서식의 예전 형태에 대한 논의와 실업 수당 청구자들에 제기된 문제점에 대해서는 Davies(1994)를 참조할 수 있다.

5) 다른 종류의 상호텍스트성에 대한 자세한 분석은 Fairclough(1992)를 보시오.

6) 텍스트가 사람 자리에서 작동하는 방식에 대한 아이디어는 행위자 네트워크 이론(actor-network theory)에 대한 논문을 보시오. 가령 Clarke(2002), Hamilton(2001), Barton & Hamilton(2005), Brandt & Clinton(2002) 등을 참조할 수 있다.

7) 세 가지 다른 예를 들자면 Fawns & Ivanic(2001)에서는 서류를 작성할 때 사람들이 실제로 하는 일에 대해 면밀히 연구하였다. 매우 다른 문식 실천을 검토하면서 Radway(1987)은 사람들이 한 가지 종류의 소설, 즉 인기 있는 로맨스를 어떻게 읽는지에 대한 민족지학적 연구를 수행하였다. Nell(1988)은 사람들이 독서를 하면서 책에 빠진다는 것의 의미를 살펴보았다.

제6장 언어의 구성 방식

1) 이 목록은 계속될 수 있다. 이러한 차이를 다룬 연구에 대한 자세한 검토는 Akinasso(1982)를 참조하시오. 앞서 제시한 몇 가지 차이점의 예도 이 연구에서 가져온 것이다. 음성 언어에서 아이디어 단위나 그 밖에 가능한 다른 단위에 대해서는 Chafe(1985)를 참조하시오.

2) 음성 언어 문화에 대해서는 Felman(1991)과 Bloch(1975)이 편집한 책의 저자들을 참조하시오. 음성 언어 장르의 다양성에 대해서는 마치 구두 시나 구두 문학에 대한 연구(Finnegan, 1977)의 경우처럼, 요루바족의 제의적 의사소통을 분석한 Akinnaso(1982)을 참조하시오. 더 많은 논의와 예를 위해서는 Street(1984, 1993), 그리고 Duranti(2001)가 편집한 책의 저자들을 참조하시오.

제7장 문자 체계와 다른 표기법

1) 그러한 잘못된 인식을 보여주는 대표적인 사례가 Halle(1969; 18)와 Ong(1982; 87)이다. 중국어 문자 체계에 대한 보다 구체적인 정보는 DeFrancis(1984)를 참조하시오.

2) 그러나 성인 학습자가 제2언어의 문자 체계를 배우는 것과 관련된 연구도 일부 있다. 한 예로 Cook & Bassetti(2005)를 참조하시오.

3) 이 주장은 Makita(1968)의 연구를 토대로 한 것이다. 그러나 Paradis 외(1985)의 연구에서는 다른 주장이 제기되었다. 이 밖에 1990년 후반에 설립된 일본 난독증 협회(www.npo-edge.jp/eng/index.html)도 참조하시오.

4) 한 연구(Rozin et al., 1971)에 따르면 영어 읽기에 어려움을 겪고 있는, 영어가 모국어인 아동들에게 중국어 문자를 이용하여 영어를 읽는 방법을 가르쳤을 때는 영어 읽기에 아무런 어려움을 겪지 않았다고 한다.

5) 다른 언어와 관련한 연구의 예로는 Tzeng 외(1978)의 연구를 참조하시오.

6) 한 예로 Martin(1972)의 연구를 보면 같은 내용에 대해 영어와 비교했을 때 일본어 텍스트의 길이가 더 짧고 더 빨리 읽히는 것으로 나타났다.

7) 이와 관련해서는 이미 언급한 바 있는 Rogoff & Lave의 연구, 그리고 Crump(1990)를 참조할 수 있다. 성(性)과 관련해서는 Burton(1986)을, 사회적 실천으로서의 수리력에 대해서는 Baker(1998)를, 가정과 학교에서의 수리력 실천과 관련해서는 Street 외(2005)을, 성인 수학과 일상생활 간의 전이에 대해서는 Evans(2000)를 참조하시오.

제8장 역사적 관점

1) 쓰기 발달과 관련하여 가장 권위 있게 자주 인용되는 연구는 반세기도 더 전에 발표된 Diringer(1968, 초판 발행은 1948년)와 Gelb(1963, 1952년 초판 발행)의 연구이다. 이 둘 모두 데이터가 방대할 뿐만 아니라 점진적인 발전이라는 틀에서 오늘날의 서구 알파벳으로 발전하기까지의 일화가 풍부하게 제시되어 있다. 이들 연구는 무엇이 쓰기인지에 대해 토론하고 틀을 설정하는 데 있어서 중요하긴 하지만 우리는 이들 연구를 넘어설 필요가 있다. 개관과 관련된 다른 연구로는 Goody(1981), Gaur(1984), Harris(1986)를 참조할 수 있다. 이 장의 아이디어는 Mary Hamilton이 작성한 논문과 나의 다른 연구(Barton & Hamilton, 1996)에서 비롯된 것이다. 이 장에서 제시한 주장과 관련된 보다 많은 증거와 자료는 이들 연구에서 찾아볼 수 있다.

2) Gaur(1984: 35)가 지적한 것처럼 쓰기의 증거물을 관찰할 때는 '부식하기 쉬운 물질은 거의 항상 잘 부식하지 않는 물질에 선행하거나 동시에 존재했다.' 그런 점에서 오직 일부의 증거물만 남아 있는 것으로 볼 수 있다. 최초의 쓰기에 대한 자료도 이와 같은 방식이라고 보는 것이 맞을 것이다.

3) 베인즈(Baines, 1983)의 연구를 보면 고대 이집트의 문식성 발달에 대해 상세한 설명이 제시되어 있다.

4) Havelock(1963, 1976). 이러한 생각은 Olson(1977)과 다른 이들에 의해 발전되고 확산되어 왔다. 그리고 이러한 생각은 '비행사를 우주에 보내는 능력의 상당 부분은 알파벳의 분석적인 힘 덕분이다'라고 한 Cole & Griffin(1983)의 경우에서 보듯 하나의 용인된 사실이 될 우려가 있다. Illich & Sanders(1989)도 '개념들 중에는 알파벳의 참조가 없이는 존재할 수 없는 것들이 있다. 예를 들면 사고와 언어, 거짓말과 기억, 번역, 그리고 특히 자아 등이다(p. x)'라고 주장한다.

5) 문식성 연구는 긍정적인 측면과 부정적인 측면 양면 모두에서 맥루한에게 큰 빚을 지고 있다. 그의 아이디어(McLuhan, 1962; 1964)는 문식성과 관련하여 가장 신선하고 가장 낯선 것이라고 할 수 있다.

6) 좀 더 구체적으로 살펴보면, Harris(1986)에서는 쓰기에 대한 진화론적 설명이 얼마나 쓰기의 기원에 대한 우리의 이해를 불명료하게 만드는지 설명하고 있다. 쓰기와 관련한 다른 책들, 예를 들면 Sampson(1985)의 경우에도 진화론적 접근에 대해 비판하고 있다. 나의 비판에 대해서는 Barton(1993)을 참조하시오.

7) UNESCO에서 실시한, 민족어들에 대한 한 중요한 연구에서도 일본어의 '문제'를 해결하는 유일한 해결책은 표음문자 체계를 수용하는 것이라고 결론짓고 있다(UNESCO, 1953: 35). 이에 대해서는 Havelock(1982: 346-347)도 참조하시오. Havelock은 상당수의 구어들이 영어보다 규칙적인 음절 체계를 가지고 있다는 것을 인식하지 못했던 것 같다.

8) Burnaby(1997)에서는 20세기에 민족중심주의와 영어의 힘에 대한 믿음이 영국과 북미에서 얼마나 광범위하게 의심의 여지없이 받아들여져 왔는지, 그리고 다른 쓰기 체계에 비해 음절 문자 체계가 가장 이상적인 것으로 이끌고 있는가에 대해 기술하고 있다.

9) 북미 원주민들이 창안한 쓰기 체계에 대해서는 Walker(1981)를 참조하시오.

10) Aitchison(2000)에서는 언어 변화라는 주제에 대한 간단한 개론을 제공하고 있다.

11) 여기서는 아이젠슈타인(Eisenstein, 1979; 1981)의 아이디어와 앞서 언급한 바 있는 나와 해밀튼(Barton & Hamilton, 1996)의 논문에 기반을 두고 논의를 전개하였다.

12) 페브르와 마르틴(Febvre & Martin, 1984)에서 논의된 것처럼, 중국의 목판 인쇄 기술이 유럽에 알려지긴 했지만 유럽에서 가동 활자 인쇄의 발달은 아시아의 기술과는 분명히 독립적인 것이었다.

13) 근대 유럽 사회의 대중 문식성 등장에 대해 분석한 빈센트(Vincent, 2000)의 연구를 보면 그러한 상반된 경향이 잘 드러난다. 이러한 연구 결과가 명백하게 보여주는 것은 사회적, 문화적, 경제적, 역사적 맥락에 대한 고려 없이 문식성의 영향력을 결정론적으로 기술하는 것이 얼마나 위험한가 하는 점이다.

14) 비슷한 주장을 Schousboe(1989: 154-157)에서도 찾아볼 수 있는데 여기에서는 13세기 덴마크인들의 삶을 그 대상으로 하고 있다.

15) Marshall(1983)을 참조. 도서관의 발달에 대해서는 Staikos(2000)을, 읽기교육에 대해서는 Brooks & Pugh(1984)를, 연필에 대해서는 Petroski(1989), 그리고 잉크에 대해서는 Carvalho(1971)를 참조하시오.

16) 이에 대한 요약과 논의는 Swales(1990), 그리고 Bazerman & Prior(2004)를 참조하시오. 특별한 형태의 텍스트에 대한 발달에 대해서는 Olson(1991)과 Halliday(1988)의 연구를 참조하시오.

제9장 문식성의 뿌리

1) 한 가지 더 지적하자면, 선천성(innateness)은 실제적인 연구를 통해 답을 구할 수 있는 성질의 것이 아니란 점에서 그다지 실증적인 질문이 아니기도 하다.

2) 예를 들어 할스트(Harste, 1984)는 비계의 개념을 이해하는 데 매우 중요한 연구이다. 그 밖에도 견습생이나 도와주는 타자로서 학습을 이해하는 것이 더 흥미로울 수도 있다. '도와주는 타자'의 개념의 올바른 출처와 이 개념의 확장된 논의에 대해서는 브라운 외(Brown et al., 1986)를 참조할 수 있다. 그들은 이 연구에서 수준이 낮은 독자들에게 그러한 접근 방법이 어떻게 적용될 수 있는지 보여주고 있다. 문식성 학습에서 견습생의 개념에 대해서는 웰스(Wells, 1986)를, 성인들의 예에 대해서는 파드모어(Padmore, 1994)를, 그리고 '문식성 후원자'의 개념에 대해서는 브란트(Brandt, 2001)를 참조하시오. 제인 메이스(Mace, 2002)는 삶의 여러 영역에서 필경사의 중요성에 대해 연구했고, 베인험(Baynham, 1993)은 문식성 중재자(mediator)에 대해 연구했다.

3) 물론 일부에서는 오래 전부터 말하기와 읽기의 연계에 대해 인식해 왔다. 그 유사성에 대해서는 소더버그(Soderbergh, 1977: 8)에 기술되어 있는데, 예컨대 아동들은 '같은 나이에 같은 방식으로' 읽기와 말하기를 배운다고 주장한 부분이 그러하다. 언어 습득 분야의 핵심적인 연구 중 하나인 스노우(Snow, 1983)의 연구에서도 읽기 학습과 말하기 학습의 유사성이 탐색되었으며, 비록 접근 방법은 다르지만 앞서 언급한 대로 히스(Heath, 1983)의 연구에서도 서로 대비되는 지역사회에서 말하기와 문식성 학습을 추적한 바 있다.

4) 그녀의 책(Scieffelin, 1979)과 듀란티(Duranti, 2001)가 편저한 책에 쓴 장을 참조할 수 있다. 이 밖에 파이(Pye, 1981)가 과테말라 마야인 지역을 대상으로 한 연구도 참조하시오.

제10장 발생적 문식성

1) 아동에게 책 읽어 주기의 다양한 방식에 대해서는 틸(Teale, 1984: 111-114)을 참조하시오.

2) 물론 들여다볼 수 있는 창, 손가락 인형과 같이 움직이는 부속품이 있는 책들이 많다. 이들 모두가 책과 인형의 구분을 모호하게 만든다.

3) 예를 들어 테일러(Taylor, 1983; 1986), 레히터(Leichter, 1984), 히스(Heath,

1983), 그리고 우리의 연구를 참조하시오.

4) 틸(Teale, 1986: 185–187)을 참조하시오. 앤더슨과 스토크(Anderson & Stokes, 1984: 28–34)도 참조하시오.

5) 또 다른 사례에서처럼 종교 활동은 종종 아동을 포함시키며 여기에는 언어와 관련된 특별한 규칙적 역할이 있기도 하다.

6) 얄궂게도 혜택과 사회 보장이라는 공식적인 문식성의 측면에서 가장 많은 요구를 하는 사람들은 가장 가난한 가정이다.

7) 그럼에도 불구하고 일부 가정에서 쓰기는 중심적인 역할을 할 수 있다. 이는 블룸(David Bloome), 쉐리던(Dorothy Sheridan), 스트릿(Brian Street)이 수행한 연구와 영국의 대중 관찰 기록보관소(British Mass Observation Archive)의 자료에서도 증명되고 있다. 쉐리던 외(Sheridan et al., 2000)를 참조하시오.

8) 비섹스(Bissex, 1984: 100)의 책에는 아동들이 스스로 쓰기를 학습하면서 계속해서 지적인 추론을 해 나가는 더 많은 예들이 제시되어 있다. 크레스(Kress, 1998)도 참조하시오.

9) 이는 언어에 대해 명시적으로 가르쳐야 하는가 그렇지 않은가 하는 것과는 별개의 논의이다.

10) 이러한 범주에 속하는 연구의 예로 싱클레어 외(Sinclair et al., 1978), 다우닝과 발틴(Downing & Valtin, 1984), 그리고 학술지인 'Language Awareness'를 들 수 있다.

11) 4장에서 언급된 바 있는 하틀리(Hartley, 1994)나 색스나(Saxena, 1994)를 참조하시오.

제11장 문식성에 대한 대중적 정의

1) 파닉스와 같은 지도 방식의 매력은 복잡한 무언가를 요소별로 쪼개어 가르칠 순서에 따라 엄격하게 배열했다는 데에 있다. 교사는 지도 목적에 따라 활동을 부분으로 쪼개는 것을 원할 수도 있지만, 읽기라는 현상이 마음대로 떼었다 붙였다 할 수 있는 부분으로 구성되어 있다고 생각하는 것은 잘못이다.

2) 나는 여전히 단어 기능을 실천이라는 틀로 대체하는 현상이 발생한다면 이를 지켜보는 것이 유익하다고 여긴다. 이 사례에서처럼, 학교와 대학에서 학습 기능(study skill)이라는 개념을 학문적 문식성(academic literacies)이라는 개념으로 대체하는 것은 매우 생산적일 것이다. 이는 문제와 가능한 해결 방법의 본질을 변화시킨다(이 사례에 대해서는 Lee & Stierer, 2000을 참조하시오.).

3) 그런데 어떤 의미에서 나는 왜 문식성을 기능으로 쪼개는 것이 중요하다는 신념이 종종 올바른 철자와 엄밀한 도표의 학습에서 파닉스에 대한 지나친 강조와

함께 다루어지는지, 왜 그들이 우익 운동 및 보다 많은 학과목이 필요하다는 일반적인 신념들과 연관되는지 혼란스럽다. 변화에 대해 주저한다는 매우 기본적인 방법을 취한다는 점에서 이는 보수적이다. 그러나 철자에 맞게 쓸 수 있는 것은 철자 검사기와는 관련이 없다. 문법이나 철자법에 있어 가벼운 실수는 의사소통을 거의 방해하지 않는다. 왜 신문이나 정책입안자들이 이러한 것들을 그토록 열렬히 지지하는 것일까? 왜 그들 모두는 필사적으로 이것이 진실이라고 여기고 이 접근을 교육에 부과하려는 것일까? 왜 성숙한 성인들은 명망 있는 신문의 편집자에게 틀린 자리에 위치한 어포스트로피나 철자를 잘못 쓰거나 띄어쓰기를 잘못 쓴 단어에 대해 불평하며 열을 올리는 편지를 쓰는 것일까?

4) 쓰기에 대한 과정 관점으로부터 발전된 쓰기의 개념에 대한 의식 고취는 영국의 학교에 유입되었고(Czerniewska, 1992), 의식 고취와 비판적 문식성 간의 연계는 클락과 이바닉(Clark & Ivanic, 1991)에서 탐구되었다.

5) 사실 버지니아 울프(Virginia Woolf) 같은 '문학적' 필자에 의해 보통 사람들을 무시하는 감정이 느껴졌다는 것은 시종 일관 논쟁거리가 되어 왔다. 존 캐리(John Carey)의 지식인과 대중들(The Intellectuals & the Masses, 1992)이라는 책 또한 논쟁거리이다.

6) 예술, 공연, 학문 세계에는 유사점이 있다. 대학들은 박사를 만들어내고 모두들 실패한다. 영국 학사 학위의 수준에는 '좋은 학위'와 '나쁜 학위'가 있다. 수많은 사람들이 잘 해내지 못했다는 생각을 하면서 대학을 졸업한다는 것은 터무니없는 결과이다. 이는 교육에 대한 엘리트 관점에 뿌리를 두고 있으며, 일제 고사 문화와 목표치 및 학교 순위표가 이런 상황을 악화시켰다.

7) 내가 독파한 서적은 다음과 같다. 유명 필자들의 인터뷰를 모아 조지 플림톤(George Plimpton)이 편집한 '필자의 글쓰기(Writers at Work)' 시리즈(예를 들어, Plimpton, 1988), 체임벌린(Chamberlain, 1988)을 포함한 여성 필자들의 인터뷰 모음, 필립스(Phillips, 1985)가 편집한 헤밍웨이(Hemingway)의 인용구에 대한 책, 딜라드(Dillard, 1989)의 책 등이다. 이들은 거의 대부분 영어로 글을 쓰는 미국인이다. 지금은 필자가 어떻게 글을 쓰는지를 보여주는 보다 평범한 책들도 많이 있디(예를 들어 Hoggart, 2005).

8) 성공적인 학문적 필자의 작업에 대해서는 하틀리와 브랜스웨이트(Hartley & Branthwaite, 2005)의 사례를 참조하시오.

9) 일상의 글쓰기 사례는 바튼과 패드모어(Barton & Padmore, 1991), 셰리든(Sheridan et al., 2000)에 제시되어 있다.

제12장 학교에서의 문식 실천

1) 문식성에 대한 관점과 학교 교육과의 관련성에 대해 상세하게 탐색한 책으로는

라손과 마쉬(Larson & March, 2005), 그리고 팔과 로셀(Pahl & Rowsell, 2005)이 있다. 팔과 로셀(Pahl & Rowsell, 2006)과 스트릿(Street, 2005)은 교육의 매우 다른 영역들을 함께 논의하였다. 페이펀(Papen, 2005)은 성인 교육과 관련하여 문식성에 대한 사회적 관점을 제공한다.

2) 윌릿과 블룸(Willett & Bloome, 1992)은 학교가 아동을 사회화시키는 방식에 대해 요약하여 제시한다. 그들은 또한 이와 관련된 연구물들의 광범위한 참고 문헌을 제공한다.

3) 학교에서의 서로 다른 비공식적 문식성에 대한 연구에서 자넷 메이빈(Janet Maybin, 2006)은 12세 아동의 비공식적 쓰기와 학교 안팎의 문식성에 대해 보고한다. 캐미타(Camitta, 1993), 슐만(Shulman, 1993), 쉐이펠린과 길모어(Scheiffelin & Gilmore, 1986)에 의해 수행된 좀더 나이가 있는 아동에 대한 연구도 참조하시오.

4) 교실에서의 언어 분석에 초점을 맞춘 카즈덴(Cazden, 2001)을 참조하시오.

5) 2/3 규칙은 애드워즈와 머셔(Edwards & Mercer, 1987: 5)에 의해 요약되었다.

6) 스테인버그와 스테인버그(Steinberg & Steinberg, 1975). 1963년 초판이 출판된 글렌 도만(Glen Doman)의 베스트셀러는 어린 아동의 읽기를 명시적으로 지도해야 한다는 고전적인 대중서이다. 지금도 이것이 실린 수많은 책들이 있다.

7) 블룸과 베일리(Bloome & Bailey, 1992)를 참조하시오. 성인 실업자와의 상담 인터뷰라는 상당히 다른 사건을 대상으로 한 조 롱맨과 닐 머셔(Jo Longman & Neil Mercer)의 연구와 매우 유사한 결론에 도달했다. 그들은 이 인터뷰를 '문식성 사건이나 구두 언어 사건으로는 적절하게 설명되지 않는다. 즉 이는 구두 언어와 문식성이 함께 있는 영역의 언어 사건이다(1992: 16)'고 결론을 내렸다. 아동의 말을 탐구한 자넷 메이빈과 젬마 모스(Janet Maybin & Gemma Moss, 1993)에서도 텍스트를 둘러싼 아동의 말은 문자 언어에 대한 의미 구성을 포함하며 그 자체도 읽기라고 이와 유사한 결론을 내렸다.

8) 지(Gee, 1996)에서는 문식성을 갖춘 상태에 대해 '2차 담화에 대한 숙달 또는 유창한 통제'(pp.142–3)라고 말하고 있다. 그러나 나는 1차 담화와 2차 담화가 명확하게 구분된다고 확신하지 않는다. 내 생각에 모든 성인의 말은 그의 용어로 2차 담화인 것처럼 보인다.

제13장 성인 문식성 그리고 세상의 문식성

1) '문식성 이후(post–literacy)'는 문식성 캠페인 이후에 제공되는 문식성 지원에 관심을 둔다. 이는 문식성 프로그램의 최초의 열성적인 지원 이후에 보다 장기간의 지원을 제공하고자 하는 시도와 관련된다. 모든 문식성 활동은 문식성 이후가 되어야 하고, 이는 표준화 문식성 캠페인을 제공하기보다 읽기와 쓰기에 대

해 좀더 생태학적 관점을 제공하는 것이 될 것이다. Rogers et al.(1999), Barton & Papen(2005)를 참조하시오.

2) 이를 좀더 알기 위해서는 Keeneth Levine(1985)의 기능적 문식성에 대한 초기 비판을 보시오.

3) Cecil Klassen(1991)에서는 이중언어 학습자가 일상생활에서 사용하는 전략들의 사례가 제시되어 있다. Martin-Jones & Jones(2000a), Gonzalez et al.(2005)도 보시오.

4) Unesco(1953: 26). 유네스코 보고서에서조차 저자들이 민족어의 정의를 일관되게 기술하지 못했음을 지적하는 것은 의미 있다. 교육에서 민족어에 대한 유네스코의 검토는 중국어, 일본어와 다른 언어를 포함하였다.

제14장 생태학적 관점의 영향

1) 세계 거의 모든 나라의 교육자들은 전반적인 실천으로 고무되지는 않는다 해도, 작지만 효율적인 자국의 문식성 프로그램의 사례를 들 수 있다. 아프리카, 인도 등의 사례에 대해서는 바튼(Barton, 1994)을 참조하시오.

참고문헌

Aijmer, K. and Stenström, A.-B. 2004. *Discourse patterns in spoken and written corpora.* Amsterdam: John Benjamins.

Aitchison, J. 2000. *Language change progress or decay?* 3rd edn. Cambridge, uk and New York: Cambridge University Press.

Akinnaso, F. N. 1982. On the differences between written and spoken language. *Language and Speech*, 25, pp.97-125.

Alam, Y. 2000. Gender, literacy and community publishing in a multilingual context. Inm. Martin-Jones and Jones (eds). *Multilingual literacies: reading and writing different worlds*, Amsterdam: John Benjamins, pp. 247-72.

Anderson, C. A. 1966. Literacy and schooling on the development threshold: some historical cases. In C. A. Anderson and M. Bowman (eds) *Education and economic development*. London: Frank Cass, pp.347-62

Anderson, A. B. & S. J. Stokes. 1984. Social and institutional influences on the development and practice of literacy. In H.A. Goelman A Oberg and F. Smith(eds) *Awakening to literacy*, London: Frank Cass, pp.28-34.

Anderson, A. B., W. H. Teale and E. Estrada. 1980. Low-income children's preschool literacy experiences: some naturalistic observations. *Q. News letter of the Laboratory of Comparative Human Cognition*, 2, pp.59-65.

Appleby, Y. and D. Barton. 2006. *Social Practices Pedagogy*. London: National Research and Development Centre for Adult Literacy and Numeracy.

Archer, D. ands. Cottingham. 1996. *The REFLECT mother manual: regenerated Freirean literacy through empowering community techniques.* London: ActionAid.

Auerbach, E. and N. Wallerstein. 2004. *Problem posing at work*. Alberta:

GrassRoots Press.

Baines, J. 1983. Literacy and ancient Egyptian society. *Man*, 18, pp.572-99.

Baker, D. 1998. Numeracy as social practice, *Literacy and Numeracy Studies* 8(1), pp.37-51.

Barton, D. 1986. Metalinguistic awareness and children's acquisition of literacy. In C. Antaki and A. Lewis (eds.) *Mental mirrors*, London: Sage, pp.68-78.

Barton, D. 1988. Exploring the historical basis of contemporary literacy. *Q. News letter of the laboratory of Comparative Human Cognition*, 3, pp.70-76.

Barton, D. 1991. The social nature of writing. In D. Barton and R. Ivanič (eds.) *Writing in the community*. London: Sage, pp.1-13.

Barton, D. 1992. The emergence of sounds: parallels between learning to read and learning to speak. In C. Ferguson, L. Menn and C. Stoel-Gammon (eds.) *Phonological development*. Timonium, MD; York Press, pp.539-52.

Barton, D. 1993. Some problems with an evolutionary view of written language. In S. Pupped (ed.) *Biology of language*. Amsterdam: John Benjamins, pp.14-32.

Barton, D. (ed.) 1994. *Sustaining local literacies*. Clevedon, UK: Multilingual Matters.

Barton, D. 2000. Researching literacy practices: Learning from activities with teachers and students. In Barton, D. Hamilton, M. and Ivanič, R. (eds), *Situated literacies: reading and writing in context*, London and NewYork: Routledge, pp.167-79.

Barton, D. 2001. Directions for literacy research: analysing language and social practices in a textually-mediated world. *Language and Education*, 15, pp.92-104.

Barton, D. and N. Hall. 2000. *Letter writing as asocial practice*. Amsterdam: John

Benjamins.

Barton, D. and M. Hamilton, 1990. *Literacy research in industrialised countries: Trends and prospects*. Hamburg: UIE Reports 2.

Barton, D. and M. Hamilton, 1996. *Social and congnitive factors in the histotical elaboration of writing. In A. Lock and C. Peters. Handbook of human symbolic evolution*. Oxford: Oxford University Press, pp.793-858.

Barton, D. and M. Hamilton. 1998. *Local literacies: reading and writing in one community*. London and NewYork: Routledge.

Barton, D. and M. Hamilton. 2005. Literacy, reification and the dynamics of social interaction. In D. Barton and K. Tusting (eds) *Beyond communities of practice: language, power and social context*. Cambridge, UK and NewYork: Cambridge University Press, pp.14-35.

Barton, D., M Harmilton and R. Ivanič(eds). 2000. *Situated literacies: reading and writing in context*. London and New York: Routledge.

Barton, D. and S. Padmore. 1991. Roles, networks and values in everyday writing. In D. Barton and R, Ivanič(eds). {writing in the cormmunity} London: Sage, pp.58-77.

Barton, D. and U. Papen (eds). 2005. *Linking literacy programmes in developing countries and the UK*. London: National Research and Development Centre for Adult Literacy and Numeracy(NRDC).

Barton, D. and K. Tusting (eds) 2005. *Beyond communities of practice: language, power and social context*. Cambridge, UK and New York: Cambridge University Press.

Bateson, G. 1972. *Steps to an ecology of mind*. New York: Ballantine Books.

Baynham, M. 1993. Code switching and mode switching: community interpreters and mediators of literacy, In B.Street(ed.) *Cross-Cultural approaches to Literacy*, Cambridge, UK: Cambridge University Press, pp.294-314.

Bazerman, C. and P. Prior. 2004. *What writing does and how it does it: an introduction to analyzing texts and textual practices*. Mahwah, NJ: Lawrence Erlbaum Associates.

Becker, J. D. 1984. Multilingual word processing. *Scientific American*, 251(1), pp.82-93.

Belfiore, M. E., T. A. Defoe, S. Folinsbee, J. Hunter and N.Jackson, 2004. *Reading work: literacies in the new workplace*. Mahwah, NJ: Lawrence Erlbaum Associates.

Berry, J. 1958. The making of alphabets. In E.Siversten(ed.). *Pro. VIII International Congress of Linguistics*. Oslo: Oslo Unirersity Press, pp.752-64.

Berry, J. 1977. The making of alphabets revisited. In J. A. Fishman (ed.) *Advances in the creation and revision of writing systems*. Hague: Mouton. pp.3-16.

Besnier, N. 1988. The linguistic relationships of spoken and written Nukulaelae registers. *Language*, 64, pp.707-36.

Besnier, N. 1989. Literacy and feelings: The encoding of affect in Nukulaelae letters. *Text*, 9, pp.69-91.

Besnier, N. 1993. Literacy and feelings: the encoding of affect in Nukulaelae letters, in B.Street(ed.) *Cross-cultural approaches to literacy*, UK: Cambridge University Press, pp.62-86.

Bettlcheim, B. 1966. The danger of teaching your baby to read. *Ladies Home Journal*, 83, pp.38-40.

Bhatt, A., D. Barton, M. Martin-Jones and M. Saxena. 1996. *Multilingual literacy practices: home, community and school*, Lancaster University: Centre for Language in Social Life Working Papers no. 80.

Biber, D. 1991. *Variation across speech and writing*. Cambridge, UK and New York: Cambridge University Press.

Bissex, G. L. 1984. The child as teacher. In Goelman, A. Oberg and F. Smith (eds).

Awakening to literacy, London: Heinemann, pp.87-101.

Blackledge, A. 2000. Power relations and the social construction of 'literacy' and 'illiteracy': the experience of Bangladeshi women in Birmingham. In Martin-Jones and K. Jones (eds) *Multilingual literacies: reading and writing different worlds*, Amsterdam: John Benjamins, pp.55-70.

Bloch, M. 1975. *Political language and oratory intraditional society*. Academic Press.

Bloome, D. & F. M. Bailey. 1992. Studying language and literacy through events, particularity, and intertextuality. In R. Beach, J. Green and T. Shanahan (eds). *Multiple perspective research on language and literacy*. Urbana,IL: National Conference on Research on English, pp.181-210.

Bloome D. and J. L. Green. 1992. Educational contexts of literacy. *Annual review of applied linguistics*, 12, pp.49-70.

Bowler, P. J. 1986. *Theories of human evolution*. Oxford: Blackwell.

Brandt, D. 2001. *Literacy in American lives*. Cambridge, UK and NewYork: Cambridge University Press.

Brandt, D. and K. Clinton. 2002. Limits of the local: expanding perspectives on literacy as a social practice. *Journal of Literacy Research*, 34(3): pp.337-356.

Breen, M, W. Londen, C. Barratt-Pugh. 1994. *Literacy in its place: literacy practices in urban and rural communities*, Western Australia: Edith Cowan University.

Brien D. (ed.) 1992. *Dictionary of British Sign Language/English*. London: Faber&Faber.

Bronfenbrenner, U. 1979. *The ecology of human development*. Cambridge, MA: Harvard University Press.

Brooks, G & A. K. Pugh. 1984. *Studies in the history of reading. Reading*, UK: University of Reading: Centre for the Teaching of Reading.

Brown, A. L., A. S. Palincsar, and L. Purcell. 1986. Poor readers: Teach, don't label. In U. Neisser (ed.), *The school achievement of minority children: new perspectives*. Hillsdale, NJ: Lawrence Erlbaum, pp.105-144.

Burnaby, B. 1997. Writing systems and orthographies. In V. Edwards, and D. Corson, (eds). *Encyclopedia of language and education volume 2: Literacy*. Dordrecht: Kluwer, pp.59-68.

Burton, L. 1986. (ed.). *Girls into maths can go*. London: Holt Rinehart and Winston.

Cairney, T. 1992. Mountain or mole hill: The genre debate viewed from 'Down Under'. *Reading* 26, 23-29.

Camitta, M. 1993. Vernacular writing: varieties of writing among Philadelphia high school students. In B. Street(ed.). *Cross-cultural approaches to literacy*, Cambridge, UK: Cambridge University Press.

Carey, J. 1992. *The intellectual and the masses*. London: Faber.

Carvalho, D. N. 1971. *Forty centuries of ink*. NewYork: Burt Franklin.

Cazden, C. B. 2001. *Classroom discourse: the language of teaching and learning*, 2nd edn. Portsmouth, NH: Heinemann.

Chafe, W. L. 1982. Integration and involvement in speaking, writing, and oral literature. In D. Tannen(ed.) *Spoken and written language: Exploring orality and literacy*, Normal, NJ: Ablex, pp.35-53.

Chafe, W. L. 1985, Linguistic differences produced by differences between written and spoken language. In D. Olson, N. Torrance and A. Hildyard(eds). *Literacy, Language and Learning*. Cambridge: Cambridge University Press, pp.35-55.

Chamberlain, M. (ed.) 1988. *Writing lives : Conversations between women writers*. London: Virago.

Chandler, D. 1995. *The act of writing: a media theory approach*. Aberystwyth: University of Wales.

Chatwin, B. 1988. *Utz*. London: Picador

Chomsky, C. 1972. Write first, read later. *Childhood Education* 47, pp. 296-299.

Chouliaraki, L. and N. Fairclough. 1999. *Discourse in late modernity: rethinking critical discourse analysis*. Edinburgh: Edinburgh University Press.

Clammer, J. R. 1976. *Literacy and social change*. Leiden: E.J.Brill.

Clanchy, M. T. 1993. *From memory to written record*. Oxford: Blackwell.

Clark, M. M. 1976. *Young fluent readers*. Oxford: Heinemann Educational Books.

Clark, R., N. Fairclough, R. Ivanič and M. Martin-Jones. 1990. Critical language awareness 1: A critical review of three current approaches to language awareness. *Language and education*4(4), 249-260.

Clark, R., N. Fairclough, R. Ivanič and M. Martin-Jones. 1991. Critical language awareness 2: Towards critical alternatives. *Language and education* 5(1), pp.41-54.

Clark, R. and R. Ivanic. 1991. Consciousness raising about the writing process. In P. Garrett and C. Jones (eds). *Language awareness in the classroom*. London: Longman, pp. 168-85

Clarke, J. 2002. A new kind of symmetry: Actor-network theories and the new literacy studies. *Studies in the Education of Adults 34(2)*. pp.107-122.

Clyne, M. 1982. *Multilingual Australia: resources, needs, policies*. Melbourne: River Seine Publications.

Cochran-Smith, M. 1984. *The making of a reader*. Norwood, NJ: Ablex.

Cole, M. 1998. *Cultural psychology: a once and future discipline*. Cambridge, MA: Harvard University Press.

Cole, M., L. Hood, and R.P. McDermott. 1978. Concepts of ecological validity: their differing implications for comparative cognitive research. *Q. Newsletter of the Laboratory for Comparative Human Development*. 2, pp.34-37.

Cole,M. & H. Keyssar. 1985. The Concept of literacy in print and film. In D. Olsm, N. Torrance and A. Hildyard (eds). *Literacy, language and learning*. Cambridge, UK: Cambridge University Press, pp.50-72.

Cole,M. and P. Griffin. 1983. A socio-cultural approach to remediation. *Quarterly Newsletter of the Laboratory for Human Comparative Cognition5*, pp.69-71.

Cole, M., Y. Engeström and O. Vasquez (eds). 1997. *Mind, culture and activity: seminal papers from the laboratory of comparative human cognition*. Cambridge, UK: Cambridge University Press.

Collins, J. and R. Blot 2003. *Literacy and literacies: texts, power and identity*. Cambridge, UK: Cambridge University Press.

Compton-Lilly, C. 2003. *Reading families: the literate lives of urban children*. NewYork: Teachers' College Press.

Cook, V. J. and B. Bassetti (eds). 2005. *Second language writing systems*. Clevedon, UK: Multilingual Matters.

Cook-Gumperz, 1986. *The social construction of literacy*. Cambridge, UK: Cambridge University Press.

Cooper, M. M. & M. Holzman. 1989. *Writing as social action*. Portsmouth, NH: Heinemann.

Coulmas, F. 1991. The future of Chinese characters. In R. L. Cooper and B. Spolsky(eds). *The influence of language on culture and thought*. Berlin: Moutonde Gruyter, pp.247-43.

Coulmas, F. 1996. *The Black well encyclopaedia of writing systems*. Oxford: Blackwell.

Creese, A. and P. Martin (eds). 2003. *Multilingual classroom ecologies: inter-relationships, interactions and ideologies*, Clevedon, UK: Multilingual Matters.

Creese, A. and P. Martin (eds). 2006. *Ecology of language. Encyclopedia of language and education, Vol.9*. Heidelberg: Springer.

Cressy, O. 1980. *Literacy and the social order: Reading and writing in Tudor and Stuart England*. Cambridge, UK: Cambridge University Press.

Crump, T. 1990. *The anthropology of numbers*. Cambridge, UK: Cambridge University Press.

Czerniewska, P. 1992. *Learning about writing*. Oxford: Blackwell.

Daniels, P. T. and Bright, W. 1996. *The world's writing systems*. Oxford: Oxford University Press.

Darrah, C. 1997. Complicating the concept of skill requirements: Scenes from a workplace. In G. Hull,(ed.). *Changing work, changing workers: critical perspectives on language, literacy, and skills, Albany*, NY: State University of New York Press, pp.249-272.

Davies, P. 1994. Long-term unemployment and literacy: A case study of the restart interview. In M. Hamilton. D. Barton and R. Ivanic (eds). *Worlds of literacy*, Clevedon, Avon: Multilingual Matters, pp.41-51.

De Castell, S. A. Luke and K. Egan (eds). 1986. *Literacy, society and schooling*. Cambridge, UK: Cambridge University Press.

De Francis, J. 1984. *The Chinese language: fact and fantasy*. Honolulu: University of Hawaii Press.

Dillard, A. 1989. *The writing life*. NewYork: Harper&Row.

Diringer, D. 1968. *The alphabet: a key to the history of mankind*. Vols I&II, 3rd edn. London: Hutchinson.

Doman, Glen. 1965. *Teach your baby to read*. London: Jonathan Cape.

Downing, J. and R. Valtin, 1984. *Language awareness and learning to read*. NewYork: Springer-Verlag.

Duranti, A. (ed.). 2001. *Linguistic anthropology: a areader*. Oxford: Blackwell.

Dyson, A. 1991. Towards and reconceptualization of written language development. *Linguistics and Education*, 3, pp.139-161.

Edelsky, C. 1986. *Writing in abilingual program*. Norwood, NJ: Ablex.

Edwards, D. and J. Potter. 1992. *Discursive psychology*. London: Sage.

Edwards, D. & N. Mercer. 1987. *Common knowledge*. London and NewYork: Methuen.

Eisenstein, E. 1979. *The printing press as an agent of change*. 2 vols. Cambridge: Cambridge University Press.

Eisenstein, E. 1981. Some conjectures about the impact of printing on western society and thought: a preliminary report. In H. Graff (ed.) *Literacy and social development in the West: a reader*. Cambridge, UK: Cambridge University Press. pp.53-68.

Evans, J. 2000. Adult mathematics and everyday life: Building bridges and facilitating learning "transfer". In Coben, D., J. O'Donoghue and G. FitzSimons, *Perspectives on adults learning mathematics: research and practice* (eds). Dordrecht, Kluwer Academic Publishers, pp.284-303.

Fairclough, N. 1989, *Language and power*. London: Longman.

Fairclough, N. 1992a. *Discourse and social change*. Cambridge: Polity Press.

Fairclough, N. 2003. *Analysing discourse: textual analysis for social research*. Londonand New York: Routledge.

Fawns, M. and R. Ivanič. 2001. Form-filling as a social practice: taking power into our own hands. In J. Crowther, M. Hamilton and L. Tett, *Powerful literacies*. Leicester, UK: National Institute of Adult and Continuing Education(NIACE).

Febvre, L. and H. Martin. 1984. *The coming of the book*. London: Verso.

Feldman, C. F. 1991. Oral metalanguage. In D. R. Olson and N.Torrance (eds). *Literacy and orality*. Cambridge, UK: Cambridge University Press.

Ferdman, B. M., R.-M Weber. & A. G. Ramirez (eds). 1994. *Literacy across languages and cultures*. Albany, NY: State University of NewYork Press.

Ferreiro, E. and A. Teberosky. 1979. *Literacy before schooling*. NewYork:

Heinemann.

Finders, M. J. 1996. *Just girls: Hidden literacies and life in junior high*. NewYork: Teachers'College Press.

Fingeret, A. 1983. Social network: A new perspective on independence and illiterate adults. *Adult Education Quarterly*, 33, pp.133-146.

Fingeret, H. A. and Drennon, C. 1997. *Literacy for life: adult learners, new practices*. NewYork: Teachers'College Press.

Finnegan, R. 1977. *Oral poetry: Its nature, significance and social context*. Cambridge, UK: Cambridge University Press.

Fishman, A. 1988. *Amish literacy: what and how it means*. Portsmouth, NH: Heinemann.

Fishman, A. 1991. Because this is who we are: Writing in the Amish community. In D. Barton and R. Ivanič (eds). *Writing in the community*. London: Sage, pp.14-17.

Fowler, E. & J. Mace (eds.) 2005. *Outside the classroom: Researching literacy with adult learners*. Leicester, UK: Natiomal Instifufe of Adult and Continuning Education(NIACE).

Freire, P. & D. Macedo. 1987. *Literacy: reading the word and the world*. London: Routledge.

Gaur, A. 1984. *A history of writing*. London: The British Library.

Gee, J. 1996. *Social linguistics and literacies: ideology in discourses* 2nd edn. London: Taylor and Francis.

Gee, J., G. Hull and C. Lank shear. 1996. *The new work order: behind the language of the new capitalism*, London: Allen and Unwin.

Gelb, I. J. (1952) 1963. *A study of writing*. 2nd edn. Chicago: University of Chicago Press.

Gibson, J. J. 1979. *The ecological approach to visual perception*. Dallas: Houghton Mifflin.

Ginzburg, C. (1972), 1982. *The cheese and the worms: the cosmos of a sixteenth century miller*. Harmondsrrorth, UK: Penguin.

Giroux, H. A. 1983. *Theory and resistence in education*. London: Heinemann.

Gonzalez, N. E., L. Moll, and C. Amanti (eds). 2005 *Funds of knowledge: the orizing knowledge in households, communities and classrooms*. Mahwah, NJ: Lawrence Erlbaum Associates.

Goodman, Y. 1984. The development of initial literacy. In H. Goelman, A. Oberg and F. Smith (eds). *Awakening to literacy*, London: Heinemann. pp.102-109.

Goody, J. (ed.) 1968. *Literacy in traditional societies*. Cambridge, UK: Cambridge University Press.

Goody, J. 1977. *The domestication of the savage mind*. Cambridge, UK: Cambridge University Press.

Goody, J. 1981. Alphabets and writing. In R. Williams (ed.). *Contact: Human communication*. London. Thames and Hudson.

Goody, J. 1983. Literacy and achievement in the ancient world. In F. Coulmas and E. Ehlich (eds). *Writing in focus*. Hague: Mouton, pp.83-97.

Goody, J. & I. P. Watt. 1963. The consequences of literacy. *In Comparative studies in society and history.* 5(3), pp.304-345. Reprinted in J. Gardy(ed.) *Literay in traditional Societies*, Cambridge, UK: Cambridge University Press, pp.27-68.

Gough, K. 1968. Implications of literacy in traditional China and India. In J. Goody (ed.). *Literacy in traditional society*. Cambridge, UK: Cambridge University Press. pp.69-84.

Gowen, S. G. 1992. *The politics of workplace literacy: a case study*, NewYork: Teachers College Press.

Graff, H. J. 1979. *The literacy myth: Literacy and social structure in the 19th century city*. New York and London: Academic Press.

Grant, A.N. 1986. Defining literacy: common myths and alternative readings. *Australian Review of Applied Linguistics*, 9 , pp.1-22.

Gray, W.S. 1956. *The teaching of reading and writing*. Paris: Unesco.

Gregory, E. 1996. *Making sense of a new world: learning to read in a second language*, London: Paul Chapman.

Gregory, E. and Williams, A. 2000. Work or play? 'Unofficial' literacies in the lives of two East London communities. In M. Martin-Jones and K. Jones(eds). *Multilingual literacies: reading and writing different worlds*, Amsterdam: John Benjamins, pp.37-54.

Guerra, J. C. 1998. *Close to home: oral and literate practices in a transnational Mexicano community*. New York: Teachers College Press.

Hall, N. 1987. *The emergence of literacy*. London: Edward Arnold.

Hall, N. and A. Robinson (eds). 1996. *Learning about punctuation*. Clevedon, UK: Multilingual Matters.

Halle, M. 1969. Some thoughts on spelling. In K. S. Goodman and J. T. Fleming (eds). *Psycholinguistics and the teaching of reading*. Neawark, DE: International Reading Association, pp.17-24.

Halliday, M. A. K. 1985. *Spoken and written language*. Geelong, Victoria: Deakin University Press.

Halliday, M. A. K. 1988. On the language of physical science. In M. Ghadessy (ed), *Registers of written English*. London: Pinter, pp.162-77.

Hamilton, M. 2001. Privileged literacies: policy, institutional process and the life of the IALS. *Language and Education*.15, pp.178-196.

Hamilton, M., D. Barton and R. Ivanič (eds). 1994. *Worlds of literacy*. Clevedon, UK: Multilingual Matters.

Hamilton, M. and P. Davies, 1990. *Written communication and long-term unemployment*. Centre for the Study of Education and Training, Working Paper19, Lancaster University.

Hamilton, M. and Y. Hillier. 2006. *Changing faces of adult literacy, language and numeracy: acritical history*. Stoke on Trent, UK: Trentham Books.

Hammond, N. 1986. The emergence of Maya civilization. *Scientific American*, 255(2), pp.98-107.

Harris, R. 1986. *The origin of writing*. London: Duckworth.

Harste, J.C. 1984. *Languages to ries and literacy lessons*. London: Heinemann.

Hartley, J. and A. Branthwaite. 1989. The psychologist as wordsmith: a questionnaire study of the writing strategies of productive British psychologists. *Higher Education*,18; pp.423-452.

Hartley, T. 1994. Generations of literacy among women in a bilingual community. In M. Hamilton, D. Barton and R. Ivanič (eds). *Worlds of literacy*. Clevedon, UK: Multilingual Matters, pp.29-40.

Haugen, E. 1972. *The ecology of language*. Stanford, CA: Stanford University Press.

Hautecoeur, J.P. 1990. Illiteracy: from the myth to the reconstruction of the facts. Paper presented in 'Functional Literacy in Eastern and Westrn Europe', UIEUNESCO/EC/OECD-CERI, Hamburg.

Havelock, E. 1963. *Preface to Plato*. MA: Harvard University Press.

Havelock, E. 1976. *Origins of western literacy*. Ontario Institute for Studies in Education. Toronto.

Havelock, E. A. 1982. *The literater evolution in Greece and its cultural consequences*. Princeton, NJ: Princeton. University Press.

Heath, S. B. 1980. The functions and uses of literacy. *The Journal of Communication*. Winter. pp.123-33.

Heath, S.B. 1983. *Ways with words*. Cambridge, UK: Cambridge University Press.

Heath, S. B. 1985. The cross-cultural study of language acquisition. *Papers and reports on Child Language Development*, 24, pp.1-24.

Heath, S. B. 1986. Sociocultural contexts of language development. In Bilingual Education Office, *Beyond language: social and cultural factors in schooling language minority students*. Los Angeles: California State University, pp.143-86.

Heath, S. B. 1987. The literate essay: using ethnography to explode myths. In J.A. Langer (ed.) *Language, literacy and culture*. Norwood, NJ: Ablex, pp.89-107.

Henriques, J., W. Holloway, C. Urain. C. Vennand V. Walkerdine. 1984. *Changing the subject: psychology, social regulation and subjectivity*. London: Methuen.

Henderson, L. 1982. *Orthography and word recognition in reading*, London: Academic Press.

Hill, C. and K. Parry. 1994. *From testing to assessment: English as an international language*. London and NewYork: Longman.

Hinton, L. and K. Hale. 2001. *The green book of language revitalization in practice: toward sasustainable world*. San Diego: Academic Press.

Hodge, R. and Jones, K. 2000. Photography in collaborative research on multilingual literacy practices: images and understandings of researcher and researched. In M. Martin-Jones and K. Jones (eds.) *Multilingual literacies: reading and writing different worlds*. Amsterdam: John Benjamins, pp.299-318.

Hoggart, R. 2005. *Promises to keep*. London and New York: Continuum International Publishing Group.

Holland, D. and N. Quinn. 1987. *Cultural models in language and thought*. Cambridge, UK: Cambridge University Press.

Holland, D. and J. Lave. 2001. *History in person: enduring struggles, contentious practice, intimate identities*. Oxford: James Currey.

Holland, D., W. S. Lachicotte, D. Skinner and C. Cain. 2001. *Identity and agency in cultural worlds*. Cambridge, MA: Harvard University Press.

Hornberger, N. 1989. Continua of biliteracy. *Review of Educational Research*, 59(3), pp.271-96.

Hornberger, N. (ed) 2003. *Continua of biliteracy: an ecological frame work for education alpolicy, research, and practicein multilingual settings*. Clevedon, UK: Multilingual Matters.

Horsman, J. 1994. The problem of illiteracy and the promise of literacy. In M. Hamilton. D. Barton and R. Ivanič.(eds). *Worlds of literacy*. Clevedon, UK: Multingual Matters.

Hull, G. (ed.) 1997. *Changing work, changing workers: critical perspectives on language, literacy and skills*. Albany, NY: SUNY Press.

Hull, G. and K. Schultz (eds). 2001. *School's out! Bridging out-of-school literacies with classroom practice*. New York: Teachers' College Press.

Hurford, J. 1987. *Language and number: The emergence of a cognitive system*. Oxford: Black well.

Hymes, D. 1962. The ethnography of speaking. In T. Gladwin and W. Sturtevant (eds). *Anthropology and human behaviour*. Washington, DC: Anthropological Society of Washington, pp.13-53.

Illich, I.1981. *Shadow work*. London: Marion Boyers.

Illich, I. and B. Sanders, 1989. *The alphabetization of the popular mind*. Harmondsworth, UK: Penguin.

Irvine, P. and N. Elsasser, 1988. The ecology of literacy: negotiating writing standards in a Caribbean setting. InB.A.Rafoth and D.L.Rubin(eds). *The social construction of written communication*. Norwood, NJ: Ablex, pp.304-20.

Ivanič, R and M. Hamilton. 1989. Literacy beyond schooling. In. D. Wray, *Emerging partnerships in language and literacy*. Clevedon, UK: Multilingual Matters.

Ivanič, R. and W. Moss. 1991. Bringing community writing practices into education. In D. Barton and R. Ivanič (eds). *Writing in the community*. Newbury Park, CA: Sage, pp.193-223.

Jennings, J. 1990. *Adult literacy: master or servant?* Dhaka: University Press Ltd.

Jennings, E. M. & A. C. Purves. 1991. *Literate systems and individual lives: perspectives on literacy and schooling*. New York: State University of New York Press.

Johnson, S. 2001. *Emergence: the connected lives of ants, brains, cities and soft ware*. London: Penguin.

Jones, K. 2000. Becoming just another alphanumeric code: farmers' encounters with the literacu and discourse practices of agricultural bureaucracy at the livestock auction. In Barton, D. Hamilton, M. and Ivanic, R. (eds). *Situated literacies: reading and writing in context*. London and New York: Routeledge, pp.70-90.

Kapitske, C. 1995. *Literacy and religion: the textual politics and practice of Seventh-day Adventism*. Amsterdam: John Benjamins.

Kelly, T. 1970. *A history of adult education in Great Britain*. Liverpool: Liverpool University Press.

Kintgen, E. R., B. M. Kroll and M. Rose. 1988. *Perspectives on literacy*. Carbondale: Southern Illinois University Press.

Kirkwood, G. and C. Kirkwood. 1989. *Living adult education*. Milton Keynes, UK: Open University Press.

Klassen, C. 1991. Bilingual written language use by low-education Latin American newcomers. In D. Barton and R. Ivanič (eds). *Writing in the community*. Newbury Park, CA: Sage, pp.38-57.

Kozulin, A. 1990. *Vygotsky's psychology*. New York: Harvester Wheatsheaf.

Krauss. M. 1992. The world's languages in crisis. *Language*, 68, pp.4-10.

Kress, G. 1997. *Before writing: rethinking paths to literacy*. London: Routledge.

Kress, G. 1998. *Children's early spellings: creativity and convention*. London and NewYork: Routledge.

Kress, G. 2003. *Literacy in the new media age*. London and New York: Routledge.

Kress, G. and T. van Leeuwen. 1996. *Reading images: the grammar of visual design*. London and New York: Routledge.

Kress, G. and T. van Leeuwen. 2001. *Multimodal discourse: the modes and media of contemporary communication*. London: Arnold; New York: Oxford University Press.

Kress, G., C. Jewitt, J. Ogborn and C. Tsatsarelis, 2001. *Multimodal teaching and learning: the rhetorics of the science classroom*. London and New York: Continuum.

Lakoff, G. and M. Johnson. 1980. *Metaphors we live by*. Chicago: University of Chicago Press.

Lankshear, C. 1991. Getting it right is hard: redressing the politics of literacy in the 1990's. In P. Cormack (ed.). *Selected papers from the 16th ARA National Conference*. Adelaide: Australian Reading Association, pp.209-28.

Lankshear, C. and M. Knobel. 2003. *New literacies: changing knowledge and classroom learning*. Maidenhead, UK: Open University Press.

Larson, J. and J. Marsh. 2005. *Making literacy real: theories and practices for learning and teaching*. London: Sage.

Lave, J. 1988. *Cognition in practice*. Cambridge, UK: Cambridge University Press.

Lave,J. and E. Wenger. 1991. *Situated learning: legitimate peripheral participation*. Cambridge, UK: Cambridge University Press.

Lea, M. R. and B. Stierer (eds). 2000. *Student writing in higher education: new contexts*. Milton Keynes, UK: Open University Press.

Leichter, H. J. 1984. Families as environments for literacy. In H.A. Goelman, A. Oberg and F. Smith (eds). *Awakening to literacy*. London: Iteinemann, pp.38-50.

Lemke, J. 1995. *Textual politics: discourse and social dynamics*. London: Taylor&Francis.

Le Page, R. B. 1990. *Proceedings of the workshop of the University of York, International group for the study of language standardization and the vernacularization of literacy*. York: York University.

Levine, K. 1985. *The social context of literacy*. London, Routledge&Kegan Paul.

LeVine, P. and R. Scollon. 2004. *Discourse and technology: Multi modal discourse analysis*. Washington DC: Georgetown University Press.

Lewin, R. 1984. *Human evolution: an illustrated introduction*. Oxford: Blackwell.

Livingstone, D. W. (ed.). 1987. *Critical pedagogy and cultural power*. Toronto: Garamond Press.

Lock, A. J. 1980. *The guided reinvention of language*. London: Academic Press.

Longman, J. and N. Mercer. 1992. Forms for talk and talk for forms: oral and literate dimensions of language use in Employment Training interviews. Open University, Centre for Language and Communications , Occasional Paper,29.

Luke, A. 2005. Evidence-based state literacy policy: a critical alternative. In N. Bascia, A. Cumming, A. Datnow, K. Leithwood and D. Livingstone(eds). *International handbook of educational policy*. Dordrecht, Springer. pp.661-675.

Luke, A. and C. Walton, 1994. Teaching and assessing critical reading. In T. Tusen & T. Postelth waite (eds), *International encyclopedia of education*. 2nd edn. Oxford: Pergammon Press, pp.1194-8.

Lytle,S. 1991. Living literacy: rethinking development in adulthood. *Linguistics and Education, 3*, pp.109-138.

Mace,J. 1998. *Playing with time: Mothers and the meaning of literacy*. London: UCL Press.

Mace, J. 2002. *The give and take of writing: scribes, literacy and everyday life*. Leicester: National Institute of Adultand Continuning Education (NIACE).

Mahiri, J. 2004. *What they don't learn in school: Literacy in the lives of urban youth*. Oxford and New York: Peter Lang.

Makita, K. 1968. The rarity of reading disability in Japanese children. *American Journal of Orthopsychiatry 38*, pp.599-614.

Marsh, J. (ed.). 2005. *Popular culture, new media and digital literacy in early childhood*. London and New York: Routledge Falmer.

Marshall, D. N. 1983. *History of libraries*. Nerr Dclhi: Oxford & IBH Publishing Co.

Martin, S. E. 1972. Nonalphabetic writing systems: some observations. In J. F. Karangh and I. G. Mitfingly (eds). *Language by ear and by eye*. Boston: MIT Press, pp.81-102.

Martin-Jones, M. and K. Jones (eds). 2000a. *Multilingual literacies: reading and writing different worlds*. Amsterdam: John Benjamins.

Martin-Jones, M. and K. Jones. 2000b. Introduction: Multilingual literacies. In *Multilingual literacies: reading and writing different worlds*, Amsterdam: JohnBenjamins, pp.1-16.

Maybin, J. 2006. *Children's voices: Talk, language and identity*. Basingstoke, UK: Palgrave Macmillan.

Maybin, J. and G. Moss. 1993. Talk about texts: reading as a social event. *Journal of research in reading*, 16, pp.138-147.

McKitterick, R. 1989. *The Carolingans and the written word*. Cambridge, UK: Cambridge University Press.

McLuhan, M. 1962. *The Gutenberg galaxy*. London: Rout ledge & Kegan Paul.

McLuhan, M. 1964. *Understanding media*. New York: McGraw-Hill.

Meadows, S. 1986. *Understanding child development*. London: Hutchinson.

Merrifield, J., B. Bingham, D. Hemphill and K. P. Bennett de Marais. 1996. *Life at the margins: language and technology in everyday life*. New York: Teachers College Press.

Millard, E. 1997. *Differently literate: boys, girls and the schooling of literacy*. London and NewYork: RoutledgeFalmer.

Moje, E. B. and D.G.O' Brien (eds). 2000. *Constructions of Literacy: Studies of Teaching and Learning in and Out of Secondary Schools*. Mahmah, Nj: Lawrence Erlbaum.

Moll, L. C. (ed.) 1990. *Vygotsky and education*. Cambridge, UK and New York: Cambridge University Press.

Moll, L. 1994. Mediating knowledge between homes and classrooms, In D. Keller-Cohen (ed.). *Literacy: interdisciplinary conversations*, Creshill, NJ: Hampton Press, pp.383-410.

Morris, C. and Nwenmely, H. 1993. *The Kweyol language and literacy project*. In M. Hamilton. D. Barton and R. Ivanič (eds). {Worlds of literacy}. Cleredon, UK: Multilingual Matters. pp.81-94.

Moss, B. J. 1994. *Literacy across communities*, Creshill, NJ: Hampton Press.

Moss, G. 1989. *Un/popular fictions*. London: Virago Press.

Mülhaüsler, P. 1992. Preserving languages or language ecologies. *Oceanic linguistics*, 31, pp.163-80.

Neisser, U. 1982. *Memory observed*. San Francisco: W.H. Freeman.

Nell, V. 1988. *Lost in a book: The psychology of reading for pleasure*. New Haven, CT: Yale University Press.

Ninio,A. and J.Bruner. 1978. The achievement and antecedents of labelling. *Journal of Child Language*.5, pp.1-15.

Ochs, E. 1983. Cultural dimensions of language acquisition. in Ochs, E. and

B.B.Schieffelin (eds). *Acquiring Conrersational Competence*. London: RouHedge, pp.185-92.

Ochs, E. 1988. *Culture and language development*. Cambridge, UK: Cambridge University Press.

Olson, D. R. 1977. From utterance to text: the bias of language in speech and writing. *Harvard Educational Review* 47. pp.257-281.

Olson, D. R. 1991. Literacy and objectivity: the rise of modern science. In D. Olson and N. Torrance (eds). *Literacy and orality*. Cambridge, UK: Cambridge University Press. pp.149-64.

Olson, D. R. 1993. *The world on paper*. Cambridge, UK: Cambridge University Press.

Olson, D. R. and K. Nickerson. 1973. Language development through the school years: learning to confine interpretation to the information in the text. In K. E. Nelson, *Children's language*, vol. 1. New york: Gardner Press, pp. 117-69.

Olson, D. R., N. Torrance and A. Hildyard(eds). 1985. *Literacy, language, and learning*. Cambridge, UK: Cambridge University Press.

Ong, W. J. 1982. *Orality and literacy: the technologizing of the word*. London: Methuen.

Ostler, N. and Rudes, B. (eds). 2001. *Endangered languages and literacy: proceedings of the fourth FEL conference*. Bath: Foundation for Endangered Languages.

Padmore, S. 1994. Guiding lights. In M. Hamilton, D. Barton and R. Ivanic (eds). *Worlds of literacy*, Clevedon, UK: Multilingual Matters, pp.143-56.

Pahl, K. and J. Rowsell (eds). 2005. *Literacy and education: understanding the new literacy studies in the classroom*. London: Paul Chapman.

Pahl, K. and J. Rowsell. 2006 *travel notes from the new literacy studies: In stances of practice*. Clevedon, UK: Multilingual Matters.

Papen, U. 2005. *Adult literacy as social practice: more than skills*. London: Routledge.

Paradis, M., H. Hagiwara, & N. Hilderbrandt. 1985. *Neurolinguistic aspects of the Japanese writing system*. New York: Academic Press.

Pérez, B. (ed.) 2004. *Sociocultural contexts of language and literacy* 2nd ed. Mahwah, NJ: Lawrence Erlbaum Associates.

Petroski, H. 1989. *The pencil*. London: Faber & Faber.

Phillips, L.W. (ed.). 1985. *Ernest Hemingway on writing*. London: Granada.

Plimpton, G. (ed.). 1988. *Writers at work: the Paris Review interviews, 7th Series*. Harmondworth, UK: Penguin.

Postgate, J.N. 1984. Cuneiform catalysis: The first information revolution. *Archaeological Review From Cambridge*, 3(2), pp.4-18.

Prinsloo, M. and M. Breier. 1996. *The social uses of literacy: theory and practice in contemporary South Africa*, Amsterdam: John Benjamins.

Pye, C. 1986. Quiche May an speech to children. *Journal of Child Language*,13, pp.85-100.

Radway, J. 1987. *Reading the romance*. London: Verso.

Read, C. 1971. *Children's categorization of speech sounds in English*. National Council of Teachers of English, Research Reports 17.

Read, C. 1986. *Children'screative spellings*. London: Routledge.

Reder, S. 1987. Comparative aspects of functional literacy development. three ethnic American Communities. In D. Wagner (ed.). *The future of literacy in a changing world*. Oxford: Pergamon Press, pp.250-70.

Reder, S. 1994. 'Practice-engagement theory: a sociocultural approach to literacy across languages and cultures.' In B. Ferdman, R.-M. Weber and A.G. Ramirez (eds.) *Literacy across languages and cultures*. Albany, NewYork: State University of New York Press.

Richards, G, 1987. *Human evolution*. London: Routledge&Kegan Paul.

Robinson-Pant, A. (ed.). 2004. *Women, literacy and development*, London and NewYork: Routledge.

Rockhill, K. 1993. Gender, language and the politics of literacy. In B. Street (ed.). *Cross-cultural approaches to literacy*. Cambridge University Press, pp.156-75.

Rogers, A. (ed.) 2005. *Urban literacy: communication, identity and learning in development contexts*. Hamburg: Unesco Institute for Education.

Rogers, A., B. Maddox, J. Millican, K. Newell Jones, U. Papen and A. Robinson-Pant. 1999. Redefining post-literacy in a changing world. *Occasional Paperon Education 29*. London: Department for International Development.

Rogers, R. 2004. *An introduction to critical discourse analysis in education*. Mahwah, NJ: Lawrence Erlbaum Associates.

Rogoff, B. 2003. *The cultural nature of human development*. Oxford and New York: Oxford University Press.

Rozin, P., Poritsky, S. and R. Sotsky, 1971. American children with reading problems can easily learn to read English represented by Chinese characters. *Science*.171, pp.1264-7.

Sampson, G. R. 1985. *Writing systems*. Oxford: Blackwell.

Saxena, M. 1994. 'Literacies among Panjabis in Southall', in M. Hamilton et al. (eds). Worlds of literacy, Clevedon, Avon: Multilingual Matters, pp.195-214.

Saxena, M. 2000. Taking account of history and culture in community-based research on multilingual literacy. In Martin-Jones and Jones (eds). *Multilingual literacies: reading and writing different worlds*. Amsterdam: John Benjamins, pp.275-98.

Schieffelin, B.B. 1979. Getting it together. an ethnographic approack to the study of the development of communicative competence. In E. Ochs, and B.

B. Schieffelin.(eds). *Acpuiring conversational comperence*. London: Routeledge, pp.73-108.

Schieffelin, B. and P. Gilmore (eds). 1986. *The acquisition of literacy: ethnographic perspectives*, Norwood, NJ: Ablex.

Schmandt-Besseret, D. 1992. *Before writing*. Austin: University of Texas Press.

Schousboe, K. 1989. Literacy and society in medieval Denmark. In K. Scousboe and M. Trolle Larsen (eds). *Literacy and society*. Copenhagen: Akademisk Forlag, pp.149-70.

Scollon, R. & S. W. Scollon. 2003. *Discourses in place: language in the material world*. London and New York: Routledge.

Scribner, S. & M. Cole. 1981. *The psychology of literacy*. Cambridge, MA: Harvard University Press.

Sealey, A. and B. Carter. 2004. *Applied linguistics as social science*. London and New York: Continuum.

Searle, J. 1999. Online literacies at work. *Literacy and Numeracy Studies*, 9(2), pp.1-18.

Searle, J. 2002. Situated Literacies at work. *International Journal of Educational Research*, 37, pp.17-28.

Serpell, R., Baker, L. and S. Sonnenschein, 2004. *Becoming literatein the city: The Baltimore early childhood project*. Cambridge, UK and New York: Cambridge University Press.

Sheridan, D., B. Street, and D. Bloome, 2000. *Writing ourselves: mass observation and literacy practices*. Cresskill, NewJersey: Hampton Press.

Shor, I.(ed). 1987. *Freire for the classroom*. London: Boynton/Cook Heinemann.

Shuman, A. 1993. Collaborative writing: appropriating power or reproducing authority. In B. Street(ed). *Cross-cultural approaches to literacy*. Cambridge, UK and New York: Cambridge University Press, pp.247-71.

Sinclair, A., R. J. Jarvella & W. J. M. Levelt (eds). 1978. *The child's conception of language*. New York: Springer-Verlag.

Slobin, D. I. 1978. A case study of early language awareness. In A. Sinclair, R. J. Jarvella and W. J. M. Levelt(eds). *The child's conception of language*. New York: Springer-Verlag.

Smith, D. 1990. Textually mediated social organization. *In Texts, facts and femininity: exploring the relations of ruling*. London and New York: Routledge, pp.209-224.

Smith, F. 1983. *Essays into literacy*. London: Heinemann.

Smith, F. 1984. The creative achievement of literacy. In H. Goelman A. Oberg and F. Smith. (eds). *Awakening to literacy*, pp.143-153.

Smith, M. W. and Wilhelm, J. D. 2002. *"Reading don't fix no Chevy's": Literacy in the lives of young men*. Portsmouth, NH: Heinemann.

Snow, C. 1983. Literacy and language: relationships during the preschool years. *Harvard Educational Review*, 55, pp.165-189.

Snow, C. and A.Ninio. 1986. The contracts of literacy: what children learn from learning to read books. inTeale, W.H.&Sulzby, E.(eds.). *Emergent literacy: writing and reading*. Norwood, NJ: Ablex, pp.116-38.

Snyder, I.(ed.). 2002. *Silicon literacies: communication, innovation and education in the electronic age*. London and New York: Routledge.

Soderbergh, R. 1977. *Reading in early childhood*. Washington DC: Georgetown University Press.

Spivey, N. N. 1990. Transforming texts: constructive processes in reading and writing. *Written Communication*, 7, pp.256-287.

Staikos, k. 2000. *Great Libraries: from Antiquity to the Renaissance*. London: British Libarary.

Stallings, W. 1975. The morphology of Chinese characters: a survey of models and application. *Computers and the Humanities* 9, pp.13-24.

Steinberg, D. D. and M. T. Steinberg. 1975. Reading before speaking. *Visible language*, 9, pp.197-224.

Street, B. 1984. *Literacy in theory and practice*. Cambridge, UK and NewYork: Cambridge University Press.

Street, B. (ed.). 1993. *Cross-cultural approaches to literacy*. Cambridge, UK and New York: Cambridge University Press.

Street, B. (ed.). 2001. *Literacy and development: ethnographic perspectives*. London and New York: Routledge.

Street, B (ed.). 2005. *Literacies across educational contexts: mediating learning and teaching*. Philadelphia: Caslon

Street, B., D. Baker, and A. Tomlin, 2005. *Navigating numeracies: home/school numeracy practices*. Dordrecht: Kluwer.

Street, J. and B.Street, 1991.The schooling of literacy. In D. Barton&R. Ivanič. (eds). *Writing in the Community*. London: Sage, pp.143-66.

Stubbs, M. 1980. *Language and literacy the Sociolinguistics of reading and writing*. London: Routledge&Kegan Paul.

Swales, J. M. 1990. *Genre analysis*. Cambridge, UK: Cambridge University Press.

Swales, J. M. 1998. *Other floors, other voices: a textography of as mall university building*, Mahwah, NJ: Lawrence Erlbaum Associates.

Swann, C. 1991. *Language and typography*. London: Lund Humphries.

Szwed, J. F. 1981. The Ethnography of literacy. In M. F. Whiteman (ed.). *Writing: Thenature, development, and teaching of written communication*, Hillsdule, NJ: Erlbaum, pp.13-23.

Tabouret-Keller, A., R. B. Le Page, P. Gardner-Chloros and G. Varro. 1997. *Vernacular literacy: a re-evaluation*. Oxford and NewYork: Oxford University Press.

Talbot, M. 1992. The construction of gender in a teenage magazine. In N.L. Fairclough, *Critical language awareness*. London: Longman. pp.174-99.

Tannen, D. 1985. Relative focus on involvement in oral and written discourse.

In D. Olson, N. Torrance and A. Hildyard (eds). *Literacy, language and learning*. Cambridge UK: Cambridge University Press.

Taylor, D. 1983. *Family literacy*, London: Heinemann Educational.

Taylor, D. 1986. Creating family story. In Teale, W.H.&E.Sulzby(eds). *Emergent literacy: writing and reading*. Norwood, NJ: Ablex, pp.139-55

Taylor, D. 1996. *Toxic literacies: Exploring the injustices of bureaucratic texts*. Portsmouth, NH: Heinemann.

Taylor, D. (ed.). 1997. *Many families, many literacies: an international declaration of principles*. Portsmouth, NH: Heinemann.

Taylor, D. and C. Dorsey-Gaines. 1988. *Growing up literate*. Portsmouth, NH: Heinemann.

Taylor, I. 1981. Writing systems and reading. In T. G. Walker and G.E.MacKinnon(eds). *Reading research: advances in theory and practice*. Vol II. New York: Academic Press, pp.1-51.

Teale, W. H. 1984. Reading to young children: Its significance for literacy development. In H Goelman, A. Oberg&F. Smith.(eds). *Awakening to literacy*. London: Heinemann, pp.110-121.

Teale, W. H. 1986. Home background and young children's literacy development. In Teale, W. H. & E. Sulzby (eds). *Emergent literacy: writing and reading*. Ablex, pp.173-205.

Tett, L., M. Hamilton. and Y. Hillier (eds). 2006. *Adult literacy, numeracy and language: policy, practice and research*, Buckingham, UK: Open University Press.

Trolle-Larsen, M. 1989. What they wrote on clay. In K. Schoesbou&M. Trolle-Larson(eds). *Literacy and society*. Copenhagen: Akademisk Forlag, pp.121-48.

Tusting, K. 2000. The new Literacy studies and time: an exploration. In D. Barton, M. Hamilton and R. Ivanič (eds). *Situated literacies: reading and writing in context*, London and New York: Routeledge, pp.35-53.

Tzeng, O. J. L., Hung, D. L. and L. Garro, 1978. Reading the Chinese characters: an information processing view. *Journal of Chinese Linguistics*, 6, pp.287-305.

Unesco, 1953. *The use of vernacular Languages ineducation: monographs on fundamental education VIII*. Paris: Unesco.

Unesco, 1976. *The experimental world literacy programme: a critical assessment*. Paris: Unesco.

Unesco, 1990. *Basic education and literacy*. Paris: Unesco.

Unesco, 2005. *Education for All: Literacy for Life: EFA Global Monitoring Report 2006*. Paris: Unesco.

Van Dijk, F. 1994. Gender specific images in reading and writing. *PaPal Bulletin*, 23, pp.1-8.

Venezky, R. L. 1977. Principles for the design of practical writing systems. In J. A. Fishman (ed.). *Advances in the creation and revision of writing systems*. Hague: Mouton. pp.256-270.

Venezky, R. L., D. Wagner, A. & B. S. Ciliberti, 1990. *Toward defining literacy*. New York, DE: International Reading Association.

Vincent, D. 1989. *Literacy and popular culture: England 1750-1914*. Cambridge, UK: Cambridge University Press.

Vincent, D. 2000. *The rise of mass literacy: reading and writing in modern Europe*. Cambridge, UK: Polity.

Vygotsky, L. S. 1962. *Thought and language*. M.I.T. Press.

Vygotsky, L. S. 1978. *Mindin society*. Harvard University Press.

Wagner, D. A. 1993. *Literacy, cultureand development :becoming literate in Morocco*, Cambridge, UK: Cambridge University Press.

Walker, W. 1981. Native american writing systems. In C.A .Ferguson and S. B. Heath (eds), *Language in the USA*. Cambridge, UK and New York:

Cambridge University Press, pp.145-74.

Weinberger, J. 1996. *Literacy goes to school: theparents'role in young children's literacy learning*. London: Paul Chapman.

Wellisch, H. H. 1978. *The conversion of scripts: itsnature, history and utilization*. New York: Wiley.

Wells, G. 1985. Preschool literacy-related activities and success in school. In D. Olson et al (eds). *Literacy, language and learning*. Cambridge, UK: University Press.

Wells, G. 1986. *The meaning makers*. London: Hodderand Stoughton.

Wells, G. 1989. Language in the classroom: Literacy and collaborative talk. *Language and Education*, 3, pp.251-73.

Wenger, E. 1998. *Communities of practice: learning, meaning, and identity*. Cambridge, UK and New York: Cambridge University Press.

Wertsch, J. V. 1991. *Voices of the mind*. Harvester Wheat sheaf.

Wertsch, J. V. 1997. *Mind as action*. Oxford and NewYork: Oxford University Press.

Willett, J. & D. Bloome, Literacy, language, school and community: a community-centred view. in C. Hedley (ed.) *Whole language and the bilingual learner*. Norwood, NJ: Ablex, pp.35-57.

Williams, R. 1981. *Contact: Human communication*. London: Thames and Hudson.

Willinsky, J. 1990. *The new literacy*. London: Routledge.

Wilson, A. 2000. There is no escape from third-space theory: borderland discourse and the 'in-between' literacies of prisons. In Barton, D. Hamilton, M. and Ivanic, R. (eds). *Situated literacies: reading and writing in context*, London and New York: Routledge, pp.54-69.

Winokur, J. 1986. *Writers on writing*. Philadelphia, Running Press.

색 인

ㅂ

ㅅ

ㅇ

ㅊ

ㅋ

기호